合併の代償

日産全金プリンス労組の闘いの軌跡

伊原亮司 著

桜井書店

はじめに

　2018年末，カルロス・ゴーン氏が逮捕された。日産の「改革」に辣腕を振るい，会社を危機から救ったとして名声をとどろかせた会長が，会社資金を私的に流用していたとして特別背任などの罪に問われ，その職を解かれた。本書執筆の最終段階では，保釈の請求が認められ，事の真相は未確定であるが，巨万の富を手にした大物の失脚のニュースは世界中を駆け巡った。しかし，この逮捕劇は，当人だけの問題であろうか。日産という組織の構造的な問題はないのであろうか。ゴーン氏をトップに招き，「リーダーシップ」を発揮させて「改革」を強行させたのは日産である。氏を持ち上げ続け，おそらく社内で不満が高まっていたにもかかわらず封じてきたのも日産である。そして，ゴーン氏の逮捕後，日産を取り仕切り始めたばかりの西川廣人社長兼最高経営責任者（CEO）が，自らの不正報酬問題を受けて辞任した。しかしながら，権力闘争・社内抗争の視点はあっても，日産の歴史を踏まえた組織文化の視点から，なかでも現場の視点から，日産の経営者問題が論じられることはない。

　周知のように，日産は，20世紀末にフランスのルノーと提携を結び，2016年に三菱自工を傘下に収めた。2019年現在，ルノーとの統合を睨み，両国の政府を巻き込みながら激しいやりとりを演じている。日産は大がかりな資本の統合や提携を行ってきた会社として有名であるが，半世紀あまり前，プリンス自動車工業と合併したことに思いを馳せる人はほとんどいないであろう。

　日本の自動車産業は，戦後に再出発を図り，先行する外国企業の背中を追った。どうにか国際市場でやっていける算段がついた矢先，貿易と資本の自由化を迫られた。生き残りをかけた一策が，日産とプリンス自動車との合併であった。しかし，大企業どうしの合併の常であろう，うまくいったとは言い難かった。なかでも問題になったのが，労働組合どうしの関係である。両社の労組は異なるナショナルセンターの傘下にあり，合併にさいして激しい衝突と混乱が生じた。

　プリンスの労働者は，合併前から日産側の労組に熱心に勧誘され，拒む者は

やがて嫌がらせを受けるようになった。取り囲まれ，暴力を受け，仲間はずれにされ，仕事を干され，四六時中監視された。「天皇」と称された日産側の労働組合のトップは，経営側のトップと親密な関係を築き，プリンス側の労組に残った人たちを率先して排除した。日産労組の異常ともいえる体質は，当時，話題にのぼった。新聞や雑誌で取り上げられ，国会でも「日産自動車株式会社の労使紛争に関する質問」が提出された（昭和54年第87回国会）。しかし，日本社会は右肩上がりの経済成長を遂げ，「日本的経営」の下で「ゆたかさ」を謳歌した時代である。その最中に起きた「労使紛争」はすぐに忘れ去られた。

　それから時が経ち，日本経済が失速し，日産も90年代になると深刻な業績悪化を隠せなくなった。日産側の組合トップは，新しい経営者と権力闘争を繰り広げ，80年代末には失脚させられていた。会社を「食い物」にした独裁者として糾弾され，日産を凋落させた張本人として断罪され，社員は「被害者」として振る舞うようになった。そして，冒頭で述べたように，90年代末，日産は再起をかけてルノーと提携を結び，ゴーン氏を招き入れ，「Ｖ字回復」を遂げたとして評価されたわけだが，再び，カリスマ性のある指導者が失脚させられた。この狂騒劇も，独裁者の個人的な醜聞として幕引きとなり，ほとんどの社員は「被害者面」して終わりそうである。日産の2019年4〜6月期決算によると，本業のもうけを示す営業利益は前年同期比98.5％減の16億円である。日産は，業績改善に向けて，2022年度までにグループ全従業員の約1割にあたる1万2500人規模の人員を削減する予定であると発表した。

　日産という会社は，絶大な影響力を持つ実力者を生み出しては権力闘争の末に失脚させ，「上」から「改革」させる過程で再び権力者を君臨させる，という派手な歴史を繰り返してきた。対照的に，平の労働者は，組織運営上，そして歴史の記述の上で，表にでることはほとんどない。トップダウンの「改革」と「リーダーシップ」を（表向きは）歓迎し，やがて権力闘争の動向を現場から冷ややかにうかがうようになり，権力者の交替を見据えて「やり過ごす」ようになる（伊原亮司『トヨタと日産にみる〈場〉に生きる力──労働現場の比較分析』桜井書店, 2016年）。このような日産の歴史のなかで，例外的といえよう，プリンスの労組に残った人たちは，労働者に犠牲を強いる合併や提携に対して決然と異議を申し立ててきたのであり，会社を窮地に陥らせた経営者の責任を問うてきたの

である。

　本書がプリンス側の労組およびその組合員を取り上げる理由は、「日本的経営」の時代には「労使協調路線」を先導し、日本経済が低迷すると「市場原理に基づく改革」を進め、日本の財界において主流の労務施策を牽引してきた日産において、ステレオタイプな日本人労働者像とは異なる人たちがいた事実を表舞台に出したいからであり、大型の合併・提携を行ってきた日産という組織の「成功物語」を現場の視点から、なかでも異議を申し立ててきた「少数派」の視点から捉え直したいからである。

　ただし、本書は日産という組織の社会史的研究にとどまらない。現代社会における経営と働き方に対するインプリケーションがある。

　一つに、合併による現場への影響についてである。市場原理に基づく組織の吸収合併や切り売りは、今では珍しくない。しかし、働く者たちは、市場の原理にのみ則って動いているわけではない。職場で人間関係を築き、居場所を確保し、尊厳を損なわれれば怒りや反発を覚え、仕事量が許容範囲をこえれば体調を崩し、「自衛」のためにこっそり手を抜くこともある。市場原理に基づく経営や管理が徹底されれば、短期的にはコストが削減され、株価が上昇し、利益が出るかもしれないが、働く場において無理が生じ、長期的には「禍根」を残すこともありうる。経営管理制度の一本化や重複する店舗・部署の統合や整理には時間がかかり、合併前の所属先を引きずって覇権争い・派閥争いに明け暮れたり、会社の文化や風土の違いが軋轢を生んだりすることもある。それらの「代償」は誰が払わされるのか。合併前後の混乱が世間に漏れ伝わることはあっても、その後の経過が、なかでも長期スパンの現場への影響が、地道に検証されることはまずない。合併から半世紀が経つ日産とプリンスの事例を'いまさら'取り上げることの大きな意義はこの点にある。

　二つに、会社にもの申す労働組合や人たちの存在意義についてである。新自由主義の思想が広まるなか、労働組合は競争力強化の足かせになるとして、経営側から露骨に忌避されるようになった。そして、労働者からも離反を招いている。正規社員からすれば、賃金アップを期待できない組合に組合費を払う意味を見いだせず、非正規社員からすれば、自分たちの「犠牲」の上に正社員の雇用を守ってきたとして反感を抱いている。組合に対する反発や無関心は、労

働者の組合組織率の低さに表われている。しかし，組合軽視の傾向が強まったからといって，過酷な職場環境や劣悪な労働条件が改善されたわけではない。むしろ，雇用不安はおさまらず，ハラスメントや鬱病に悩まされる人は増加傾向にあり，過労死や過労自殺に追い込まれる人は後を絶たない。このような状況が続くなかにあって，理不尽な処遇の改善や不当な解雇の撤回を強く要求してきた労組や労組員の存在に注目し，ステレオタイプな「日本人労働者」とは異なる人たちの活動を検討することに意味がある。

　三つに，これからの働き方についてである。経営者団体が音頭をとって「多様な働き方」を推し進め，国会でも「働き方改革」が審議されてきた。働く側のなかにも，組織の拘束や集団主義的な管理を嫌い，「選択肢」と「自由度」が増すことを好意的に受けとめる人はいる。しかし，わたしたちは，「多様な働き方」の実際の姿に気づいてしまった。雇用形態や労働条件を望み通りに選べる人は多くなく，働き方や働く先を変えたところで労働条件が良くなる可能性は低い。では，被雇用者の選択肢とは，従来通りの組織依存的な働き方，あるいは「リスク」を覚悟した上での「自由な働き方」，その二者択一なのであろうか。プリンスの労組に残った人たちは，日産で働き続けながらもいわゆる「会社人間」とは異なるスタンスを貫いた。彼ら・彼女たちから，文字通り「多様な働き方」の実践例の一つを学ぶことができる。

　プリンス側の労組に残った人たちの数は知れている。彼ら・彼女たちの存在をもって，日産の労働者像を，ひいては日本企業の労働者像を書き換えると言うつもりはないし，今後の働き方を代表すると言い張るつもりもない。しかし，少数派の存在を無視することも適切ではない。なぜなら，組織や社会の文化的特徴は，多数派と少数派との〈関係性〉に顕著に表われるからであり，黒と白のコントラストにより浮かび上がる絵のようなものであるからだ。とりわけ，多様性の尊重が謳われる時代にあって少数派に対する〈扱い〉こそが，社会のあり方を端的に表わすからである。そして，いまや雇用の非正規化が進み，個人をベースとした管理が広がり，労働者は孤立しがちである。すなわち，誰もが「少数派」になりうる時代にあって，長らく少数派として働いてきた人たちから学べる点があるからだ。

　本書は，日産との合併後もプリンス側の労組に残った人たちの半世紀を追い，

日本の「企業社会」における組織像，労働組合像，社員像に修正を迫る。そして読者には，自らの働き方に引き寄せて読んでもらいたい。少数派として働き通した者たちの経験から，そして組織内の多数派の人たちの境遇からも，自らの働くスタンスについてなんらかの示唆を得ることができるであろう。

　なお，本研究の一部は文部科学省科学研究費（25380665）の援助を受けた。

目　次

はじめに　3

第1章　日産とプリンスの合併：経緯と背景………………17

　Ⅰ　自動車産業の誕生と成長：黎明期から戦後の再出発　17

　Ⅱ　プリンス自動車工業の歴史　19

　　1　中島飛行機株式会社　19

　　2　立川飛行機株式会社　22

　　3　新生プリンス自工の誕生　24

　Ⅲ　日産との合併計画　26

　　1　自由化圧力　26

　　2　自由化を控えた産業政策　28

　　3　合併のいきさつと条件　30

　　4　合併計画の反響　32

第2章　合併にともなう問題：異なるナショナルセンター
　　　　傘下の労働組合……………………………………33

　Ⅰ　経営組織の統合の難しさ：独自の歴史，異なる管理制度，
　　　固有の文化　33

　Ⅱ　労働組合の統合と対立　37

　　1　日産自動車労働組合の労使協調路線　37

　　2　全国金属プリンス自工支部の階級闘争路線　40

　　　ⅰ）中島飛行機の労働組合　40

　　　ⅱ）立川飛行機の労働組合　44

　　　ⅲ）連合会と組織統一　46

　　3　拙速な統一　50

　　　ⅰ）日産労組のスタンス　51

　　　ⅱ）プリンス支部の反応　51

　　　ⅲ）日産労組による呼びかけ，切り崩し，取り込み　53

　　　ⅳ）「除名」へ　60

ⅴ）組織統合から制度統一へ　62

第3章　暴力と差別 …………………………………………… 67
　Ⅰ　組合員の略歴：「陳述書」から　69
　Ⅱ　暴力事件　74
　Ⅲ　単発的なつるし上げ　78
　Ⅳ　職場での排除　80
　　1　「職場八分」　80
　　2　「仕事干し」　82
　　3　同僚の「本心」と排除される側の心理　83
　　4　排除の正当化　84
　　5　密な監視と細かな報告　85
　Ⅴ　差別的処遇　87
　　1　職級差別と賃金差別　88
　　2　不当配転と職掌差別　90
　　3　頻繁な「応援」　92
　　4　残業・夜勤から外される　92
　　5　教育訓練・資格取得の機会剥奪　93
　　6　女性差別　94
　Ⅵ　支部組合員の減少　96

第4章　少数派組合の「反撃」：法廷闘争を中心に ……………… 97
　Ⅰ　運動方針　97
　Ⅱ　重点的な取り組み方：職場闘争から法廷闘争へ　97
　Ⅲ　差別の撤廃：支部を守る　104
　　1　労働組合として認めさせる闘い：「財産権」と「団交再開」　104
　　2　「暴力事件」の損害賠償請求と謝罪要求　108
　　3　残業・夜勤差別の撤廃闘争　108
　　4　賃金差別の撤廃闘争　110
　　5　不当な職種転換や配置転換を撤回させる闘い　111
　Ⅳ　労働環境の改善に向けて：全社規模の影響力　115
　　1　職場環境と労働条件の改善　115

2　技術選択　121
　　3　企業ぐるみ選挙に対する反対運動　123
　　4　厚木自動車部品解雇事件の支援　125
　Ⅴ　労働者の権利と尊厳を守るために：日産という枠をこえて　127

第5章　少数派の中の少数派の取り組み：女性組合員の
　　　　活動 ……………………………………………………129
　Ⅰ　婦人部の再建　129
　Ⅱ　女性差別撤廃運動　130
　　1　定年差別撤廃運動　131
　　2　家族手当差別撤廃運動　135
　Ⅲ　少数派でも変えられる，少数派だから変えられる　139
　　1　少数派の中の少数派の苦労　139
　　2　組織の外に目を向ける　141
　　3　少数派だからこそ変えられる　146

第6章　働く場における「存在感」……………………………149
　Ⅰ　生産増への対応に追われる現場　150
　Ⅱ　完全な「仕事干し」は無理　153
　Ⅲ　全金支部組合員の労働倫理：規制と規律　154
　Ⅳ　自らが起点となり職場を改善する　156
　Ⅴ　日産労組員の複雑な心境：うっとうしい，うしろめたい，
　　　うらやましい　161
　Ⅵ　日産労組員への働きかけ　162
　Ⅶ　日産労組員からの支援　165
　Ⅷ　職場による違い：製造現場での助け合い，
　　　事務所での陰湿な嫌がらせ　166
　Ⅸ　組織拡大：日産労組から全金プリンス自工支部へ　171
　Ⅹ　全金日産自動車支部　174

第7章 労働戦線の再編成:「連合」の誕生と全金日産支部の再分裂……177

- Ⅰ 再編と混乱 177
  - 1 統一推進会,統一準備会,全民労協,全民労連,そして連合へ 177
  - 2 統一促進懇,統一労組懇から全労連へ 178
  - 3 全国金属の混乱:追随と反発 179
  - 4 全金日産支部の対応:全金からの脱退,JMIUへの加盟 182
  - 5 支部の再分裂 183
- Ⅱ 塩路一郎の失脚と規制なき合理化 186
  - 1 塩路の失脚と新しい包括的労働協約 186
  - 2 歯止めがきかなくなった合理化 189
- Ⅲ もうひとつの「組合問題」の解決に向けて 192

第8章 全面解決闘争と「和解」……195

- Ⅰ 「労使関係正常化・全面解決闘争」 195
- Ⅱ 「全面和解」 201
  - 1 「和解」の経緯 201
  - 2 「和解」の成果 203
- Ⅲ 支部内の意見調整 205
- Ⅳ 新しい「行動規範」の制定 209
- Ⅴ 「和解」時の人事部長 211
- Ⅵ 職場の「和解宣言」 216
- Ⅶ 団交再開 218

第9章 市場原理に基づく「改革」と2つの労働組合の反応……221

- Ⅰ 大規模な合理化と労働組合の対応 222
  - 1 賃金制度改定 222
  - 2 働く場への合理化の浸透:JIT 224
  - 3 大規模な配置転換と働かせ方の柔軟化 225
  - 4 組織の閉鎖・売却・再編 228

        5　日産労組の執行部の対応と組合員の反応　232
　Ⅱ　ルノーとの「提携」と日産リバイバルプラン　237
        1　提携までの経緯　238
        2　提携発表に対する2つの組合の反応　239
            ⅰ）日産労組　239
            ⅱ）JMIU日産支部　240
        3　日産リバイバルプラン：製造現場の「改革」を中心に　241
        4　現場への影響　243
        5　村山工場の閉鎖と組合の対応　245
            ⅰ）日産労組　245
            ⅱ）JMIU日産支部　247
　Ⅲ　存在意義が問われる日産労組，実効性が高まった
　　　JMIU日産支部　251

第10章　「改革」の犠牲者の支援：組織のウチとソトをつなぐ……255

　Ⅰ　非正規社員の切り捨て：違法な雇用形態と雇い止め　256
　Ⅱ　下請会社の労働者へのしわ寄せ：精神疾患　260
　Ⅲ　メンタルヘルスの悪化は日産本体の正社員も　263
　Ⅳ　使い捨てにされる労働者，心を病む人たち，
　　　不信感に満ちた職場　266
　Ⅴ　組織のウチとソトをつなぐ，働く場を継続的に改善する，
　　　働く者の文化を教える　268

第11章　「会社人間」とも「独立独歩」とも異なるキャリア：「社会」に足場を持つ……271

　Ⅰ　境の経歴　271
　Ⅱ　合併までの仕事　272
　Ⅲ　合併からの二十数年間：隔離された日々　273
　Ⅳ　「和解」後　281
　Ⅴ　組合員としての活動：現役中から退社後にかけて　282
　Ⅵ　同期入社者たちのキャリア　283

  Ⅶ 失脚後の塩路からのアプローチ 284
  Ⅷ 会社に振り回されたのは誰か 286

終　章　最後の組合員……………………………………289

補　章　職場をつくる労働組合………………………………297
  Ⅰ 労使協調的な企業内組合：規制より参加 300
  Ⅱ 個人加盟ユニオンの台頭：ソト側からの異議申し立て 305
  Ⅲ 少数派組合の研究：ウチ側からの規制 307
  Ⅳ 本研究により明らかになった知見：ウチとソトから
    多元的に職場をつくる可能性 313

おわりに：誰もが「少数派」になりうる時代に………………319

資　料 333

参照文献 352

索　引 363

合併の代償
日産全金プリンス労組の闘いの軌跡

第1章　日産とプリンスの合併：経緯と背景

I　自動車産業の誕生と成長：黎明期から戦後の再出発

　日本の自動車産業の黎明期は1930年代である。それ以前から好奇心旺盛な個人事業主や莫大な資本を持つ資産家たちが自動車製造を試みてはいたが[1]，のちの2大メーカーが本格的に自動車産業に参入したのは30年代である。日産自動車株式会社（以下，日産）の創業は1933（昭和8）年であり，トヨタ自動車工業株式会社（以下，トヨタ自工）は1937（昭和12）年である。

　戦時期，外国資本を排除して自国産業を育成することを目的とした戦時統制立法が制定された。1936（昭和11）年に「自動車製造事業法」が定められ，日産と豊田自動織機自動車部（トヨタ自工の前身）だけが自動車製造を許可され，しばらくして東京自動車工業（のちのヂーゼル自動車工業，現在のいすゞ自動車）が加えられた。米国の3大メーカーは，ほどなくして日本から撤退した。フォードは1925（大正14）年，GMは1927（昭和2）年，クライスラーは1929（昭和4）年に，それぞれ日本で現地生産を開始し，第二次大戦の開戦年である1939（昭和14）年に日本から引き揚げた[2]。

　かくして，日本企業が国内の自動車生産を独占するようになった。しかし，戦前の自動車生産台数のピークである1941（昭和16）年でも，四輪車は4万6498台，三輪車・二輪車を含めても5万3760台にすぎず，しかもそのうち4万2813台は普通自動車のトラック・バスが占め，乗用車の生産はほとんど行われていなかった[3]。戦況が深まるにつれて，一般車両ではなく戦車や装甲車などの戦

---

1) 現存する自動車製造会社・販売会社の起業家にかんする評伝や研究は数多い（宇田川・四宮 2012など）。ただし，彼らより前に自動車の開発に挑戦するも失敗し，自動車産業の歴史から消えた人たちがいる。国内自動車生産の先駆者については，佐々木（2004，2005）が紹介している。
2) 戦前から戦中にかけての自動車産業や自動車企業の歴史については，四宮（1998），大場（2002），呂（2011）が詳しい。
3) 通商産業省監修『自動車統計年表 1965年』2頁より。

闘車両工業に生産資源が重点的に配分され，戦争末期には，車両よりも航空機が戦力の中心になり，自動車産業は航空発動機や船艇エンジンの生産を担うようになった[4]。車両全般の生産台数は下降の一途をたどり，四輪車は1943（昭和18）年2万5879台，1944（昭和19）年2万1762台，1945（昭和20）年前半期（4月～8月）6726台と激減した[5]。

1945（昭和20）年9月25日付連合国軍最高司令官総司令部（GHQ）メモランダムは，第8項で，軍需産業から平和産業へ転換するという条件で自動車産業の存続を認めたが，生産車両をトラックに限定した。1946（昭和21）年の四輪の国内生産台数は，1万4921台にすぎない[6]。自動車産業の成長の起爆剤になったのは，皮肉にも，朝鮮戦争による特需である。米軍の軍用車の生産や修理の依頼が舞い込んだ。

GHQは，1947（昭和22）年6月に乗用車生産の許可を下した。年間300台からの再出発である。1949（昭和24）年8月に生産制限は撤廃されたものの，同年5月から米国軍人・軍属の中古車払い下げが始まり，1951（昭和26）年から有為替輸入[7]が認められ，国内自動車販売に占める外国車比率は急上昇した。国産車比率は1953（昭和28）年の時点で26％まで低下した[8]。

昭和30年代の中頃になると，自動車の生産・販売台数は飛躍的に増加した。依然として需要の多くをトラックが占め，乗用車の需要も法人や営業が多く，自動車の個人所有は一部の富裕層に限られていたが，1960年代半ばにいざなぎ景気を迎えると，いわゆる3C（カラーテレビ，クーラー，自動車）の耐久消費財が「新・三種の神器」と喧伝され，ようやく一般大衆向けの自動車の生産が増えた。1966（昭和41）年はのちに「マイカー元年」と呼ばれる年であり，本格的なモータリゼーションの幕開けである。勤労者層に乗用車が急速に普及し

4）大場（2002）108頁。
5）『自動車統計年表 1965年』2頁より。
6）同上，3頁。
7）為替による代金決済をともなう輸入が「有為替輸入」であり，ともなわない輸入が「無為替輸入」である。
8）日産自動車株式会社総務部調査課『日産自動車三十年史』（以下，『日産三十年史』と略）309頁，日産自動車株式会社社史編纂委員会編『日産自動車社史 1964-1973』（以下，『日産四十年史』と表記）1頁。

ていく。日本の自動車生産台数を国際比較すると，1966 (昭和41) 年，乗用車・トラック・バスの合計は，米国，西独に次いで世界3位であり，乗用車に限れば，米，西独，仏，英，伊に続き6位である[9]。日本車が国際市場の一角を占め，存在感を示すようになった。日産とプリンス自動車工業株式会社 (以下，プリンス自工) との合併話が持ち上がったのはこの頃である。

以下，合併の経緯と社会的背景を詳述するが，その前に，プリンス自工の歴史を簡単に振り返っておこう。

II プリンス自動車工業の歴史

プリンス自工は，二つの会社を源流に持つ。一つは中島飛行機株式会社 (以下，中島飛行機) であり，もう一つは立川飛行機株式会社 (以下，立川飛行機) である。社名が示すように，プリンス自工のルーツは飛行機会社である[10]。

1 中島飛行機株式会社

中島飛行機は，1917 (大正6) 年5月，退役海軍大尉の中島知久平[11]が群馬県の尾島町 (現・太田市)[12]に飛行機の研究所を開くところから始まる[13]。将来の

---

9) 『自動車統計年表 1968年』26-27頁。
10) 以下，プリンス自工の歴史は，『日産四十年史』，日産自動車株式会社編『プリンス自動車工業社史』(以下，『プリンス自工社史』と略) による。なお，プリンス自工の時代には，社史は編纂されていない。日産自動車と合併した後，日産の社史用に準備されたのが『プリンス自工社史』であり，その一部が『日産四十年史』に収められた。
11) 中島知久平の伝記は，毛呂編 (1960)，豊田 (1989)，渡部 (1997)，髙橋 (2003) がある。
12) 以下，地名や役職は当時のものである。
13) 中島飛行機の開発や製造にかんする研究や証言の記録はいくつか存在する。中川・水谷 (1985) は当事者の立場からエンジンの歴史と設計過程のエピソードを紹介し，前川 (2000) はエンジニアの視点から生産状況の記録を残し，髙橋 (1988) と佐々木 (1992) は生産や管理のシステムについて，大河内 (1993) と佐藤 (2016) は経営管理の体制について調査・分析している。また近年，工場労働について，動員された側の立場から記録を残そうという動きが出てきた。製作所・研究所や疎開先の分工場への工具と学徒の動員および朝鮮人労働者の強制連行については，齊藤 (1990)，武蔵野の空襲と戦争遺跡を記録する会 (2003)，正田 (2011)，西 (2015) 第4章，髙柳 (2015)，竹内 (2015) 第2章第5節，第4章第9節，第7章，NHK「戦争証言」プロジェクト編 (2015) 31-76頁が，女学生の動員と戦後については，桜蔭高等女学校十八回生有志「戦中女学生の記録の会」編 (1989) と吉見

国防における航空機産業の重要性にいち早く気づいた中島は，自ら軍籍を退き，日本初の民間の航空機研究所を設立した。同年12月10日，同県新田郡太田町（現・太田市）に移り，正式に「飛行機研究所」の看板を掲げた。施設は非常に小規模であり，従業員は中島所長以下9人である。運営資金は，地元の篤志家から援助してもらっていたが，神戸の実業家である川西清兵衛の支援を得て，1918（大正7）年5月に「合資会社日本飛行機製作所」に改称した。本社は東京市（現・東京都区部に相当）の日本橋に設けた。その後，三井物産株式会社の出資により財政基盤が整い，社名は「中島飛行機製作所」とした。

　試作機の段階は苦労の連続であった。1919（大正8）年2月の試作機でようやく良好な結果をだし，陸軍から注文を受け，量産体制に入った。軍部による民間飛行機会社への発注は，これが初めてである。1924（大正13）年3月，東京近郊の井荻村（現・杉並区）に東京工場を建設し，その2年後には，敷地面積6万2000平方メートル，建物約1万3000平方メートル，工作機械190台，従業員数約200人にまで拡大した（東京工場は1943（昭和18）年10月に荻窪製作所と改称）。

　元号が昭和になると，国策として純国産機の開発が奨励されるようになり，航空機産業は飛躍的に発展を遂げた。中島飛行機製作所は，「寿」をはじめ，「光」，「栄」，「護」，「誉」など，国産発動機を次々と誕生させた。1931（昭和6）年12月15日，資本金を1200万円に増強し，「中島飛行機株式会社」にした。社長には，知久平が政界進出したのを機に，実弟の中島喜代一が就任した。1934（昭和9）年に太田本工場を竣工し，軍用機と民間機の機体の量産を開始した。

　1937（昭和12）年7月に盧溝橋事件が勃発し，日中戦争が長期化するなか，国家が資本を投入して航空機関連の製作所や工場を設立し，中島傘下の製作所も相次いで軍の管理工場に指定された。第2次大戦に突入すると，軍用機の需要が飛躍的に高まり，中島飛行機も増産に次ぐ増産を要請され，民間機の生産を中止して軍用機の生産に専念した。戦争も末期になると，生産物資が欠乏し，

（2014）上：第3章第3節，下：第7章第4節が，空襲による犠牲の実態については，牛田（2011）が，それぞれ記述している。太田市企画部広報広聴課編（1995）は中島飛行機にかんする証言を広範にわたり収集し，富士重工業株式会社群馬製作所編（2001）は中島飛行機および中島知久平関連の史料を包括的に整理している。

生産者の人手が手薄になり，重要産業に対する国家管理が一層強化された。中島飛行機は第一軍需工廠に指定され，正式に国家管理のもとに置かれた。1945（昭和20）年4月頃には，中島飛行機は，傘下工場（疎開工場を含む）およそ500，総従業員数約25万人にも達する，巨大企業に発展した。

終戦を迎えると，中島飛行機に対する国家管理は解除された。1945（昭和20）年8月18日，奇しくも軍需大臣になっていた知久平の通達により，航空機関連兵器製作は即時中止になり，中島飛行機の全施設も同日付をもって国家管理を解かれた。同年9月2日，GHQが設置され，正式に陸海軍の解体および軍需工場の停止の命令が発せられた。

中島飛行機は，社名を富士産業株式会社（以下，富士産業）に変更し，事業目的を紡績と漁網・農具・車両の製造販売に改め，民需産業への転換姿勢を示した。ところが，財閥解体の一環として，全役員の更迭と15の会社への分割を総司令部から命じられた。当初の15社構想に修正が加えられ，12の新会社の設立が1950（昭和25）年5月に許可された。富士産業の第二会社[14]の一つとして，富士精密工業株式会社（以下，富士精密）が同年7月12日に発足した（図1-1）[15]。

富士精密は，荻窪と浜松の工場を合わせて，従業員約千人の会社であり，代表取締役には新山春雄が就任した。荻窪工場が本社機能を備え（のちに東京工場と改称），民需転換後の主力製品は，漁船用エンジンの「栄光」と「栄福」，フジセントラル映写機などである。浜松工場はミシンを転換品目に選んだ[16]。

---

14) 「第二会社」とは，第2次大戦後，戦災，軍需発注の停止，海外資産の消失などにより経営難に陥り，「企業再建整備法」に基づいて新設された会社を指す。
15) ちなみに，12社のうちの5社が，富士重工業株式会社の源流である。富士産業の第二会社であった富士工業株式会社，富士自動車工業株式会社，大宮富士工業株式会社，東京富士産業株式会社，宇都宮車輛株式会社が共同出資して，富士重工業株式会社を設立した。したがって，通俗的な表現をすれば，プリンス自工と富士重工は「兄弟会社」である。なお，「スバル（昴）」は，富士重工業が展開した自動車製造部門のブランド名であったが（2017（平成29）年4月1日付で株式会社SUBARUに社名変更），スバルのエンブレムに描かれた大1と小5の星は，5つの会社が1つになって富士重工業が設立されたという，会社の設立経緯に由来したものである。詳細は，日産プリンス東京販売（株）50年史編纂室編『プリンス東京50年のあゆみ』11頁，富士重工業株式会社社史編纂委員会編『富士重工業三十年史』69-77頁，同編『富士重工業50年史』27-38頁。
16) 浜松製作所は，終戦直前には8000人もの従業員を抱え，航空発動機を製造していた。高度な精密技術を活かし，戦後はミシンの製造に転換した。

図1-1 中島飛行機の系譜

2 立川飛行機株式会社

　株式会社石川島造船所（現・株式会社IHI）は，関東大震災直後の不況期に企業再建の一策として「東京石川島造船所飛行機部」を立ち上げ，1924（大正13）年11月1日，「石川島飛行機製作所」を設立した。これが，プリンス自工のもう一つの源流である。工場を東京の月島に建て，のちに東京の立川に移転し，1936（昭和11）年7月，社名を「立川飛行機」に変えた[17]。主に陸軍関係の戦闘機，爆撃機，練習機の生産を担い，通称「隼」として有名な一式戦闘機を製造したことで知られる。なお，この戦闘機は，中島飛行機が設計・製造し，立川飛行機が生産を引き継いだ経緯があり，両社はこの時点ですでに縁があった。

　第2次大戦の終結により，軍需産業は停止を命じられ，中島飛行機と同様，立川飛行機も民需転換を迫られた[18]。その時に目を付けたのが，自動車産業である。立川飛行機の子会社である高速機関工業株式会社[19]が「オオタ号」という車名の自動車をすでに製造していたこともあり，将来性が見込まれる自動車会社への転身を企てた[20]。立川飛行機は，約2500人の人員を残留させ，自動車会社として再出発を図った。もっとも当初は，ほとんどの社員は敗戦で意気消沈し，「鍋や釜を作ろう」，「田舎に帰ろう」といった後ろ向きの話しかでな

17）この時代については，三田（1987）上：168-170頁，三田（1987）中：19-23, 58-61頁が詳しい。

18）工員数（学徒を含まず）は，1945（昭和20）年2月17日に最多（2万5000人）になった。ただし，同日を境に欠勤率も15％から40％へと急上昇した。同年9月18日，全従業員が解雇され，清算および整理要員として900人が再雇用された（三田1987，下：162, 166-167頁）。

19）太田祐雄が1912（明治45）年に太田自動車製造所を設立し，1935（昭和10）年，三井物産が増資して業務を引き継ぐ形で高速機関工業株式会社を立ち上げた。1937（昭和12）年に立川飛行機の傘下に入り，戦後，自動車生産を再開した。なお，高速機関工業は，1952（昭和27）年にオオタ自動車工業と社名を変更し，1954（昭和29）年に事実上倒産し，翌年，会社更生法の適用を受けた（『会社銀行80年史』東洋経済新報，1955年，335頁）。

20）『プリンス自工社史』19頁。

かったようである。外山保（のちのプリンス自工専務，プリンス自動車販売社長，日産プリンス自動車販売社長）が中心となって自動車製造に取りかかった[21]。

ところが，生産計画を立てた矢先，立川工場の残存施設は米軍にことごとく接収され，1946（昭和21）年11月，米軍の自動車修理廠に指定された。立川飛行機は，同年12月，200人の要員を引き連れて，東京都北多摩郡府中町（現・府中市）の日本小型飛行機株式会社の遊休工場を借り受けて移転した[22]。移転完了に先立つ11月，試作電気自動車2台を完成させた。ガソリン車である「オオタ号」の荷台の下にバッテリーを積み，ボンネットの下にモーターを入れただけであるが，当時，ガソリンは価格と配給を統制されて稀少であったため，バッテリーで走る電気自動車に着目したのである。

1947（昭和22）年の年頭に，独自設計のボディーを持つ試作トラックを完成させ，同年4月に2人乗りのトラック第1号を世に送り出した。車名は生産地にちなみ「たま」とした。同年5月に乗用車第1号を完成させ[23]，6月に「東京電気自動車株式会社」（以下，東京電気自動車）と社名を変更した。

1948（昭和23）年3月，商工省（のちの通商産業省，現在の経済産業省）主催の第1回電気自動車性能試験で，「たま号」は1位を獲得した。品質の高さが証明され，世間の認知度が高まり，需要が急増した。その後も漸進的な改良を施した試作車や完成車を発表し，量産体制を整えた。

しかし，需要が増えたといっても，月産10～20台である。立ちあげコストは回収できず，販売体制は整備されず，慢性的な資金不足に悩まされていた。そのような折，外山取締役の舅である鈴木里一郎の仲立ちで，ブリヂストン株式会社（以下，ブリヂストン）の社長，石橋正二郎の支援を受けることになった。1949（昭和24）年2月，資本金を700万円に増資し，社長を鈴木にして，経営強

---

21) 外山保「プリンス自動車の誕生」，田中次郎「自動車屋としてスタート」（睦会『プリンスの思い出』所収，3-6頁と6-9頁）。なお，睦会とは，旧プリンス自販のOB会である。
22) 外山保の回想による。「本社のほうは5万人いた従業員は1500人になっていたが，そのなかで200人ほど優秀な連中を連れ出し府中において電気自動車をつくることになった」（『プリンス東京50年のあゆみ』10頁）。
23) 「たま」号は，国内初の市販型電気自動車である。なお，この車は，最新型の電気自動車である「日産リーフ」の「先祖」として再び注目されている。

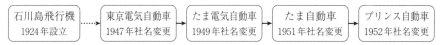

図1-2　立川飛行機の系譜

化を図った。同年11月30日，社名を「たま電気自動車株式会社」（以下，たま電気自動車）に改称し，工場を府中から三鷹に移し，さらなる飛躍の足固めをした。

ようやく経営基盤が整った。本章の冒頭で述べたように，朝鮮戦争の特需により，自動車産業は一挙に活気づき，たま電気自動車もこの流れに乗った。しかし，喜んだのもつかの間，ガソリン関連の規制の緩和・撤廃により，また米軍の鉛の買い占めにともなう蓄電池価格の暴騰により，電気自動車の経済的な優位性は決定的なダメージを受けた。同社はガソリン車への転換を早急に検討し，1951（昭和26）年6月に電気自動車の生産を打ち切った。

ガソリン車への転換にさいして，エンジンの製造は，飛行機会社から自動車会社への転業という社歴が似ており，また，過去に航空機の製造で関わりがあった富士精密に依頼した。手始めに，販路がすでに確保されており，製造が技術的に容易であるトラックを生産することにした。1951（昭和26）年11月28日，社名を「たま自動車株式会社」（以下，たま自動車）に改めた。

たま自動車は，トラックに続けて乗用車の開発に取りかかった。日本の市場や道路事情を考慮し，車種は小型車にした。シャシーをいちから設計し，当時の最新技術を搭載し，1952（昭和27）年3月に発売を開始した。車名は，皇太子の立太子礼が行われた年にちなみ，会長の石橋が「プリンス」と命名した。同年11月，車名に合わせて会社名を「プリンス自動車工業株式会社」（以下，プリンス自工）に変更する（図1-2）。1953（昭和28）年のはじめには，月産100台を突破した。

3　新生プリンス自工の誕生

富士精密とプリンス自工との合併話は，1950（昭和25）年頃に浮上する。富士精密とプリンス自工の前身であるたま電気自動車との間で，ガソリンエンジン製造の契約が本決まりになったときに持ち上がった。たま電気自動車の会長であった石橋は，ボディーとエンジンとを別々に製造することの非効率さを感じ

ており，また，かねがね自動車産業の将来性をにらんで大規模な自動車会社の設立を構想しており，合併話を富士精密に持ちかけた。このときは時期尚早ということで実現にはいたらなかったが，合併の第一段階として，石橋は1951（昭和26）年4月に日本興業銀行（現・みずほ銀行）の持ち株を全株額面で買い取り，富士精密の経営に取締役会長としてあたることになった。石橋は，先行する欧米諸国に伍していくには合併が不可欠であると考え，1953（昭和28）年に入ると再び合併話を持ち出した。両社は検討を重ね，ついに合併の運びとなった[24]。

1954（昭和29）年4月10日，両社は合併した。1対1の対等合併である（法律上は吸収合併であり，継続会社は富士精密）。両社の源流はともに飛行機会社であり，すでに取引があったこともあり，合併は円滑に進んだ。自動車の一貫製造会社として，新生「富士精密工業株式会社」が誕生した。

合併に先だって，1954（昭和29）年2月，両社は共同出資して「プリンス自動車販売株式会社」を設立した。新生富士精密は，生産設備を増強し，相次いで新車を発表し，販売網を拡充し，販売台数を着実に増やしていった。1954（昭和29）年3097台，55（昭和30）年4666台，56（昭和31）年6697台，57（昭和32）年8890台である。1957（昭和32）年4月に「プリンススカイライン」を，59（昭和34）年2月に「プリンスグロリア」を販売開始し，同社の主力車種はこの時期に出そろった。

新生富士精密は，自動車以外にも，ミシン，毛糸編み機，自動繰糸機[25]，無杼織機のジェットルーム[26]，映写機，航空機，ロケットなどの開発・製造・販

---

24)『プリンス自工社史』135-136頁。
25) 自動繰糸機とは，繭から生糸を自動的に巻き取り，太さを一定にそろえる機械である。立川飛行機が民需転換を求められたさい，生産品目として自動車に加えて自動繰糸機を採用し，1946（昭和21）年8月から開発に取り組んだ。苦労を重ね，1953（昭和28）年8月に商品化の目処が立ち，翌年3月20日に市販型商品の発売を開始した。1966（昭和41）年7月当時，プリンス製品は，自動繰糸機国内設置台数の85.4％を占めるほどの普及率を誇った（同上，20，58-78頁）。
26) 織機とは，経糸（たていと）に緯糸（よこいと）を交互に組み合わせてはたを織る機械であり，英国人のJohn Kayが緯糸を通すための杼（シャトル）を走行させる製造方法を1733年に発明して以来，基本的にはこの製織法が継承されてきた。プリンスは，杼を用いない織機（「無杼（シャトルレス）織機」）の開発に取り組み，ウォータージェット方式の織機を1964（昭和39）年6月に販売開始した。水圧を利用して緯入れする方法であり，優位性は，エネルギーが少なくてすみ，騒音がでない点にある。高速織機として世界的に評価され，

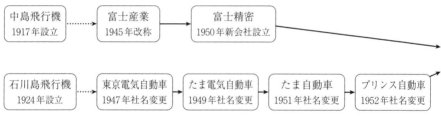

図1-3　新生プリンス自動車誕生までの系譜

売を手がけていたが，1960（昭和35）年末には，総売上高に占める自動車の割合が90％を超えた。1961（昭和36）年2月27日，社名を，商品名にちなみ「プリンス自動車工業株式会社」（以下，プリンス自工）に変更した（図1-3）。ミシンと編み機部門を別会社として分離し，浜松工場を閉鎖した[27]。

1962（昭和37）年4月に乗用車専用の新工場として村山工場を完成させ，同年7月に本格的な操業を開始した。翌年にはさらなる拡充を図り，すべての乗用車とエンジンの生産を村山工場に集約させ，三鷹工場をトラック専門の工場にし，荻窪工場でトランスミッションおよびアクスル関係のラインを増設した。1963（昭和38）年には，乗用車（軽四輪を除く）の生産・販売ともに国内3位の座を占めるまでに成長を遂げたのである[28]。

III　日産との合併計画

1　自由化圧力

第I節で明らかにしたように，日本の自動車産業は1960年代になると一大産業に成長し，地歩を固めつつあった。ところが，日本企業が国際市場で存在

国内よりも海外からの注文が多かった（同上，628-637頁）。
27）同上，468-469頁。1961（昭和36）年にプリンス自工は浜松工場を分離独立させ，リズムフレンド製造（株）という新会社（プリンス自工資本100％）を立ち上げた。1967（昭和42）年にリズム自動車部品製造（株）に社名を変更し，現在，THKリズム（株）の社名で経営を続けている。
28）四輪車の内訳は，乗用車（普通車・小型・軽），トラック，バスである。日産との合併直前（1965年実績）の業界内の順位は，軽を除く乗用車の生産台数はトヨタと日産に次いで3位，軽を含むと4位，四輪車全体で7位であった（『自動車統計年表　1966年』18-23頁）。

感を示すようになると、欧米諸国は日本に貿易や資本の自由化を要求し始め、自動車産業も例外ではなかった。

日本は、1952（昭和27）年8月にIMF（国際通貨基金）に、1955（昭和30）年9月にGATT（関税および貿易に関する一般協定）に加盟し、国際経済への復帰を果たすと、貿易自由化に向けた要請を受けるようになる。1960（昭和35）年6月、政府は「貿易・為替自由化計画大綱」を発表した。当時、国内企業の救済措置である関税障壁が高く、輸入には一定の制限が設けられていた。同年の時点で自由化率は41％であり、欧米諸国の水準には及んでいなかった[29]。「自由化計画大綱」は、3年以内に輸入自由化率を80％に引き上げることを目標に掲げた。翌年11月に開かれた「第1回日米貿易経済合同委員会」における米国側の要請もあり、自由化は「計画大綱」を上回るスピードで進んだ。

日本は、1963（昭和38）年2月、GATT 11条国（国際収支を理由に輸入制限ができない国）への移行を表明し、同年4月、IMF 8条国（国際収支を理由に為替制限のできない国）に移行して為替の自由化を受け入れた。翌年4月、OECD（経済協力開発機構）に加盟し、貿易外経常取引および資本取引にかんする自由化の義務を負うことになった。貿易、為替についで資本の完全自由化となれば、日本企業は外国企業と同じ土俵で競争することになる。しかし、この時点では、資本移動の完全自由化に耐えうるだけの競争力を具えていなかった。このように判断した日本政府は、対内直接投資や対内証券投資などを含む18項目については自由化義務を留保し、段階的に自由化を進めることで了承を取り付けた。

では、日本の自動車産業はいかなる段階を踏みながら自由化を進めていったのか[30]。1961（昭和36）年4月、まずはトラック、バスおよび自動車部品（エンジン、エンジン付きシャシーは除く）が自由化された。乗用車の輸入自由化は、1962（昭和37）年12月の乗用車政策特別小委員会の答申で1965（昭和40）年3月末

---

29) 『日産四十年史』3頁。
30) 以下、自動車産業にかんする為替・貿易・資本の自由化の経緯については、天谷（1982）173-181頁、中村（1983）256-261頁。

からと決められたが，実際には少し遅れて同年10月1日から実施された。1970（昭和45）年2月に中古乗用車が，翌年6月30日にエンジン関係（エンジンおよびエンジン構成部品，エンジン付きシャシー）が自由化され，自動車の貿易自由化は完成をみた。そして同年，資本も自由化の対象になり，1973（昭和48）年5月1日の第5次資本自由化により，自動車関連業種は既存，新設を問わずすべてが100％自由化業種になった。

2　自由化を控えた産業政策

かくして，日本の自動車産業は完全な開放経済体制下に置かれ，自由競争に晒されるようになった。しかし，完全自由化を目前に控え，外国企業と伍していけるだけの力を具えていなかった。政府はそのように判断した。通産省は，保護育成のための規制を緩めると同時に，産業組織を再編成して企業数を減らし，各企業の規模を大きくして競争基盤を強化しようとしたのである[31]。

1961（昭和36）年12月，「産業構造調査会体制部会」が開かれ，政府と産業界とが協力し合うことを確認し，長期的には産業資金の支援体制を整備するものの，当面は合併などにより企業活動を効率化することが必要であるとの意見をまとめた。政府はこの見解に基づき，政府，金融業界，産業界の連携をはかるために「特定産業振興臨時措置法案（特振法）」を立案し，1963（昭和38）年3月，第42回国会に提出した。独占禁止法の適用除外にかんする是非など，議論が噴出して審議はまとまらず，1964（昭和39）年2月に廃案になったが，その理念は引き継がれた。日本開発銀行（開銀）の融資計画のなかに自動車産業などを対象とした体制金融枠が設けられ，産業ごとに「官民協調懇親会」が結成された。1966（昭和41）年度から「租税特別措置」が実施され，合併や設備の廃棄を行った企業は，法人税の軽減措置を受けられるようになった[32]。

---

[31] 終戦直後から，外国車の輸入制限，海外企業に対する参入障壁の構築，政府系金融機関による低利の融資，海外企業との技術提携の働きかけなど，国策として自動車産業の保護・育成がはかられた。論者により政策の効果に対する評価は異なるが，渡辺（1990），李（1993），影山（1999），山崎（2003）などが，戦後の自動車産業の産業政策を概説している。

[32] 「特定産業振興臨時措置法案」の立案から廃案にいたる過程については，「新産業体制論と特定産業振興臨時措置法案」（通商産業政策史編纂委員会編『通商産業政策史　第10巻』47-90頁）。

自動車産業は，日本経済を支える主要産業に位置づけられ，政府主導の強化対象になった。1961（昭和36）年5月，「通産省産業合理化審議会産業資金部会」が乗用車工業の「3グループ化構想」を発表し，量産車，特殊車，ミニカーのグループごと2～3社にまとめる計画をたてた[33]。1962（昭和37）年9月，通産省は「産業構造調査会重工業部会乗用車政策特別小委員会」を発足させ，乗用車工業政策にかんする審議を開始し，同年12月に中間答申を行った[34]。「中間報告」では，自動車先進国に比べて日本は自動車の個人普及率が依然として低く，その理由として，道路整備が不十分であり，日本車がコストおよび性能で劣ることなどをあげ，改善の必要性を提起した。

　1960年代中頃になると，自動車会社どうしの提携が本格化する。1965（昭和40）年3月，日産と愛知機械工業が提携し，1966（昭和41）年10月，トヨタと日野自動車工業が業務提携を結ぶことで原則合意に達し，同年12月，いすゞ自動車と富士重工との間で業務提携が結ばれ，翌年11月，トヨタはダイハツ工業とも提携を行った。1967（昭和42）年までに，すなわち自動車産業の本格的な自由化が始まる前に，トヨタと日産を中心とした自動車業界の再編成はおおかた終了した。

　日産とプリンス自工との合併案は，このような時代背景のもとで浮上し，他の提携に先駆けて構想が練られたのである[35]。

---

33) なお，1963（昭和38）年5月に本田技研工業株式会社が四輪車部門に参入するのだが，そのさい，自動車会社を統廃合して数を減らそうとしていた通産省と激しくやり合った（塩田1995，339-394頁）。当時のホンダ社長の本田宗一郎は，通産省事務次官の佐橋滋とのやりとりをインタビューで語っている（Hondaのホームページ内の『50年史』「自由競争こそが産業を育てる」（最終閲覧日：2019年8月24日）より）。大物次官であった佐橋は，日産とプリンス自工の合併にも関与したと思われるが，当人は，「僕の出番は劇の最終に近いところで多少あったのにすぎない。」と自伝で述べている（佐橋1987，298頁）。

34) 「乗用車小委員会」の委員長は当時の日産社長の川又克二であり，委員には各メーカーの部長クラスが名を連ねた（『産業構造調査会重工業部会 乗用車小委員会中間報告 総論 各論』昭和37年12月13日）。

35) ただし，両社の合併は，市場の開放圧力に対する産業政策的な意図だけによるものではなかった。1964（昭和39）年頃から始まった深刻な不況により，企業倒産は未曾有の数にのぼり，産業基盤の強化の一環として複数の合併が画策され，この合併はその一つであった。大島（1986）によれば，自動車産業の需要構造が変化し，それに対応できる企業とできない企業との間で格差が大きくなり，自動車産業の再編成が不可避になったからである。前

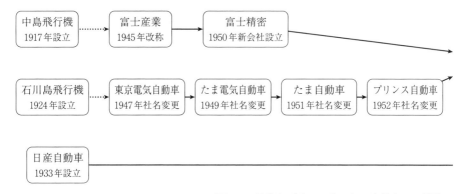

図1-4　日産とプリンス自工との合併までの系譜

3　合併のいきさつと条件

　プリンス自工との合併話は，日産に持って行く前，じつはトヨタに，そして東洋工業（現・マツダ）に持ちかけられたようである。しかし，通産省，プリンス自工会長の石橋正二郎，プリンス自工のメインバンクであった住友銀行，そして話を持ちかけられた会社の思惑が一致せず，合併にはいたらなかった[36]。

　1965（昭和40）年3月22日，当時の櫻内義雄通産相が川又克二日産社長を訪ね，プリンス自工との合併を打診した。同月26日，櫻内通産相，川又日産社長，石橋プリンス自工会長の三者会談が持たれた。詰めの作業は，両社の主力銀行の頭取に依頼し，日本興業銀行（興銀）の中山素平[37]と住友銀行（住銀）の堀田庄三がひそかに進めた。両社の合併は，4月中旬に大方の検討が終わり，5月中

　　　出の外山保によれば，資本の自由化への対応は理由づけにすぎず，事の真相は，ブリヂストン（BS）の利害にあった。BSはプリンスとの関係を密にしすぎると他社にタイヤを売りにくくなるため，プリンスを手放したと述べている（「何故プリンスは日産と合併したかその真相」，睦会『プリンスの思い出』所収，151-154頁）。本書の目的は，両社の合併理由を明らかにすることではないが，さまざまな思惑や複雑な背景があり，プリンス自工と日産との合併が決まったのである。
36) 三鬼（1967）29，36-40頁。1964（昭和39）年に石橋正二郎がトヨタに合併の話を持って行き，単刀直入に「プリンスを引き受けて欲しい」と切り込んだが，トヨタはその話を断った。この経緯については，のちにトヨタの社長になった豊田英二が回想している（豊田 1992，220頁）。
37) 川又は興銀出身であり，中山とは同期入行であった。また，出身校も同じく東京商科大学（現・一橋大学）であり，個人的にも親しい間柄であったため，合併の話は円滑に進んだ（川又・森川 1976a，80頁）。

第 1 章　日産とプリンスの合併：経緯と背景　31

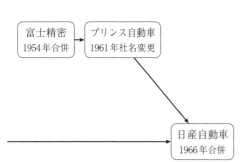

旬に大筋合意に達し，5月29日の夜，関係者5人の間で最終確認がなされた。合併の話し合いは終始，ごく少数で極秘裏に行われた。

休日明けの5月31日，合併覚書の調印が取り交わされた。立会人として中山興銀頭取，堀田住銀頭取が同席し，川又日産社長，プリンス自工の石橋会長と小川秀彦社長が，合併覚書の調印を行った（図1-4）。「覚書」の内容は以下の通りである[38]。

(1) 合併の時期　合併はおそくとも昭和41年末までに，できるだけ早い時期に行なう。
(2) 合併比率　両社の正味資産，収益状況，株価などを考慮し，両者協議のうえ正式手続を経て決定するが，現在の状況で判断すれば，ほぼ1対2程度であろう。
(3) 合併委員会　合併に関する細目はそれぞれの代表者による合併委員会（仮称）を設置し，検討のうえ決定する。
(4) 合併に当たり留意する事項
　　1　プリンスの車名ならびに車種　プリンスの車名は，合併後もこれを継続し，永久に残し，合併会社においても「プリンス」車種の発展をはかる。現在のプリンス車種の生産，改良を継続するのはもちろんである。
　　2　従業員に対する配慮　合併後の会社においては，旧日産系，旧プリンス系の融和をはかり，従業員の差別は行なわない。
　　3　代理店，協力工場に対する配慮　代理店，協力工場の商権は尊重し，合併に伴う混乱を生じないよう配慮する。

---

38) 以下，『プリンス自工社史』674-675頁。

翌1966（昭和41）年4月20日，川又日産社長と石橋プリンス自工会長は合併契約書に調印した[39]。
- (1) 合併方式　日産自動車は存続し，プリンス自工は解散する。
- (2) 合併比率　日産自動車の株式2株に対しプリンス自工の株式5株の割合
- (3) 合併後の資本金　398億円
- (4) 合併期日　昭和41年8月1日

「覚書」調印時，合併比率はプリンス1に対して日産2であったが，「契約書」調印時には1対2.5と，プリンス側にとって不利な条件に変わった。日産側の説明によると，プリンス自工の財務内容の悪さが原因であった。

4　合併計画の反響

日産は，プリンス自工と合併すれば，従業員の数や資本金の額でトヨタを抜き，日本一の自動車会社になる。「覚書」が取り交わされた翌日，新聞各社は合併計画のニュースを大々的に報じた[40]。

両社は，合併計画の発表後，その準備にすぐに取りかかった。1965（昭和40）年6月29日，日産は岩越忠恕副社長を8月1日からプリンス自工に副社長として派遣することを決定した。9月10日，両社は合併に向けた布石として，相互のディーラーのサービス提携を結んだ。開発・製造にさきがけて販売サービスネットが，日本最大規模になった。両社の合併の話は，先述した業界再編と産業政策に弾みをつけた。同年12月14日，通産省は自動車業界への融資の第1号として，日産とプリンス自工の合併計画に適用することを決め，一両日中にも40億円の融資を開銀に推薦すると発表した。

両社の合併計画は世間を大いに驚かせた。しかし，誰よりも驚いたのは当の社員であった。とりわけ，吸収される側にたつプリンス自工の社員であった。そして，次章から詳しくみていくように，合併計画は，驚き，期待，不安などの感情だけでなく，深刻な対立を引き起こしたのである。

---

39) 以下，同上，716頁。
40) 以下，『日産四十年史』8-10頁。

第2章　合併にともなう問題：異なるナショナルセンター傘下の労働組合

I　経営組織の統合の難しさ：独自の歴史，異なる管理制度，固有の文化

　合併計画を知ったプリンス社員の反応はさまざまであった。勤務先のさらなる飛躍に期待を抱く者もいれば，プリンス自工出身者の行く末に不安を感じる者もいた。業界最大手の社員になることを無邪気に喜ぶ者もいれば，日産社員になりたくない者もいた。現実はというと，すぐに問題が生じた。吸収される側のプリンス自工は混乱を極めた。プリンス自工は日産と比べれば規模が小さいとはいえ，従業員8500人を擁する大会社である[1]。戦前からの歴史もある。重複する部署の統廃合，管理制度や命令系統の一本化は容易ではない。インフォーマルな慣行や組織文化の融合ともなれば，なおのこと時間がかかる。合併覚書には「合併に伴う混乱を生じないよう配慮する」ことが明記され，プリンス社内では「対等な精神」に基づく合併と伝えられたが[2]，その後の経過をみると，言葉通りに受け取ることはできない。

　1966（昭和41）年8月1日，合併の運びとなった。巨大企業の誕生である。ただし，プリンス自工は，合併後しばらくは「プリンス事業部」としてそのまま運営を続けた。翌67（昭和42）年12月1日の組織改正をもって日産の関連部門に統合され，組織図上は「発展的解消」を遂げたが[3]，実際上は旧日産と旧プリンスとが併存した部署もあった。なかでも設計・開発部門は，合併後も長き

---

[1] 合併当時の企業規模は，日産が資本金350億円，従業員2万2000人，プリンス自工は資本金120億円，従業員8500人であった（総評全国金属労働組合東京地方本部・西部地区協議会 1981，12-16頁）。
[2] プリンスの社報は，「対等な精神」で合併することで意見が一致し，石橋会長および小川社長と日産の川又社長との間で合併覚書の調印が交わされたことを伝えた（『プリンス社報　号外』1965年6月10日，1頁）。
[3] 『日産四十年史』20-21頁。

にわたって，別々の組織形態を維持した。

前章で詳述したように，プリンス自工は飛行機会社を源流に持ち，技術力に絶対の自信を持っていた。天才設計者と評された中川良一（中島飛行機系）をはじめとして，山内正一（同），田中次郎（同），日村卓也（立川飛行機系）など，優秀な技術者を擁していた[4]。売上高に対する研究開発費の割合が高く，最新技術へのこだわりは並々ならぬものがあった[5]。

プリンス自工の技術力の高さは，レースにより世に知られるようになる。1963（昭和38）年に第1回日本グランプリ（GP）が開催され，第2回大会でプリンス車のスカイラインとグロリアがクラス別でそれぞれ勝利をおさめた。日本初の本格的な自動車レースでの勝利は，プリンス自工の技術力の高さを証明し，大いに宣伝効果を得た。1966（昭和41）年開催の第3回日本GPでは，プリンスR380がポルシェ・カレラ6やトヨタ2000GTといった強豪を倒し，総合優勝を

---

4) プリンス自工にゆかりのある技術者が思い出話を自動車雑誌で語っている。まとまったものは，『プリンス&スカイライン Nostalgic Hero 別冊』（芸文社，2006年）。なお，富士精密と旧プリンスとの合併のさいにも，主導権争いがなかったわけではない。「新しくなった富士精密は，組織的に整備されて船出した。自動車メーカーとしてのポテンシャルは高まったが，富士精密をトップメーカーにしようと張り切る石橋のブリヂストン系，本家は自分たちだという意識の強い外山の「たま」系，自動車だけでなく技術に誇りを持つ新山・中川たちの富士精密系と，見方によっては三つの流れが入り交じる組織だった。」（桂木2003，95頁）。ただし，軋轢が深刻であったという話は聞かない。むしろ，合併により自社の欠点を補えたとする好意的な評価はある（櫻井2006，81頁）。

5) 総人員に対する間接員の割合は同業他社に比べて高かった。1963（昭和38）年1月末当時，トヨタ18％，日産22％，いすゞ27％，日野28％，プリンス41％であった（『プリンス自工社史』464-465頁）。この数字は，技術へのこだわりの強さを裏づける。研究開発に熱心という評判に惹かれてプリンスを志望した者もいた。「自動車会社ならどこでもよかったのかというとそうでもなくて，売上高に対する研究開発費の割合が一番多かったのがプリンス自動車で，技術開発に熱心で新規性に富んでいるという印象が強い点に，何となく魅力を感じていた。それと，会社の規模がそんなに大きくないところも気に入っていた。」（上野1997，7頁）。見方を変えると，技術開発に生産資源を惜しみなくつぎ込んだため，また国が主たる取引先であったということもあり，コスト意識が低く，それが経営を圧迫した一因とも言われる（桂木2003，60，69，108-109頁）。なお，プリンス自工と同じく，中島飛行機―富士産業の系譜に連なる富士重工業でも，優秀な飛行機エンジニアが高い技術力を誇る自動車を作るようになり，熱狂的なファン（スバリスト）を惹き付けてきた（富士重工業株式会社編集委員会編2005）。飛行機の開発設計に携わった数多くの技術者が敗戦と同時に同業他社や他業種にも拡散し，日本の自動車産業を，そして戦後の「技術立国」を支えたのである（前間1996，2013）。

果たした。この車は，国際自動車連盟（FIA）公認の国際スピード記録を塗り替えるほどの性能を誇った[6]。

天皇の御料車も，プリンス自工の技術力の高さと信頼性を認知させるアイコンになった。宮内庁は，御料車には外国の高級車を発注してきたが，1964（昭和39）年10月，国内メーカーでははじめてプリンス自工に製作を依頼した。なお，宮内庁への納入時は，日産との合併後であり，「ニッサンプリンスロイヤル」という車名になった。

櫻井眞一郎は，R380やスカイラインの設計に中心的に関わり，プリンス自工の技術者を象徴する人物である。スカイラインの開発には1957（昭和32）年発売の初代から携わり，2代目の途中から7代目まで開発責任者（主管）を務めた。櫻井は強烈な個性と親分肌でもって設計陣を引っ張り，彼の設計チームは「櫻井一家」，「櫻井学校」と親しみを込めて呼ばれた。トヨタや日産に比べて小規模なプリンス自工の開発チームは，家族同然につきあう職人集団であった。構成員は垣根を作らず，忌憚なく意見を出し合い，開発商品のイメージを共有した[7]。日産は大規模な官僚制組織であり，はっきりとした分業体制を敷いていた。

両社は，経営組織の形態も文化も異なるため，統合は容易ではなかった。とりわけ，会社にとって要の部署であり，こだわりの強い人が集まる開発部門ともなると，簡単にはいかなかった。日産は横浜の鶴見にあり，プリンスは荻窪

---

[6]「日産自動車開発の歴史」編集委員会編（2000）260-261，320-326頁。
[7] 設計チームには一体感があり，車両屋とエンジン屋とが密に連絡をとりあい，開発する車のイメージを共有した（上野1997，原田2006）。「アットホームな雰囲気」は，技術者内だけではない。のちほど詳しく説明するが，プリンスでは，技術員と技能員との間に区分はなく，また上下の意識も希薄であり，皆が「チームの一員」として協力した。プリンス自工の元労働者の記憶によれば，「プリンス時代は上司を「さん付け」で呼んでいたのに，合併後は「役職」で呼ぶようになった」。「プリンス時代は他社の車で通勤しても良かったが，日産に変わると，日産車以外は構内に入れなくなった」。些細なことと思われるかもしれないが，一事が万事，合併後，職場の雰囲気が変わった。プリンスの「自由な社風」は，戦前に遡る。中島飛行機で「誉エンジン」の設計主任を務め，プリンス自工，日産で技術部門を統括した中川良一は，上司をあだ名で呼ぶというエピソードをあげて，プリンス時代の社風を懐かしんだ（中川・水谷1985，261-264頁）。戦前に中島飛行機で働いていた元社員も，自由な社風の思い出を語っている（すぎなみ学倶楽部HP，http://www.suginamigaku.org/2010/11/nakajima-hikoki-1.html，最終閲覧日：2019年7月29日）。

にあり，合併後も長いこと旧開発部門は別々に仕事をこなした。1981（昭和56）年，日産テクニカルセンター（NTC）が厚木に建設され，ようやく設計部門が1つに集約された。両社が合併してから15年もの歳月が流れていた。日産の社長と会長を務めた石原俊は，のちに，開発部門の統合時を振り返り，合併の大変さをしみじみと語っている。

「合併後の統合作業で最後まで残ったのは設計・開発部門だ。鶴見にあった日産の開発部門と荻窪の旧プリンスの開発部門の間には，自動車の設計思想・手順に限らず，いろいろと対立することがあった。私は日産の社長になってからも，この問題が気掛かりだった。（中略）56年11月，この神奈川県厚木・伊勢原両市にまたがる広大なテクニカルセンターに，鶴見と荻窪を吸収・統合した。それにしても，合併というのは難しいものだ。合併で車の生産台数が増えたことは確かだ。40年8月から41年7月までの1年間の日産の生産は37万台だったが，合併した41年8月から42年7月までの1年間で65万台に達している。しかし，人の融和には時間がかかる。マイナス面を考えると，合併には慎重に対処すべきだ。」（石原2004，125-126頁）[8]

8）石原の下で人事課長を務めた森山寛は，設計開発部門どうしの対立の印象的なエピソードを紹介している。

「それぞれの設計部門は，所在地にちなんで鶴見設計，荻窪設計と呼ばれたが，両者のライバル意識は敵意に近かった。鶴見と荻窪の設計の統合が実現するのは，1981年石原社長の代になってからであるが，ちょうどその統合の最中に，私は設計開発部門に籍を置き両者の確執を見ることになった。

旧プリンスの設計には，桜井真一郎さんというスカイラインの生みの親がいた。あくの強い一面はあったが，自分の技術に対する絶対的自信と車に対する最後まで妥協しない執念を持つ，単なる技術者というより，マーケットに目を向けて作品をつくろうとする芸術家肌の人だった。1979～80年頃，日産（鶴見）設計の役員の部屋にスカイラインの写真が掛けてあった。ちょっと意外な気がして「スカイラインですか？」と聞くと，その役員は「君，臥薪嘗胆だよ」と言ったものだ。スカイラインの写真を毎日眺め，その悔しさを忘れないようにしている，というほどの意味だろう。それほどに日産の設計はスカイラインと桜井真一郎さんを強く意識していたが，ライバル視することはあっても，そこから謙虚に学ぶとか，彼を上司として迎えるとかいうことは遂になかったのである」（森山2006，178-179頁）。

鶴見と荻窪のライバル意識と設計開発部門の統合の難しさについては，技術者当人も回想している（「日産自動車開発の歴史」編集委員会編2003，18-19，63，86，97-98，109頁）。開発部門の組織の変遷については，同418-423頁。

なお，両社の合併にさいして，販売部門にも混乱があったようだ。プリンス自動車販売

II　労働組合の統合と対立

　経営組織の統合にさいしてさまざまな問題が生じたが，労働組合どうしの関係も深刻であった。両社の組合は，会社に対するスタンスが大きく異なり，合併に対する反応も違った。合併覚書の調印後，経営者どうしだけでなく労組どうしも「交流」を持つが，日産側の労組が一体化を強引に進めたため，禍根を残すことになった。統合する側にたった日産の社史にすら，合併前の段階で既に労組間の関係が抜き差しならない状況になっていたことが記されている。

　　「企業合併が円滑にすすめられるためには，労働組合の理解と協力が不可欠であるが，階級闘争主義に立つプリンス自工労組の運動路線は，新しい労働組合主義を基調とする日産労組のそれと基本的に異なっており，そのことが合併の大きな障害となって表面化したのである。」(『日産四十年史』17頁)

　以下，両社の労働組合の歴史を簡単に振り返り，合併にさいして起きた組合間の対立の経緯をみていく。

1　日産自動車労働組合の労使協調路線

　日本は，第2次大戦に国民を総動員したが，戦後は一転してGHQの意向に沿って民主化政策を推し進め，労働組合の結成を法的に認めた。日産では，1946(昭和21)年の年頭に労働者の中から組合結成の声があがり，準備委員会がつくられた[9]。同年2月19日，組合の結成大会が横浜の本社で挙行された。発足当時の名称は「日産重工業従業員組合」であり，翌年4月25日，「日産重工業労働組合」に変わった。1948(昭和23)年3月，産業別組合である全日本自動車産業労働組合(以下，全自と略)が誕生し，日産の労働組合は全自日産分会になった。

　全自は，1952(昭和27)年12月1日に日本労働組合総評議会(以下，総評)に加

　　の社史では，合併前に混乱は収まったと書かれているが(『プリンス東京50年のあゆみ』32-34頁)，長い間ライバル関係にあった車を併売することに不満や憤慨が生じたのである(三鬼1967，55-66頁)。
[9] 日産における労働組合の結成から労使の協力体制の完成に至る経緯については別著で論じた(伊原2016，第3章)。詳しくはそちらを参照のこと。

盟し，左傾急進の総評所属のなかでも最も前衛的な組合と評された。わけても日産分会は，カリスマ性のある益田哲夫が指導力を発揮し，徹底した「職場闘争」を繰り広げることで有名であった。就業時間中も比較的自由に組合活動を行った。しかし，経営陣はついに「職場規律」を正すべく，就業時間中の組合活動には賃金を支払わないという「ノーワーク・ノーペイ」の原則を組合に突きつけた。組合側からすれば，経営側の態度は組合活動の侵害にあたるとして，徹底抗戦の姿勢をとった。両者はまったく譲らない。組合側は無期限ストを打ち，会社側はロックアウトを強行し，「日産争議」に突入した。

　日産争議は「総資本対総労働の対決」，「労資の天王山」と称され，日本経営者団体連盟（以下，日経連と略。現・日本経済団体連合会）と総評の対決にまで発展した。日経連は経済的にも戦術的にも日産経営陣を全面的にバックアップし，圧倒的な力でもって労働者を抑え込みにかかった。分会に不満を持つ批判勢力が組合内部から現われ，しだいに影響力を持つようになった。この動きが決定打となり，日産分会は敗北を喫し，100日間に及ぶ大争議は終息に向かった。1953（昭和28）年8月30日，第二組合である日産自動車労働組合（以下，日産労組）が誕生した。

　日産労組の特徴は，発足時に掲げたスローガンが端的に示している。「真に組合を愛する者は真に企業を愛する。明るい組合，明るい生活。真に自由にして民主的な組合は独裁者を生まない。労働者へのしわよせを排除して真の合理化。働き甲斐のある賃金を闘いとれ。経営協議会の強化と職能人の活用。生産性の向上による源泉を確保しての賃上げ。日共（日本共産党—伊原）のひもつき御用組合の粉砕」（日産自動車労働組合編1954，80頁）。労働組合は会社の発展に協力してパイを拡大させた上でより多くの賃金を獲得することを目指す。日産労組は結成時，会社との協調路線を高らかに宣言したのである。

　なお，全自のいすゞとトヨタの両分会も1950年代初頭に争議を繰り広げていた。しかし，早々に妥結し，全自の争議指導と運動方針に対して批判的になった。そして，日産争議が混迷を深めるなか，両分会は全自と日産分会に対して不信感と不満を募らせていく。2つの分会は日産分会の借入金の保証をしていたのだが，日産分会から組合員が大量離脱して日産労組に加入したことにより，日産分会員への貸付金が回収不能になり，自分たちに弁済の責任が及ぶこ

第2章　合併にともなう問題：異なるナショナルセンター傘下の労働組合　39

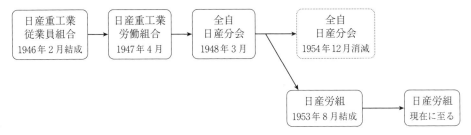

図2-1　日産の労働組合の系譜

とを危惧したからである。両分会と日産分会との間の溝は深まる一方であった。これが直接的な原因となり，1954（昭和29）年12月，全自は解散に追い込まれた。日産分会に残っていた組合員も，これを機に全員が日産労組に加入した。かくして日産分会は完全に消滅したのである（図2-1）。

　日産労組・自動車労連[10]の発足当初，実質的なリーダーは宮家愈であり，そのあとを継いでトップの座に君臨したのが塩路一郎である。塩路は1953（昭和28）年4月に日産に入社し，1958（昭和33）年に日産労組書記長，1961（昭和36）年に組合長と順調に役職を上げ，その翌年，宮家に代わり2代目自動車労連会長に就任した。

　経営側のトップである川又克二と労組側のトップである宮家や塩路は個人的に「良好な関係」を築き，労と使の盤石な協力体制を構築した。日産の協調的な労使関係の象徴は，「相互信頼の碑」である。追浜工場の完成を記念して，1962（昭和37）年，日産労組の発案により建てられた。「互いに信じ合うことは美しい。……闘争の嵐が吹きすさぶ憎しみの泥沼には，幸福の「青い鳥」は飛んでこない。……労使の相互信頼，それこそが日産の源泉であり，誇りである。……」と碑に刻まれている（川又1964，133-134頁）。

　日産の経営陣からすれば，激しい対立の時代を経て，ようやく「信頼に基づく」労使関係にたどり着いた。それも束の間，再び「労組問題」に悩まされることになる。プリンス自工との合併にさいして，階級闘争路線をとる労組への

10）自動車労連とは，日産労組に，日産関連の販売メーカーや部品メーカーの労組が加わった連合体である。1955（昭和30）年1月23日に結成し，その後，日産と取引がある輸送会社や一般業種の会社の労組が加わった。

対応を迫られたのである。

2　全国金属プリンス自工支部の階級闘争路線

　前章で明らかにしたように，プリンス自工は中島飛行機と立川飛行機を源流に持つ。労働組合の系譜も，この2つの会社に遡って整理する。

ⅰ) 中島飛行機の労働組合

　中島飛行機が民需転換を迫られて富士産業に改称した頃，14の工場で別個に労働組合が結成された[11]。のちに富士精密工業になる荻窪工場と浜松工場でも労働組合が誕生した。

　荻窪工場では，職制層が中心になって組合結成に向けて動きだした。労働者はどちらかといえば受け身であった。終戦の年の秋に元中島飛行機従業員の失業者が「復職同盟」を組織し，復帰活動が盛り上がり始めた頃から，組合結成の動きが慌ただしくなる。復職同盟の活動は，「全日本産業別労働組合会議（産別）系組織」の前身である「東京地区労働組合協議会」の指導の下で進められた。ところが，組合の作り方や大会の開き方は，「日本労働組合総同盟（総同盟）」の役員から指導を受けていた。のちのち，このねじれ状態が深刻な対立を生むことになる。復職同盟は共産党の強い影響下にあったのに対して，労働組合は反共産主義・社会党支持の総同盟傘下にあり，工場内で激しいイデオロギー対立が生じたのである。当時の労働運動の対立図式が，荻窪工場内でも見られることになる。

　1946（昭和21）年1月22日，富士産業荻窪工場で従業員組合が結成された。同年2月23日，上部組織として「労働総同盟準備会東京連合会」への加盟を決定し，ほどなくして「労働総同盟関東金属」（のちの全国金属労働組合（全金）東京地本[12]）に正式加盟した（図2-2）。4月18日，会社は労働組合を正式に承認して労働協約を締結し，団体交渉権を認めた[13]。

---

11) 以下，15年小史編纂委員会編『15年小史』（全金プリンス自工荻窪支部，1961年）より（以下，『荻窪15年小史』と表記）。
12) 労使協調路線の総同盟傘下の全国金属産業労働組合同盟（全金同盟）から左派が分裂し，1950（昭和25）年7月に総評を結成したさいに傘下に加わり，全国金属を新たに結成した。

図 2-2　中島飛行機荻窪工場の労働組合の系譜

　1949（昭和24）年4月，ドッジラインと呼ばれる一連の緊縮財政政策により，全国規模で深刻な不況にみまわれ，荻窪工場も極度の売れ行き不振に陥った。8月から10月にかけて生産がほとんどストップし，会社の経営はいよいよ厳しくなった[14]。経営陣は労働組合に会社の危機的状況を正直に伝え，協力を訴えたが，業績回復の目処が立たず，「人員整理」に手を付けざるをえなくなった。従業員742人中230人ほどが整理の対象になった[15]。

　組合内で活動方針をめぐり対立が生じた。執行部を中核とする主流派と，主として共産党員により構成された反主流派とが激しくぶつかり合い，8月1日，執行部は総辞職し，反主流派で占められた新執行部が始動した。

　浜松工場でも，1946（昭和21）年春，「富士産業浜松工場労働組合」が誕生した[16]。正式な生産品目が決まらず，賃金支給は不安定であった。結成当初から労使間で激しく衝突し，「ABC事件」にいたって対立は決定的になった。

---

13)『荻窪15年小史』44-50頁。
14)『プリンス自工社史』97-105頁。
15) 富士産業は，1949（昭和24）年11月，「人員整理」として組合役員を含む230人ほどを指名解雇した。その多くは割り増しの退職金をもらって退社したが，のちに全金プリンス支部の組合員になる中本ミヨや横山敏子ら21人は，地位保全の仮処分を東京地裁に申請した。翌年6月に勝訴し，7月から職場復帰する。会社は控訴・上告したが，最高裁でも中本たちの訴えが認められた。会社は本訴にて争いを続けたが，1973（昭和48）年3月23日，本訴でも中本たちに解雇無効の勝利判決が下された。なお，この21人は労働組合（総同盟関東金属富士産業荻窪工場労組）からも除名されたため，中本や横山たちは1967（昭和42）年に全金プリンス支部に「再加入」することになる（中本1981，227頁，総評全国金属プリンス自工支部・日産の女子差別定年制反対・中本さんの働く権利を守る会「日産自動車女子50歳定年制は憲法違反」11頁）。ここで解雇無効を訴えた闘いをくわしく紹介したのは，本書の第5章で取り上げる「女性定年差別撤廃」の闘いにも関係してくるからである。中本は，女性の定年差別の撤廃を訴えて12年間闘ったが，以上の経緯から，そもそも従業員としての地位を問われたのである。
16) 以下，『プリンス自工社史』110-111頁。

民需転換直後の工場長は，財務基盤を整えるために，人員整理に着手しようとした。そのさい，勤務成績などを判断基準として，A（浜松工場で引き続き雇用する），B（新工場へ転勤させる），C（解雇する）の3つのランクに全従業員を分類し，1946（昭和21）年7月，従業員宛に通告状を出した。一方的な通告を受けた従業員たちは，混乱と不安のなかで結束を固め，工場長との対決も辞さないことを確認し合った。翌月，従業員大会を開催し，人員整理の根拠が薄弱であり，A・B・C区分の適用は不公平であり，そればかりか，会社と一部組合役員が結託した人選であるとして，全会一致で人員整理反対を決議した。そして，通告を撤回して白紙に戻すよう会社に申し入れた。工場側はこの事態を深刻に受けとめ，通告を撤回したが，労働者たちの不満は収まらなかった。一連の応酬を通して，一部の組合役員に対する不信と新労働組合結成の機運が高まり，同年8月末日，新生「富士産業浜松工場労働組合」が誕生した。

　浜松工場労働組合は，産別全日本金属労組傘下の先鋭組合として有名になるほどに，遠州地区屈指の戦闘的組合であった[17]。ところが，その闘い方を快く思わない人たちが組合内に一部存在し，かねて浜松地区国鉄民同派と連携をとりながら，組合左派勢力と対決する機会をうかがっていた。1950（昭和25）年4月3日，浜松金属分会（第一組合）と袂を分かち，第二組合となる「富士産業浜松工場労働組合」[18]を結成した。浜松工場を対象としたレッドパージへの対応にかんする意見の相違から，同年11月，第一組合がさらに分裂し，中間勢力とでもいうべき「リズム労働組合」が結成された。これが第三組合である。1950（昭和25）年11月11日当時の労働者は，第一組合員99人，第二組合員290人，第三組合員52人という内訳であった。

　浜松工場では3つの組合の分立状態がしばらく続いたが，1951（昭和26）年9月，荻窪工場の労働者の熱心な斡旋もあり，第二組合に合流する形で一本化を遂げた。分立期間は1年5ヵ月であった。

　荻窪工場と浜松工場の組合の関係はどうであったのか。1950（昭和25）年7月

---

17) 以下，組合分裂の経緯は『プリンス自工社史』147-148頁。
18) 『プリンス自工社史』（147頁）では，新組合結成大会において「富士精密浜松工場労働組合」と称する，とあるが，富士精密の発足は1950（昭和25）年7月12日であり，この時点では富士産業である。したがって，「富士産業浜松工場労働組合」と思われる。

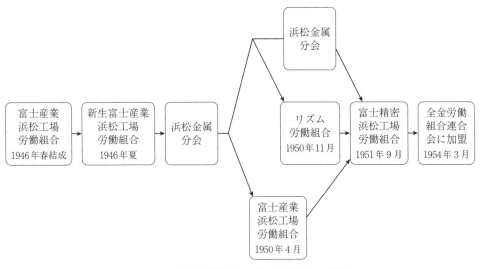

図 2-3　中島飛行機浜松工場の労働組合の系譜

12日，富士産業の第二会社の1つとして，荻窪工場と浜松工場からなる富士精密が発足したことは前章で触れたが，同年8月19日，両工場の労働者によって「富士精密工業労働組合連合協議会」が組織された。浜松工場の組合が再統合したことにより，荻窪と浜松の労組の統一化の機運が高まった。1952（昭和27）年に賃金体系が整備された折，2つの工場の労組が話し合う機会を持ち，共同で闘争することを決めた。

しかし，組合の一本化は簡単にはいかなかった。富士精密の発足当初，浜松工場はミシンの生産が活況を呈していたのに対して，荻窪工場は先行きが不透明であった。工場の経営状況の違いは，おのずと要求する賃金や一時金などの労働諸条件に差をもたらした。一時金だけは，1950（昭和25）年の冬以降，「連合会」として統一要求を出すようになったが，その他の労働条件は，2つの工場が別々に要求を出し続けた。

ところが，1954（昭和29）年3月4日，浜松工場労組が荻窪工場労組と同じ「全国金属労働組合」に加盟したことにより，一本化の勢いは一気に加速した（図2-3）。統合に向けた動きは活動をもり上げ，会社に対する交渉力を高めた。会社側は採用，給与，生産計画，職制，人事など，すべての経営事項を組合側

に諮った。生産活動は実質的に組合任せの状態であった。

ii）立川飛行機の労働組合

　立川飛行機の労働組合は，1946（昭和21）年2月15日に設立された[19]。会社が立川から府中に移転し，社名が高速機関工業府中工場に変わると，1947（昭和22）年7月，労働組合も「高速機関工業労働組合」になった[20]。この組合は専従者を置かず，合議制によって運営された。社名が東京電気自動車に変更されたのにともない，同年9月23日，「東京電気自動車株式会社労働組合」に改称し，綱領および規約を定め，組合長制を採用するようになった[21]。同年10月24日，当時は例をみない「平和条項」[22]を入れた労働協約を締結し，経営協議会を設置して労使間の問題は協力的に解決する姿勢を示した[23]。

　1948（昭和23）年に全自に加わり，「東京電気自動車分会」になった。全自といえば，日産の労働組合のところで言及したように，ゆくゆくは総評に加盟し，総評最左翼の産業別組合として知られる存在になるが，全自のなかでも大手企業の分会と中小規模メーカーの分会とでは会社に対するスタンスは異なった。「全自動車傘下の，日産・いすゞ（ママ）・トヨダ（ママ）等の巨大な設備人員を擁す組合と，連絡を保って行くうちに，これら各社の実体があまりにも，かけ離れていることに気付き，我々は我々としての独自の方針による組織運営の必要性を感じたのである」（『三鷹15年小史』18頁）。GHQ指令のレッドパージにより，この会社からも社員2人が指名解雇されたが（形の上では依願退職），この件にかんして組合は次のような感想を述べている。「占領下とはいえ，労使一体となって苦難の道を歩んだ組織としては何か割切れぬものが残されていた」（同上，20頁。強調伊原）。東京電気自動車の労組は，労使が協力し合わなければ戦後の混乱期を

---

19) 以下，15年小史編纂委員会編『15年小史』（全金プリンス自工三鷹支部，1962年）より（以下，『三鷹15年小史』と表記）。
20) 『プリンス自工社史』22頁。
21) 同上，28-29頁。
22) 「平和条項」とは，団体交渉が決裂しても，労働組合は直ちに争議行為に出るのではなく，事態を平和的に処理するために一定の手続きを踏み，それでも解決しない場合に争議を行う旨，労働協約で規定した条項を指す。
23) 『三鷹15年小史』18頁。

第2章　合併にともなう問題：異なるナショナルセンター傘下の労働組合　45

乗り切れないという意識を早い段階から持っていたようである。

　とはいうものの，現在の意味の「労使一体」であったわけではない。一般の組合員たちは要求すべきことは要求し，時には，執行部が抑えきれないほど激しく賃上げを要求した。朝鮮戦争以降の物価の急上昇を受け，職場からの賃上げ要求は日に日に強くなり，1951（昭和26）年10月30日，組合設立以来はじめてストライキに突入した（「10月闘争」）。実力行使はのべ30時間と記録に残されているが，職場放棄が自然発生的に拡がり，実際の怠業時間はそれよりもはるかに長かったようである。全自は「たま電気自動車分会」を全面的に支援し，日野分会を中心として四者共闘を結成した（社名が東京電気自動車からたま電気自動車へ変更したのにともない，組合名も改称）。「全自労組も全力をこの「たま」の闘争に集中すると共に，この指導のもとに武，三地区労（武蔵野三鷹地区労働組合協議会の略―伊原）が結成，我組合にも初の青年婦人部の誕生を見たのである。こうした共闘支援のある中で，組合は一糸乱れぬ闘いが進められ，会社回答も第一次，第二次，第三次と前進し11月15日無期限ストライキ決行を前にして第四次案が出された。これを組合は大衆討議の結果，金額配分等は認めたが，怠業中の賃金カットで妥結出来なかった。しかし，これをも最終的に会社は撤回し，闘争に対する責任追及も問わないと云う事で，さしも長期に亘り，熾烈きわめた闘争も終結したのである」（同上，24-25頁）。

　組合名は，社名変更に応じて，1952（昭和27）年1月1日，「全自たま自動車分会」に，その翌年，「プリンス自動車工業分会」に変わった。しかし，名称は変わっても，会社に対する敵対的姿勢は変わらず，むしろ強まった。「3月4日の賃上げ，悪法粉砕労働者大会に全員参加のため会社と休日振替（14日土曜日）を交渉不成立のまま強行し，15日にロックアウトをかけられ，執行部総辞職に追いこまれる斗争となり，この時期から労使の組織的な対立が明確となっていった」（同上，27-28頁）。

　1954（昭和29）年，日産争議の敗北を経て全自が解散した後，プリンス自工の労働組合は上部組織に加盟しなかった。名称を「プリンス自動車工業労働組合」に変更した（図2-4）。

図2-4 立川飛行機の労働組合の系譜

iii）連合会と組織統一

　1953（昭和28）年末，富士精密とプリンス自工は合併の方針をそれぞれの労働組合に伝えた。両社の組合はこの通知に対して即座に反応し，年の瀬もおしつまる12月27日に情報交換の機会を設け，合併対策を協議するための連絡会を持つことで合意した。年が明けた1月25日の第2回連絡会から，合同対策委員会を開いた[24]。

　1954（昭和29）年4月10日に両社が合併し，新生富士精密が誕生した。合併当時，組合員数は，本社および荻窪1050人，三鷹1222人，浜松565人，計2837人であった[25]。

　合併後にはじめて試される共闘は夏季一時金の要求であった。しかし，各工場の活動の仕方や要求額の相違が，すぐに問題として表面化した。先述したように，荻窪工場は関東金属の傘下で行動し，浜松工場は工場内の統一や荻窪工場との関係調整で苦労し，三鷹工場は全自の伝統のもとで闘い方を培い，合併時には上部団体を持たなくなっていた。それぞれの工場はセクト観念が強く，労働条件や賃金体系も異なったため，単一化は困難を極めた[26]。

---

24)『荻窪15年小史』111-113頁。
25)『プリンス自工社史』263頁。
26)『荻窪15年小史』114-115頁，『三鷹15年小史』30-32頁。各工場は，要求内容だけでなく，会社側に対するスタンスが異なった。三鷹（立川飛行機系）の労働者が，工場の組合史を編纂するさいの座談会で次のように語っている。「当時は，あくまで企業内組合であるという，意識が非常に強かったんですよ。だから，少し交渉がこじれるとすぐに社長宅にも出かけたし，交渉の場でも腹を割って話合いをしたんです。こんなだから，外部から入るものには，批判的だったんですよ。とくに共産系にはね。その思想なり，考え方がいまだに三鷹には強く残ってるんだと思います。その点，荻窪とはまた違った育ち方ですね。」「その通り，思想的なものは全然なかったことはたしかだ。だから，団体交渉では徹底してやるが，斗争が終わればほんとうに，家族的な雰囲気になっている。こういう空気が，たとえば，鈴木社長が電気自動車で通勤したのを，平気で文句をいいに行った。『社長だからといって，自動車で通っていいものか』とね。ずい分無茶な話だったね」（『三鷹15年小

第 2 章　合併にともなう問題：異なるナショナルセンター傘下の労働組合　　47

しかし，それでも諦めず，根気よく交流を続けた。1954（昭和29）年10月25日に「富士精密工業労働組合連合会」を発足させ，統一に向けて議論を重ねた。

　三鷹工場の労組は，全自が解散したのち，上部団体に属さなかったことはすでに触れたが，「四懇」（日産，トヨタ，いすゞ，日野）と連絡を密にとり，共闘の場を「全懇」（全国自動車懇談会，1958（昭和33）年2月発足）に求めた。しかし，全懇は情報交換の場にすぎず，労働問題を解決する力を備えていなかったため，大きな期待は持てなかった[27]。三鷹工場の組合は，1958（昭和33）年2月27日，「富士精密工業三鷹工場労働組合」に名称を変えた。

　組合統一への機運が高まるなか，同年に統一運動方針が採択され，中央執行委員（中執）の完全専従制が敷かれるようになった。諸問題の交渉窓口は，漸次，各工場から中央に移管され，単一化に向けて大きく前進した。夏季一時金2万円の壁を突破するまでは安易に妥結しないことを確認し合い，重点部門ストとロックアウト対策のために，三鷹と荻窪でそれぞれ100人が工場に泊まり込んだ[28]。

　労働組合連合会は賃金体系と労働条件の統一を検討し始め，組織統合は具体性を帯びた。1958（昭和33）年11月25日，会社側と組合側各8人により構成された賃金専門委員会が発足し，40回もの審議を経て，翌年12月28日に統一の賃金体系の答申案を提出した。労働組合連合会小委員会で検討を進めてから約2年，労使専門委員会で議論を重ねて1年余，1960（昭和35）年に，組織統合に向けた最大の目標の1つであった賃金制度の統一が実現した。新賃金制度の特筆すべき点は，年齢別最低保障賃金と新卒社員を対象とした最低保障技能給を設定したことである[29]。賃金制度が弾みになり，その他の労働条件も統一さ

　　　史』62頁）。
27）『プリンス自工社史』327頁，『三鷹15年小史』45-46，78-79頁。
28）『荻窪15年小史』134-135頁，『三鷹15年小史』38頁。
29）年齢や技能に基づく評価の下限を設定し，「生活給」という観点から賃金を保障する制度

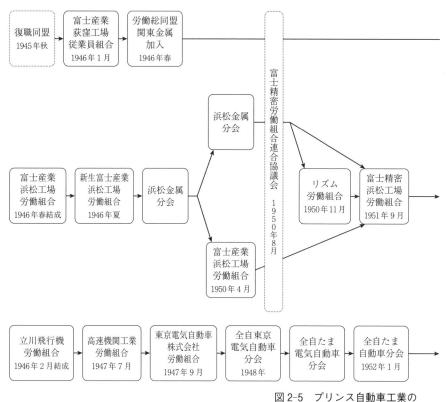

図2-5 プリンス自動車工業の

れた[30]。

　組織統合の条件は整った。1961（昭和36）年に会社名が富士精密からプリンス自工に変わり，連合会の名称も「プリンス自動車工業労働組合連合会」に変更した。三鷹工場は，1959（昭和34）年秋季定期大会で全国金属への加盟を目指すことを決定し，1961（昭和36）年3月29日に正式に加盟した[31]。各工場は「全国

　を新たに設けた（『荻窪15年小史』147頁）。
30) 『三鷹15年小史』51頁。ただし，各工場の労働条件が統一された後も，細かな点の調整には苦労したようである（「1962年度 統一運動方針（案）」12-13頁）。以下，組合大会の「統一運動方針案」（年度により，「定期大会議案書」，「運動方針議案書」）から引用する場合は，年度のみを表記する。蛇足ながら，表記された年度の方針案が審議されるのは，その前年である。たとえば「1963年度」とあれば，1962年に開催された大会における審議である。

第 2 章　合併にともなう問題：異なるナショナルセンター傘下の労働組合　49

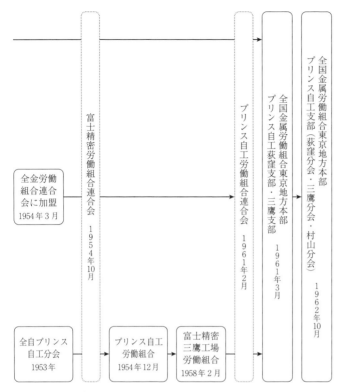

労働組合の系譜

金属労働組合東京地方本部プリンス自動車工業荻窪支部・三鷹支部」[32]になった。同年夏から村山工場が一部稼働し、翌1962（昭和37）年に全面稼働したのを機に組合組織を統一し、10月11日、「全国金属労働組合東京地方本部プリンス自動車工業支部（全金プリンス自工支部）」になった（図2-5）。

　総評傘下の全金プリンス自工支部は、1962（昭和37）年12月17日に第1回定期大会を開き、運動方針を審議した。共闘体制を整え、単一化した組織を強化し、労働協約を締結し、専門部活動を盛り上げ、経営合理化によるシワ寄せを

---

31)『三鷹15年小史』79頁。
32) 第1章で述べたように、浜松工場は1961（昭和36）年に別会社として分離され、組合も別組織になった。

排除し，低賃金を打破し，そして平和と民主主義を守ることを確認した[33]。

プリンス自工支部は荻窪，三鷹，村山の3つの分会から構成され，1965（昭和40）年の時点でおよそ7500人もの組合員を擁した。内訳は，荻窪分会2300人，三鷹分会1300人，村山分会3900人である。紆余曲折を経て，ようやく各工場の組合が統合されたわけであるが，落ち着く間もなく，日産との合併話が浮上したのである。

3　拙速な統一

日産とプリンス自工の労働組合は，それぞれ会社側との激しい攻防を経て，組合間の対立や調整に明け暮れた末，地歩を固めるにいたった。しかし，ここで（プリンスからすれば再び）合併話である。

両社の合併は，会社法上，日産による吸収合併であり，日産が存続会社になる。しかし，労働組合どうしの関係は，会社どうしの関係と同じでなければならないわけではない。つまり，プリンス自工支部が消滅する必然性はない。全組合員が支部の存続に固執していたわけではないが，プリンスという会社に，そして組合に対して，思い入れの強い人が多かった。すでにみたように，両社の組合の特徴は大きく異なる。日産側の労組は全日本労働総同盟（同盟）傘下であり，労使協調路線を確立したのに対して，プリンス側の労組は総評全金に加盟し，階級闘争的な組合である。全金からしても，最大支部のプリンス支部の消滅を望むはずがない。そのような人たちの心情をおもんぱからずに，強引に飲み込もうとすれば，おのずと反発が生じるであろう。上部団体，活動方針，闘いの歴史の違いを無視した拙速な組織統合が深刻な軋轢を生み，長期にわたって禍根を残すことになるのだ[34]。

---

33)「1963年度」18-21頁。
34) 全金プリンス自工支部は，会社および組合の統合と分裂で苦労してきたため，団結を重んじると同時に少数派の意見を尊重する気持ちが強かったようである。第1回定期大会の議案書の「運動方針」にかんするまとめとして，次のように語っている。「何よりも大事な「組織の統一と団結」が忘れられ，分裂の悲劇を招き，分裂はさらに分裂を生む不幸を私たちはいやと言うほど経験してきている。みんながみんな意見をもっているという前提で例えばそれが少数意見であろうと相互に尊重し合う気持ちで，今後の中央委員会や代議員大会，とくに職場会などが運営されることが私たちの組織運営にとってもっとも配慮されな

i) 日産労組のスタンス

　前章で明らかにしたように，合併の構想は，経営陣のなかでもごく一部の人しか知らされていなかったが，自動車労連の会長である塩路一郎には川又社長から事前に伝えられていた。合併構想を打ち明けられた塩路は，「日産は他社との合併があるかも知れないと考えておりますので，プリンスとの話に反対はしません。というよりも，これは国の重要課題を日産が担うことでもありますから，組合の立場からそれが成功するように努力したいと思います」と返答した，と後日回想している (塩路 2012，114頁)。

　合併覚書が調印されると，自動車労連と日産労組は合併について賛意を表わした。合併にかんする組合の見解を当時の組合機関紙にかいつまんで述べている[35]。

　「①開放経済体制のもとで，ますます混乱の様相を濃くしつつあるわが国自動車産業のなかにあって，民族産業の擁護という国家的見地に立ち，業界の再編に先鞭をつけたものとして，これを評価する　②自動車産業の本当の試練は今後にあることを考え，全組合員の打って一丸となった体制づくりにいちだんの努力を傾注していく　③同時にプリンス自動車に働く労働者との友好関係をさらに深め，今回の合併が自動車産業の発展とわれわれ働く者の雇用と生活の向上につながるよう，一体的活動を展開しうる土壌を早急に醸成していく　④あわせて自動車産業各労組との友好関係をさらに深め，今後に起こりうるあらゆる問題に対処しうる力をもった協議会の育成に努力し，自動車産業全体の発展のなかで，賃金労働諸条件の改善向上をかちとる活動をすすめていく。」

ii) プリンス支部の反応

　新聞報道を通して日産との合併計画を知らされたプリンス自工支部は，1965 (昭和40) 年6月1日，緊急中央執行委員会を開き，会社に合併にかんする経過説明を早急に求めることを決め，合併に対して組合としていかに対応すべきか，

　　けなければならない問題である」(「1963年度」23頁)。
35) 以下，日産労組機関紙『日産労報』昭和40年6月28日号。

ただちに基本方針の検討に入った。

　支部の執行部の合併に対する考え方は，次のようなものであった。「合併による労働者への犠牲については絶対に反対する」。労働条件を引き下げないことを会社に要求する。「日産の組合との交流の中で，労働条件，その他を調査し，合併問題に共に対処」する[36]。

　のちほど組合間の争点になるのではじめに指摘しておくと，プリンス自工支部は，すべての経営施策に反対していたわけではなく，あらゆる合理化に抵抗していたわけでもない。合理化による労働者への'シワ寄せ'に対して，断固拒否の姿勢を示したのである。組合結成時の「定期大会議案書」にもそのことを明記している。

　「私たちは合理化そのものが，社会を近代化し前進させるものである限りこれに反対しない。しかし現実におこなわれている合理化は労働者の健康をそこない生活を圧迫してはいても決して生活を豊かにしていない。村山地区における非人間的な深残業(ママ)は働くものの限度を越えている。このように自由化の名のもとに人べらしはさらにはげしくなり無理な配転，スピードアップ，機械化，自動化，専業化はさらにピッチを早めてすすめられるであろう。また交替制勤務などが恒久的に押しつけられる危険は大きい。このような無理な協力を求められても私たちの生活を豊かにする条件は生まれっこない。私たちはいまの合理化を私たちの生活を高める合理化に置きかえて行く闘いを組織していかない限り，幸福な生活から見離されてしまうことになる。」
（「1963年度」22頁）

　プリンス自工支部は，合併にかんしても無条件に反対していたわけではなかった。合併による労働者への影響の把握が先であり，それがわからずして賛成も反対もないと考え，まずは会社に合併にかんする情報を求め，もし労働条件が悪化するのであれば，組合員に討議を呼びかけ，組合員の意見を会社に伝えようとしたのである。中央執行委員会は，「覚書」調印の直後に「討議資料」を職場に配布し，組合員に話し合いを呼びかけた[37]。

---

36) プリンス自動車工業支部『全金プリンス』No. 102, 1965年6月2日, 4頁。
37) 全金・プリンス自工支部中央執行委員会『合併問題 討議資料』1965年6月2日。

かりに会社が合併するとしても，組合も直ちに1つにならなければならないとは考えていなかった。1つの会社のなかに2つの組合があることは決して好ましいことではないが，機械的に統一したところで，組合の力が強くなるわけでも，組合が労働者の権利を守り生活の向上に資するわけでもない。2つの組合は，歴史，上部団体，会社に対するスタンスが異なる。したがって，まずは交流から始めるべきであり，互いの労働諸条件を比較しながら理解を深めるべきである。支部は労組の統一にかんしてこのような見解を持ち，事務的に1つになることには慎重であった。

iii）日産労組による呼びかけ，切り崩し，取り込み

「覚書」の調印の翌日，「上部組織の違いはあっても同じ状況下に立たされている労働者として，率直に意見を交換しあうなかから共通の基盤をつくっていこう」と，日産労組からプリンス自工支部に呼びかけがあり，両労組の執行部はフォーマルに交流の機会をもち，その後も数次にわたって話し合いを行った[38]。

1965（昭和40）年6月28日，プリンスの中央執行委員（中執）が日産の追浜工場を見学し，自動車労連および日産労組の役員と懇談の機会をもった。プリンス側は「お互いを知ることが第一である」と考え，日産労組に労働条件一覧などを手渡し，労働条件その他を教えて欲しいと要望を伝えた。しかし後日，日産労組側から，「考え方を同じにしないで労働条件を交換し，それを職場に並べて出せば，労働条件の内容の比較をめぐって，職場に混乱が起りかねないので，考えが同じになった時点で，労働条件その他を知らせたい」との返答があった[39]。

同年7月から2ヵ月半の間，両労組の話し合いが続いた。しかし，全金プリンス支部は，そもそも労働組合として合併計画にどう対処すべきか，合併を受け入れるとすれば組合どうしの関係をどうすべきかという点から議論しようとするのに対して[40]，日産労組は，合併は既定事項であり，組合どうしの関係は

38）『日産四十年史』18頁。
39）『合併問題 討議資料 No.3』1965年12月6日，8頁。
40）プリンス支部（に残ることになる）執行部も，絶対に全金でなければならないと思ってい

統合を前提として「交流」や「意見交換」をすべきであると考えていた。後者からすれば，会社の合併はもちろんのこと，労働組合の統合も疑う余地のない話であった。「「合併覚書に調印」が発表されたとき，私（塩路一郎―伊原）は"合併が決まる前に両社の労働組合を1つにしておきたい"と思った。労使の対等な力関係を実現するには強力な要素になると考えたからだ」（塩路 2012, 117頁）。このような構想を描いていた塩路からすれば，プリンス自工支部の執行部は合併に「後ろ向き」であり，「交流の基盤」を持とうとすらしなかった。

「交流」はまったく実りがない。このようにみなした日産側の労組の執行部は，プリンス側に対してインフォーマルな説得にとりかかった。組合上層部に照準を定め，水面下で働きかけを始めた。支部の三役に内々の話として，「自動車労連に入ってもらいたい（これは当然，全金を脱けることを意味する）。そして，共に今回の合併について力を合わせていこうではないか。幹部としてその腹をきめてもらいたい」との提案をもちかけた。三役は返答を留保し，中央執行委員会に持ち帰り，「将来の方向としては日産の組合と一緒になることだろうが，一緒になるために，時間が必要だろう」という結論になった[41]。

日産側は，プリンス側の執行委員長の気持ちを翻させることは困難であり，執行委員の過半数を取り込むことは不可能であるとみるや[42]，早々と執行部に見切りをつけ，中央委員や代議員に，そして現場監督者層にターゲットを移した。塩路によると，プリンスで「突然10月8日に「合併反対」を基本とする運動方針書が職場に配付されたのである」。「私はこの報告を聞いたときに，"この執行部が相手では，いつまで話し合いを続けてもラチが開かない。運動方針に不安を感じている組合員がいるはずだから，大会の場を借りて代議員に直接

たわけではない。「私たちは，従来から私たちの進むべき方針は，私たちが自主的に解決すべきであると考えてきたし，今日もそのように考えている。しかも，私たちは，合併という具体的な事実の前で，現実的，常識的に問題をとらえ，そのなかから何が何でも全国金属の旗にしがみつくと言っているのでもなければ，全国金属を脱退しないとも言っているのではない。三鷹，荻窪の合併などの具体的経験をもつプリンスの組合としては，積極的な交流のなかで，相互の理解を深め経験交流するなかで方針を明らかにすべきである，との態度である」（『合併問題 討議資料 No. 3』11頁）。

[41] 同上。
[42] 1965（昭和40）年12月には執行委員11人中5人が「日産派」になったが，その後も過半数は取り込めなかった。

呼びかけてみよう"と密かに心に決めた」(塩路 2012, 119-120頁)。

　塩路は全金プリンス自工支部の定期大会(10月21日)で「祝辞」を述べる機会を得た。日産労組は「連携を積極的に」とろうとしていることをアピールし，プリンス支部はマルキシズムの経済観に基づく組織であり，今の時代には通用しないとばっさり切り捨てた。「このまま過当な競争を続けていったら潰れる会社が出る。そこに外資が入ってきたらどうなるか。そうならないように，労働者にプラスになるような産業構造の転換はできないものか。再編成・合併問題の処理ができないだろうか。そういう方向で私たちはこの問題を考えていかなければならないだろうと思っているのです」(同上，124頁)。プリンス社員の最大の関心事である労働条件については，なかでも賃金の比較については，話をはぐらかした。「合併が決まる前に賃金比較は不可能だ。会社が企業機密の資料を出すはずがない。それよりも，われわれを取り巻く情勢の判断とか合併に対する基本的な考え方について，私達の意見が合うのかどうか。そういう問題を十分に討議する必要があると思う」(同上，122頁)。「いま重要なことは，両社の賃金比較，高低の問題ではないと思うのです。私共は，日本の国民生活を支える大きな社会的な使命を担おうとしている」(同上，125頁)。塩路は，日本の自動車産業の危機を煽り，外資に飲み込まれないためには合併が不可避であり，労働条件といった「小異」にこだわるのではなく，「大局的な視点」から合併を「積極的」に捉えるべきであると訴えかけ，プリンス支部に「協力」を求めたのである。最終製造会社の労働者だけでなく，販売会社や部品会社の労働者も含む自動車産業「全体の発展」を考えて，この合併を「前向きに」受け入れるべきであると力説し，祝辞を締めくくった[43]。当初の予定では「5分程度で」という話であったが，終わってみれば50分にも及んでいた。

　プリンス支部は，合併によって労働者の生活の基盤が脅かされることを危惧し，「6項目の要求」を定期大会で確認した[44]。

1. 労働条件の引き下げを行なわないこと。

---

43) 支部で配布された「塩路会長挨拶」，『全国金属』1965年11月5日号外，1頁より。
44) 『合併問題 討議資料 No. 3』7頁。なお，この「討議資料」を配布する頃には，中央委員のほとんどが「日産派」になっており，全組合員への配布は，中央委員会の承認を得ることができなかった。

2. 犠牲者を出さないこと。
3. 従来の労使慣行を尊重すること。
4. 航空，繊維部門の扱いについて，いかなる場合にあっても労働条件の引き下げや犠牲者を出さないこと。
5. 自販をはじめ，プリンス関連企業等においても，犠牲者や労働条件の引き下げを行なわないこと。
6. 合併にともなう転勤，異動については組合との協議決定まで実施しないこと。

全金プリンス自工支部は，11月15日，「6項目の要求」にかんする団体交渉を小川社長に申し入れた。しかし翌年1月8日，小川社長は「回答書」という形で要求を拒否した。

プリンス支部は，1965（昭和40）年11月6日，日産労組に定期交流会を申し入れ，同月13日，中央委員会で懇談の機会を設け，塩路自動車労連会長と日産労組役員7人を迎えた。支部の中央委員が質問し，塩路がそれに答える形で懇談会は進められた。塩路は3時間にわたり，日産労組の生い立ちや組織運営について熱弁を振るい，労使の間には階級対立はないという考えを繰り返し主張し，反総評，反社会党，反共産党の立場を明示した。そして，自動車労連に入ってもらいたいという要望を伝え，もし「組合が一本にならないなら合併問題も考えなおす」という趣旨の発言をした。賃金などの労働条件については，日産側に合わせてもらうという意向をはっきりと述べた[45]。

支部の中央委員は40人ほどで構成され，支部内で力を持っていた。日産労組・自動車労連は，彼らを執拗に接待し，2人を除いて「日産派」に鞍替えさ

---

45) プリンス自動車工業支部『全金プリンス』第65号，1965年11月20日，1-2頁。総評全国金属労働組合日産・プリンス中央対策委員会「自動車労連（日産労組）塩路一郎会長の演説要旨」4頁。賃金にかんする質問に対して，塩路はこの懇談会で次のように答えた。「会社の合併が決まって両社の人事部が資料を出し合わない限り，どちらが高いか解らない。賃金の調整について私の考えを言うと，どちらの賃金が高かろうと，日産の賃金制度・賃金水準を基準にする。その理由は，28年の争議で疲弊した日産は翌年の不況でさらに打撃を受け，2000人の解雇が提案された。そのとき日産労組は組合員の総意で復興闘争を掲げ，賃金労働条件を切り下げて組合員の雇用を守った。それから10年間，今日の日産の発展を築いてきた賃金であり制度だからだ」（塩路2012，127頁）。

せることに成功した。断固として拒否した2人とは，荻窪分会の古内竹二郎と村山分会の木田孝雄である。古内本人に，自身の経歴と当時の様子について話を聞いた。

　古内は，1927（昭和2）年に生まれ，1942（昭和17）年に中島飛行機の多摩製作所に第一期養成工として入社した。日本の敗戦をもって中島飛行機から解雇され，一時，故郷の宮城に帰り，農業の手伝いなどをしていた。地元の農業高校（定時制）を卒業し，いくつかの職歴を経て，1952（昭和27）年に旧プリンス自工（立川飛行機の系譜）に入社した。古内は，新生プリンスの2つの源流で働き，総評全金支部と全自分会の両方で活動した経験があったため，「日産争議」の実態と第二組合（日産労組）の結成経緯について詳しく知っていた。日産との合併話が持ち上がると，「日産労組は絶対にダメ。これは大変なことになる」と直感し，即座に行動に移した。1965（昭和40）年9月の組合役員改選時に中央委員に立候補し，当選した。ちなみに，古内には日産労組からの誘いがまったくなかったそうである。「情報はつかまれていたようだ」と語った。

　代議員も次々と「日産派」になった。支部に残る決意をしたのは，小山四郎と浅野弘の2人だけであった。古内と木田もそうであったが，彼らは凄まじい圧力をかけられたようだ。代議員大会の採決から2人を強制的に排除するわけにはいかない。採決の場に参加した2人に対する怒号はすごかったと聞く。

　日産労組による取り込み工作は，一般組合員にも及んだ。塩路は，日産労組員からプリンス自工支部の友人や知人を聞き出し，知り合い一覧の「名簿」を作成した。「両労組の組合員の間で連携を取れるようにしておきたいと考えたのである」（塩路2012，116頁）。「このルートを通して，徐々にプリンスの職場の様子が解るようになった。さらにこのルートを介して，日産労組の常任と全金プリンス自工支部の職場委員（中央委員の一部）[46]の接触が図られ，その後の

---

[46] 職場をとりまとめる組合の役職として，日産には「職場委員」，「職場長」があったが，全金プリンス自工支部にはなかった。プリンス支部の役職について簡単に説明しておくと，「中央委員」は200人に1人の割合，「代議員」は20人に1人の割合で選出される。代議員大会が最高決議機関であり，中央委員と中執により構成される中央委員会は，代議員大会に次ぐ決議機関である。代議員大会で決することができない重要な事項（たとえば，スト権の委譲，規約の改廃，労働協約の締結・改廃など）は全組合員の投票により決定される。そのほかに，職場レベルで討議・意思統一する場として，中央委員区（200人），代議員区

展開に貴重な役割を果たすことになった。すなわち，全国金属批判派が総評及び全国金属の激しい攻撃に晒されるや，両者の組織的な協力が行われるようになり，言わばその共闘の中で育まれた連帯の絆（信頼の人間関係）が，新しいプリンス労組形成の核になるのである」[47]（同上，117頁）。

　全金プリンス支部の「日産派」の役員たちは，日産労組の役員と一緒になって「日産学校」なるものを連日開くようになった。「勉強会」という名目のオルグ活動であり，毎週末，駅前の行きつけの店などに集まった。実際に「参加」し，日産労組へ移った者にその中身について聞くと，「日産労組の考え方と歴史を説明された。昭和28年の日産争議の時に，塩路一郎という人がどういう役割を果たし，自動車労連というものを作り上げて，今，こういう風にしているんだ。労働組合はこの姿が良いんだ。ということを教えられた。わかりやすく言えば「こっちに来た方があなたのためですよ」と」。

　当初は，日産労組への勧誘であった。しかし，しだいに総評全金批判を表に出すようになり，支部にとどまろうとする人に対して，日産労組へ移るように圧力をかけるようになった。「日産派」に変わった支部の役員は，組合員の取り込みに必死であった。支部の中央委員から「日産派」に移った者の一人は，後日，当時の切迫感を全金支部に残った者に，次のように語った。「分裂のときはどうなるかわからなかった。自分たちが負けるかもしれないと思っていた。だから，すごい危機感をもって，何がなんでもつぶしてやるという気持ちでやった」。「けり」がつき，もはや「乗っ取られることはない」という確信を持ってから，このような感想を漏らしたのであるが，取り込みの必死さには日産労組への忠誠心を示そうとする心理が働いていたものと推測される。

　　（20人）ごとに「職場会」はあったが，フォーマルな役職として「職場委員」，「職場長」はなかった（総評全国金属労働組合東京地方本部・西部地区協議会1981，14-15頁，『プリンス自工社史』467-468頁）。したがって，塩路のいう「全金プリンス自工支部の職場委員（中央委員の一部）」とは何を指しているのか不明であるが，おそらく記憶違いであろう。

47)「名簿」は，実際には，塩路が言うように，友好的に作成・利用されたわけではなかった。「日産派」の手により，全金組合員は5段階に区分された。A：完全な日産派（行動派），B：日産派を理解している者，C：まだどちらとも区分できない者，D：全金や中執を支持している者，X：共産党員・民青同盟員，その同調者。DやXに区分けされた者は，実力で排除されるようになったのである（総評全国金属労働組合東京地方本部・西部地区協議会1981，18頁）。

1965（昭和40）年12月8，9両日に開かれた全日産労組[48]第12回定期大会を，プリンス支部の代表（中執，中央委員，青年婦人部四役）が60人ほど傍聴した。そのほかにも，管理監督者や代議員などの職場指導者層が200人ほど，支部の執行部を通さずに傍聴に加わった。全日産労組の執行部は，プリンス支部の人たちを前にして支部の中執を批判し，第二組合結成を呼びかけた[49]。

この定期大会の初日に，日産の川又社長が「あいさつ」を行った。1953（昭和28）年の大争議を振り返り，「相互信頼」に基づく労使関係の重要さを語り，階級闘争的な組合について批判的な見解を述べた。「同じ企業の中にいながら，カタキ呼ばわりするような，マルクスやレーニンとかのいっている考え方はどうもわからないのです。だれでも，入社からだんだん立場が変っていき，企業に責任を持つようになるものです。だれが支配者か，だれが支配されるかというようなことは考えなくともいいはずです」。話は合併にも及んだ。自分は「公的な広い視野」からこの度の合併を考えている。「わだかまりなく協力し合わないと成功しない」。それは労組間の関係も同じであり，「プリンス自工の組合と日産の組合とがよく話し合ってもらい，私がいうことをよく検討してもらいたい。そこでイザコザが絶えないということでは，日産の組合の方がいいということになり，この問題も，もとにたちもどらなければならなくなってしまいます」[50]。川又社長は，両労組による「話し合い」を求めたが，言葉の端々から日産側の組合への一本化を要求する本音が漏れた。

ついには職場の管理監督者が支部組合員に「指導」を行うようになった[51]。

---

48) 日産本体の労働組合と，日産と関係が密である新日国工業（現・日産車体）および日産ディーゼルの労組とが単一化され，1961（昭和36）年に「全日産自動車労働組合（全日産労組）」が発足した。のちに厚木自動車部品労組がそれに加わったが，2005（平成17）年に解散した。
49) 「全金プリンス斗争日誌」より。
50) 野村ほか（1966）23-24頁，川又社長の当日の挨拶を文章に起こした「川又社長あいさつ要旨」より。
51) もともとこの層は，組合に対するコミットメントが高くなかったようである。「雰囲気を変化させるために活動したのは，組合員である職制層であったが，この層の大部分にとって，全国金属の路線には違和感があったと推測される。プリンス経営者は，それを促進するような教育を係長・班長に対して以前から行なってきた。また，この層は日常的に，経営機能の一端を担っているために，企業意識にとらわれやすいという一般的事情もある」（嶺1980，218頁）。

全金支部に残ることになる労働者たちは,「就業時間中に上司から「考え方を変えないと君の将来にとって良くない」といった説得を受けた」。

　これは明らかに,会社による労働組合への介入であり,不当労働行為である。全金支部は1965（昭和40）年12月16日,日産およびプリンスを被申立人として東京都地方労働委員会（地労委）に不当労働行為に対する救済を申し立てた（東京地労委昭和40年（不）第67号）。審査の結果,支部の訴えの一部が認められ,1966（昭和41）年7月28日付で命令書が日産とプリンス自工に交付された。その内容は,工場長や課長が組合員に対して支部の支持を弱めるような言動をしたり,現場監督者が職場構成員に対して就業時間中に説得活動を行ったりしている事実を認め,この状態を会社は放置してはならないと命じたものである。また,会社の会議室や食堂を利用させるなど,「日産派」に対して特別の便宜を図ってはならない旨,プリンス自工に命じた。日産とプリンス自工は,中央労働委員会（中労委）に再審査の申し立てをせず,この命令は確定した。

　しかし,会社側はこの命令を無視し,その後も全金プリンス支部組合員に対する管理監督者の介入を放置した。全金は命令不履行の実態を11件地労委に通知し,地労委は横浜地方裁判所に川又社長に対する過料制裁を訴えた。1966（昭和41）年9月5日,横浜地裁は,全金側の主張をほぼ認め,川又社長に対して1件につき10万円,計70万円の過料処分を下した[52]。

iv)「除名」へ

　プリンス支部の中執は,組合員に支持される執行部を新たに選出すべきであると考え,1965（昭和40）年12月14日に中央委員を招集して「中執総辞職」の意向を表明した。しかし,中央委員はこの提案を否決し,かわりに「中執不信任を討議する臨時大会開催」の緊急動議を提案し,賛成37,反対2,保留1で可決された。同月22日に支部の臨時組合大会が開かれ,賛成368,反対1,保留

---

[52] 全金日産・プリンス対策委員会「横浜地方裁判所　日産自動車川又社長に過料70万円の処分決定──決定全文と解説──」より。日産の川又社長は,高裁・最高裁に抗告したが,いずれも棄却された（1974（昭和49）年12月19日最高裁第一小法廷で抗告棄却され確定）。なお,会社による組合への介入が問題になったのは合併前であり,厳密に言えば,日産は使用者ではない。しかし,全金およびプリンス支部は,合併予定である日産にも管理者責任があるとして,「使用者概念の拡大」を認めさせたのである（平沢2009, 183-192頁）。

第2章　合併にともなう問題：異なるナショナルセンター傘下の労働組合　61

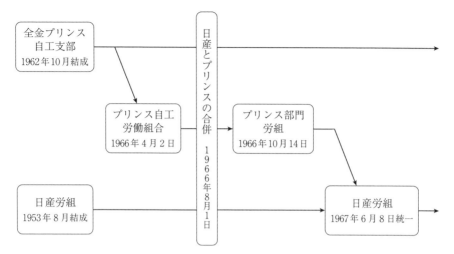

図2-6　全金プリンス支部から日産労組へ

2で中央執行委員全員の不信任決議案が可決された[53]。

　翌1966（昭和41）年2月23日，中央委員の3分の1以上の者から永井博執行委員長に対して，「執行部代行」なるものを選任するための臨時組合大会開催の決定を目的とした中央委員会の開催請求があった。しかし同委員長は，支部組合規約にない事項を決議するための大会開催は許されず，ひいてはそのような大会開催を決定するための中央委員会の開催は許されないとして，この請求を拒否した（支部組合規約では，執行委員が総辞職した場合，後任役員選出までの期間は，旧執行部に業務執行の権限と義務がある）。すると翌24日，中央委員（2人欠席）および4人の中執が，「中央委員会」の名のもとに会合して，中執の「解任」（専従を解いて職場復帰させること）と「執行部代行」なるものの選任（中執の解任後に中執選挙を行わせる）を目的とする「臨時組合大会」の開催を決定した。同月28日の「臨時組合大会」で，中執の「解任」と「執行部代行」の選出が一括質疑され，賛成349，反対1で可決され，3月24日実施の選挙により，新しい「中執」が11人選出された。

---
53) 全国金属労働組合「自動車労連（全日産労組）の全金プリンス支部に対する組織ハカイ攻撃の実態とそれに対する闘いについて」1966年1月より。

3月30日,「中執」が「臨時組合大会」と称する集会を開催し,「全金脱退」が賛成373票,反対2票で決定した。4月2日,「全金脱退」の全員投票を行い,賛成6575票,反対594票,白紙無効205票となり,「全金の脱退」と新しい組合の結成が決まった。新労組の名称は「プリンス自動車工業労働組合」である。新委員長名義の4月2日付内容証明郵便をもって,プリンス自工労働組合の「脱退」を全金に通知した[54]。1966 (昭和41) 年9月30日に臨時大会を開催し,全金派138人の「除名」を決定した。10月14日の臨時大会で自動車労連加盟を決議し,日産労組との合同活動を開始し,組織名を「日産自動車プリンス部門労働組合」に改めた (図2-6)[55]。

v) 組織統合から制度統一へ

　日産労組は,元プリンスの労働者のほとんどを取り込むことに成功した。次のステップとして,諸制度の統一に取りかかった。悪化の噂を耳にしていた元プリンス社員にとって,労働条件は強い関心事であった。塩路は,後日談で,プリンス側の労組は個人別の賃金資料を持っておらず,同じ条件での比較は難しかったと述べている。たしかに両社の賃金実態を厳密に比較しようとすれば,比較の条件や前提を同じにしなければならず,困難な作業がともなう。しかし,いろいろと理屈を並べ立ててはいるが,さきほど触れたように,塩路は,日産の制度に合わせることを初めから決めていたのである[56]。

　合併直前の賃金を比べると,男性工員の平均賃金は,日産2万5844円 (平均年齢31.1歳),プリンス3万7042円 (同27.9歳),男性職員の平均賃金は,日産3万9857円 (同33.8歳),プリンス4万1102円 (同28.5歳),女性工員は,日産1万3857円 (同23.0歳),プリンス2万9685円 (同30.9歳),女性職員は,日産1万6601円 (同24.1歳),プリンス2万3633円 (同22.7歳)であった[57]。塩路は,

---

54) プリンス自動車工業労働組合中央執行委員長永瀬忠男「総評全国金属脱退の挨拶文」昭和41年4月15日。
55) 日本自動車産業労働組合連合会「自動車労連,日産労組と全金プリンス自工支部との組織問題の経過について」昭和41年10月。
56) 塩路 (2012) 118, 133-134頁。
57) 日本経済新聞社『会社年鑑 1965年版』より。全国金属労働組合『全国金属』号外, 1965年11月5日, 2頁による。

日産の労働条件が劣ることがわかっていたため，比較の結果を明示することを頑なに拒んでいたと想像される[58]。

当時，自動車会社は軒並み労使協調路線をとるようになり，競争力強化を目指して合理化を進め，賃金制度を年功型から職能評価に基づくものへと移行させていた。そのような状況のなか，プリンス自工支部は，労働者の健康と生活を守る立場を堅持し，労働能率の向上や労働強化に対して規制力を発揮し，「競争的な職場秩序」の侵入を阻止していた[59]。交替制勤務は原則認めず，残業にも厳しい制約を設けていた。当人の応諾なしには，会社は残業を強要することができなかったのである。

ところが，そのプリンスの工場や事業所にも，合併と同時に日産の就業規則が全面的に適用され，プリンス時代の既得権は根こそぎ奪われた。合併半年後の1967（昭和42）年2月1日から，旧プリンスの工場で深夜勤務が始まり，労働者は残業を「選択できる権利」を失った。同年4月1日から，賃金などの労働諸条件が日産のそれに統一された。

旧プリンスの労働者にとって，労働条件は軒並み悪化した。諸手当を含む賃金や退職金は切り下げられ，実働時間は延長され，休日・休暇の条件は悪くなった[60]。元プリンス社員のなかでもとりわけ現場で働く者たちの労働条件が悪化した。プリンスでは，「職掌」という概念はなく，技術者と技能者とが比較的平等に扱われていたが，日産社員になると，事務・技術・技能と3つの職掌に大別されるようになり，賃金，一時金，退職金，昇進・昇格，仕事の上下関係などについて，ことごとく，技能員が事務員・技術員よりも下位に位置づけ

---

[58] 塩路は，日産の賃金の方が低いことを気にしていたのであろう。半世紀近く後，自らの本を書くにあたって，旧日産と旧プリンスの賃金について触れている（塩路2012, 134頁）。男性の技術員や職制の賃金にかんしては日産の方が高いことを強調しているが，内容は本書で示したこととほぼ同じである。しかも，問題は賃金の額だけではない。日産はプリンスとは異なり，評価の仕組みや査定の結果などを労働者にまったく教えていなかったのである。

[59] 黒田（1988）39頁。

[60] 詳細は，鈴木（1967），全金プリンス「10年史」編集委員会編『日産にひるがえる全金の旗』（1976年，総評全国金属プリンス自動車工業支部。以下，『全金の旗』と略）60-63, 106-113頁，総評全国金属労働組合東京地方本部・西部地区協議会（1981）24-27頁，「全金第20回全国大会報告 全金日産・プリンス対策委員会報告書」6-7頁。

られるようになった[61]。性別による格差はプリンス時代にはなかったが，女性はあきらかに差別的な処遇を受けるようになった。定年退職の年齢は，男性が55歳であるのに対して女性は50歳である（のちに男性60歳，女性55歳になる）。女性従業員には扶養手当が付かない。お茶くみなどの雑用は，「女性の仕事」になった。また，会社構内の集会，文書配布，ポスターの掲示，現場部門から他職場への出入り，年次有給休暇の取得には，すべて会社側の許可が事前に必要になった。工場入構のさいの「持ち物検査」は拒否できず，配転や「応援」などの人事異動は本人の意思に関係なく一方的に命じられるようになった。自分の賃金の額を友人に教えることすら，「不満の増大に通ずるおそれがあるから」として禁じられた。会社やプリンス部門労組および日産労組に対する批判はタブーであり，「企業ぐるみ選挙」の応援に強制動員されるようになった[62]。

　日産労組は，懐柔から説得へ，そして強引な切り崩しへと，取り込みの戦術を変えていった。硬軟織り交ぜたやり方により，合併前に，ほとんどのプリンス支部組合員を「日産派」に鞍替えさせることに成功した[63]。合併後すぐに，管理制度を日産側のものに統一させた。1967（昭和42）年6月3日，日産労組とプリンス部門労組は，統合にかんする代議員大会を開催し，同月8日，プリンス部門労組は全日産労組の荻窪支部，三鷹支部，村山支部になった。
　かくして，合併にさいした組合間の問題は決着がつき，解決されたかのようにみえた。ところがである。ごく少数ではあるが，全金プリンス支部に残る者が出た。そして次章以降，明らかにするが，日産労組のやり方が強引になれば

---

61) 元プリンスの労働者は，日産社員になると学歴主義を強く意識させられるようになったという。「日産は，管理部門や技術部門を大卒や高卒で固め，「現場には読み書きそろばんはいらない」という感じで労働者を見下す雰囲気があった」。プリンスにも学歴による処遇の違いがなかったわけではないが，本章の冒頭で触れたように，技術員と技能員とが分け隔てなくチームで働き，優秀であれば引っ張りあげるという慣行が存在したようである。
62) 総評全国金属労働組合東京地方本部・西部地区協議会 (1981) 27-28頁。
63) 全金プリンス支部は，日産労組からの切り崩しにあい，日産内で少数派になったわけであるが，全金側の原因については，全国金属史編纂委員会 (1977) が自己分析・反省している (100, 311頁)。

なるほど，その者たちは徹底抗戦の態度を崩さなかった。川又社長ですら，日産労組による統合が「性急すぎたかもしれない」と，過去を振り返って反省する事態を招くのである[64]。

---

64) 川又 (1983) 102頁。

第 3 章　暴力と差別

　全金プリンス自工支部に属した組合員のほとんどは，合併前に「日産派」に鞍替えし，「第二組合」を結成し，合併後に日産労組に合流した[1]。しかし，プリンス支部は，自動車労連・日産労組の切り崩し工作になすがままであったわけではない。全金中央本部が，東京地方本部（地本）と協力して「プリンス対策委員会」を立ち上げ，1965（昭和40）年12月3日に第1回委員会を開いた。総評や地区労働組合協議会（地区労：県評の下部組織）からも支援を取りつけて「全金プリンス支援共闘会議」を結成し，プリンス支部をもり立てた[2]。支部の執行部は，「日産労組の考えをもう一度考えてみよう。はたして生活はよくなるのか？」と必死に問いかけ，支部に留まるよう組合員に働きかけた[3]。「日産学校」に対抗して「全金学校」を開き，全金に残る仲間を増やす活動に取り組んだ。一般の組合員からも，支部を守ろうとする動きが生まれた。1965（昭和40）年12月31日に荻窪分会で，翌年5月10日に村山分会で，それぞれ「青年行動隊」を結成し，若い労働者が中心になって「反撃」を開始した[4]。支部の者たちは頻繁に集まっては対策を練り，職場新聞を配布して「本当のこと」を同僚に知らせ，ビラを工場前や駅前で配ってプリンス支部への「攻撃」を世間に伝え支援を得ようとした。

---

1) ただし，合併前からそして合併後も，会社を辞める（元）プリンス社員が続出した。合併前は，日産社員になることを快く思わなかったり，日産労組の強引なやり方に辟易したりして，合併後は，以下にみるつるし上げや「いじめ」に心ならずも「参加」させられ嫌気がさして，会社を辞める人が大勢でた。元社員の話によると，人事部の机には退職者の書類が山と積まれていると噂されていた。正確な数はわからないが，「合併から3年間で約3000人の旧プリンスの従業員が退社しています」「25歳以上の経験のある女性もおおかた辞めました」（中本1996, 113頁）。合併前後のごたごたに耐えられず，自殺する人もでた。このときに「優秀なプリンスの技術者が他社に流れた」ようである。
2) 全国金属労働組合プリンス対策委員会「自動車労連（全日産労組）の全金プリンス支部に対する組織破壊攻撃とその斗いについて」1966年1月7日。
3) 『全金プリンス』No.124, 1966年3月28日, 1頁。
4) 『全金の旗』34-36頁。

日産労組に合流することを拒否した支部組合員は，組合規約に基づかない中執の「解任」とプリンス支部の「全金脱退」は無効であり，自分たちは全金および全金東京地本の組合員としての資格を失わず，支部に留まった永井委員長を含む6人の執行部の地位に変わりがないことを確認し合った。支部は，1966（昭和41）年3月3日，組合事務所を工場の敷地内から上部団体の全金の本部内に移転させた。

　1966（昭和41）年4月2日の時点でプリンス支部は7656人もの組合員を擁していたが，翌3日には，大半がプリンス自工労働組合に移った。支部は，「全金プリンス支部組織強化実行委員会」を開き，支部に残ることを決意した152人に意思確認をした。同月10日，「組織強化確立臨時全員大会」を開催し，支部の第4回定期大会（1965（昭和40）年10月21日開催）で承認された運動方針の継承を確認し，暫定運営規定や暫定予算などを決議し，役員の改選を行い，支部の活動を本格的に再開した。

　手始めに，会社に団体交渉を申し入れた。支部は賃上げや一時金支給を要求し，支部組合員143人の氏名を伝え，給与から天引きされてプリンス自工労働組合に渡されていた組合費の返還を求め，作業服に要求を書いて訴える「作業服闘争」を行った組合員に対する訓戒処分と支部の組合活動に対する管理監督者の介入に抗議するつもりであった。しかし，団交の申し入れは会社側から拒否された。

　支部は労働者の創作・文化活動を再開した。4月24日，プリンス文化工作隊（文工隊）を結成し，「うたごえ」[5]の仲間に支えられて再始動した。

　プリンス自工は1966（昭和41）年8月1日に合併の運びとなったが，プリンス支部に残った組合員は，合併後も支部に留まる姿勢を崩さなかった。日産労組は，支部に残った人たちの信念を翻意させることはできず，完全な組織統合は断念せざるをえなかった。塩路はそのように判断し[6]，取り込みから排除へと

---

[5]「うたごえ運動」とは，狭義には，労働組合などが母体となって合唱団をつくり，合唱祭を開催した活動であり，全国組織のもとで展開した文化活動を指す。運動の中身，時代背景，社会への広がりについては，渡辺（2010）第7章「「労働者の歌」の戦前と戦後」がくわしい。

[6]塩路の記憶では，「私が全金グループを少し残そうと考えていたのは，日産争議のときとは事情が違うと思ったからだ。日産労組が全自日産分会の残留者を全員吸収できたのは特

支部対策の手法を変えた。そして哀しいかな，合併直後に暴力事件が発生したのである。

次章で詳しくみるが，支部は差別的な処遇を撤回させるために，裁判所に訴え，労働委員会に救済を申し立てた。1985（昭和60）年と86（昭和61）年に，全金プリンス支部に加入していた組合員のほとんどが，差別是正と損害賠償を求めた裁判（東京地裁民事第19部係争事件「全面損害賠償請求事件」東京地裁昭和58年（ワ）第10069号，東京地裁昭和59年（ワ）第5227号）の証拠資料として「陳述書」[7]を提出した。本章は，その「陳述書」を主に用い，プリンス自工支部に関わる事件の判決文や労働委員会の命令書，支部組合員が編んだ「手記Ⅰ，Ⅱ」，各年度の「運動方針議案書」，全金プリンス支部および日産労組の機関紙や冊子，元労働者への聞き取り調査の結果などを突き合わせながら，全金プリンス支部の組合員が受けた暴力，「いじめ」，さまざまな差別の実態に迫りたいと思う。

Ⅰ 組合員の略歴：「陳述書」から

表3-1は，「陳述書」を提出した組合員の生年，性別，学歴，キャリア，配属先などを一覧にしてまとめたものである（キャリアと配属先は，ほとんどの人は「陳述書」の提出時までのもの）。合併から20年ほどが経過しており，組合員数は71人になっていた。大づかみな組合員像をはじめに提示しておくと，入社時の学歴は，中卒（養成工・定時制高校卒を含む）45人，高卒（普通・工業・商業・農業）20人，大卒3人である（不明その他3人）。ほとんどは現場の労働者であるが，少数ながら技術員と事務員もいる。男性が大半を占め，女性

別なケースで，相手側に益田氏というリーダーがいたからだ。全金プリンスにはそういうリーダーはいない。」（塩路2012, 132頁。傍点伊原）。しかし，本章で明らかにする暴力や差別の実態をみる限り，「残そうと考えていた」などという生ぬるいものではなかったことがわかる。

7）支部の人たちが差別的処遇を受けていること，ましてや会社により意図的に差別されていることを証明するのは至難の業である。証拠となる材料は，会社が与えてくれるはずはなく，むしろ与えまいとしてきたからだ。支部は賃金差別を立証するために，調査部長を中心としたプロジェクトチームを結成して情報を収集し，組合員個人も仲のよい日産労組員から情報を密かにもらい，資料を作成した。これらの活動の一環として組合員は日記をつけていたのであり，その日記を元にして「陳述書」を作成したのである。

表 3-1 「陳述書」提出者一覧

甲	出生年	出生地	性別	学歴	社歴	入社形態	勤務地	主な配属先の変遷
101	1941	東京育ち	男性	高卒	富士精密	正社員	荻窪→村山	部品課
102	1948	山形	男性	中卒	日本電気技能者養成所→日本電気→日産	正社員	村山	工具管理課（のちに工務課）
103	1950	東京	男性	高卒→専門学校中退	日産	正社員	村山→横浜	工具管理課（のちに職場ごと第三製造部機械課）
104	1954	兵庫	男性	大卒	日産	正社員	本社→三鷹	調査部→繊維機械事業部販売部営業課
105	1936	東京	男性	中卒	富士精密	正社員	東京工場	
106	1947	東京	男性	中卒	武蔵野職業訓練所→日東工業→プリンス	臨時工で11ヵ月→本採用	村山→川越→NTC	繊維機械部製造課（溶接工）→第一製造部第三組立課計量管理室
107	1946	福島	男性	中卒	プリンス	養成工	村山	車体課
108	1947	群馬	男性	高卒（普通）	プリンス	正社員	村山	組立課出荷整備→整備課→名称変更→整備廃止、第一製造部第一組立課、車両整備
109	1945	佐賀	男性	中卒	鉄工所→プリンス	8ヵ月間臨時工試用→本採用	村山	プレス加工
110	1946	東京	男性	中卒	日野自動車→プリンス	正社員	荻窪→村山	シャシー課で機械工、ミッション課で研磨作業→シャシー課で機械加工→車軸課→職種変更一車軸課→試作課作成部門の設計開発部門に移転・組織統合により第一試作部検査係に名称変更
111	1945	東京	男性	中卒	富士精密	養成工	三鷹→村山→NTC	車体課→検査部発動機検査係、自動車部第三製造部第二組立→繊維機械
112	1945	茨城	女性	高卒（普通）	プリンス	正社員	三鷹	繊維機械部技術課技術係→開発部生産技術係→繊維機械事業部製造部生産調達課部品供給管理
113	1946	茨城	男性	高卒（工業）	プリンス	正社員	村山	自販部部品課→部品部品部品センター部品課・工務課→第一車輛課→第一車輛課部品・工務部品相模原部品受注三課→部品センター相模原部品三課
114	1944	東京	男性	中卒	富士精密	養成工	三鷹→村山→栃木	車体課（溶接、組付）
115	1944		男性	高卒（工業）	プリンス	正社員	荻窪→村山→栃木	工作二課（機械加工）→シャシー課→第一車輛課→第二車輛課→エンジンおよびミッション課の組立→第二施設課→検査部検査部動機検査課第三製造部フォークリフト検査課（名称変更）
116	1945	東京	男性	高卒（工業）	プリンス	臨時工（8ヵ月）→本採用	三鷹分工場→三鷹本工場	繊維機械部技術係第二技術係（繊機開発）→研究所実験課→研究・実験係→貫して繊維開発部署
117	1944	中国→佐賀	男性	中卒	プリンス	正社員	三鷹	繊維機械部技術課第二技術係（余適工作業）
118	1943	山梨	女性	中卒	東京の絹会社→プリンス		三鷹	
119	1946	東京	男性	高卒（工業）	プリンス	正社員	三鷹→村山	生産技術課→繊維機械部第一技術課（設計）→繊維機械部内の第一営業課
120	1942	東京	男性	中卒	富士精密	養成工	三鷹→村山	車体課（仮金加工や組付）→所属部署ごと村山（組立）

第3章 暴力と差別 71

121	1942	東京	男性	中卒	富士精密	養成工	荻窪→村山	機械職場（工作二課）で機械加工→機械組立課で機関組立課→機械工→機関課→整備課→車軸課で圧造課（機械工職を奪うもの）
122	1943	東京	男性	中卒	富士精密	養成工	三鷹→村山	組立課→整備課→第一製造部組立課→第二組立課
123	1942	東京	男性	中卒	富士精密	養成工	荻窪→鶴見	研究所研究→試作課でガソリンエンジンの実験
124	1942	東京	男性	中卒	富士精密		荻窪→村山→追浜	試作課→第二試作部第二ユニット試作課に配属（マーチ生産）場第二製造部第二車体課で
125	1942	東京	男性	高卒（工業）→在職中に大卒（二部）	プリンス		荻窪→富岡	品質管理課（エンジン検査）→ミッション検査→材料検査課→荻窪総務部施設課（入社以来の検査業務から機械加工へ）
126	1942	神奈川	男性	大卒	プリンス	正社員	荻窪→村山→座間	動力機構機械部第五設計部→第二機構設計課→実験担当業機構実験部実験課実験係→同部ユニット実験課実験係→ユニット設計実験課に名称を変更する もの名称は変わらず
127	1942	東京	男性	高校在学中に入社（工業二部）	富士精密	在学中入社→1年余臨時雇用→本採用	三鷹→村山	三鷹工場治具課（プレス型仕上げ）→村山工場治具課（プレス型製作仕上げ）→名称は変わらず内容は変わらず
128	1941	新潟	男性	中卒→在職中に高卒（工業、定時制）	鉄道車輌金具製造会社→住職工原職業訓練所溶接課→富士精密	臨時工→1年後本採用（3ヶ月の試規工）	三鷹→村山	車体課（板金溶接工）
129	1941	東京	男性	中卒	多摩職業訓練所塗装課→富士精密	臨時工→14ヶ月後試用工→本採用	三鷹→村山	車体課（部品塗装、タッチアップ修正）車部塗装課→整備課（仕事は変わらず）→第一製造
130	1941	埼玉	男性	中卒	富士精密	養成工	三鷹→荻窪→川越	車体課（車体外板部品の仕上げ）→三鷹工場分工場荻窪工場（試作用車体部品作成）→荻窪総ーツ車輌→仮設工場（機械用刃物時間作業、旋盤工部部施設課）
131	1942	東京	男性	中卒	富士精密	養成工	三鷹→村山	車体課（板金溶接工）
132	1942	埼玉	男性	中卒	富士精密	養成工	荻窪→村山→栃木	工作二課（機械工）→ジャンパー車輌課→機械課と名称は変わらなかったが、車輌部品の加工を一貫して担当
133	1942	東京	男性	中卒	富士精密	養成工	三鷹→村山	車体装備課（板金、溶接、半田盛修正）→第二製造部第二車体課
134	1941	東京	男性	中卒→在職中に定時制高卒	富士精密	養成工→3ヶ月後正規入社	荻窪→村山→荻窪村山	工作二課（機械加工）→機関課→ミッション課→機械課と名称を変えたが、作業内容には大きな変化はなし
135	1941	東京	男性	中卒→在職中に定時制高卒	富士精密	養成工→3ヶ月後正規入社	荻窪→NTC	試作課→試作用課→NTC（組織統合により）で板金工
136	1941	東京	男性	高卒（工業）→在職中に大卒（夜間部）	富士精密		荻窪→川越	品質管理部品資管理三課→同品質管理一課→精密検査係→所属課の名称変更により→総務部品資管理三課（ゲージ類の精密検査）
137	1941	鳥取	男性	高卒（工業）	富士精密	正社員	三鷹→NTC	治具課→スポーツ車課→試作二課→第二試作課（工数の見積、作票作成など）

甲	出生年	出生地	性別	学歴	社歴	入社形態	勤務地	主な配属先の変遷
138	1941	東京	男性	高卒（工業）	富士精密	正社員	三鷹→村山	検査係（名称変更はある）
139	1958		男性	中卒	富士精密	臨時採用→1年半後本採用	三鷹→村山	車体係（部品塗装）→水研作業→塗装課（部品塗装）
140	1940		男性	中卒	富士精密	養成工	荻窪	エンジン課→ジャッキー課→第三製造部第二車輌課→第一製造部第一組立課
141	1940		男性	中卒→在職中に工業高校（定時制）機械科	富士精密		荻窪→村山	工作一課→名称変更はするものの、一貫してミッションギアの機械工→組立工
142	1940		男性	中卒	富士精密	正社員	荻窪→村山	工作一（シリンダーヘッドの加工、機械工）→組立工（歯切など）→組立課（機械工）→組立工に職種転換
143	1940	東京	女性	中卒→在職中に高校大学（定時制）	富士精密		荻窪→三鷹	総務部文書課→同課和文タイプ室→繊維機械事業部営業課（三鷹分工場）
144	1940		女性	中卒→在職中に高校に通う	富士精密	正社員	荻窪→プリマテックスビル→荻窪→川越	本社総務部文書課（受付業務→電器交換業務）（出向）→施設課→器工具倉庫業務
145	1940	東京	男性	中卒	富士精密	正社員	荻窪→NTC	第一試作課（板金・溶接・プレス加工など）→業務内容は変わらず
146	1940		男性	高卒（工業）	富士精密	正社員	荻窪→村山	品質管理一課第一検査係
147	1940	東京	男性	高卒（工業）	富士精密	正社員	航空事業所→村山	航空事業所第四課→航空工作課→生産技術課（三鷹工場生産技術課）→村山工務部工具管理課
148	1940	東京	男性	中卒	富士精密	正社員	荻窪	精機職場→宇宙部品質管理係→宇宙部品質管理課
149	1939	東京	女性	高卒（商業）	富士精密	正社員	荻窪→川越	航空事業部営業一所事務所→所属は変わらず、航空機職場の業務関連運て、現在は宇宙事業部総括部営業課原価管理グループ
150	1939	宮城	女性	高卒	富士精密	正社員	荻窪→村山	購買部倉庫→（のちに）資材管理部資材外注課→村山工場購買部資材管理課（荻窪工場）→村山工場検査課（村山工場内）→センター部品検査係（村山工場内）
151	1939	東京	男性	高卒	富士精密	正社員	荻窪→三鷹→村山本社	荻窪工場購買部外注一課調査係→三鷹工場購入部部品部品受渡課→同課購入工務課→工務部第二調達部第五部品課→本社第二調達部業務課
152	1939	長野	男性	高卒（工業）	富士精密	正社員	三鷹→村山	三鷹工場施設課→工務課（業務内容変わらず）→工務課第一係（職場ごと移動）
153	1938	東京	男性	中卒	富士精密	正社員	三鷹→村山	三鷹工場調達管理課→村山工場工務部補給係（職場ごと移動）
154	1938	東京	男性	中卒→高卒（定時制）→大学中退（工学部二部）	日本醸造タイムス→富士精密	臨採工→8ヵ月後正社員登用	荻窪→村山	荻窪工場品質管理部エンジン機械加工（加工精度の確認と品質保証）→エンジン完成検査→エンジン受入部品検査→トランスミッション検査→村山工場動検検査課

第3章　暴力と差別

155	1937	東京	男性	中卒→在職中工業高校通学(中退)	富士自動車→整理解雇→町工場→富士精密	臨時工、14ヵ月後に正社員	三鷹→村山	圧型仕上→三鷹工場冶具課(圧型仕上継続)→村山工場工具管理課
156	1938	東京	男性	中卒→在職中に定時制高卒	富士精密	養成工	荻窪	工務部計画課精密検査室
157	1938	東京	男性	中卒	プリンス	正社員	三鷹本工場→三鷹分工場→荻窪→NTC	三鷹工場車体課→スポーツ車体課→荻窪工場分組
158	1937	東京	男性	中卒	富士精密	養成工	荻窪→村山	荻窪工場工作課(機械工)→ミッション車軸課→村山(のちに第一車軸係→村山工場第一組立課
159	1938	東京	男性	中卒	富士精密	正社員	荻窪	荻窪工場工作課
160	1937	東京	男性	中卒→在職中に高校卒業(工業)	富士精密	正社員	村山	計画課補修係→工場工務課第三保全係→村山工場工務部工務課
161	1938	兵庫	男性	高卒(工業)	富士精密	正社員	荻窪	宇宙航空事業品質管理部品質管理三課
162	1937	東京	男性	中卒→在職中に高校卒業(定時制)	富士精密	正社員	東京工場→荻窪→村山	荻窪工場(現荻窪工場)計画部計画課品質検査係→品質管理部品質管理課→村山工場第二製造部整備課→同部組立課→村山工場動力検査課→同部フォークリフト検査課
163	1937	東京	男性	中卒→在職中に高卒(工業、定時制)	富士精密	正社員	荻窪	工作一課→ミッション課→機械課→第二車輛課→塗装課
164	1937	東京	男性	大卒	富士精密	正社員	荻窪→NTC	ボディー設計課→設計管理部第一管理課
165	1935	東京	男性	高校在学中入社、工業高校全日制→定時制(編入)	富士精密	正社員	荻窪	部品検査→精密検査室
166			男性	中卒	プリンス	臨時工→6ヵ月半で本採用	荻窪→村山	エンジン課→ミッション課→村山工場第三製造部機関課→村山工場第三製造部第一車体課(機械工から溶接工へ)
167		東京	男性	東京都中央公共職業補導所仕上科修了見込み	プリンス	正社員	荻窪→村山	荻窪工場ミッション課→第二車軸課→村山工場第三製造部第二車軸課(機械工からライン作業者)
168	1930	東京	男性	中途入社、定時	富士精密	中途入社、3ヵ月後本採用	荻窪→村山	東京工場(現荻窪工場)計画課設備検査係(名称変更はあるが、一貫して検査業務)→村山工場検査部
169	1928	宮城	男性	国民学校高等科卒→農業高校定時制卒	中島飛行機→敗戦により解雇→富士産業三鷹工場→プリンス	養成工	多摩製作所→三鷹→荻窪→村山	荻窪工場機秘課→村山第三製造部機械課
170	1926		男性					
171			女性		富士産業荻窪工場→解雇→職場復帰		荻窪	検査係→購買部資材課→倉庫一課→資材管理一課→荻窪工務課補助材料係→同課補助材料倉庫

は7人だけである。彼女たちは事務員であった。新卒入社の正社員が多いが，臨時工から正社員に登用された者も若干名いる。新生プリンスの源流である旧富士精密（中島飛行機系）と旧プリンス（立川飛行機系）とでは，前者の出身者が多い。合併後に日産労組から全金プリンス支部に移った人は3人いる[8]。

II　暴力事件

　プリンス自動車工業労働組合が1966（昭和41）年9月30日に臨時大会を開催し，全金支部に残った者たちを一方的に「除名」した経緯は前章で紹介したが，その3日前の27日，三鷹工場で，全金プリンス組合員を標的とした集団暴行事件が起きた。「陳述書」と「手記I，II」には，日本有数の大企業内の出来事とはにわかには信じがたい暴力の実態が克明に描かれている。被害者の記録をそのまま引用させてもらう。

　「昭和41年9月におきた集団暴力事件を三鷹分工場で受けました。最初は分工場・食堂前の広場でした。この日初めて集団暴力を受たのは(ママ)岡田君（現在荻窪工場勤務，支部組合員）と私の2名だけでした。三鷹本工場から乗用車4〜5台に分乗してきた本工場の会社職制と第二組合役員と分工場の会社職制と第二組合役員を中心に動員された分工場の第二組合員のほとんどに（300名強の人たち）取り囲まれました。「ここはお前たちの居る所ではない，すぐに出て行け」「さっさと会社をやめろ」「会社から出て行け」「つんぼか」「なんとか云え」「声もださねうのか」(ママ)などと驚きと恐ろしさで声も出せない私たちに集団で罵声を浴びせ，あげくのはて，取り囲んでいる前列の人たちによって，突き飛ばされたり，小突き回されました。昼休み中（12時10分頃から12時55分まで）暴力は続きました。その翌日からは連日，昼休みになると，第一組合員である私を含めた支部組合員1人1人が，それぞれの職場で，自分の働いている現場で，支部組合員の所属する係，あるいは課の第

---

8) 以下，支部の組合員を取り上げる場合には，この一覧表に基づいて「甲番号」を併記する。名前を出すことについては，本人あるいは元組合執行部，支部OB・OG会から許可をもらった。作成時より前に退社した人と，のちに支部に加入した人は一覧表に含まれず，取り上げるさいに番号がない。

二組合員全員によって取り囲まれ，罵声を浴びせられ，突き飛ばされる，足でけられる，手でなぐられる，といった暴力を1ヶ月以上にわたって受けました。当時は昼休みが近くなると，作業も手につかず，便意を催し下痢便となり，食事も思うようにのどを通りませんでした。」(今泉昭二 甲157)

翌1967（昭和42）年，正月気分が残る1月7日，村山工場でつるし上げが起き，荻窪と三鷹にも拡がった。全治1ヵ月の重傷者が1人，全治3日〜10日の受傷者が8人でた。人によって程度に差はあるが，全組合員がなんらかの被害にあった。昼休みの5分ほど前になると，数十人から多いところで300人あまりに1人の支部組合員が取り囲まれ，ありとあらゆる罵詈雑言を浴びせかけられた。各職場で監禁状態にされ，食事にも行かせてもらえない。トイレに逃げ込む人もいたが，扉をバンバン叩かれ，言葉で攻撃される。他の職場から応援に駆けつけようにも，それぞれの職場で孤立させられ，阻止された。

日産労組とプリンス自工労組（1966（昭和41）年10月14日以降，プリンス部門労組）が一体となった取り囲み・つるし上げである。暴力行為をはたらいた中心人物は組合の役員と現場監督者[9]であるが，彼らは一般組合員にも加担させた。最近まで「職場の仲間」であった者たちにも関与させることにより，支部組合員に心理的なダメージを与えようとしたのであり，「関与する者」に対しては，日産（労組）への「忠誠心」をはかるという意図もあったようである。

「合併前親しくしていた人を，取り囲んだ輪の前面に立たせ，私を踏絵にして会社への忠誠を誓わせるというようなことも行なわれました。その為，それに耐えられず，自ら退職していった友人もいました。暴力事件は第一組合である全金プリンス自工支部にかけられた直接的な破壊攻撃であると同時に第二組合の良心的な人々をあぶり出し，自ら退職へと追い込んでいく攻撃でもあったと思います。」(磯崎雅一郎 甲145)

支部の人たちは，取り囲みに「参加」させられた人たちは本心からやってい

---

9) 現場監督者とは，「係長」とその下に位置する「組長」である。組長の名称はのちに「工長」に変更された。なお，暴力行為を直接指示したのは現場監督者（組合員）であり，課長以上の職制（非組合員）ではない。前章で明らかにしたように，会社は支部の支持を弱める活動を放置しないよう東京地労委から命令を受け，救済命令不履行として地裁に訴えられていたため，会社（非組合員）が組合間差別をしている事実をつかまれてはならなかったのである。

るわけではないと頭では理解していた。しかし，激しいつるし上げが続くと，どこまでが「本心」かわかりかねて不安になった[10]。食事がのどを通らなくなり，夜は寝つけなくなり，ストレスから体調を崩す人も少なくなかった。気が重い。会社に行きたくない。しかし，仲間が闘っているため，やられるとわかっていても会社に足を運ぶ毎日であった。

　支部の組合員は，男女の区別なくつるし上げを食らった。女性の中では，鈴木泉子（甲149）がはじめに被害にあった。

　「昭和42年1月11日，職場長が「会社を辞めろ」，「明日からも徹底的にやるからな」，「女だからと甘くはみないから」などとののしり始め」，「一月の末まで，昼休みと終業後，毎日集団によるつるしあげを受けました。とり囲まれ，座っていると「立て！！」という。立たないと，椅子をける，そして「立たせてやろうか，ふてぶてしい女だ。それでも女か。女かどうか見せてもらおう」など，聞くにたえないような卑劣な言葉まで使い，メモをとっている紙をひったくりとりあげてまとめて捨てる。「生理で身体の具合が悪いから部屋からみんな出ていってほしい」と言ってもだめで「お手洗いに行きたい」というと，大の男がトイレにまでついてくる……といったありさまでした。42年1月14日，就業時間中の10時から11時まで，私を除く女子全員が会議室に集められ，日産労組の○○職場長から「毎日やっているとりかこみに率先して参加すること。鈴木に対して最低でも一日に一回以上いやみを

---

[10] 取り囲みの被害にあった人たちは，しだいに，加害者の「本心」がわからなくなっていった。おそらく，取り囲みに加担した本人も，どこまでが「本心」か自覚できなかったであろう。「職場の中ではとり囲みがだんだんエスカレートするにしたがって，それまで良心的な人，理解ある人と思っていた人たちまでもが，「会社やめろ」「全金やめろ」と怒鳴ってくるようになった。われわれは「本心からそう言っているのだろうか？」と不安になった」。ところが，会社が終わったあとに，支部の組合員がおそるおそる同僚の家庭を訪れると，「「もう，オレんところへは来てくれないかと思ってたよ。本当に申し訳ない。決して，本心からあんなことをやっているんじゃないんだ。イヤでイヤでしょうがないんだけれど家族や将来のことを思うと，長いものに巻かれるとなっちゃうんだ。ガンバってくれよ」と激励された。またある人は，「オレはあしたもお前のところへ出ていかなければならないんだ。悪いけど本心からじゃないんだからな，よろしく頼むよ」と言っていた。しかし，その翌日のとりかこみの時には，数十人の囲みの前面に出てきて，「オイッ，きさま，お前なんか早く会社をやめればいいんだ！」と怒鳴ってきたのであった」（『全金の旗』85頁）。

言うこと。鈴木に対して笑い顔をみせないことなど数点について徹底する」と言われたそうです。それ以降，女子も私のとりかこみに参加するようになりました。私は毎日のようにお昼休みと終業時直前になると，「今日もやられるのか」と思い，恐怖と緊張のあまりお腹がすくむ思いでした。」(鈴木泉子 甲149)

鈴木に対しては，女性組合員が動員された。ただし，鈴木が冷静になって周りをうかがうと，「罵声を浴びせているのは男性の組合役員であり，女性たちは役員の後ろで黙って下を向き，私と目を合わせないようにしていた。私はこの状況をやり過ごすため，窓の方を向き，頬杖をついて座っていた。しかし，後ろの方からきりきりと詰め寄られ，「会社をやめろ，全金をやめろ」と罵声を浴びせられ，いすを蹴飛ばされ，体にあざができた。外を人事課長が歩いている姿が見えたことがあり，とっさに窓を開けて，「今取り囲まれているから助けてください！」と叫んだが，「課長に頼んだらどうにかしてくれるんじゃないの～」と，暢気に答えて行ってしまった。」

他の女性も似たような状況であった。村田美慧子(甲150)の記憶によると，「取り囲みがいよいよ女性にも来るという情報を事前につかんでいたため，すぐに逃げられるようにと，ズボンをはいて身構えていた。昼の鐘が鳴ると同時に一目散に逃げた。「待て——！」と追いかけられたが，「もう大丈夫だろう」と思い立ち止まると，係長たちに首根っこをつかまれて10メートルほど引きずられた」。中本ミヨは，ベテラン社員ということもあり，支部組合員のなかでは例外的に職場で監禁されず，つるし上げにあっている仲間を救出して回った。「彼女を先頭に，女性組合員がこの件について人事部や課長に苦情を言いに行くと，それ以降，私(村田―伊原)への暴力はなくなった」。岡田弘子(甲144)も，「昼の鐘と同時に取り囲みにあうことがわかっていたため，12時少し前にあえて用事をつくって課長のところへ行き，取り囲みを放置した責任を課長にとらせるという作戦を企てた。私の場合は，さほど切迫した状況ではなかったが，長い期間，取り囲みは続いた」。

事務員や技術員は，現場労働者のようには身体的な暴力はふるわれなかったが，執拗な言葉の暴力や嫌がらせを受けた。技術員の境繁樹(甲126)は，「つるし上げが始まったばかりの頃に他の組合員を助けに行くと，そこの上司から

「うちの課にあの若いのが来てた。邪魔だ。どうにかしろ」と私の上司に苦情がいったようであり，上司から「出て行かれると私も困るんだよ」と半ば懇願され，部屋に閉じ込められた。」

　仕事が終わると，全金支部の組合員は青梅街道沿いの井草神社に集まっては，互いの安否を確認しあった。荻窪工場から歩いて5,6分の神社である。なかでも身の危険を感じていた女性たちは，仕事終わりに神社に集まることを約束事にしていた。「鈴木さんが来ない！？」ということで，血相を変えて会社に戻り，部屋の外から「鈴木さんを出せ！」と怒鳴り込んだこともあった。

　本章の冒頭で言及したように，会社側は支部との団体交渉を拒否したわけであるが，それに対して支部は救済を東京地労委に申し立て，1966（昭和41）年7月21日に救済命令が下された（東京地労委 昭和41年（不）第18号）。この経緯は次章で詳述するが，会社はそれでも団交拒否を改めなかったため，支部は引き続き東京地裁に団体交渉応諾仮処分を申請し，同年9月17日に勝訴した（東京地裁 昭和41年（ヨ）第2303号）。このような状況にあって，日産労組からすれば，会社が全金支部を組合として認め，団交を始めざるをえなくなる前に，支部を完全に潰しておきたかったのであろう。まずは三鷹から，年が明けて村山・荻窪で一斉に暴力的な取り囲みを行った。しかし，支部に残ることを決意した者たちは怯まなかった。職制に猛然と抗議する者もいれば，暴力に対してやり返す者もいた。仲間で助け合う者もいれば，知恵を使ってやり過ごす者もいた。このような激しい攻防は1ヵ月ほど続いた。

III　単発的なつるし上げ

　集中的な暴行はやがて収まりを見せたが，その後も不定期に暴力事件が起きた。各年度の「運動方針議案書」によると，支部の人たちは，ビラ配りやストライキを行うたびに暴行を受け，単発的につるし上げられた。

1970（昭和45）年7月12日，集団つるし上げが村山工場で発生した。ビラ配りに言いがかりをつけた「取り囲み事件」である。

1973（昭和48）年4月2日，始業・終業が各15分延長され（始業8時15分，終

業17時15分），始業時から9時まで抗議ストライキを打ち，各分会工場前で抗議集会を開いた。村山で「集団つるし上げ事件」が起きる。

1974 (昭和49) 年3月26日，「3・26統一スト」に参加し，村山分会で攻撃を受けた。

1976 (昭和51) 年4月19日，荻窪分会で集団取り囲みが起きた。4月15日の夜，2人の組合員が職場の同僚宅を訪問し，全金プリンス支部の資料を手渡し，現状について話し合った。この件が会社に知られ，19日の昼休み，係長・組長・日産労組幹部ら各20人以上に取り囲まれ，「われわれの組織に干渉するな」，「活動するなら外でやれ」などと脅され，食事をとる自由を奪われた。

1979 (昭和54) 年6月21日，村山分会で，前日にまいたビラを理由に集団つるし上げ攻撃が始まった。

同月22日，村山分会が，早朝門前で暴力糾弾の宣伝活動を行い，20日と同じビラをまく。管理監督者ら多数の妨害によりけが人が出る。昼休みの時間，5人がつるし上げを受ける。村山分会は人事課に抗議した。

同月25日の昼，6人がつるし上げられる。全組合員に「尾行」がつく（7月3日まで）。

同月26日，2人が1日指名ストを打つ。昼に3人がつるし上げられる。

同月27日，村山分会が，早朝正門前で抗議の宣伝活動を行い，管理監督者や総務課員ら300余人による実力妨害を受け，2人ほかが負傷する。昼に5人がつるし上げられる。

同月28日，支部は会社に抗議し，つるし上げをやめるように要求した。同時に立川労働基準監督署，立川労政事務所，法務局に制止を要請した。しかしそれでもやめず，昼に3人がつるし上げられた。

同月29日，午前の休憩時に1人，昼に3人がつるし上げられる。午後の休憩時，午前と同じ組合員がつるし上げを受ける。

同年7月2日，午前の休憩時に1人，昼休みに5人，午後の休憩時に1人がつるし上げられる。

同月3日，つるし上げにあった者が1日指名ストを打つ。午前の休憩時，その人とは別の人がつるし上げられる。昼に5人がつるし上げられる。

同月4日，1人が午前の休憩時と11時33分から12時40分までつるし上げられる。同日昼以降，つるし上げ，尾行ともなくなった。

　支部の組合員は，工場の門前で会社に抗議したり，ビラを配ったりすると，その都度，日産労組から妨害にあい，つるし上げを受けた。工場内でも，思い出したかのようなタイミングで取り囲み事件が発生した。以下にみるように，支部の人たちは職場で隔離されるようになるが，無視や排除が「不徹底」になると，支部に対する「見せしめ」のために，そして日産労組員に対して「緊張感」を与えるためにも[11]，不定期につるし上げが行われた。支部組合員のなかに塗装修正に長けた職人がおり，彼は補修作業の腕を買われ，合併後も良好な人間関係を職場で続けていた。それが日産労組幹部にとっては面白くなかったのであろう。彼らは「職場のひきしめ」のために，そのような人物をターゲットにしてときどきつるし上げをけしかけたのである。

IV　職場での排除

1　「職場八分」

　連日の暴力行為はひと月余りで収まった。その後も，ビラ配りやストに対する妨害やつるし上げが単発的に起きたが，継続的な暴力行為はなくなった。
　しかし，支部の人たちは，かつての平穏な日常に戻ったわけではない。職場の人間関係から完全に排除されたのであり，この状態が露骨な暴力を受けた期間よりもはるかに長く続いたのである。誰もしゃべりかけない，挨拶すらしな

---

[11] 日産（労組）は，「異質な者」とみなせば，日産労組・自動車労連の組合員も排除の対象にした。組合の方針に対して疑問を口にするだけでも許されず，「異質な者」として目をつけられると，持ち場を頻繁に変えさせられ，長時間の単調労働を強いられ，仕事を干され，忘年会・職場会・同期会から外された。やがて，私物を盗まれ，作業着を汚され，急所を蹴られ，水を浴びせられ，背中に硫酸をかけられ，殴る蹴るのリンチを受けるなど，正気の沙汰とは思えない暴力に変わり，大方の被害者は「自発的な退社」に追い込まれた。日産の暴力的な体質およびそれを支える労使一体の職場支配の実態については，八木ほか（1983）10-16頁，青木（1980b，1981），斎藤（1990）126-174頁，鎌田（1992）171-282頁。日産の本体および関連企業における暴力事件一覧は，青木（1980a）155頁。日産労組の非民主性の構造分析は，嵯峨（1978），山本（1981）169-251頁。

い，笑顔を見せない。職場や会社の懇親会などのイベントには一切，参加させない。他の職場や取引先とも接触させない。電話には出させない。支部組合員は，面と向かった暴力よりも職場での「村八分」の方がつらいと「陳述書」で述べている。「村八分」というのは，村の掟や秩序を破った者が，その制裁として，二分（葬式と火事）を除いて村人とのつきあいを絶たれることを意味するが，日産では，入院した時の見舞いや身内の葬儀への参列もないとして，「村十分」と表現する者もいた（荒井良治 甲 155，今泉昭二 甲 157）。

「暴力事件を境にして，職場の雰囲気はガラリと変わり，朝のロッカー室での挨拶一つでも一対一のときはともかく誰かがいたり，誰かに聞こえると判断されたときは「バァカよく会社に来る気になるな」という調子の暴言をあびせてきました。」（磯崎雅一郎 甲 145）

「会社の全金組合員に対する方針は，「挨拶されてもしない」，「業務外の話はしない」，「業務上でも話をしないですむ措置を取る」ということであった」。子供の病気を知らせる保育所からの電話すら，取り次いでもらえなかった（阿部モト 甲 143）。

日産労組の職場委員や現場監督者たちは，支部の組合員を無視することを職場構成員に強要し，「掟」を破った者には反省を求め，もし守れないようであれば「同類」として扱うと圧力をかけた。新人が会社に入るやいなや，この「しきたり」を教え込んだのである。

「（昭和）59年春，たまたま新入社員の女性3名が，私たち（全金）の（食堂の）テーブルに座ったときのことです。すぐ後方にいた日産労組青年部役員の○○が「そこは全金だから他へ行け」と指示をすると，その3人はさっさと私たちのテーブルから立ち去りました。20年以上も会社に貢献してきた職場の大先輩の私たちを，ただ全金組合員という理由だけで，入りたての若い社員たちは，なんのためらいもなく侮辱したのです。そして恐ろしいのは，その罪に気づかなくさせられていることです。」（野中辰也 甲 117）

このような「教育」は，会社ぐるみであった。当時を振り返り，野田貞夫（甲 115）は次のように語った。

「暴力事件があってから2年くらい経ってたかな，ブローチというかんなみたいな道具で長い部品を削っていく仕事を機械職場でやっていた。階段を上

がった高いところでやる仕事。すぐ裏に，係長・工長（当時は組長—伊原）席があって，そこから見えるようになっていて，そっから監視されていた。4月に新入社員が入ってくると，課に配属された人が職制に連れられて現場見学に来る。機械の職場に来ると，説明してるんですよ。「あいつとは話をするな」と。聞こえないよ。でも，新入社員がみんな一斉にこっちを向くんですよ。それで「あっ，言ってんな」とわかる。そいつらが配属されて，私の次の工程に入ったときに，仕事の関係でそいつのところに話しに行くと，「工長に言ってください」と言って，一切，話をしようとしない。そういう教育を受けてきたんだろうね。まぁ，それも最初だけで，実際には仕事上で口をきかざるをえなくなってくるけどね。」

2 「仕事干し」

　日産労組は，全金プリンス支部の組合員を職場で孤立させるために，つきあいから完全に外した。仕事中も隔離するといった徹底ぶりであった。支部の者たちの多くは，1人でやれる仕事や他者との関わりが少ない仕事に変えさせられ，手慣れた仕事を取り上げられた者もいた。とりわけ技術職や事務職の人たちは，露骨な「仕事干し」にあった。

　工業高校出身であり，繊維開発部署で技術員として働いてきた野中辰也（甲117）は，1967（昭和42）年夏から1978（昭和53）年までの10余年，トタン小屋で仕事をやらされた。技術員としての研究を取り上げられ，工作場に1人だけ押し込められた。三鷹労基署の監督官をして，「これはひどい」と思わず声をあげるほどの環境であった。しかし，「全金のみなさんに会社からの報復があるといけないので，十分な調査ができなかった」と言わしめるほどに孤立化政策は徹底され，職場環境は変わらなかった。

　あえてひどい例を紹介したわけではない。他の技術員も似たような状況であった。同じく工業高校出身であり，品質管理担当の技術員であった関健二（甲146）は，それまでの業務をほとんど奪われた状態が2年ほど続いた。その間，検査規格書に定められた外観検査項目に基づき，ガラスのキズ，アワ，異物などを目視で検査し，その結果をチェックシートに記入するだけの単純作業を屋外でするように命じられた。1日実働3時間程度で終わる仕事量である。関は，

再三にわたり仕事を与えるよう会社に要求した。仕事量が若干増えたり，仕事内容がいくらか変わったりすることはあったが，仕事差別はなくならなかった。

　浅野弘(甲164)と境繁樹(甲126)は大卒の技術者である。浅野は，設計業務を担当していたが，合併後，車体振動解析プログラムを1人で作成する業務をあてがわれた。のちに知ることになるが，このプログラムはすでに鶴見の設計部門(旧日産)で完成されており，実用に供されていた。つまり「時間つぶし」のために，無意味な作業を浅野はさせられていたわけだ。大卒技術者の2人は，1人作業が可能な翻訳業務も長いことやらされた。

　合併前は，他の人と同じように，同僚，他部署，取引先などと連携・連絡をとりながら業務をこなしていたが，すべての支部組合員が職場で孤立させられ，重要業務から外された。なかでも宇宙航空事業部に属した吉田博(甲161)は，完全な「仕事干し」にあった。会社は，「吉田のみは，かねてから"兵器生産反対"の主張態度を表明しているので，他の技術員と同様に生産現場に出入させると，自己の主張態度を宣伝し，防衛庁関係のロケット生産現場に悪影響を及ぼし，不測の事態を惹起するおそれがないといえない」として，吉田から完全に仕事を奪った[12]。吉田は，椅子に座っているだけの日々が「和解」まで続いたのである。

3　同僚の「本心」と排除される側の心理

　支部の者たちは，毎日，顔を合わせる者たちから無視され，心中穏やかではなかった。暴力事件のさいには，激しい「攻撃」に対して抵抗したり，耐え忍んだり，やり過ごしたりして持ちこたえたが，いつ終わるとも知れない陰湿な「仲間はずれ」は，組合員たちの精神を確実に蝕んでいった。

　本木道隆(甲132)は，「職場の重苦しい空気」に耐えかねて，十二指腸潰瘍を患い，入退院を重ねた。「それ程までに職場の仲間と話しをできない(ママ)ことは，つらいことなのです」。同僚の無視，職場での孤立，仕事の取り上げは身体的暴力をともなうものではなかったが，じわりじわりと支部組合員を精神的に追

---

[12] 総評全国金属日産自動車支部「日産によびもどそう青い鳥を　暴力のない明るい職場をめざして」1984年2月所収の「「兵器生産反対なら仕事するな」仕事を干されて17年——荻窪工場の吉田さん」より。

い込んでいった。

　無視や排除に「加担」した同僚に「本心」を聞けば，おそらく，ほとんどの人は，「好きで無視したわけではない」，「本当は仲良くしたかった」と答えるであろう。無視に「参加」しなければ，自分がその標的にされるため，心ならずも加わっていたと推察される。暴力事件の時と同様，無視や排除は「本心」ではないことを，支部の人たちも頭では理解していた。しかし，まったく口をきかなくなることが，あまりにも統一がとれていたため，「本心」を測りかねるようになった。支部の組合員のなかには，この状況に耐えきれず，会社を去った者もいた。

4　排除の正当化

　支部の組合員を職場で孤立させ，組合員から仕事を取り上げることは，支部を標的にした「いじめ」であり，会社による組合間の差別である。しかし会社側は，「他の社員があなたと働くことを「嫌がっている」」，「あなたを他の職場に出すと，先の職制や従業員に「迷惑がかかる」」といった理由をつけて，組合間差別に基づく「いじめ」（の放置）を正当化したのである。

　「会社の答弁書によれば，私に対するこのような冷遇を続けてきたことを認めながらも，それは私が全金組合員であり，他の技術員はすべて日産労組員であるために，その人たちが私とチームを組んで仕事をするのを嫌がっているからであるといい，問題をすりかえています。」(東條紀一 甲147)

　「昭和42年8月頃○○○組長(当時)は「君を他の職場へ出すと，仕事以外のことでオルグ活動されてしまうので困るから来させないでくれと他の職制から云われているんだよ。理解してくれよ」と返答したことがあった。」(高崎誠治 甲160)

　「昭和42年1月9日午後1時すぎ，直属の上司から「ちょっと仕事の話があるから」と会議室に呼ばれ，そこには日産労組の職場委員と日産労組員が座っていた。「今まで鈴木さんにやってもらっていた工数集計の仕事を明日からAさんに移し，鈴木さんには別の仕事をやってもらう」と言い続けて，「多くの説明をしなくてもきっとわかっていることと思うが，今の仕事をしてもらっていると，あちこちの職場に出入りするので，その職場から文句が

きている。うちの職場の中でももちろんだが，鈴木さんが行く先の職場で，あなたと口をきいた人たちみんなが成績を下げられたり差別されたり，日産労組に非協力的な人とみなされ大変めいわくしている。だからあなたの仕事を変えるしかない。鈴木さんは頭も良いし，仕事も他の人より良くするので，こういうことは言いにくく，今まで言わないできたが，上からや他の職場からうるさく言われるので，話さざるをえなくなった」と説明を加えました。」
（鈴木泉子 甲149）

5　密な監視と細かな報告

　支部の組合員に対する暴力行為はむろんのこと，無視や隔離も，組合間差別の不当労働行為にあたる。それらに直接関与していなくても，その状態を放置していれば，経営者は責任を問われるが，少なくとも表向きはまったく関与していないという姿勢を示した。

　では，実際のところ，経営者や上級管理者は支部の人たちに対する「差別的な職場慣行」にまったく関わっていなかったのか。元全金プリンス支部の組合員であり，合併後に日産労組に移った現場監督経験者に実情を聞いた。

　伊原　全金プリンスの人たちの日常の管理に，会社は関わっていなかったんですか？

　元現場監督者　会社は極力，全金プリンスの人と直接的なかかわりは持ちたくないというか，持たないようにしていたんですよね。それはなぜかといえば，いろいろ裁判とかで，関与していると立場が悪くなるから，「知りません」と言い切れるように，ですよ。最終的には（上の方に）集約されていたでしょうが，そういう人たちの存在は，絶対に表には出てこなかったですよ。

　伊原　それは，「尻尾」をつかまれないように，ということですか？

　元現場監督者　そうですね。年中，争いごとで裁判沙汰になっているわけですから，ああいう関与があって，こういう関与があって，と言われるのは都合が悪い。不利になりますからね。

　伊原　合併が決まって，日産労組が全金支部の人たちを取り込む時点から，

会社側からの直接的な関与はまったくなかったですか？

元現場監督者　形としては，ない。表面的には，一切ない。裏でどれだけ操っていたのかは知らないですけど。それが，すべて塩路一郎の号令一下でやられていたということです。

伊原　暴力事件が収まって，職場での排除に変わってからも，会社側からの指示はなかったわけですね？

元現場監督者　全金の組合員に対する労務対策というのは，日産の本社はほとんどノータッチなんですよ。最終的には結びついていたかもしれないですけど，直接的には，旧プリンスの人事課の何名かですね，その人たちが考えてあたっていたという感じですね。私も，その方たち（全金プリンス支部の組合員―伊原）を部下に迎えたときは，「週報」というのがあるんですけど，毎週出すんですよ。その人の調査というか，行動記録というか。たとえば，「今日はどういう仕事を与えて，どうだったか」というのを記録したものを毎週出すんですよね。それと「月報」といって，それは項目だけですけど，「勤怠」，今日は休んだとかそういうやつですね，それを出していたのが，3人いたのかな。それは，90年代，「和解」寸前まで続いていました。「和解」になって，「月報」とか「週報」とか「日報」とかが止まった。

伊原　それらは，日産労組の労働者については出してなかったのですか？

元現場監督者　出していない。だからこれは，マル秘中のマル秘でね。それが漏れたら大変ですよ。訴えられちゃうもん。

伊原　もちろん現場の3人は知らない。

元現場監督者　知らない。内緒に書いて，内緒に出して。

伊原　全金の人たちに対する「対応マニュアル」はあったのですか？

元現場監督者　ありましたね。それは，なんて言うかな，あまり役に立たない対応例，こういうケースの場合は，こう言えって。でも，自分で理論武装しないと，ただ「マニュアル」を棒読みするようになるだけで，とてもじゃないけど応対できないです。いざとなると，「人事に行ってくれ」，「人事に行って聞いてくれ」と言っていた。つまるとね。だって，自分たちでは対処しようがないですから。人事から言ってもらわないと。

伊原　それも「手打ち」まで続いた？

元現場監督者　そうですね。最後の方は，そんなに身を入れてやっていたわけではないですけど。

　現場監督者や日産労組役員は，プリンス支部組合員から目を離さず，行動を記録し続け，工場付けの労務担当者に支部組合員にかんする情報を密に報告していた。監視しやすいように，新しい仕事を作り，配置を換える，といった手の込んだことも行っていた。「従来は専門の労働者はいなかった。この作業（グリース入れ―伊原）を命じた後，組長はわざわざ自分の机を移動して座っていつも私を監視できるようにしました。ここでも完全に隔離」（須藤新一郎 甲140）。さらには，職場外でも支部の者たちを監視していた。「守衛に全金組合員の出退勤の時刻チェックを行わせている。新入りの守衛には全金組合員の一人ひとりの写真を見せ，名前を正確に覚えさせている」（内野操 甲129）。支部の人たちがビラや機関紙を配るところには，日産労組の役員がずらりと並び，配る方にも，受け取る方にも厳しい視線を注いだ。これが現場レベルの実情であったが，組合間差別の不当労働行為とみなされないために，経営者や上級管理者は表に出ずに支部対応を行っていたのである。

V　差別的処遇

　支部の組合員に対する嫌がらせは日常茶飯事であった。職場で回される菓子を支部組合員は飛ばされた。会社支給の牛乳が配られなかった。職場の掃除当番を自分だけ外された。タイムカードや出勤簿は入社順であったが，入社年度にかかわらず最後に置かれた。農閑期に出稼ぎとして働く季節工と同じ括りで出勤簿に記載された。住宅購入資金の借り入れを申請したら断られた。借入金の申請書類には上司のコメントが必要であったが，上司は「門前で会社の悪口を言ったり，悪態をついたり，でたらめなビラを配ったりする全金の連中に，会社として金を貸せるか」とコメントを断ってきた。締め切り日になってようやく無責任なコメント（「当人と私との間には信頼関係がなく，融資については所轄部署で判断されたい」）を書かれ，結局のところ，貸付は1年間受けられず，急遽労働金庫協会から借りて家を建てざるをえなくなった者もいた。

支部の組合員はさまざまな嫌がらせを受けたが、それは職場生活だけではなかった。賃金、昇進・昇格、配転、残業・夜勤、教育など、人事労務管理に関わるあらゆる面で差別的な処遇を受けたのである。

1　職級差別と賃金差別

全金プリンスの労働者たちは、勤続年数を重ねても職級を据え置かれ、同期社員に比べて賃金を大幅に低く抑えられた。

日産の職級は、技能員と事務員・技術員とで大別され、それぞれ1級から4級へ上がっていく[13]。各級において職能段階（C，B，A）が設定されており（1級のみDから始まる）、職能段階に対応させて職務評価基準が定められている。

会社資料によると、1971（昭和46）年当時、大学新卒の場合、勤続6年目で85％が4級職になり、入社10年目までは同期間で昇級にほとんど差がない。その後、昇級・昇進のスピードに差がでてくるものの、時間をかければほぼ全員、管理職になれる。勤続13年で59％が、勤続15年で95％が管理職（04，03）に昇進している。大卒入社の浅野弘（甲164）の同期は50人ほどであり、退職や販売出向をした者を除くと、勤続13年から17年の間に9割以上が管理職に、勤続25年目当時、8割が部長・次長に昇進していた。しかし支部組合員の浅野は、入社12年目にしてようやく4級職Bランクになり、勤続25年目の時点でもそこに据え置かれていた。同期との賃金差も大きい。25年目の時点で、年収は400万円から500万円ほど少ないと自ら推計している。

高卒社員の昇級モデルでは、入社7年目で82％が3Bになっている。大卒と同様、入社10年目くらいまでは同期間で昇級スピードにほとんど差がない。その後、入社12年目には86％が3Aに、入社20年目には78％が4Bになっている。高卒入社の矢嶋勲（甲138）の同期の事務員・技術員は、35歳前後で職級の平均が4級になっていたが、当人はその10年後も3級のままに据え置かれた。同期が4Cのときに3B、4Bのときに3Aであった。

1953（昭和28）年に中卒で富士精密に入社し、養成工として働いた栗原光之

[13) 管理職（課長、部長代理、部長、次長）になると、職級はさらに04，03と上がる。制度は当時のものである。

(甲158) の同期は,「陳述書」の提出時,村山工場に二十数人いたが,そのほとんどが,工長,係長,安全主任[14]といった現場監督者になっていた。35歳前後で工長に,40歳くらいで係長になった。3Aは工長代行クラスに該当するが,栗原は10年余り3Bに据え置かれていた。

　日産では,賃金に占める諸手当の割合が極端に大きいため,手当がつかなければ賃金はかなり低くなる。

　粕谷力 (甲162) は,自分の賃金の内訳と推移を詳細に記録していた。プリンス時代である1964 (昭和39) 年度,月の賃金総額は2万6830円,うち基本給1万6190円,特別手当1万640円であった。賃金制度の統一直前の1966 (昭和41) 年度は,総額3万670円,うち基本給1万8360円,特別手当1万2310円であった。総額に占める基本給の割合はおよそ6割である。統一直後である1967 (昭和42) 年度は,総額2万9380円のうち基本給は1万5150円であり,特別手当,資格手当,家族手当の比率が高くなった。その後,この傾向はいっそう強まる。1975 (昭和50) 年度,総額13万5480円のうち基本給は2万6520円,1985 (昭和60) 年度,総額29万6990円のうち基本給は6万6190円であり,総額に対する基本給の割合は2割前後にまで減っている。後述するように,支部の人たちは残業や深夜労働から外された。それは手当の大幅カットを意味し,賃金の大幅減に直結する。支部の人たちは大企業の正社員であり,世間的には恵まれていると思われていたかもしれないが,生活は苦しかったのである。

　中里欣二 (甲163) は,1966 (昭和41) 年3月,突如として組長から「中里君は,来週から交替勤務をやらなくてもよい」といわれた。その理由を聞くと「上からの命令なので」としか答えてもらえなかった。交替制勤務の特別手当はそれまで月約6千円であり,月収の約2割を占めていた。それがなくなったため,賃金は大幅に減った。

　全金プリンス支部の組合員たちは,賃金の減少分を補うために,アルバイトを始めた。建設現場の作業,廃品回収,電報や電話帳の配達,おしぼりの配送など,休日や深夜に掛け持ちで行った。アルバイトは,組合員が一緒に取り組

---

[14] 日産では,慣例として工長は52歳で,係長は54歳で「役職定年」になる。係長から降りた人が安全主任になる。

み，収入の一部を活動費に充て，組合の団結を高めた，という副次的な効果があったが，それらの稼ぎを加えても，同期の収入には達しなかった。

　前章で言及したように，経営者は，日産労組との合意のもと，賃金体系や査定の結果を労働者には教えなかった。日産において賃金や昇級・昇進にかんする差別的な処遇が生まれやすい素地はここにあった。

2　不当配転と職掌差別

　合併直後，支部組合員のなかには不当な配転を命じられた者がいた。それまでの仕事とはなんら関係のない単純作業や雑務を押しつけられたのである。

　岡田勲 (甲130) は，自動車車体部品の仕上げ作業に長年従事し，板金工1級の検定に合格する腕を誇った。ところが，いきなり総務部施設課に配転させられ，職種を機械工に変えられ，1人作業の小物部品加工を命じられた。二十数年のキャリアをまったく活かせない職場であり，ほとんど経験がなくてもこなせる単純作業である。

　1966 (昭和41) 年8月19日と20日，設計などの技術部門や購買関係の事務部門で働く11人の全金組合員が，業務経験と無関係な職場に配転させられた。そのうちの1人である坂義雄 (甲153) は，単価査定という豊富な知識を要する仕事から，エンジンを台車で運搬するだけの単純な肉体労働に変えさせられた。大卒技術者の浅野弘 (甲164) は，先述したように，入社後，一貫して自動車車体構造の設計業務に携わっていたが，突如として，村山工場の整備課という技能職場への配転を命じられた。嫌がらせとおぼしき配置や業務の転換を強いられたのは，支部の組合員だけであった。

　これらの配置転換や職種変更が対象者にとって深刻な点は，業務内容が大きく変わることだけではない。技術員や事務員から技能員への職掌変更をともなうことであり，賃金が大幅に低下することである。

　プリンスのときは，生産に直接携わる職場は「直接部門」，実験・研究・設計など生産と切り離せる職場は「間接部門」，直接的には生産に携わらないが，間接的に生産ラインと関係のある検査，設備保全，部品の補給などの職場は「準直接部門」と，職場は大きく3つに分けられていた。しかし，前章で言及したように，職掌という概念はなく，職掌の違いによる賃金格差もなかった。と

ころが日産では，技能員と技術員とで職掌の区別があり，端的に言えば身分制度が存在し，その違いによって賃金の額が大きく異なる。そのため，どちらの職掌に振り分けられるかは，元プリンスの全社員にとって重大な関心事であったが，全金プリンス支部の組合員だけが，明らかに不自然な職掌変更を命じられ，（将来見込まれる）賃金を大幅に減らされる人が出たのである。

女性の支部組合員のなかにも職掌を変更させられた者がいた。中本ミヨと横山敏子 (甲171) は，1967 (昭和42) 年9月に本社機能が統廃合されたタイミングで，材料予算の編成などを担当する事務員から倉庫係の技能員に強制変更させられた。事務職から技能職に変えられた女性は，全金組合員である中本と横山だけであった。過去にさかのぼっても前例がなかった。2人とも倉庫係を命じられたが，引き離され，異なる職場で働かされた[15]。

村田美慧子 (甲150) は，1967 (昭和42) 年10月，荻窪工務課から村山工場材料検査課に変えられ，事務所の間接部門から工場の準直接部門に配置転換させられた。検査技能員であれば，特殊作業手当を支給される。しかし，村田はこの手当を支給されず，「準直接部門の事務員」という前例のない形で働かされた。

岡田弘子 (甲144) は，荻窪工場の施設課で働き，工具類の発注や管理を担当していた。合併直後に仕事を取り上げられ，第2子出産を控えているときに退社を勧められたが拒否した。ほどなくして，配属先は職場単位で村山工場に移ったが，岡田は1人だけ荻窪工場に残され，1969 (昭和44) 年2月，器工具倉庫に配転になった。形式上は事務職のままであったが，事実上，「応援」として技能職の仕事を強要された。岡田の仕事場は，先述した中本の配置転換先であり，岡田が「中本の後を継ぐ」形になった。ちなみに，岡田の夫は村山工場に移ったため，夫婦の職場は村山と荻窪とで分かれてしまった。本人の推測によると，「職場を分断させて，私を辞めさせようとしたのであろう」。夫婦そろって村山に移ることを想定して，すでに引っ越しを済ませていたからである。岡田はそれでも会社を辞めず，立川の団地から荻窪工場に通った。

日産労組の女性組合員のなかには，このような扱いを受けた者はいなかった。会社側は，全金支部の女性たちの職掌を変えたり配属先を変えたりして，彼女

---

15) 中本 (1996) 115-117頁。

たちを孤立させ,「自発的に」退社するよう仕向けたのである。

3 頻繁な「応援」

支部のなかには, 頻繁に「応援」に行かされる人もいた。今泉和男 (甲133) は, 毎日といっていいほどの頻度で異なる仕事を命じられた。「他の組又自分達の組の中で年休取得者があるとそこに応援に行かされ, 時には見たことも無い人と一緒に仕事をさせられたり, 当時はスカイラインのボデーサイドの溶接担当だったのが, ある日はフロアーに応援に行かされたり, ボデーサイドの中でもいくつかの部門にわかれていますが, 私がどこの担当になるかも当日になるまで判らなかったのです。このように, 毎日不慣れな仕事を慣れた人達と同一のノルマでしなければならなかったのです。普通, 組内ローテーションでさえ月単位で他の部門に移る程度ですからいかに異常かがお判りいただけると思います」。中村克己 (甲107) も, 毎日他組への「応援」を強いられた。出社してから仕事内容を知らされる日々が続いたため, 働く意欲が減退し, 体に変調を来し, 会社を休みがちになった。

4 残業・夜勤から外される

合併後の製造部門は, 毎月の生産計画に基づいて早番・遅番ともに時間外勤務を命じられ, 毎月1回程度の休日勤務をあらかじめ割り振られるようになった。間接部門は, 1日4時間, 1ヵ月50時間の範囲内で残業を課され, 毎月1回の休日勤務を命じられるようになった。このような勤務体制・残業時間については, 会社は毎月全日産労組と協議し, 協定を結んでいた。しかし, 全金プリンス支部には協議の申し入れすらせず, 支部組合員だけ計画残業から一方的に外された。1973 (昭和48) 年5月まで, 全組合員に一切残業をさせなかったのである。

「6月中旬, 生活が苦しく当時, ○○○組長に今日1時間の残業すると文書で申し入れました。4時30分少し前に○○, ○○両課長代理が来て「相川お前に残業させることは出来ない」と2人で私の両腕をかかえロッカー室に連れて行かれ, そして追いかえされました。しかし, 次の日も同様に文書で申し入れました。またも両課長が電気係の人を連れて来て, 私が担当している

工作機械の電源のヒューズを外され，両腕を取られ，ロッカー室に連れて行かれ追いかえされました。まさに全金組合員に対する兵糧攻めでありました。」(相川辰榮 甲167)

1967 (昭和42) 年2月1日から，交替制の深夜勤務が旧プリンスの工場でも全面的に実施されるようになったが，全金支部の者たちは，夜勤からも完全に外された。合併前のプリンス自工の製造部門も二直二交替制ないし二直三交替制の勤務体制を採用し，深夜勤務がなかったわけではない。しかし，プリンス自工支部は深夜勤務に制約を課し，深夜勤務者はほぼ残業を免除された。日産社員になってからも，支部組合員は労働者の生活を損なう夜勤には反対したが，夜勤を拒否したわけではない。夜勤を打診されたことすらなく，一方的に夜勤から外されたのである。

「昭和43年の配転が行われてから昭和59年の10月までの間およびそれ以前にも，夜勤に関する話や命令は課長・係長組長から一度もありませんでした。むしろ経済的に私を困らせるために，賃金・一時金を差別し，昭和48年に中労委の命令が出るまでは残業すら命じなかったのが実態です。「夜勤を拒否」したからローテーションをさせず差別は当然とする会社の主張は，後から差別の実態をかくすために，とってつけたものであることは明らかです。」
(相古晃次 甲121)

日産の賃金体系では，賃金総額に占める諸手当の割合が大きい。プリンス支部の者たちは残業や夜勤から外されたため，賃金総額がかなり少なくなったのである。

5 教育訓練・資格取得の機会剥奪

全金支部の組合員は，教育訓練や資格試験を受けさせてもらえなかった。技能や知識を高める機会を奪われ，昇進・昇給を制限されたのである。

1958 (昭和33) 年から1960 (昭和35) 年の間に臨時工として入社し，村山工場の第二組立で働く人のなかで，「陳述書」の執筆時，組長 (工長) になっていないのは内野操 (甲129) だけであった。組長代行や組長になる条件として必ず教育実習を受けなければならないが，受講させてもらえなかったのである。「受けさせてくれと課長に交渉しても，「会社が必要と認めた人を選び，教育は受け

させている。全金の人に対しては，私個人ではどうにもならない。全て全金の組合員は人事扱いだ。今度人事に聞いてみる」と言うばかりで，全く受けさせない」。

　宮寺一郞（甲136）は，機械検査1級を受験する希望願いを提出していたが，いつまで経ってもその機会を与えられないため，1976（昭和51）年に，計量管理にかんする総合的専門資格である計量士の資格を自費で取った。しかし会社は，「計量士の資格は業務上不要である」との理由を付けて，この資格の取得を評価しようとはしなかった。積極的に計量士を育成しようとしているにもかかわらず，である。

　坂ノ下征稔（甲116）の職場では，補助的業務担当の女性事務員を除き，資格を取らせてもらっていないのは坂ノ下だけであった。他の人は，クレーン，玉かけ，フォーク運転，アーク溶接，砥石，高所作業などのうち，3つ以上の資格を取得済みであり，入社3年目の21歳の男性ですらすでに2つの資格を持っていた。

　ごく少数ではあるが，資格を取らせてもらった支部組合員もいた（石塚孝一甲134）。しかし，関健二（甲146）によれば，「労働委員会対策で，2,3の教育を受けさせることはあるが，逆に言えば，それ以外の大半の教育は受けられない」。高崎誠治（甲160）も同様の見解を述べている。「昭和47年に旋盤の技能検定2級国家試験を受験し，合格した。しかし，これは，昭和48年6月残業差別事件にかんする中労委命令によって差別が是正されたが，昭和47年当時，この命令を獲得するために全金支部と会社は論争中であり，会社は差別していないことの「証拠作り」の意味合いがあって受験させた。そのことは，それ以後，ただの1回も機会を与えられていないことからも察することができる」。

6　女性差別

　プリンス自工支部の組合員は，全員が差別的処遇を受けたが，なかでも女性組合員が冷遇された。

　全金の男性組合員の職級は，同期の日産労組員に比べて低かったが，全金の女性組合員はさらに低く抑えられていた。「陳述書」の執筆時，全金支部の男性組合員は，全員が3級職になっていたが，全金の女性（全員30歳以上）は，

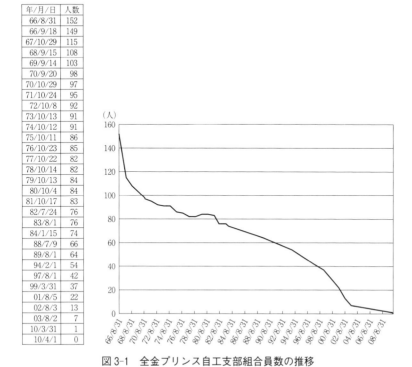

図 3-1　全金プリンス自工支部組合員数の推移

出典：総評全国金属労働組合東京地方本部・西部地区協議会 (1981)，支部各年度「運動方針議案書」より筆者作成。

すべて2級職であった。女性組合員はキャリアアップと賃金上昇を望めなかったのである。

　日産労組が発表した「賃金実態」をみてみよう（1983年6月当時，鈴木泉子（甲149）より）。30歳（扶養家族2人）の社員を比べると，事務・技術職女子高卒正規入社者16万7890円，技能職男子正規入社者21万4210円，事務・技術職男子高卒正規入社者22万5000円，事務・技術職男子大卒正規入社者23万7630円であった。年齢別最低保障は16万5540円であり，女性の賃金はそれとほぼ同額に抑えられていたことがわかる。

　そして，支部の女性組合員は，日産労組の女性組合員と比べても，職級を低く据え置かれていた。いま記したように，「陳述書」の執筆時，全金支部の女

性（全員30歳以上）は2級職であったが，日産労組に加入している30歳以上の女性は3級職になっていた。

　つまり，日産労組の男性はむろんのこと，同じプリンス支部の男性と比べても，さらには日産労組の女性組合員と比較しても，プリンス支部の女性組合員は差別的な扱いを受けていたのである。「二重の差別」を受けていたといえよう。

VI　支部組合員の減少

　激しい暴力や陰湿な「いじめ」に耐えかねて，会社を辞める支部組合員が続出した。組合分裂時は152人であったが，その4年後には早くも100人を割った。混乱期を耐え抜くと，支部組合員数は緩やかな減少に落ち着いた（図3-1）。

　支部は組織を拡大することができず，最終的にはなくなった。ただし，支部組合員の数の推移と結末をみるだけでは，支部の人たちの活動と組織内外の存在感を十分には理解できない。彼ら・彼女たちは暴力と差別を甘受していたわけではなかった。次章から詳しくみていくが，むしろ「攻撃」が強くなればなるほど「反撃」は断固たるものになったのである。

第4章　少数派組合の「反撃」：法廷闘争を中心に

　合併後，ほどなくして支部組合員に対する集団暴力事件が発生した。集中的な「攻撃」は1年半ほどで収まったものの，支部の組合員は職場集団から排除され，さまざまな差別を受けるようになった。しかし，少数派の者たちは，「いじめ」や差別的処遇に黙っていたわけではない。耐えられずに会社から去った者もいたが，残った者は理不尽な扱いに対して異議を申し立てた。プリンス自工支部はもともと階級闘争的な組合であり，もの申す組合である。数は少なくなっても，このスタイルを堅持した。本章は，会社や日産労組の「攻勢」に対する支部側の「反撃」の側面に焦点をあてる。

I　運動方針

　年に一度開かれる定期大会で次年度の運動方針が審議される。時代状況に応じて重点的な取り組みは変わったが，「5本柱」は変わらない運動方針であった（表4-1）。
　運動方針には大きな柱が2つある。ひとつは，平和と民主主義を守る闘いであり，もうひとつは，労働者の権利を守る闘いである。後者は，支部に対する，日産労働者に対する，労働者全体に対する「資本の攻勢」を跳ね返し，労働者および生活者の権利を守ることを意図した。その他3つの柱は，労使関係を正常化させる闘い，組織の拡大と統一を実現する闘い，地域社会に運動を拡げる闘いである。支部は，「人類普遍の価値」を守り，労働者の権利と尊厳を守るために，支部への「攻撃」を跳ね返し，日産全体の労働条件の悪化を阻止し，会社組織の枠をこえて連帯することを目標に掲げたのである。

II　重点的な取り組み方：職場闘争から法廷闘争へ

　全金プリンス支部は，このような活動方針に基づいて運動を展開した。団交

表 4-1　各年度の運動方針

年度	運動方針
1962	1. 組織体制の強化　2. 労働協約の統一　3. 労働条件の統一　4. 低賃金政策打破の斗い　5. 浜松工場の再建　6. 共斗の組織活動　7. 平和と民主主義を守る斗い　8. 合理化によるシワ寄せ排除の斗い
1963	1. 組織強化について　2. 低賃金打破の闘い　3. 労働協約闘争　4. 平和と民主主義を守る闘い　5. 共闘の組織強化について　6. 合理化によるシワ寄せ排除の闘い　7. 専門部活動の強化
1964	1. 低賃金打破のたたかい　2. 労働条件を犠牲にする合理化反対　3. 平和と民主主義を守るたたかい　4. 退職金増額要求について　5. 組織強化について　6. 労働協約闘争打破について
1965	1. 低賃金打破のたたかい　2. 一時金闘争について　3. 労働者を犠牲にする合理化反対のたたかいについて　4. 平和と民主主義を守るたたかいについて　5. 組織強化について
1966	1. 生活の権利の維持、向上のたたかい　2. 合理化によるシワ寄せ排除のたたかい　3. 合理問題　4. 平和と民主主義を守るたたかい　5. 組織強化
1967	1. 労働者階級の生活、労働諸条件の改善　2. 労働者と組合の権利の擁護　3. 平和の権利　4. 組合組織の拡大強化
1968	1. 全金プリンスの組織を強化する　2. 労働者階級の権利を強化する　3. 斗い方を強化する　4. 諸権利擁護闘争
1969	1. 賃金・労働条件改善のたたかい　2. 社会保障・労働環境改善の対政府自治体の要求のためのたたかい　3. 合理化・労働行政と日産労働者の権利を守るたたかい　4. 平和権擁護　5. 安保体制打破のたたかい
1970	1. 差別攻撃排除と全金プリンス日産要求実現のたたかい　2. 合理化攻撃排除と日産労働者全体の要求実現のたたかい　3. 日産労働者と労働者全体の権利を守るたたかい　4. 平和権　5. 組織強化
1971	1. 日産のあらゆる労働者との結びつきの強化、日産内にたたかう階級的な労働組合を次元での「統一」を実現させるたたかい（分裂以降の「プリンス」調子の目標）　2. 不当労働行為（賃金差別・仕事差別等）の追及と日産内統一への接近を進め、日産内での「統一」を実現　3. 「日産プリンス労組」との結び及び全金問題の発展　4. 公害問題との取り組み（春闘要求にもり込む）　5. 地域への参加　6. 学習（争議支部別等）、討論を主体とした学習会の実施　7. 「分裂」5周年記念総決起集会の開催
1972	1. 独自要求実現のたたかい　2. ひきつづく法廷闘争の展開　3. 「日産から労災をなくす会」結成　4. 会社の攻撃をくずすたたかい　5. 交流と連帯の活動　6. 統一行動への参加　7. 組織活動
1973	1. 差別攻撃排除と合理化攻撃排除と日産労働者との連帯常任の活動　2. 日産労働者全体の生活要求実現の闘い　3. 組織の強化、団結強化と機関運営　8. 宣伝活動　9. 産業別統一
1974	1. 差別攻撃排除と日産労働者全体に対する「合理化」攻撃排除と日産労働者の要求実現のたたかい　2. 日産労働者と同産業の階級的労働者次元での統一実現　3. 全金、地区労働者との接触を強め、共同行動、共闘行動への積極的参加　4. 総評、全金、地区労働者の一員としての組織の要求実現、闘争への積極的参加
1975	1.（長期方針）のうち、向う1年の具体的方針　1. 差別排除のたたかいを強化すること　2. 日産労働者との接触を発展させること
1976	1. 差別の排除と独自要求の実現　2. 日産労働者全体に対する「合理化」排除と要求実現のたたかい　3. 支部レクリエーションの実施　4. 文化・体育等のサークル活動の発展　5. 組合員間、分会間の交流、意見疏通の強化　6. 諸行事実施の委員　7. 日産10月等を記念した行事・10年史等行事の取り組み
1977	1. 差別排除と独自要求拡大のたたかい　2. 「合理化」攻撃排除と要求実現のたたかい　3. 組織活動の強化　4. 地域別・産業別統一闘争の強化　5. 支部活動の改善・強化
1978	1. 差別排除と権利拡大のたたかい　2. 「合理化」攻撃排除と要求実現のたたかい　3. 組織活動の強化　4. 地域別・産業別統一闘争の強化　5. 支部活動の改善・強化
1979	1. 大幅賃上げ　2. 退職金の引上げと"定年延長者"の退職金の引上げ　3. 人間性を尊重した安全対策　4. 夏季休暇の増、祝日振替の強化　5. 休暇取得の自由度向上、時間短縮の実現
1980	1. 合理化攻撃の排除と全日産労働者の共通した闘いの強化　2. 全日産に対する差別政策の排除と権利拡大の強化　3. 組織活動の強化　4. 産業別・地域別統一闘争の強化　5. 支部活動の改善・強化
1981	1. 合理化攻撃の排除と全日産労働者の共通した要求実現の強化　2. 全日産に対する差別政策の排除と権利拡大の強化　3. 組織活動の強化　4. 産業別・地域別統一闘争の強化　5. 支部活動の改善・強化

第4章　少数派組合の「反撃」：法廷闘争を中心に　99

年	運動方針
1982	1. 合理化攻撃の排除と全日産労働者の共通する要求実現の闘いの強化　2. 全日産労働者に対する差別政策の排除と権利拡大の闘争の強化　3. 組織活動の強化　4. 産業別・地域別統一闘争の強化　5. 支部活動の改善・強化
1983	1. 全面解決闘争　2. 村山の「合理化」問題　3. 個別事件（仕事差別事件、「思想差別」、「家族手当支給の男女差別」、「中途入社の差別」、「企業ぐるみ選挙」の追放　6.「労働運営」の視点に基づく支部運営に努める　4. 平和と民主主義を守るたたかいを積極的に取り組む　5. 執行部は左記の「労戦統一」に関連して
1984	1.「労使関係正常化・全面解決闘争」の5年間をしめくくりのメドとした1年間　2. 合理化攻撃の排除と全日産労働者の共通する要求を守るたたかいについて　3. 組織強化と組織拡大について　4. 労働戦線統一、政治革新、平和と民主主義を守るたたかい
1985	1. 労使関係正常化について　2. 合理化攻撃の排除と全日産労働者の共通する要求実現のたたかい　3. 組織強化と組織拡大について　4. 労働戦線の階級的統一、政治革新、平和と民主主義を守るたたかい
1986	1. 労使関係正常化について　2. 合理化攻撃の排除と全日産労働者の共通する要求実現のたたかい　3. 組織強化と組織拡大について　4. 労働戦線の階級的統一、政治革新、平和と民主主義を守るたたかい
1987	1. 全面解決闘争（会社を社会的に包囲するたたかい、合理化改善に勝利するたたかい、職場の支持を広げるたたかい、法廷闘争に勝利するたたかい）　2. 組織強化と組織拡大について　3. 労働戦線の階級的統一　4. 政治革新　5. 平和と民主主義を守るたたかい
1988	1. 全面解決闘争（会社を社会的に包囲するたたかい、合理化改善に勝利するたたかい、職場の支持を広げるたたかい、法廷闘争に勝利するたたかい）　2. 平和と民主主義を守るたたかい　3. 財政活動）　2. 労働戦線の階級的統一
1989	1. 労使関係正常化（社会的包囲のたたかい、法廷闘争、職場でのたたかい）　2. 機関運営の改善　3. 組合財政の確立
1990	1. 全日本金属機器器労働組合への参加　2. 労資関係正常化、全面解決闘争に勝利させる　3. 機関運営の改善・強化
1991	1. 会社の組合合意をやめさせ、全面解決闘争に勝利させる　2. 機関運営の改善・強化
1992	1. 全面解決闘争に勝利するために　2. 組織拡大　3. 機関運営の改善・強化　4. 平和と民主主義を守るたたかいの強化
1993	1. 生活と権利を守る要求実現のたたかい　2. 和解協定の完全履行　3. 機関運営の改善・強化　4. 平和と民主主義を守る支部活動の強化　5. 平和と民主主義を守るたたかいの強化
1994	1. 生活と権利を守る要求実現のたたかい　2. 和解協定の完全履行　3. 組織の拡大・強化　4. 機関運営の改善・強化　5. 平和と民主主義を守る闘
1995	1. 生活と権利を守り、要求を実現するたたかい　2. 組織の拡大強化をめざす闘い　3. 機関運営の改善・強化　4. 争議支援と地域闘争　6. 平和と民主主義を守る闘
1996	1. 生活と権利を守り、要求を実現するたたかい　2. 組織の拡大強化をめざす活動　3. 機関運営の改善・強化　4. 争議支援・強化　5. 平和と民主主義を守る闘
1997	1. 生活と権利を守り、要求を実現するたたかい　2. 組織の拡大強化をめざす活動　3. 機関運営の改善・強化　4. 争議支援・強化　5. 平和と民主主義と地域活動
1998	1. 生活と権利を守り、要求を実現するたたかい　2. 組織の拡大強化をめざす活動　3. 機関運営の改善・強化　4. 争議支援・強化　5. 平和と民主主義と地域活動
1999	1. 生活と権利を守り、要求を実現するたたかい　2. 組織の拡大強化をめざす活動　3. 機関運営の改善・強化　4. 争議支援と地域活動　5. 平和と民主主義を守る闘

各年度の組合大会の「運動方針議案書」より筆者作成。

表 4-2　裁判所への訴えと労働委員会への申し立ての一覧

番号	事件名	事件番号	最終的な命令日、判決日、取下日	全金プリンス側にとっての判決
1	日産自動車男女別定年制訴訟（雇用関係存続確認等請求事件）	東京地裁　昭和44年（ヨ）第2210号、第1114号（以上、仮処分）、東京地裁　昭和46年（ワ）第481号・東京高裁　昭和48年（ネ）第1886号・昭和48年（ネ）第675号・昭和48年（ネ）第702号、最高裁　昭和54年（オ）第750号	昭和56年3月24日	勝訴
2	支配介入排除、陳謝文掲示	東京地労委　昭和40年（不）第67号	昭和41年7月28日	一部救済
3	団交拒否排除	東京地労委　昭和41年（不）第18号	昭和41年7月21日	救済
4	団交拒否事件（仮処分申請事件）	東京地裁　昭和41年（ヨ）第2303号	昭和41年9月17日	勝訴
5	団交命令に対する会社の再審申立	中労委	昭和41年12月21日	勝利命令
6	預金債権確認ならびに返還、預金返還請求事件	東京地裁　昭和41年（ワ）第10355号・昭和42年（ワ）第3861号・昭和42年（ワ）第3598号、東京高裁　昭和45年（ネ）第3415号・昭和45年（ネ）第3420号・昭和46年（ネ）第22号、最高裁　昭和52年（オ）第124号	昭和55年7月18日	勝訴
7	集団暴力事件の損害賠償請求事件	東京地裁	昭和46年12月22日	勝利和解
8	配転命令撤回	東京地労委　昭和41年（不）第51号	昭和46年4月17日	全部救済
9	配転命令撤回に対する会社の再審申立	中労委	昭和46年12月15日	勝利和解
10	労働組合法違反過料事件（日産自動車救済命令違反過料事件）	横浜地裁　昭和41年（ヨ）第360号・昭和41年（ヨ）第359号、東京高裁　昭和42年（ラ）第579号、最高裁	昭和49年12月19日	勝訴（会社側の抗告棄却）
11	組合事務所立入妨害禁止仮処分	東京地裁　昭和42年	昭和43年3月18日	取下
12	地位保全仮処分事件	東京地裁　昭和42年	昭和45年3月27日	和解
13	配転命令（地位保全仮処分申請事件）	東京地裁　昭和43年（ヨ）第2252号	昭和45年3月27日	和解
14	不利益取扱い（就業上の差別）撤回	東京地労委　昭和43年（不）第12号、中労委　昭和46年（不再）第38号、東京地裁　昭和48年（行ウ）第67号、東京高裁　昭和49年（行コ）第51号・第52号、昭和53年（行ツ）第40号	昭和60年4月23日	全部救済
15	運動会参加妨害排除の仮処分	東京地裁　昭和43年		取下
16	K事件に対する損害賠償請求事件	東京地裁　昭和44年（ワ）第7073号	昭和51年4月19日	勝訴
17	不利益取扱撤回、賃金等額支給	東京地労委　昭和45年（不）第95号	昭和49年1月31日	関与和解
18	組合事務所および掲示板の不貸与	東京地労委　昭和46年（不）第56号、東京高裁　昭和51年（行ク）第50号、東京地裁　昭和55年（行コ）第101号、昭和57年（行ツ）第50号	昭和62年5月8日	一部救済
19	出勤停止処分取り消し・団交拒否排除・陳謝文掲示、出勤停止処分による不支給賃金の支払い、不利益取扱いの撤回	東京地労委　昭和46年（不）第62号	昭和53年3月29日	関与和解

第4章　少数派組合の「反撃」:法廷闘争を中心に

20	M労災障害賠償請求事件	東京地裁　昭和43年		昭和48年2月17日	勝利和解
21	賃上差別撤回	東京地労委　昭和47年（不）第132号		昭和49年1月31日	関与和解
22	損害賠償等請求事件（民事・残業差別等）	東京地裁　昭和48年（ワ）第6901号、東京高裁　平成2年（ネ）第1957号、平成2年（ネ）第1796号		平成5年1月14日	取下
23	9名の差別取扱排除、2名の昇格、陳謝文掲示	昭和49年（都委争）第54号		昭和58年8月10日	一部救済
24	賃金・職級の取扱い	昭和49年（都委争）第31号		昭和49年4月25日	解決
25	賃金増額等の不利益扱いに対する取扱い	昭和49年（都委争）第147号		昭和50年1月16日	解決
26	解雇に対する損害賠償請求事件	東京地裁　昭和49年、東京高裁　昭和51年		昭和53年9月1日	勝利和解
27	技術員から技能員への職掌変更による差別是正	東京地労委　昭和51年（不）第27号、東京地決裁　昭和52年（不）第22号		昭和58年8月10日	棄却
28	賃金不利益是正	昭和51年（都委争）第10号		昭和52年7月29日	打切
29	定年差別に対する損害賠償請求事件	東京地裁　昭和51年（ワ）第7164号		昭和55年7月4日	勝利和解
30	退職金請求事件	東京地裁　昭和53年（ワ）第9314号		昭和57年4月27日	勝利和解
31	昭和52年度賃金の不利益取扱等	東京地労委　昭和53年（不）第40号		平成5年1月13日	関与和解
32	5名の懲戒処分撤回、陳謝文掲示	東京地労委　昭和53年（不）第106号		昭和55年12月9日	関与和解
33	昭和53年度賃金、職級、資格決定等の不利益取扱禁止、支配介入排除	東京地労委　昭和54年（不）第35号		平成5年1月13日	関与和解
34	団交拒否排除、陳謝文掲示	東京地労委　昭和54年（不）第44号		昭和57年4月13日	取下
35	住宅金融制度の適用拒否の排除、陳謝文掲示・交付	東京地労委　昭和54年（不）第111号		昭和55年7月17日	関与和解
36	チェックオフの停止	昭和54年（都委争）第106号		昭和55年2月6日	関与和解
37	昭和54年度賃金、職級、資格決定等の不利益取扱禁止、支配介入排除	東京地労委　昭和56年（不）第41号		平成5年1月13日	関与和解
38	応援拒否に対する賃金・一時金カットおよび出勤停止処分	東京地労委　昭和56年（不）第122号		昭和58年10月4日	棄却
39	処分撤回、組合員差別の禁止、人権侵害の中止	昭和56年（都委争）第24号		昭和56年4月10日	打切
40	労働契約上の地位確認請求事件	横浜地裁　昭和56年（ワ）第2130号・昭和56年（ワ）第2424号・昭和57年（ワ）第509号・昭和57年（ワ）第942号、東京高裁　昭和61年（ネ）第2679号・昭和61年（ネ）第965号、最高裁　昭和63年（オ）第513号		平成元年12月7日	棄却
41	団交応諾、陳謝文掲示	東京地労委　昭和57年（不）第12号		昭和57年9月30日	取下
42	昭和56年度賃金、資格決定等の不利益取扱禁止、支配介入排除	昭和57年（不）第22号		平成5年1月13日	関与和解
43	昭和57年度賃金、職級、資格決定等の不利益取扱禁止、支配介入排除	昭和58年（不）第28号		平成5年1月13日	関与和解
44	仕事差別（7人）	中労委　昭和58年（不再）第33号事件		平成5年1月13日	関与和解
45	賃金差別（全員）	中労委　昭和58年（不再）第34号事件		平成5年1月13日	関与和解

番号	事件名	事件番号	最終的な命令日、判決日、取下日	全金プリンス側にとっての利判決
46	大野不当処分（出勤停止3日）	中労委 昭和58年（不再）第50号事件	平成5年1月13日	関与和解
47	家族手当請求判決事件	東京地裁 昭和58年（ワ）第11430号、東京高裁	平成元年1月26日	敗訴→勝利和解
48	全損害賠償請求事件	東京地裁 昭和58年（ワ）第10069号	平成5年1月14日	取下
49	退職金差額請求事件	東京地裁 昭和58年（ワ）第2987号	昭和61年	取下
50	昭和58年度賃金、職級、資格決定等の不利益取扱禁止、支配介入排除	東京地労委 昭和59年（不）第13号	平成5年1月13日	関与和解
51	全面損害賠償請求事件	東京地裁 昭和59年（ワ）第5227号	平成5年1月14日	取下
52	昭和59年度賃金、職級、資格決定等の不利益取扱禁止、支配介入排除	東京地労委 昭和60年（不）第19号	平成5年1月13日	関与和解
53	1名の担当業務是正、孤立的取扱いと支配介入禁止、1名の昭和58年度以降賃金是正、差額と年6分の利息支払、陳謝文の手交・掲示	東京地労委 昭和60年（不）第60号	平成2年8月10日	取下
54	住宅資金社内貸付申し込みの不承認	東京地労委（不）第16号 昭和61年 第9号、昭和61年	昭和63年2月26日	全部救済
55	昭和60年度賃金、職級、資格決定等の不利益取扱禁止、支配介入排除	東京地労委 昭和61年（不）第29号	平成5年1月13日	関与和解
56	24人の懲戒処分取消し、23人の昇給・一時金の不利益扱禁止、2人の出勤停止処分中の賃金支払、ライキ参加を理由とする不利益取扱い、支配介入の禁止、陳謝文の掲示	東京地労委 昭和61年（不）第32号	平成5年1月13日	関与和解
57	関連団体での活動に対する懲戒処分	東京地労委 昭和61年（不）第85号	昭和63年2月26日	全部救済
58	関連団体での活動に対する懲戒処分	東京地労委 昭和61年（不）第105号	昭和63年2月26日	全部救済
59	1名の配転撤回、原職復帰、配転による支配介入禁止、陳謝文手交・掲示	東京地労委 昭和62年（不）第13号	平成2年8月10日	取下
60	昭和61年度賃金、職級、資格決定等の不利益取扱禁止、支配介入排除	東京地労委 昭和62年（不）第16号	平成5年1月13日	関与和解
61	昭和62年度賃金、職級、資格決定等の不利益取扱禁止、支配介入排除	東京地労委 昭和63年（不）第21号	平成5年1月13日	関与和解
62	組合事務所、掲示板貸与具体化問題	昭和63年（都委争）第69号	平成元年7月27日	打切
63	三役出勤停止5日事件	東京地裁 昭和63年（行ケ）第24号	平成5年1月14日	取下
64	1986.10.14厚木支援ビラ処分事件	東京地裁 昭和63年（行ケ）第25号	平成5年1月14日	取下
65	昭和63年度賃金、職級、資格決定等の不利益取扱禁止、支配介入排除	東京地労委 平成元年（不）第15号	平成5年1月13日	関与和解
66	団交応諾（組合の同一性・組合事務所賃与問題）「就業時間中の組合活動に関する協定書」の遵守および「覚書」の履行、陳謝文の交付・掲示、新聞掲載	東京地労委 平成2年（不）第2号	平成5年1月13日	関与和解

第4章　少数派組合の「反撃」：法廷闘争を中心に　103

67	平成元年度賃金、職級、資格決定等の不利益取扱禁止、支配介入排除	東京地労委　平成2年(不)第15号	平成5年1月13日	関与和解
68	団交応諾（2年春闘）、労組法上の資格を理由とした団交拒否排除、謝罪文の交付・掲示・日刊3紙への掲載	東京地労委　平成2年(不)第28号	平成5年1月13日	関与和解
69	残業損害賠償・組合事務所等賃貸借請求差訴事件	東京高裁　平成2年(ネ)第1796号	平成5年1月14日	取下
70	平成2年度賃金（一時金を含む）、資格決定等の不利益取扱禁止、支配介入排除	東京地労委　平成3年(不)第13号	平成5年1月13日	関与和解
71	平成3年度賃金（一時金を含む）、資格決定等の不利益取扱禁止、支配介入排除	東京地労委　平成4年(不)第26号	平成5年1月13日	関与和解
72	審査事件からの移行	平成3年（都委争）第56号	平成5年1月8日	解決

の場で会社と交渉し，時にはストライキも辞さずして，自分たちに向けられた差別を撤廃させ，日産全体の労働条件を改善した。一例を挙げると，日産労組の要求により，1972（昭和47）年4月1日以降，「週6日制」から「隔週5日制」に変わった。労働者にとって望ましい変更のようにも思えるが，そうとは言えない点があった。労働日数は少なくなったものの，終業時間が30分延長されたのである。そこで支部は「真の時短・5日制」を実現すべく，団交の場で「時差勤務」を要求した。従来の終業時間に「早退する」ことを求めたのだ。「これが受け入れられなければ，1週間の実力行使」という断固たる態勢を整え，この圧力を背景にして団交の場でさらに追及し，会社側に「時差勤務」を認めさせることができた。ところが，よくよく話を聞くと，早退した分の賃金をカットするとのことであり，支部が主張する「時短」とは異なった。支部の全組合員は，新勤務制度の実施初日である1973（昭和48）年4月2日に45分間，抗議ストを打った。このストライキは，組合分裂以降，銘うって全体が実施した初めてのものである（このときは，会社側からロックアウトをかけられる）。翌年3月26日に半日，4月11日に午後2時15分から3時間，統一ストを打ち，ついに査定に響かない「本物の時短」を実現させることができた[1]。

　支部の組合員は，ストやビラ配りを通して労働者の窮状を社内外に訴え，職場や団交の場で会社側と交渉した。日産労組役員や現場監督者による監視や妨害をものともせず，差別の撤廃と労働条件の改善を会社に求め，認めさせた。このようにして，支部は職場を起点とした活動を重んじてきたわけであるが，数の力に限界があることは認めざるをえない現実であった。少

ない人員で要求を叶える方法を模索した。以下にみるように，支部は間断なく裁判所に提訴し，労働委員会に救済を申し立てることにより，差別を撤廃させ，支部の要求を実現していったのである (表4-2)[2]。

III 差別の撤廃：支部を守る

1 労働組合として認めさせる闘い：「財産権」と「団交再開」

　全金プリンス自工支部は，分裂前後の組合の同一性を証明し，会社に支部を労働組合として認めさせるところから始めなければならなかった。

　第2章で明らかにしたように，支部の組合員のほとんどは，第二組合であるプリンス自動車工業労働組合に移った。第二組合は，組合員の大半が移ったわけであるから，支部の財産権は自分たちにあると主張し，東京労働金庫 (以下，労金と略) に預けた支部の預金を自分たちのものにした。それに対して全金プリンス支部は，支部としての同一性は自分たちの組合にあると抗議し，1966 (昭和41) 年10月，第二組合および労金を東京地方裁判所に提訴した。のちに第二組合を統合した日産労組は，第二組合の権利義務の一切を包括的に承継し，それにともないこの訴訟の被告になった(6)。

　第一審は，支部側が訴えを認められ，全面勝利となった。判決内容をかいつまんで説明すると，支部の中執を解任するための中央委員会の招集から全金脱退を決議する組合員全員投票までの一連の手続き (第2章第II節第3項ivを参照) は組合の正規の規約に基づかず，投票結果は支部組合大会の決議としての効力を有していない。また，分裂前の支部と第二組合とは，思想的立場，目的，綱領などが本質的に異なり，規約も重要な部分に違いがみられ，別個のものである。全金の下部組織である支部に残留する者がいるかぎり，組合員数の多寡のみを根拠としてプリンス自工労組を元支部と同一の組合として認めることはできない。東京地裁は，1970 (昭和45) 年12月23日，原告組合が支部としての同一性を有することを認め，金4078万4414円を原告組合に支払えと労金に命じた。

---

1)『全金の旗』203-206頁。
2) 筆者作成。以下，本書が表4-2に記載された事件を取り上げるさいは，一覧の左端の「番号」のみを記す。

しかし，この判決を不服として，日産労組は1970（昭和45）年12月30日に，労金は翌年1月6日に控訴した。職権による和解勧告があったが，和解は決裂した。1976（昭和51）年11月17日，東京高等裁判所は日産労組と労金の控訴を棄却した。労金は支部に4636万5487円を支払うよう命じられ，判決を受け入れたが，日産労組は，高裁判決に対して全部破棄を求める上告の申し立てを行い，全金プリンスと労金が被上告人になった。1980（昭和55）年7月18日，最高裁判所は日産労組の上告を棄却した。組合の同一性が法的に確定するまでに，支部が訴えを起こしてから15年近い歳月がかかった[3]。

第二組合の設立直後である1966（昭和41）年4月12日，全金本部，全金東京地本，全金プリンス支部は共同で日産に団体交渉を申し入れた。しかし，会社は全金プリンス支部を組合として認めず，団体交渉を拒否した。会社側の態度は頑なであり，支部は，会社が団交拒否の態度を改めないとみるや，同月22日，東京地方労働委員会に不当労働行為として救済を申し立てた(3)。プリンス事業部だけでなく日産本社や大手町の分館の周辺でも，全金の仲間の支援を得て抗議活動を開始した。同年7月21日，支部側の勝利命令が下された。

支部は，会社側の団交拒否に対してさらに，同月26日，総評全金，全金東京地本と連名で，東京地裁に団体交渉応諾仮処分を申請した(4)。同年9月17日，地裁は，支部，全金および全金東京地本が団体交渉の当事者適格を有するとの判決を下した。

ところが，会社側は団交拒否を続け，地労委の命令を不服として再審査を中央労働委員会に申し立てた(5)。同年12月21日，中労委は会社側の申し立てを棄却し，「団体交渉に応ぜよ」との命令を下した[4]。

全金側は，地労委，東京地裁，中労委と三度の勝利に沸いた。会社は地労委の命令や地裁の仮処分決定を無視し続けてきたが，ようやく中労委の団交応諾命令を受け入れ，団交開催の態度を示すようになった。同年12月28日，全金の本部と支部の代表は日産に団交を要求し，会社側は「支部の存在を認め，新年早々団交のための予備折衝をする」と応じた。翌1967（昭和42）年3月22日，

3）全金プリンス「『財産権』裁判の経過」1980年7月25日より。
4）全金日産・プリンス対策委員会「日産プリンスに対する中央労働委員会命令について」より。

第1回団交が開かれ，全金側はさっそく，暴力事件の会社の責任を追及し，春闘要求に対する回答を求めた[5]。

かくして，会社側は全金プリンス支部を労働組合として認めるようになったわけだが，勤務時間中の組合活動は一切認めなかった。各組合員が有給休暇を取得して行わなければならず，犠牲を強いられた。それが，「所定就業時間中の組合活動に関する覚書」が交わされてからは，事情が変わった。1973（昭和48）年10月1日から，支部は，会社に届け出れば組合活動を一定範囲内で許可されるようになったのである[6]。

しかし，組合活動にかんして，支部と会社はことあるごとに衝突した。1977（昭和52）年4月8日の春闘統一行動日に，始業時から1時間ストを決行し，昼休みの時間に構内でデモ行進をした。これに先立ち，構内の組合活動の写真撮影にかんして会社に承諾申請を出したところ，明確な理由なく拒否されたため，やむなく承諾を得ないで撮影を行った。会社側はこの件を問題視し，責任者である執行委員3人と撮影者2人に処分を下した。支部は，これを不当処分，不当労働行為とみなし，翌年9月28日，5人に対する懲戒処分の取り消しを求めて，東京地労委に救済を申し立てた[7]。1980（昭和55）年12月9日に和解が成立した（32）。

支部の専従役員は6人いたが，会社は1966（昭和41）年3月あたりから支部の同一性とともに専従役員も認めなくなり，同月3日，一方的に「職場復帰」を命じた。支部専従役員がこの命令を拒否すると，会社構内から閉め出され，毎年4月に通知される昇給発令もなくなった。専従の最年長者であった尾崎春男が退職するさい，会社側は職場復帰命令に応じなかった期間を「不就労期間」とみなし，退職金算定の基礎となる勤続年数に算入しなかった。他の従業員と同様，入社日から退職日までを勤続年数として通算し，それを基にした退職金と実際に支給した額との差額を支払うべきであり，尾崎に対する名誉毀損と人権侵害にあたるとして損害賠償請求に応じるべきである，と支部は団交の場で会社に訴えたが聞き入れられず，1978（昭和53）年，尾崎は裁判所に提訴して現

5）「全金第20回全国大会報告 全金日産・プリンス対策委員会報告書」。
6）「1975年度」8-9頁。
7）『全金プリンス』No. 95, 1978年10月14日，2頁。

状を打開することにした (30)。1982 (昭和57) 年4月27日，尾崎ほか，永井博，大野秀雄，本木光雄，白川英紀の5人の (元) 専従と会社側との間で和解が成立し，会社は彼らに解決金を支払い，5人は日産に戻ることなく同年5月末日をもって退社した[8]。なお，会社は1975 (昭和50) 年に組合の専従を1人だけ認め，鈴木孝司 (甲105) が専従になった。

1985 (昭和60) 年12月，会社は，支部と締結した組合活動にかんする協定[9]を破棄し，就業時間中の組合活動を大幅に制限した。翌年2月4日，支部は組合活動の制限に抗議し，指名ストを打った。これに対して会社は，3月7日付で支部三役に対して出勤停止3日間，スト参加者全員に対して譴責処分を発令した。支部は直ちに反応し，18日から3日間抗議ストを打った。工場および本社で抗議行動を繰り広げ，これらの処分の撤回を求めて東京地労委に救済を申し立てた (56, 57, 58)[10]。

会社側の一方的な破棄通告により，事実上，無協定状態になっていたが，1986 (昭和61) 年9月26日，勤務時間内の組合活動にかんする協定が再締結された。地方本部大会への代議員の参加，地方協議会支部代表者会議への参加，支部執行委員会への参加など，年間約180時間の活動が認められた[11]。

支部が組合事務所や掲示板の貸与を会社側に認めさせるには，さらに時間がかかった。1967 (昭和42) 年3月22日に再開された団体交渉のときからそれらの貸与を要求してきたが，会社側は専従問題が解決するまでは交渉に応じる意思がないと回答した。支部は，1971 (昭和46) 年7月31日，組合事務所などの貸与にかんする組合間差別を不当労働行為として救済を東京地労委に申し立て，1976 (昭和51) 年2月20日，勝利命令が下されたが，会社側はこれを不服として行政訴訟に持ち込み，最高裁まで結論が持ち越された。1987 (昭和62) 年5月8日，支部勝訴の判決が下された (18)[12]。

---

8) 全金プリンス「事務局・法対ニュース」No. 91, 1979年5月16日，2頁，「昭和53年 (ワ) 第9314号，退職金等請求事件，最終準備書面」，「和解調書」より。
9) ここで出てくる「協定」とは，使用者と過半数の労働者代表が取り決める「労使協定」ではなく，「労働協約」としての効力を持つものである。「覚書」や「メモ」などと呼ばれることもあるが，それらも同様である。
10)「1988年度」20頁。
11) 同上，35頁。

2 「暴力事件」の損害賠償請求と謝罪要求

　合併直後の集団暴力は，有名大企業で起きたこととは思えない事件であった。すべての支部組合員がその対象になったが，なかでも酷いけがを負った18人が，会社および目に余る暴力をふるった52人の日産労組員を相手どり，1968（昭和43）年1月11日，暴力行為に対する損害賠償（288万円余）を求めて東京地裁に提訴した(7)。1971（昭和46）年10月，東京地裁民事17部は和解を勧告し，同年12月22日，支部と会社および52人との間で和解が成立した。支部は，請求額全額と係争期間中の全利息（年5分）を合わせた計342万6917円を会社と52人が共同責任で支払うという和解調書を獲得し，実質的に完全勝利であった[13]。

　暴力事件は，合併からしばらく経ったあとにも単発的に発生し，支部はその都度，会社側に抗議した。1974（昭和49）年3月26日，支部がストを打ったさいに村山工場で日産労組員から暴行を受け，会社側に対して管理者としての責任を追及し，「謝罪文」といえる「回答書」を引き出した。

3 残業・夜勤差別の撤廃闘争

　1967（昭和42）年2月から元プリンス自工の3工場（荻窪・三鷹・村山）は日産の勤務体制に変わり，「計画残業」と「深夜労働」が始まった。支部は，夜間勤務に応じる条件として，(1)週5日制にすること，(2)昼間よりベルトコンベアのスピードを落とすこと，(3)夜勤手当を増額すること，その他を会社に要求し，同年12月15日に団交を申し入れるとともに，同月27日，残業をめぐる紛争にかんして東京地労委に斡旋を申し入れた(14)。翌年1月26日，地労委斡旋員の勧告に基づいて行われた団体交渉の場で，会社は支部に対してはじめて，計画残業は交替制と一体をなすものであることや，計画残業の内容や手当などについて具体的に説明し，全日産労組員と同じ労働条件で計画残業に従事することを同意しないかぎり，支部組合員を残業に組み入れることはできないとの考えを示した。地労委の斡旋は不調に終わった。

---

12) 同上，20，28-29頁。
13) 「1973年度」8頁。

1968（昭和43）年2月22日，全金は，支部組合員のみ残業から外すことは不当労働行為にあたるとして，地労委に救済を申し立てた。地労委は，1971（昭和46）年6月4日，残業にかんして支部組合員を差別してはならない旨の救済命令を下した。同月17日，会社は中労委に再審を申し立てたが，1973（昭和48）年3月31日，中労委は地労委の命令を支持した。

会社側は救済命令を不服として，同年4月29日，東京地裁に行政訴訟を起こした。すると，全金側が予期せぬことに，同地裁は救済命令を取り消した。計画残業に反対している支部組合員を計画残業に組み入れなかった会社側の主張を支持したのである。1974（昭和49）年7月11日，中労委，全金中央・地本・支部はこの判決を不服として控訴した。1977（昭和52）年12月20日，東京高裁は，十分な団体交渉を行わずして支部組合員を残業から外したことは不当労働行為にあたるとして一審判決を取り消し，再審査命令を支持する判決を言い渡した[14]。控訴審判決を不服とした会社側は同月28日に上告したが，1985（昭和60）年4月23日，最高裁は会社の上告を棄却した。

残業差別は，組合間差別の不当労働行為にあたるだけでなく，大幅な収入減をもたらしたとして，支部と71人の組合員は，1973（昭和48）年8月30日，会社を相手どって損害賠償請求の訴えを東京地裁に起こした（22）。東京地裁は，1990（平成2）年5月16日，残業外しは全金支部に対する団結権の否認ないし会社の支部に対する嫌悪によるものであり，支部の組合員だけを残業から外したことは不当労働行為にあたるとみなし，残業外しにより被った損害額を原告に支払うよう命じた。会社は即日控訴した。支部はこの判決に対して一定の評価を下したものの，内容的には，原告の損害がきわめて低額に認定された点で，また原告の損害が間接部門の一部の組合員にしか認められなかった点で納得がいかず，同月29日，東京高裁へ控訴した[15]。この争いは「全面和解」まで続くことになる。

会社側は，生産計画を立てにくいという理由で，全金支部の組合員を一律に残業や夜勤から外した。支部側は，労働環境を悪化させる残業や夜勤に反対し

---

14)　以上，「事務局・法対ニュース」No. 85, 1977年12月21日。
15)　「1991年度」26頁。

たが，それらから外されることにも反対した。支部の見解は，矛盾しているように思われるかもしれないが，支部が問題にした点は，労使間の協議や合意なしにそれらから'一方的に外された'ことであった。残業や夜勤について，支部は公式な場で会社側から提案されたことはなかったし，組合員個人が要請されたこともなかった。会社が中労委の命令を不服として行政訴訟を起こしたのち，「残業については全金にも協力してもらう」と態度を変えてきたため，支部は全体で討議した結果，1973（昭和48）年6月から残業は行うようになった。6年半ぶりの残業である[16]。夜勤は「全面和解」まで外された。

4　賃金差別の撤廃闘争

　支部の組合員は，日産労組員に比べて明らかに賃金を低く抑えられていた。支部は会社や現場監督者に不当な賃金差別をやめるように強く主張したが，会社側は，支部の組合員たちは職場運営に「非協力的であり，低い評価は正当である」と反論し，話し合いにもならなかった。支部は，1970（昭和45）年12月1日，全組合員に対する賃金差別の是正を求めて，東京地労委に斡旋を申請した（「第一次賃金差別・あっせん事件」)[17]。これは，支部の人たちに対する賃金差別をやめさせると同時に，差別を生む根源である査定の基準を明確にさせることを意図したものである (17)。1973（昭和48）年2月，地労委から和解が勧告され，同年12月，賃金差別の是正にかんする和解案が提示された。支部と会社は，翌年1月31日，和解案を受諾し，「賃金和解協定書」を締結した[18]。

　支部は，当初の要求をはるかに上回り，合併後の全期間にさかのぼって賃金・資格・職級を一定水準まで是正させることができた。解決金は2000万円であり，賃金は1人平均1万3500円，最低5788円，最高2万2424円引き上げられた。前年4月1日時点の賃金と比較して（当年度の賃上げ分を含む），5割以上も上がった人がいた。職級は2～3ランク上がった。この和解により，賃金は日産労組員100に対してプリンス支部組合員91.5になった。夏の一時金は，14人の支部組合員が社員平均である基準賃金2.8ヵ月分を上回った[19]。また，

---

16)『全金の旗』201-203頁。
17)「第一次賃金差別・あっせん事件」の経緯は，「1974年度」13-15頁。
18)「1975年度」42-44頁。

賃金決定のさいの査定基準についても，一部とはいえ，明らかにさせることができた。

ところが，次の昇給機会である1974（昭和49）年4月分の賃金は，日産労組員との比較で89.9％と再び差が拡大した。同年3月，賃金差別是正を求めて再び地労委に斡旋を申請した（「第二次賃金差別・あっせん事件」）。地労委は斡旋案を提示し，支部は会社と1回の小団交を持ち，翌年1月16日，「和解協定」を結んだ。賃金1人平均1672円，職級1ランク（10人），是正させることができた (24, 25)。実施は前年4月にさかのぼり，一時金2回分も含めて1月末に精算払いされた。

日産労組員との賃金差は，「賃金和解」の締結時は幾分かは是正されるものの，すぐに拡大した。賃金の組合間差別の是正を求める地労委への救済申し立ては，「完全和解」が成立するまで毎年続けられた (28, 31, 33, 37, 42, 43, 45, 50, 52, 55, 60, 61, 65, 67, 70, 71)。

5　不当な職種転換や配置転換を撤回させる闘い

「不当配転」（第3章第Ⅴ節第2項を参照）を命じられた11人の支部組合員は，上司や人事部に激しく抗議したが，配転先に移って闘いを継続することにした。1966（昭和41）年9月5日，東京地労委に救済を申し立て，1971（昭和46）年4月17日，原職復帰の救済命令を勝ち取った (8)。会社側は地労委の命令を不服として，中労委に再審申し立てを行ったが，同年12月15日，和解が成立した (9)。会社側が300万円の解決金を払い，原職ないし原職相当職への復帰を約束する和解協定が結ばれた。翌1972（昭和47）年2月1日付で，不当に配転させられた者のうち6人[20]が原職に復帰した。

支部組合員の岡田美枝子は電話交換手であったが，休職から復帰した1968（昭和43）年3月1日，総務課に配転させられ，雑用を命じられた。この配転は契約違反ないしは配転権限の濫用であるとして東京地裁に地位保全の仮処分を申請し，1970（昭和45）年3月27日，岡田の訴えが認められた (13)。

---
19) JMIU日産自動車労働組合「和解で解決した事例の推移」（1991年2月21日）。
20) 11人のうちの5人は，判決が出る前に会社を辞めた。

日本経済はオイルショックにより大打撃を受け，1974（昭和49）年，戦後はじめて経済成長がマイナスになった。日産も厳しい経営環境下にあり，経営合理化の一環として生産体制を再編・集約し，大規模な配置転換を行った。村山工場は，旧プリンス系のエンジンの生産を中止し，日産車体の京都宇治工場に外注していたフォークリフトを内製化し，それにともない大規模な配転・「応援」を実施した。エンジン生産に従事していた機関課およびその関連部署の労働者が配転の対象になり，そのなかには11人の支部組合員も含まれていた。しかし，支部は「職種転換は行わない」との約束を会社からとりつけ，同じ部の車軸課や新設のフォークリフト課の同職種につかせ，合理化の影響を最小限に抑えた[21]。

　1981（昭和56）年4月，会社は，車両生産を村山工場に集約させる合理化計画を村山分会の地区交渉の場で発表した。車軸などの機械関係は他工場へ移管し，該当する部署の従業員は村山工場に残して他職場で働かせる計画であり，職種転換をともなう大規模な配置転換計画である。第三製造部全体（約800人）が対象になり，機械職場で働いていた495人の機械工は村山工場内の他職場に移され，そのなかには支部組合員も11人含まれていた[22]。

　その前年から，村山工場では機械工がコンベアラインに投入され始めていた。この「応援命令」に従わなかったことを理由に，1981（昭和56）年2月，2人の支部組合員が出勤停止処分（1日と3日）を受けた。支部は，1日5人の指名ストにより抗議し，同年9月26日，地労委に不当処分の救済を申し立てた(38)[23]。1983（昭和58）年10月4日，この申し立ては棄却され，当事者の1人である大野良男（甲110）はこれを不服としてすぐに中労委に再審査を申し立てた(46)[24]。1984（昭和59）年12月10日に結審したが，長いこと命令待ちの状態が続き，「全面和解」のときに申し立てを取り下げた。

　支部は，1981（昭和56）年6月11日，「職種転換は最小限にとどめ，機械工場を確保すること。実施にあたっては支部と本人の同意を得ること」を会社側に

---

21)「1976年度」16頁。
22)「1982年度」31頁。
23) 同上，26頁。
24) もう1人は1982（昭和57）年4月に退職した。

求めた。しかし，会社側はこの要求を無視し，機械工の相古晃次 (甲121) にプレスのライン作業につくよう7月1日付で業務命令を発した[25]。その後も翌年3月まで，配転の命令を次々に下した。支部はその都度抗議ストを打ち，ビラ配りや宣伝活動を行った。相古は，1981 (昭和56) 年7月3日，職種転換をともなう一方的な配転の不当性を訴え，地位保全の仮処分を横浜地裁に申請した。同年9月25日，仮処分を取り下げ，本訴に切り換え，新たに6人が加わり，横浜地裁に不当配転の取り消しを求めて提訴した (40)。翌年9月24日，7人は「配転事件」の原告団を結成した。

この7人はいずれも勤続20年，30年のベテランであった。彼らの訴えは，直接的には機械工職に戻させることを意図していたが，高い技能や技術を身につけた労働者の尊厳を守るために，労働者を「もの同然」に動かす労務政策を改めさせる目的が活動の根底にあった。会社は当人と事前の相談を一切せずに，未経験の組立や溶接などの職場に移そうとした。村山工場や荻窪工場には約300人分の機械工職場があるにもかかわらず，会社は機械工として残そうとはせず，経歴無視の配転を命じたのである[26]。

7人の「不当配転事件」は，1986 (昭和61) 年3月20日，支部側が勝訴した。さっそく機械工職へ戻すよう会社に迫ったが，会社はこれを拒否しただけでなく，控訴期限間近になって，「定時までに控訴する意思表示なき場合は解雇せざるをえない」という「通告書」を支部につきつけた。「原告らに与える仕事がなく，解雇しかありえない。それが困るのであれば原告が控訴しろ」と解雇予告をしてきたのである。7人の原告は翌日の午前中にストライキを打ち，抗議の意を表した。午後からは春闘とあわせて支部の全組合員が半日ストに参加し，地域の仲間と一緒になって抗議活動を行った。会社は「通告書」を取り消し，自ら控訴した[27]。

異職種への配転は，所属組合の区別なく命じたものであり，全金プリンス自工支部の組合員だけを対象にしたわけではない。日産労組はすんなりと会社命令を受け入れたのに対して，全金支部は異議を申し立てた。「機械工配転事件」

---

25)「1982年度」24-25頁。
26) 林 (1986)。
27)「1987年度」20-21, 31-32頁。

は最高裁までもつれ込み，1989（平成元）年12月，支部側の敗訴で幕を閉じた。

設計・開発部門の集約のさいにも大規模な配転があった。第2章の冒頭で触れたように，旧プリンスと旧日産とに分かれていた設計部門が，1981（昭和56）年に日産テクニカルセンター（NTC）に統合されることになった。この計画の発表時，会社側は配転について「例外は認めない」とする強硬な態度を示したが，全金プリンス支部は，粘り強く交渉を重ね，「例外はありうる」との返答を会社から引き出した[28]。

支部は，NTCへの異動にかんして会社と個別交渉を開始した。異動不可能な支部組合員には職場と仕事の確保を，異動可能な者には異動時期の明示と差別なき待遇を求めた。会社側は，実質的に団交拒否の態度であったが，支部の度重なる追及により，1981（昭和56）年6月3日の団交の場で，「夏休み明けから移転すること，通勤困難な2名は元の職場に残すこと」を言明した[29]。なお，会社は，NTCへの異動後，支部の組合員に他課への「応援」を打診したことがあった。当事者および分会長が素早く反応し，他課への「応援」は組合を通すことを約束させ，打診を撤回させた[30]。

配置転換は，経営の専権事項になっている会社がほとんどである。経営側は組合にはまったく諮らずに，あるいは労組側が協議の機会すら持とうとはせずに，配転が決まることが多い。しかし，会社側が一方的に配転を決めると，当事者はやる気を失い，経営側にとっても望ましくない結果を招くことがある。労働者は希望や事情を会社側に伝え，経営側は労働者から同意を取り付ける努力をし，組合は会社側による一方的，恣意的な処遇変更に対してチェック機能を果たすことが，組織を円滑に運営する上で欠かせない。全金プリンス自工支部は労働者の意向を会社に伝えようとした。そして興味深いことに，村山工場やNTCにおける「不当配転反対闘争」は，その後の労務施策に影響を与えることになる。会社側はより大規模な合理化に着手するのだが，それまでの経験から「彼らにつけ込まれては困る」という意識が働いたのであろう。先手を打つ形で，労働者の要求をある程度汲んだ合理化計画を提示したのである[31]。

---

28)「1980年度」24-25頁。
29)「1982年度」22-23頁。
30)「1993年度」35頁。

市場原理に基づく合理化や「改革」が進むにつれて，支部は組合間の差別を撤回させるにとどまらず，日産労組よりも個々人の処遇の不利益変更に対する阻止に実効性を有するようになった。そして次節でみるように，全社員に関わる職場環境の改善（改悪阻止）に寄与するケースも出てきたのである。

IV 労働環境の改善に向けて：全社規模の影響力

全金プリンス自工支部と日産労組は，フォーマルには交流を持たなかった。日産の全労働者のために「共闘する」ということはなかった。しかし支部は，日産全体や日産グループの労働条件や職場環境の改善に貢献したこともあった。以下，支部組合員以外の労働者に影響を及ぼした活動事例をみてみよう。

1 職場環境と労働条件の改善

1967（昭和42）年12月から翌年1月にかけて，村山工場で季節工1人，見習工1人，本工2人が，たてつづけに労働災害や労働強化に起因するけがや病気で亡くなった[32]。

季節工Ｙの病死は，他の季節工に強い精神的動揺を与えた。全金プリンス支部は，「この責任は会社にある。遺族に充分な補償を」といち早く会社に訴え，抗議と追悼の意を表する構内デモを実施し，駅頭や集会で遺族に対する支援カンパを呼びかけた。これがきっかけとなり，全金組合員と季節工の人たちは接触を持ち，互いの現状を話し合うようになった。支部は季節工に対して全面的な協力を約束した。季節工は，職場新聞『風倒木』を発行し，「食事の改善，

---

31) ただし，会社側の「配慮」は，どこまでが支部の貢献かは定かではない。支部の元書記長の境も，次のように述べている。「日産という会社の良識だったのか，支部の闘いによる成果なのかは，われわれには判断できない」。いずれにせよ，会社が支部の要求を無視しなくなったことは確かである。
32) 「本工」とは正社員の技能員，「見習工」とは非正規の技能員，「季節工」とは農閑期などに期間限定で働く技能員を指す。1967（昭和42）年4月1日，旧来の臨時工制度が改められ，「見習従業員制度」が新設された。年度途中に見習従業員として入社した技能員は，とくに問題がなければ半年後に全員が正社員に登用されるようになった。加えて，同年秋から「季節従業員制度」が本格的に導入された。主として農業に従事する者が農閑期を利用して出稼ぎ就労の形で入社する制度である。当時の呼び方をそのまま用いる。

通勤バスの配車，一方的転寮反対」の「嘆願書」に150人の署名をつらね，7人の代表を出して会社と交渉を持つなど，労働条件や職場環境の改善を要求するようになった[33]。社内における支部の共闘は，これがはじめての経験であった[34]。

　アルバイトのMが，1967（昭和42）年12月，コンベアラインにまき込まれて死亡した。会社は，彼の遺族に対して3千円の香典を送っただけで済まそうとしたため，遺族は会社の不誠実な態度に不信感を抱き，翌年10月4日，労災認定と損害賠償を求めて東京地裁に提訴した(20)。全金プリンス支部はこの裁判を全面的に支援し，1971年（昭和46）年2月，「M・K裁判」[35]を支援し，日産自動車から労働災害をなくす会（通称「なくす会」）」の結成に中心的な役割を担った。裁判長は和解の斡旋を行った。話し合いは一時決裂したものの，これ以上裁判を続けることは得策ではないと判断した会社側は斡旋案にのり，計7回の協議を経て，和解が成立した。会社は，労災裁判では珍しい「謝罪と今後の誓約」を含む和解条項を受け入れ，950万円の慰謝料を支払った。提訴から4年半，「なくす会」の結成から2年後の1973（昭和48）年2月17日のことであった。

　「K事件」は，会社があくまで「病死」と主張したため，争いは長期化した。

---

33) 季節工が働きだした頃の自動車製造現場の実態については，鎌田慧の『自動車絶望工場』（徳間書店，1973年）が有名であるが，日産もトヨタと似たような状態であった。生産の急増に対応するため，不慣れな季節工を大量に動員し，職場は「地獄の戦場」と化していた（『朝日新聞』1970（昭和45）年5月27日，朝刊，23面）。

34) 『全金の旗』139-142頁，「1969年度」5頁より。全金プリンス自工支部と季節工との共闘は，日産車体でも生まれた。1970（昭和45）年10月末，試用員として日産車体京都工場で働いていた辻明伸は，無遅刻無欠勤にもかかわらず，本採用されず解雇された。この処遇に不満を持った辻を支え，解雇を撤回させるために，「辻君を守る会」が結成され，京都地裁に地位保全の仮処分を申請した。翌年1月11日，減勤をともなう夜勤5日制への変更を一方的に告げられた季節工は，自分たちの承諾なしに労働条件を変えられたことを不服として，工場側に説明を求めた。工場側は「不満があるなら直接，職制に申し出よ」と高圧的な態度をとったため，季節工の大半がストライキを決行し，労務課になだれ込んだ。ラインは止まった。季節工は労働組合を結成し，会社に団交を迫った。全金プリンス支部の代表が季節工の支援に出向き，同月23日，村山分会が季節工と接触を取り始めた（全国金属労働組合日産車体工機京都工場支部・辻君を守る会編1971, 43-46頁）。

35) 「1972年度」10頁。「M・K裁判」のKの死亡事故については，後述する。

1968（昭和43）年4月に入社した高校新卒のK（当時19歳、日産労組員）は、村山工場組立ラインに配属され、同年10月に勤務中に倒れ、その2日後、寮内で死亡した。会社と日産労組は病死とみなし、会社は自らに責任はないとして1万円の見舞金で事を済ませようとした。納得がいかない遺族は、全金プリンス自工支部の協力を得て、損害賠償請求という形で会社の責任を追及することを決意し、1969（昭和44）年6月27日、東京地裁に会社を提訴した(16)。1976（昭和51）年4月19日、東京地裁民事35部は「病死といえども会社に落度があり、責任がある。会社は両親に対して、1230万円を支払え」との判決を下した。会社は即日全額を遺族に支払った。7年余にわたる活動の末の勝利であった。同年5月16日、Kの郷里で墓前祭が執り行われ、会社代表が3人参列し、墓前に深く頭を下げ、自らの責任を認めた弔辞を読み上げた。

　これらの裁判の勝利は、もちろん支部の支援だけによるわけではない。なによりも遺族たちの思いと粘り強い活動が最も大きかったわけだが、弁護団、「なくす会」、そして支部が中心になって遺族らを支え、支援の輪を拡げていったのである[36]。

　支部は、所属組合を問わず、労働者の問題は自分たちの問題として受け止めた。そして、これらの支援活動は、日産全体の職場環境と労働条件の改善に結びついた。「M事件」における950万円の慰謝料の獲得は、支部が長年要求してきた労災一時金1000万円を実現させる突破口になった。1977（昭和52）年の秋闘で、「労災補償制度（死亡1500万円ほか）」を確立させたのである[37]。

　日産全体の職場環境や労働条件の改善は、支部組合員の労災認定活動を通じても進んだ。腰痛で長期療養していた田嶋知来（甲170）は、労働基準監督署に労災の申請をしたが認定されず、労働者災害補償保険審査官[38]に再審査を申請

---

[36]「1977年度」27-30頁。
[37]「1979年度」25頁、総評全国金属労働組合東京地方本部・西部地区協議会(1981) 45-49頁。なお、労災補償は、1986（昭和61）年1月1日付で、死亡の場合、有扶2500万円、無扶2000万円に増額され、1～14級も改定された。休職期間は、勤続10年以上の場合は6ヵ月間延長され2年半になった（「1987年度」30頁）。
[38]労働災害の認定の申請は「労働基準監督署」に行い、保険給付などの決定に不服があれば、「労働者災害補償保険審査官」に不服申し立てをすることができる。その決定にも不服であれば、「労働保険審査会」に再審査請求を行うことができる。これらの行政処分に不服

し，1973（昭和48）年9月10日付で労災と認められた[39]。認定後に会社と交渉する機会を持ち，持ち場を変更させただけでなく，過去の早退・病欠をすべて業務上の扱いにさせ，出勤率を100％に是正させ，賃金・一時金・休暇を精算払いにさせた。さらには，業務中にけがを負った場合に，気がねなく通院・療養できる体制を整えさせた[40]。けがを押して働いたり，完治する前に焦って職場復帰したりする人が多いなか，田嶋の労災認定と会社から引き出した対応は，本人や支部組合員にだけでなく，全日産労組員にも意義があった。

　元機械工の栗原光之（甲158）は，タイヤの取り付け作業（タイヤ1個あたり平均17Kg，1日230台，前後輪460本，重さ1.9Kgのインパクトレンチを使った1300回の締めつけ作業，取扱総重量1日合計10t以上）を割り当てられ，過重労働による「頸肩腕障害」と病院で診断された。支部は田嶋の例に倣い，絵図入りの意見書を作成するなど手間を惜しまずに労災認定の書類を準備した。立川労基署により労災と認定され，栗原は軽作業に変えてもらった[41]。

　腰痛になった増田允（甲135）は，荻窪分会が中心となって労基署交渉を行い，労災保険の適用を認めさせた。同じく腰痛症になり，通院加療するようになった鈴木勇（甲128）は，労災として認めるよう会社に要求したが受け入れられず，労働基準監督署，労働者災害補償保険審査官，労働保険審査会と，たて続けに労災認定を申請したものの却下されたが，労災病院の入院・検診期間を特別休暇扱いとして会社に認めさせた。健康上の理由から，榊敏は職場を変えてもらい，村松輝夫（甲131）は仕事量を軽減させ，瀬田文男は配置換えを実現させ，相川辰榮（甲167）と和田安倶は軽作業に変えてもらった。

　幼児がいる日産社員は，勤務時間中に育児時間を1時間とることができた。しかし，それは「午前と午後に30分ずつ」であり，使い勝手が悪い制度であった。そこで浅野妙子は，育児時間を「午後にまとめて」とれるようにとの要望を会社に出し実現させた。岡田弘子（甲144）は，バスでの通勤中，足の親指を扉に挟み，けがを負った。当時，通勤中の災害に対しては労災保険が適用され

があれば，さらに行政訴訟を起こすこともできる。
[39]「1974年度」20頁。
[40]「1975年度」12-13頁。
[41]「1983年度」19-20頁。

るようになったばかりであり（1973（昭和48）年から適用），日産では前例がなかった。彼女は人事に掛け合い，通勤途中の災害を準業務上のものとして認めさせ，以後，他の労働者にも適用されるようになった。彼女たちは成果を個人にとどめず，就業規則に反映させ，あるいは慣行化させることにより，日産全体の労働条件の改善に寄与したのである。

　全金プリンス支部が深夜勤務をなくす運動を続けてきたことはすでに触れたが，その実現は容易ではなかった。しかし，昼夜の二交替制から夕継ぎ型の連続二交替制に変えさせることはできた。夕継ぎ型とは一直と二直の間が連続し，二直が夕方から始まる勤務体系である。昼と夜とが完全に切り換わる昼夜二交替制に比べると，労働者の負担は軽減される。ただし，二直の人が帰宅する時間には公共交通機関がなくなるなど，新たな問題が生じた。支部は団体交渉を通して帰宅者用のバスを確保させるなど，細かい修正を加えながら，深夜勤務撤廃に向けた運動を続けたのである[42]。

　支部による「休暇取得」の改善も，日産の全社員に恩恵を及ぼした。日産は，慣例として，本人休暇を使用させて指定日に「夏休み」をとらせていた（有給休暇の計画付与）。支部は，それを労基法第39条「年次有給休暇については，使用者は，労働者が請求する時季に与えなければならない」に違反するとして，本人の希望日に休みをとれるように団交で再三要求し，労基署にも働きかけた。保育の関係上あるいは本人や家族の疾病の都合で，休暇を「夏休み」に使用することが不都合な者に限ってではあるが，1975（昭和50）年，会社は法定日数内という条件で「夏休み」期間中に出勤することを認めた。その年の夏，17人の支部組合員が「夏休み」期間に2日ないし3日間出勤した[43]。1980（昭和55）年，自由な休暇取得に向けて大きな前進があった。日産では，休み（有休を含む）がゼロの人，1日の人，3日以下の人にそれぞれ記念品が贈呈されていた。この「精皆勤表彰制度」が長年にわたって，自由な休暇取得の阻害要因になってきたわけであるが，これが廃止されたのである。支部が労働省（当時）や労働基

---

[42]「2000年度」27-29頁。支部は，先に夕継ぎ型を本格的に導入していたホンダ狭山工場の労働者を招き，運営実態，手当，労働条件などについて先行事例から学び，改善要求を会社側に出した（「1999年度」10頁）。

[43]「1976年度」10頁。

準局に訴えかけたり，大量宣伝を行ったり，1979 (昭和54) 年度の国会で取り上げてもらったりして，日産の「休暇問題」が公になったことが大きい。職場でもさっそくその影響が現われた。朝礼で「休暇は計画的にできるだけ多くの人が取るように」との組長訓示があり，休暇取得に対して以前のような露骨な妨害はなくなった[44]。「夏休みにおける本人休暇の使用をやめること」の要求に対しては，会社側は，1983 (昭和58) 年12月16日付で「一斉年休使用 (現行3日) を1日減ずる」と回答した[45]。

支部の活動は，賃金制度の改定にも結びついた。差別的給与をなくさせるために，また定期給と賞与を安定させるために，そして基本給の金額を基に算出される退職金を引き上げるためにも，支部は長いこと「賃上げ分はすべて基本給引上げに」，「現在の特別手当を基本給に繰り入れよ」と要求してきた。この働きかけが実り，生産奨励金の廃止と基本給への繰り入れが実現した。賃金体系は簡素化され，基準内賃金に占める基本給の割合が引き上げられた[46]。

支部の組合員数は少ない。全社規模の影響力は限られている。しかし，だからといって，社内の影響力がなかったわけではない。むしろ，数万の従業員を擁する大規模組織の数十人ということを考えれば，驚くほどの力を発揮したといえよう。ただし，以上の職場改善に対して貢献したのは支部だけではない。支部が会社側に要求を出し，それに対する直接的な回答として勝ち取った改善は少なかった。とりわけ重要な案件は，日産労組が要求していたものもあり，支部が単独で要求を実現させたわけではない。会社側が，支部の要求を受けてから，日産労組にも同じ要求を出させてそちら側の要求を先にのむ，といった嫌がらせに近いケースもあった。「日産労組と話し合った結果，こういうことになりました」と会社側から報告があった。このような体裁をとることで，支部の影響力を経営者と日産労組とがともども否定しようとしたのである。女性差別撤廃のときは露骨であった。次章で詳述するが，定年退職の年齢や家族手当の受給の女性差別については，支部が法廷闘争に持ち込み，長年の闘いの末

---

44)「1980年度」23頁，「1981年度」18頁。
45)「1985年度」21-22頁。
46)「1980年度」19頁。ただし，この改定によって「直間差」が拡大し，直接部門の冷遇という新たな問題が生じた。

にようやく撤廃の訴えが認められた。それにもかかわらず，決着がついたあとに，日産労組が同様の要求を出し，会社側は「日産労組と合意しました」と発表したのである[47]。

会社が，手続き上であっても，全日産労組と話をつけてから自分たちの組合と妥結することは労組の団結権および団体交渉権を侵害する不法行為であり，組合間差別により不利益を被ったとして，支部は会社を相手どって損害賠償を請求した(22)。しかし，東京地裁は，組合間の組織人数に大きな開きがあり，使用者に対する交渉力という点で差がある以上，支部の団体交渉の適正な遂行に著しい支障を及ぼすほどの不誠実な交渉態度とはいえず，実質的な団体交渉拒否にあたるものではないとの判断を下した。

支部が労働者の事情を汲み，勇気ある行動をとったからこそ，組織全体の環境や従業員全体の労働条件の改善につながったケースは間違いなく存在する。支部からすれば，会社と日産労組のやり方には不満があるだろう。ただし，日産労組は職場改善に積極的ではなかったとしても，数の力は否定しがたく，経営に対して一定の交渉力と牽制力を持っていたことは確かである。経営者は，日産労組の存在を無視することはできなかった。日産労組の力が弱体化してからわかることであるが，会社が配慮すべき相手が少数派組合だけになると，支部が発揮する社内影響力の範囲は狭くなった。支部が意図していたわけではないし，このような解釈には納得がいかないであろうが，支部が社内の問題をいち早く察知し，顕在化させ，日産労組を'介して'全社規模の改善に波及させた，と捉えられなくはないのである。

2 技術選択

日産労組は，新技術であるマイクロエレクトロニクス（ME）の円滑な導入を

[47) 「長い間，男女差別定年を許してきた日産労組が，判決後急に「トヨタでも定年は男女共に60歳となっている。本年4月1日から定年は男女とも60歳とする要求を出す」と職場に提起」した（鈴木1979, 190頁）。家族手当の受給にかんする規程を改定するさいにも，会社側は裁判の影響を否定した。「従来の規程も男女差別を意図していないが，総合的見地から和解を受け入れた。規程の改定は裁判とは無関係に多様化する家族扶養の実態を考慮し，見直した」（日産自動車広報部の部長談，『毎日新聞』1990（平成2）年9月6日，朝刊，26面）。

目的として，導入のルールを労使間で設定することを企て，1983（昭和58）年3月1日，「新技術に関する覚書（ME協定）」を会社と交わした（巻末資料4-1)[48]。プリンス支部はその試みの先進性を高く評価した。「日産労組が積極的に進めようとしたME協定は，減量経営が進行するなかで，労働者の同意を無視し，会社が勝手に職種変更を伴う配転を行うことはできない，という点を真正面から争ったものであり，配転や応援が日常茶飯事化されている今日，きわめて先進的なたたかいとなっています」[49]。日産労組の動きを受けて，支部も独自の「ME協定案」を作成し，1985（昭和60）年秋，会社に協約化を求めた（巻末資料4-2)[50]。

労働者の技能や技術を無視した職種変更に対する支部の活動についてはさきに紹介したが，ロボットの大量導入[51]はさらなる人員削減と配転のきっかけになる。支部はロボット導入にともなう労働環境の悪化の状況を調査・公表し[52]，この傾向を阻止しようとした。ME機器の労働者への影響にかんするアンケート調査（日産社員対象，80年代中頃，複数回答可）の結果をみると，影響のトップは「自動化省力化が進み雇用が減少する」85.8％，以下，「配転や職種転換がさらに広がる」84.8％，「年功的な昇給が弱まり，能力主義が進む」74.3％，「職場の人間が減り，孤独感が増す」73.6％，「労働密度の高進で仕事がきつくなる」73.0％と続く。現場労働者に限定すると，83％の人が「コンベアスピードが速まり仕事についていけない」と答えている。ME化の積極的な面のひとつとされる「汚染や危険作業からの解放」については，「イエス」と答えた人は

---

48) 日本自動車産業労働組合連合会『自動車労連』昭和58年3月25日号，2頁，昭和59年11月25日号，6頁。
49) 「1985年度」23頁。
50) 「1985年度」22頁，「1989年度」47頁。結果的には協約は締結されなかった。
51) 日産は，1971（昭和46）年に追浜工場の溶接現場にロボットを導入したのを皮切りに，村山工場にも1976（昭和51）年までに約10台，翌77（昭和52）年に50台と増やしていった。80年代に入ると，日産はNC機器と産業用ロボットを本格的に導入し，FMS（柔軟な生産システム）化を進めた。ME化は技術・事務部門にも及んだ。設計部門にはCAE（コンピュータ支援によるエンジニアリング）を，事務部門には本社電算センターをNTCに設置した。産業用ロボットの導入実績については，林（1986）114頁，「1987年度」14頁。
52) 支部は合理化対策委員会を立ち上げ，村山工場のロボット導入先を調査し，調査結果をまとめて対策を練った冊子を配布した（全金プリンス自工支部「合理化」対策委員会『ME・ロボットは職場を変えた──日産自動車村山工場でみた「合理化」の実態』1983年5月）。

49.6％にとどまり，会社の宣伝と大きく食い違った。ME化により「創造性が発揮できた」と答えた人も18.6％と2割にも達していない。ME機器の導入によって労働環境や仕事内容が悪化していると感じている人の方が圧倒的に多かったのである[53]。

MEにかんする労使間の協定の締結は，新技術の導入により影響を受ける当事者が自ら技術選択に関わり，労働環境の悪化を阻止しようとする試みである。この動きにかんして多数派と少数派の労働組合の利害が一致した点は興味深い。日産労組と支部は意図して共闘したわけではなかったが，それぞれが労働環境や働く者の権利を守るために協定の締結を会社に迫り，互いに加勢する形になった。しかし，第7章で詳述するが，1986（昭和61）年に自動車労連会長の塩路一郎が失脚し，新しい労働協約が締結されると，日産労組によるこの試みも終わってしまうのである[54]。

3　企業ぐるみ選挙に対する反対運動

日産の「企業ぐるみ選挙」はしばしばマスコミを賑わせた[55]。市町村議会選挙から，都議選，参議院選まで，意中の候補者を当選させるために，自動車労連が選挙活動を全面的にバックアップした。なかでも強力な支援体制を敷いたのは参議院選であった。自動車労連は，副会長を民社党（1960（昭和35）年1月，社会党右派の一部が離党して民主社会党を結成）から立候補させ，組合員を総動員して支援活動を行った。労連の組合員は，連日，選挙応援にかり出され，知り合いから支持や投票の約束を取り付け，徹底した票固めをしたのである。

ほとんどの組合員は好んで「支援活動」をしていたわけではない。全金プリンス自工支部の春闘アンケート調査によると，「日産で一番いやなことは」という問いに対して，「企業ぐるみ選挙」と答えた人は87％にものぼった[56]。自

---

53) 林（1986）114-116頁。支部は，産業用ロボットの使用による労働災害・職業病の発生防止を目的とした協約案も作成していた（巻末資料4-3）。
54) 塩路の失脚後，1987（昭和62）年3月1日付で，日産労組の「ME協定」は改定された。新しい労働協約に基づいて協議を行うことを明記し，事前協議にかんする文言（巻末資料4-1　2.（労使協議）の(2)）が削除された。
55) 「日産自動車　労使協力で"票狩り"取引先に名簿出させる」『朝日新聞』1980（昭和55）年6月18日，朝刊，23面ほか，商業誌でも取り上げられた。

動車労連の締め付けがきつかったため，組合員たちは渋々支援活動に「参加」していたのである。自動車労連・全日産労組の活動に異議を唱える組合員もいなかったわけではないが，そのような人たちは，かつての全金支部組合員と同様，考えを改めるように圧力をかけられ，悲惨なケースでは集団暴力を受けたのである[57]。

　全金プリンス支部は，1971（昭和46）年6月の参議院選のとき，日産労組員の有志と連携をとりながら，日産労組の非民主的な活動実態をメディアを通して世間に訴えた[58]。その後も，日産の企業ぐるみ選挙を告発する大量宣伝を行い，法的に問題があることを日産労組員に訴え，現状を放置している会社の責任を団交の場で追及した。1980（昭和55）年度には「対策委員会」を設置し，企業ぐるみ選挙の反対運動を強化した。6人からなる対策委員会は，日産労組員の協力を得て情報収集から始め，他の支部組合員とともに工場門前で早朝宣伝活動を行い，「ゼッケン」と「桃太郎旗」を制作して本社抗議行動を展開し，「全都企業ぐるみ選挙糾弾連絡会議」に参加して日産の事例を報告した。同年6月14日に自由法曹団と連名で中央選挙管理会に取り締まりを申し入れ，記者会見を行い，その模様は全国紙に取り上げられた[59]。

　1981（昭和56）年7月5日投票の都議選のときも，日産の企業ぐるみ選挙を社会的に糾弾する活動を拡大・強化した。おそらく支部が三鷹地区で大量宣伝した影響があったのであろう，職場の総動員は控えられた[60]。

　企業ぐるみ選挙に対する支部の反対運動は，不満や反対を口には出せないが嫌々「支援活動」をさせられていた自動車労連の組合員にとってありがたいことであった。

---

56)「1980年度」48頁。
57) 日産労組の選挙支援などの活動を批判した同組合員に対する集団暴力事件については，太田（1982）96-97頁。なお，全金プリンス支部は，暴力事件の告訴に立ち上がった人をいち早く激励し，追浜工場の職場暴力に対する抗議文書を定期大会で採択した（同上，198頁）。第3章の注11，第8章の注4も参照のこと。
58)「1972年度」14-15頁。
59)「1981年度」21-22頁。
60)「1982年度」24頁。

4　厚木自動車部品解雇事件の支援

　厚木自動車部品株式会社 (以下，厚木部品)[61]は，もともとは日産本体の厚木工場であり，1956 (昭和31) 年に日産から分離独立したあとも，日産の重要部品を生産してきた。厚木部品の労働組合は全日産労組に加わり，労使関係は日産本体と同様であった。この会社で働く7人の従業員が，全日産労組の活動に疑問を投げかけたため，労組幹部に目をつけられ，会社から解雇されるという事件が起きたのである[62]。

　厚木部品の社内から「真に労働者のためになる活動」を行うことを意図したグループ[63]が誕生し，独自の職場新聞を発行したりビラを配ったりするようになった。日産本体と同じく厚木部品でも，当時の自動車労連副会長の田淵哲也を民社党から立候補させ，参議院選で当選させる支援活動が行われていたが，7人を中心とするグループは，労働者の生活向上よりも会社の生産性向上に関心がある組合に対して疑問を口にし，職場大会で田淵支援の決議に対して反対の意思を表明した。

　すると，会社と組合役員が一体となって彼らに圧力をかけ始めた。「活動」の参加者や支持者は次々と退社に追い込まれ，会社に残った人たちも，日産本体の支部組合員と同様の差別的状況に置かれた。数十人から百人単位の集団つるし上げにあい，職場で「村八分」にされ，仕事を取り上げられ，担当作業を転々と変えられ，経験が活かされない単調作業を延々と押しつけられた人もいた。

　1976 (昭和51) 年3月5日，7人のうちの5人が会社の差別的処遇に対する救済を神奈川地労委に申し立てた。1978 (昭和53) 年1月31日，地労委は，申し立て人たちに対する賃金などの差別の事実をほぼ認定し，昇給・昇格の是正を命じた。会社側は，中労委への再審査を申し立て，1979 (昭和54) 年5月10日，4回の交渉を経て和解が成立した。和解の大要は，正常な労使関係の確立に相互が協力することを前提として，申し立て人に含まれなかった2人を加えた7人に

---

61) 1956 (昭和31) 年創立。現在は日立オートモティブシステムズステアリング株式会社。
62) 以下，日産厚木争議の概要については，青木 (1980a)，蝦名 (1987, 1989b)，伊藤ほか (1988) より。争議団・共闘会議の機関紙やビラおよび総括は，日産厚木争議支援共闘会議・日産厚木争議団編 (1988a, 1988b)。
63) 「労働問題研究会 (労研)」，「明るい厚木部品をつくる会 (明厚会)」と名乗った。

対して，会社側が賃金と職能資格を改め，職掌と配置に配慮し，親睦会や文化体育サークルの加入に向けて助言し，和解金として2000万円を支払うという内容であった[64]。

会社と和解した5人と，同様に差別的な扱いを受けてきた2人は，「活動」を再開した。手始めに，勝利の和解を伝える職場新聞を配った。ところが，同年6月16日付で，会社は申し立て人5人に「抗議文」を送りつけた。新聞の内容が「和解の精神を踏みにじる」ものであると非難し，和解の精神と協定に反したことに反省の意を表わす「誓約書」を書けと迫ったのである[65]。会社による抗議の背後には組合からの圧力があった。

1979（昭和54）年9月14日，全日産労組は臨時の代議員会を招集し，7人の除名を決議した。「組合の統制を乱した」，「組合の名誉を汚した」というのがその理由である。10月25日の定期大会で7人の除名が決定された。7人は，その日のうちに横浜地裁に「代議員会の除名決議の効力停止」の仮処分申請を行った。翌26日午後1時，除名処分を無効とする仮処分の決定が下された。

全日産労組は，定期大会直後に団交を会社に申し入れ，「除名した7名を解雇しなければ実力行使も辞さない」と迫った。ユニオン・ショップ協定を結んでいる会社は，同日中に7人を解雇する事務手続きに入った。

7人は「組合員としての地位保全」の仮処分を受けた。したがって，会社は組合員である7人を解雇できないはずであるが，「地裁判決が出る前に解雇通告を出した」という理由を盾に，7人の出勤を阻んだ。解雇通告を受けた7人は，同年10月30日，厚木部品を相手どり「従業員の地位保全」を求める仮処分を横浜地裁に申請し[66]，地裁は11月10日，解雇無効の仮処分の決定を下した[67]。しかし，その後も7人は働くことを阻止された。街頭宣伝も妨害され，集団暴力を受け，弁護士や支援者を含む数十人が負傷する事態になった[68]。1987（昭和62）年9月29日，本訴でも原告勝利の判決が下された[69]。会社は控訴

---

64) 青木（1980a）185頁。
65) 同上，190頁。
66) 『読売新聞』1979（昭和54）年10月31日，朝刊（神奈川版），20面。
67) 「解雇差止仮処分申請事件」横浜地裁 昭和54年（ヨ）第1235号。
68) 塚本（1987）22-23頁。
69) 「労働契約関係・組合員資格存在確認等請求事件」横浜地裁 昭和55年（ワ）第124号。

を断念し，1988（昭和63）年8月20日，ようやく7人は職場（原職）復帰を果たしたのである。20年前まで遡って差別が是正され，賃金その他の格付は同期のなかで中位に位置づけられ，会社と全日産労組が7人および彼らの家族に謝罪し，その旨を社内報と機関紙に掲載し，掲示板にも貼り出し，社員に周知させた。職場の雰囲気は明るくなった。全日産労組の対応も，サービス残業に対する彼らの改善要求を真摯に受け止めるなど，明らかに変わった[70]。

　足掛け10年にわたる闘いであった。この勝利は，「日産厚木争議団」の粘り強い活動があったからこそ獲得できたわけであるが，彼らを支えた「日産厚木争議支援共闘会議」の存在も大きかった[71]。全金プリンス（のちに日産）[72]支部も協力を惜しまなかった。この闘いを通して，全金日産支部と厚木部品の闘争をともに支援する「日産闘争支援連絡会」が結成され，活動の輪を拡げていった。

V　労働者の権利と尊厳を守るために：日産という枠をこえて

　全金プリンス自工支部の活動は，会社に支部を労働組合として認めさせ，支部に対する差別を撤廃させ，支部組合員の労働者としての権利を守ってきた。加えて，日産の全労働者に影響を及ぼし，日産グループの労働者にも働きかけた。さらには，日産グループの外にも活動を拡げていったのである。自分たちと同じく会社および多数派の労働組合の「攻撃」にさらされている人たちを支援し，少数派組合に残った人たちどうしで協力し合った。運動方針議案書の活動報告にしばしば出てくる会社名をあげると，日本ロール，日本航空，池貝鉄工，日本電子，日本IBM，石川島播磨，日立武蔵，沖電気，丸子警報器，な

---

70) 蝦名（1989a）。
71) 活動内容については，中村（1987）。「共闘会議」とは，「闘いの指導をする，いわば闘争司令部であって，その仕事は要求を決め，相手を明確にし，それとの闘いにふさわしい運動構想を練り上げ，展開していくことだが，実際に闘いを進め支える役割も担っている。それは一般的には，所属単産，その地方組織を中心に，関連産業の大共闘組織に，地区，地域の地方的労組協議会，大きな争議ではナショナルセンター，弁護団，および可能な限りの争議関連企業の単組，単産で共闘会議を構成する」（鴨川ほか1998，243頁）。
72) 全金プリンス自工支部は，1984（昭和59）年1月から「全金日産自動車支部」になった。名称変更の経緯については，第6章で詳述する。

どである[73]。荻窪分会・三鷹分会・村山分会は，それぞれ，区部・武蔵野三鷹（武三）・多摩の各ブロック，杉並・武三・立川の各地区労の仲間と連携をとり，交流を深めた。東京総行動[74]などの統一行動にも参加し，大規模な連帯を模索した。労働条件の悪化をともなう合理化に反対する金属組合が「金属機械反合闘争委員会」[75]を組織し，支部は「金属機械反合共同行動」に加わった。全金プリンス（のちに日産）支部は社外の活動に参加し，社内の「全面解決」に向けて勢いづいていった。

支部は大学生とも交流を図った。1972（昭和47）年11月5日に明治大学で明大生と，1973（昭和48）年11月2日に村山工場で中央大生と，1974（昭和49）年7月22日に全金本部で東大生と，1979（昭和54）年8月22日に村山工場で法政大生と，それぞれ話し合いの場や差別の実態を伝える機会を持った。労働者に加えて学生や地域住民に対しても，自分たちが直面している問題を理解してもらおうと努めたのである。

日産の外に開かれたつながりや活動は，各企業で孤立させられた少数派の労働者を元気づけるだけでなく，社会を変える力を持った。その際だった例が，男女間差別撤廃運動である。次章で明らかにするように，女性全般の地位や労働条件の向上に寄与したのである。

---

73) 全国金属労働組合日本ロール製造支部の闘いは，映画「ドレイ工場」のモデルになった（「ドレイ工場」製作・上映委員会編1968，全国金属日本ロール支部編1969）。日本航空労組は山崎豊子の『沈まぬ太陽』のモデルとして有名であるが，当事者の個人史として土井（2003）。沖電気指名解雇撤回闘争は沖電気争議支援中央共闘会議編（1992），日立争議は戸塚（2001），丸子警報器争議は丸子争議支援共闘ほか（2000）。池貝鉄工と石川島播磨の争議については後出。

74) 各企業の争議団が支援し合う動きが生まれ，1962（昭和37）年5月17日に「東京地方争議団共闘会議（東京争議団）」が結成された。争議団共闘は，連帯のストライキ，支援カンパ，裁判傍聴などを通して争議組合を支え，争議相手である会社，その取引銀行，行政機関などの責任を追及し，大衆行動という形で会社の実情を世間にアピールした。総行動方式は，1972（昭和47）年6月20日に行われた「全国反合・東京総行動」が始まりであり，「東京総行動」として定着し，全国各地で開花した。東京争議団の結成の経緯から活動の内容については，東京地方争議団共闘会議編（1965），市毛・佐藤（1976），中山（1987）。総行動方式の歴史については「総行動方式の研究」（『賃金と社会保障』802号，1980年，6-28頁）の諸論考を，総行動の年表については「東京総行動運動発展略史」（同上，29-35頁）を参照のこと。

75) 金属機械反合闘争委員会の結成経緯については，第7章で詳述する。

第5章　少数派の中の少数派の取り組み：
　　　　女性組合員の活動

　日産のなかで支部組合員は少数であった。なかでも女性組合員はごく少数であった。組合が分裂した時点で17人にすぎなかった。

　ただし，筆者は支部に属する女性組合員の立場の弱さを強調したいわけではない。むしろ，彼女たちは少数派の中の少数派とでもいえる存在であったにもかかわらず，社会を変えるほどの影響力を持った点に注目したい。社内における発言力には確かに限界があった。そのため，彼女たちは会社の外に活路を見いだすほかなかった。この窮余の一策ともいえる取り組みが，社会を変えるほどの力を発揮したのである。そして，社外での活躍は翻って社内における働き方の改善に寄与し，支部の存在感を際だたせ，支部の活動を牽引することにもなったのである。

I　婦人部の再建

　全金プリンス自工支部には「青年婦人部」があった[1]。25歳未満の男性と全女性の組合員が加入していた。しかし，支部の分裂以降，活動休止状態になっていた。

　支部組合員の中本ミヨは，女性の定年差別の撤廃を求めて会社と係争していた最中，婦人部の必要性を痛感し，活動の再開を決意した。日産の定年は，男性55歳，女性50歳であり，男女間で差があった。次節で経緯を詳述するが，1969 (昭和44) 年1月末，満50歳をもって「退職させられた」中本は，「解雇」は不当であるとして会社を相手どって裁判を起こした。闘いを進めるうちに，社内で少数派組合として活動するだけでは限界があり，世の中の支持を得なけれ

---

1) 以下，総評全国金属プリンス自工支部・日産の女子差別定年制反対・中本さんの働く権利を守る会「日産自動車女子50歳定年制は憲法違反」13, 19-20頁。

ばならないと思うようになり，社外に共闘と支援を呼びかけた。全金加盟の労働組合や全金プリンス支部各分会が所属している地区労の組合を中心に，「合併による一方的な就業規則改悪は認められない」，「男女間差別は許せない」と切に訴えた。しかし，社外に協力を頼むだけでなく，自らの活動基盤を強化しなければならないと感じた中本は，婦人部の再結成を決意したのである。

中本は，女性組合員に婦人部結成の話を持ちかけた。当時，支部の女性組合員は11人であった[2]。彼女たちは，婦人部再建の提案に賛同し，「中本さんの問題は私たちの問題」として活動を開始した。中本自らが部長に就いた。

女性組合員の1人は，活動を再開した当時の状況を次のように語っている。

「3つの工場を合せてもたった11名，うち10名は子持ち，とにかく家と保育所と職場をかけめぐりの毎日，とても婦人部活動なんて……。というのが当初の皆の偽わらぬ気持だった。あれこれ討論の末，"出来ることから，地道に"を合言葉に歩みはじめた。組合員の家族との親睦を深めるために家族交流会や家庭訪問，定期大会の時の保育所づくり，休日を1日使っての部会の定例化，部報の定期発行等々，みんな必死だった。部報のガリ切りも，なれない者ばかりの皆でもちまわり，夜子供をねかせつけてから，とりかかるのが11時，毎晩2時まで3日もかかったと眼をはらして出勤したりなど，自分たちとしては，せいいっぱいやった。」[3]

II 女性差別撤廃運動

組合活動に熱心な人が多い支部のなかでも，とりわけ婦人部の人たちは精力的であった。子育て世代が多かったため時間のやりくりに苦労したが，活動を分担し，支え合った。部会や学習会，家族交流会，他支部との交流会を頻繁に催し，「働く婦人の中央集会」や「母親大会」にも参加した。婦人部の「部報」

---

2) 1970（昭和45）年10月29日当時，日産本体の社員は4万人，旧プリンス工場の従業員は1万人，そのうち支部の組合員は97人（女性11人）であった。内訳は，荻窪分会22人（女性4人），三鷹分会7人（同4人），村山分会61人（同2人），外に出された者7人（同1人）である。

3) 「日産自動車女子50歳定年制は憲法違反」19頁。

を発行し，全金中央の機関誌コンクールで佳作をとったこともあった。女性の労働条件を改善するために，前章の冒頭で紹介した「本物の時短」を獲得する運動（女性が働きやすい職場環境づくり）をはじめとして，初任給男女間差別撤廃運動[4]，生理休暇を勝ちとる運動などに力を注いだ。なかでも男女間の定年差別と家族手当差別の撤廃運動に熱心に取り組んだ。以下，2つの運動を中心に婦人部の活動をみていこう。

1　定年差別撤廃運動

　第2章で合併直前の労働条件の違いを明らかにしたが，プリンスでは定年退職年齢は男女ともに55歳であったのに対して，日産では「従業員は男子55才，女子50才をもって定年とし，その満を数えた年の最後に属する月の末日をもって退職させる」（「従業員就業規則第57条」）と定められていた。両社の合併後，労働条件は原則として日産の就業規則に基づく旨の労働協約を，会社は日産労組と結んだ。ところが，1969（昭和44）年1月，日産労組員ではない中本にも50歳の定年退職年齢が適用されたため，彼女はそれを不服とし，就業規則のなかで女性の定年退職年齢を男性より低く定めた部分が性別のみによる不当な差別であり，自身の50歳の「解雇」は無効であるとして，同月24日，従業員としての地位を保全する仮処分を東京地裁に申請したのである（1）[5]。

　全金プリンス自工支部は，「中本争議」を支部の全面解決闘争と不可分なものとして位置づけ，早期解決に向けて活動を支援することにした[6]。「企業合併による女子差別定年制反対・中本さんの働く権利を守る会」（通称「守る会」）の結成を呼びかけ，1970（昭和45）年3月，支部組合員を中心に二百数十人が集結

---

4 ）日産では，初任給から男女間で格差があった。婦人部が中心になって労働基準監督署に「労働基準法第4条　男女同一賃金の原則」の違反を申告し，差別是正を訴えてきた。1977（昭和52）年4月から，高卒の初任給の男女一本化が実現した（『全金プリンス』No. 95，1978年10月14日，1頁）。

5 ）この闘争の詳細は，以下の冊子による。総評・全国金属労働組合プリンス自工支部「合併による女子差別定年制反対　中本さんの伩く権利を守ろう」1969年12月10日，総評全金プリンス自工支部中本さんの働く権利を守る会「東京高等裁判所「日産自動車の男女差別定年制は違法」──闘いの経過と79・3・12判決全文──」，「日産自動車の女子差別50歳定年制は憲法違反」，中本ミヨ「日産に勝った！　男女差別定年12年の闘い」1981年。

6 ）「1982年度」27-29頁。

して「守る会」を立ち上げた。会長には大野秀男支部長が就任し，幹事は主に支部組合員が務めた。「守る会」の方針や行動提起は支部執行委員会と支部大会で承認され，決定された[7]。

地位保全と賃金支払いの仮処分を求めた裁判では，女性の定年を男性に比べて5歳低く定めている就業規則の適用を取り決めた労働協約が，民法90条（公序良俗）に違反しないとして，一審（1971（昭和46）年4月8日判決），二審（1973（昭和48）年3月12日判決）とも，中本側敗訴の判決が下された。女性の55歳は生理的に男性の70歳に相当し，女性の生理機能は男性に比べて劣り，女性の企業貢献度は低いとして，5歳の差は不当ではないとみなされたのである[8]。

ところが，仮処分の申し立てに対する二審判決のわずか11日後，1973（昭和48）年3月23日に本訴の一審判決が出され，「満50歳を境にして，5年の差を設けるほど男女間の労働能力に差はない」として，中本側の主張を全面的に認め，解雇を無効とする判決が言い渡された[9]。

---

[7] 中本（1996）127-128頁。

[8] 原告側は，仮処分高裁敗訴を受けて，最高裁に上告したが，「司法の反動化の先頭に立つ最高裁での決着は必ずしも有利でない，最悪の判例化はさけるべき」との弁護団の判断から，仮処分上告は取り下げた。仮処分は，1973（昭和48）年3月25日，原告側敗訴が確定した（「1975年度」16-17頁，中本1996，150頁）。ちなみに，以下にみるように，本訴は一転して原告側の勝訴となり，それを背景に，再度，地位保全と賃金請求の仮処分を申請したが（第二次仮処分），1974（昭和49）年4月4日，地裁で却下された。これを不服として，同月10日，高裁に抗告したが，同年12月9日，審理もされずに却下された（「1975年度」54頁，「1976年度」12頁）。

[9] 「1975年度」53頁。「中本事件」では，女性の50歳定年（解雇）は無効との訴えと並行して，1949（昭和24）年の解雇の件も審理されていた（第2章の注15を参照）。後者の件で中本と一緒に会社を訴えていた横山敏子は，前者の本訴一審における解雇無効の判決（1973（昭和48）年3月23日）を受けて，24年間にわたる「仮の身分」により受けた差別に対する損害賠償（200万円）を求めて，1974（昭和49）年2月12日，東京地裁に会社を提訴した（「横山損害賠償請求事件」(26)）。1976（昭和51）年8月6日，横山側の敗訴判決が下されると，同月18日に東京高裁に控訴し，1978（昭和53）年9月1日，「この和解は他の係争に一切の影響を及ぼさない」ことを条件に，解決金85万円で和解が成立した（『全金プリンス』No. 95，1978年10月14日，2頁，「事務局・法対ニュース」No. 89，1978年10月9日，4頁）。横山は，1976（昭和51）年8月18日，定年差別による賃金などの切り下げに対する損害賠償を求めて東京地裁に会社を提訴した（「定年差別に対する損害賠償請求事件」(29)）。男性に比べて5年早い定期昇給のストップは女性差別の賃金であり，5年間の男性同様の昇給分とその修正にともなう一時金の増額分の支払いを求めた。計8回の交渉を経て，1980

会社側は即日控訴したが，同年4月1日より定年年齢を男女ともに5歳延長した。

1979（昭和54）年3月12日，本訴二審は地裁判決を支持した。女性でも，通常の職務であれば少なくとも60歳前後までは職務遂行能力を欠かない。男性が「一家の大黒柱」であり，女性は夫の「生活扶助者」であり，「家庭内で就業する地位にある」との会社側の主張は，必ずしも社会の実情に合致していない。したがって，「日産の定年制に合理性は認められず，社会的妥当性も欠くので，民法第90条（公序良俗）に違反し無効」として，会社側の控訴を棄却し，中本が60歳に達した1979（昭和54）年1月までの未払い賃金を含む1119万9989円の支払いを日産に命じた。

会社側はこの判決を不服として，1979（昭和54）年3月23日，最高裁に上告した。ところが，同年6月5日，会社は，全金プリンス自工支部との団体交渉の席上，「就業規則を変更し，男女同一の60歳にする」と回答してきたのである。

女子定年年齢について
　一　女子一般従業員の定年年齢を5歳延長し，男子と同じく満60歳とする。
　二　定年年齢延長に伴う賃金，退職金その他の労働条件については男子と同様に取扱うことを原則とする。
　三　実施期日　昭和54年4月1日

新しい就業規則の発表は6月であったが，二審判決が下された直後の4月に55歳定年を迎える予定の日産労組の女性従業員には，就業規則の変更の内示が出されていた[10]。

就業規則が変更され，日産では男女間の定年差別はなくなった。しかし中本は，差別撤廃を法的に確定することにこだわり，活動を続けた。1981（昭和56）年3月24日，最高裁は二審判決を支持し，会社側の上告を棄却した。

全金プリンス支部と「守る会」は，なかでも婦人部の面々は，「中本裁判」を

　　（昭和55）年7月4日，解決金17万5000円で和解が成立した。
10) 中本（1996）170-171頁。

精力的に支えた。全金（中央・地方本部・地方協議会），地区労（中央・千代田・杉並・武三・立川），東京争議団の協力を得ながら，裁判の傍聴，会報・ビラ・パンフレットの作成，公正判決を求める署名活動，カンパ活動，「守る会」の支部の設立と会員拡大，学習会やレクリエーションの開催などに取り組んだ。とりわけ，日産本社がある東京・中央区婦人部連絡会，千代田区婦人交流会，中本の職場があった日産荻窪工場近辺の杉並区の労働者や争議団の支援を受けた。社外で最初に「中本争議」を支援したのは，杉並区労協に加盟する蚕糸試験場の婦人部の人たちであった。

　最高裁の勝利判決が確定すると，全金中央本部は総評を巻き込んで会社との交渉を実現させようとした。1981（昭和56）年3月24日，全金本部中央執行委員長名で，翌25日，総評議長名で団交を申し入れた。しかし，会社側は，高裁判決時と変わらず，全金プリンス自工支部と交渉していることを理由に，全金中央本部や総評との交渉を突っぱねた。支部と会社との本格的な交渉は，さかのぼること，本訴二審判決の3週間後にもたれた。支部は，高裁判決で示された金額のほか，賃金関係（高裁判決は原告の昇給を平均の56%で算出したが，100%で計算せよ，判決で抜けていた昭和53年度昇給分を加えよ），一時金関係（高裁判決で抜けていた昭和52年冬，昭和53年夏冬の一時金を加えよ），退職金（判決には含まれなかった退職金を加えよ），年金，解決金（損害賠償金と慰謝料）を要求した。会社側は，「話し合いで解決してゆきたい。10年間勤務したものとみなす。10年間の勤務相当を解決金という形で支払い，慰謝料や損害賠償金は一切支払わない」との考えを示した。その金額は，50歳時の「退職金」を除き，339万3725円であった。第3回の団交で組合側は1031万円を要求したが，会社側は前回の提示額を譲らず，交渉は難航した。中本たちは，「守る会」や中央区婦人部連絡会などの支援を得て，東銀座駅や日産銀座ギャラリー前でビラを配り，交渉の進捗状況を世間に知ってもらおうとした。中央区労協，中央区婦人部連絡会，日産厚木争議支援共闘会議，全金プリンスの4団体共闘による「5・15日産デー」を大々的に準備するなかで40万円が，「7・29勝利集会」を成功させる活動を拡げていくなかでさらに10万円が上積みされた。1981（昭和56）年7月23日，事務折衝において390万円で合意に達し，同月27日，中本争議解決協定書が調印された[11]。2日後の29日夜，中野サンプ

ラザで「日産の男女差別定年制撤廃・中本争議勝利祝賀会」が139団体400人の参加を得て盛大に執り行われ、12年に及ぶ闘いは幕を閉じた。

2　家族手当差別撤廃運動

　婦人部の活動のもうひとつの柱は，家族手当差別撤廃運動である。彼女たちは，男女間の賃金格差をなくす闘いに挑もうとしたが，労務管理の根幹をなす賃金制度を抜本的に改変させることは現実的ではないと判断し，とりあえずは，賃金の一部である家族手当に照準を定めた。プリンス自工時代は，家族手当は性別にかかわらず税法上の扶養者に支給されていた。日産社員になると，以下のように三度，家族手当の支給規程が改定された[12]。

　　A規程　1966年8月～77年3月　女性の場合，夫が死亡又は不具廃疾の場合
　　　　　　　　　　　　　　　　に支給
　　B規程　1977年4月～77年7月　実際に扶養していれば支給
　　C規程　1977年8月～90年9月　世帯主である従業員に支給

　合併直後のA規程では，女性従業員は，「夫が死亡，不具廃疾の場合，または疾病のため稼働不能で会社が特に認める場合に限り」，家族手当を支給される。逆に言えば，実際に子どもを扶養していても，この条件を満たさないかぎり，家族手当は支給されない。プリンス時代に家族手当を支給されていた女性のほとんどは，A規程への変更により支給を打ち切られた。支部の女性組合員である坂ノ下千代子，鈴木泉子（甲149），岡田弘子（甲144）は，「従来どおり女性にも家族手当を支給して欲しい」と会社に願い出たが，「夫が不具廃疾ではない」との理由で拒否された。「女性だけが打ち切りになるのはおかしい」。

---

11)「1982年度」27-30頁。なお，中本は，50歳のときは「退職金」の受け取りを拒否した。この合意によって，60歳までの賃金相当額と退職金+αで「1590万円」を受け取った（中本1996, 2, 121-123頁）。

12) 以下の内容については，全金プリンス自工支部「日産自動車家族手当男女差別撤廃めざして」(1982年5月)，全金日産自動車支部「子供の扶養は夫婦の共同責任　日産自動車の家族手当男女差別撤廃めざして」(1984年1月)，全日本金属情報機器労働組合日産自動車労働組合「女性にも子どもの家族手当を」(1989年10月)より。

支部の女性から疑問と怒りが湧きあがり，家族手当差別撤廃の活動が始まった。1968（昭和43）年6月のことである。

　1976（昭和51）年6月，支部と組合員個人が，定年退職年齢，賃金および諸手当（A規程）の男女間差別を三鷹・立川・中野の各労働基準監督署に申告した。翌年5月，高卒初任給の男女間格差が是正され，「家族手当支給範囲拡大の件」について社内通達が出された。会社は，「従業員が妻の場合でも，夫である場合と同様に，実際に配偶者及び子を扶養している場合は扶養家族として認める」ようになった（B規程）。

　この通達を受けて，税法上の扶養者である7人の女性が家族手当受給を申請した。しかし，会社は「女性は主たる生計の維持者ではない」，「税法上の扶養家族とは別」，「社会通念上，夫が子どもを扶養するのが普通」などと理由をつけて，全員の支給を拒否した[13]。

　B規程は，A規程で女性従業員にのみ付されていた「不具廃疾条項」を削除し，一定の条件を満たせば性別を問わず家族手当を支給すると定め，女性差別はなくなった。しかし，条件を満たす女性が家族手当の受給を申請すると，会社側は支給を拒んだ。こうなると，家族手当の支給拒否の理由は，申請者が女性であること以外に思い当たらなかった。会社側は，規程上は男女分け隔てなく扱うようになったが，運用上は女性を差別し続けたのである。

　支部の女性たちは，「"主たる生計の維持者"とは，何を根拠に決めるのか？」，会社側に問い糾した。しかし，会社はなんら基準を示さないまま支給を拒み続け，B規程に変更してから4ヵ月しか経っていない1977（昭和52）年8月に，就業規則「人事関係規程集」を配布した。家族手当支給の規程に「世帯主条項」を新たに盛り込んだのである（C規程）。

　C規程では，家族手当は「親族を実際に扶養している世帯主である従業員に対して支給する」に変わった。B規程のままでは，実際に子どもを扶養している女性からの申請を拒否する合理的な理由がなく，債務不履行の責任をまぬが

---

13) 誤解がないように説明を加えると，支部の女性たちは「家族手当を夫婦双方に支給せよ」と主張したわけではない。「二重どり」を目論んだわけではなく，税法上の扶養者に支給するよう求めたのである。たとえば，子どもが2人いて，夫が第一子を，妻が第二子を扶養家族にしている場合，妻は第二子分のみ申請した。

れなかったからであろう。拒否を正当化するために，そのほとんどが男性である「世帯主」という要件を新たに付け加えたと考えられる。

会社の言う世帯主とは，住民基本台帳法に基づいて届け出る世帯主のことであろう。このように考えた坂ノ下，鈴木，岡田は，この法律に基づき世帯主を夫から妻に変更して家族手当の受給を申請したが，またも会社から拒否された。もともと世帯主であった横山敏子（甲171）も二女分の家族手当を申請したが，「夫の方が，収入が多い」ことを理由に支給を拒まれた。では，C規程の「世帯主」とはどのような人を指すのか。会社は明示しなかったが，彼女たちとの交渉中，再三「世帯主は一般に男性である」，「世帯主が男性であることは社会通念である」と述べていることから推測がつくように，男性のみを世帯主と認めていたのであり，規程の文言の変更にかかわらず，女性社員からの申請は拒むつもりであったのである。

「世帯主条項」が盛り込まれてから2年後，支部の女性組合員は，「世帯主条項」は女性差別であるとして労基署に再度申告した。しかし，労基署は「女性差別ではない」として取りあわなかった。「私たちはここまできて，大企業のなかの圧倒的少数組合の力では，第三者機関に頼る姿勢を払拭し，企業を超えたたたかいで社会的に糾弾しなければ，手当一つといえども勝てないことを痛感しました」（岡田1982，220頁）。

1980（昭和55）年12月以降，坂ノ下，鈴木，岡田に矢嶋義子（甲112）が加わり，彼女たちが中心になって新宿・三鷹・立川の各労政事務所を訪れ，女性も差別されることなく家族手当を受給できるように調停を依頼した。翌年11月，労政事務所を通して東京都知事あてに申し立てを行い，当時発足したばかりの都の「職場における男女差別苦情処理委員会」に働きかけた[14]。しかし会社側は，「女に手当を支払うと，会社は経済的に逼迫する」，「世帯主は幼稚園（児）でもなれる。名目だけの世帯主は認めない」，「世帯主を変更した理由が不明確，手当取得の目的ならば不純」と抗弁した。

全金プリンス自工支部は，女性の定年差別撤廃闘争に続き，家族手当差別撤廃闘争を支援した。執行部は婦人部と合同学習会を立ち上げ，対策会議を設け

14）矢嶋（1991）。

た。「苦情処理委員会」では，半年の間，2回の事情聴取を含め，8回の調整部会が開かれた。その場には，申立者である坂ノ下，鈴木，岡田，矢嶋だけでなく，支部長（代行），書記長，三分会長も同席し，支部の取り組みや各工場人事との交渉経過を説明した。

　婦人部は，地域社会の女性と一緒に労働省（当時）にも働きかけ，都の婦人計画課（当時）に対しても，「苦情処理委員会」の権限を強化し，機能を充実させて欲しいと要請した。「苦情処理委員会」は，彼女たちの主張を全面的に認める「勧告書」と「見解」を出した（巻末資料5-1）。活動の成果が実り，1982（昭和57）年6月，岡田の受給が決定した。

　しかし，受給が認められたのは，夫より収入が多い岡田だけであり，申立人4人のうち3人は認められなかった[15]。この結果に納得がいかない申立人は，1983（昭和58）年11月1日，会社を相手どって提訴した（47）[16]。1989（平成元）年1月26日に出された判決は，原告側の全面敗訴であった。日産が採用している家族手当支給規程および運用基準は，労働基準法第4条（男女同一賃金の原則）および民法第90条（公序良俗）に違反せず，女性従業員を不当に差別するものではないとして，原告の本訴請求は棄却された。

　原告は，同年2月，ただちに控訴するとともに，ビラや集会で判決の不当性を訴え，会社に対する抗議行動を強化した。控訴審では，裁判長から職権和解が勧告された。当初，会社側は調停に応じなかったが，一審判決から1年半で態度を軟化させた。1990（平成2）年8月29日，日産は，支給対象者を「世帯主」としていた規程を改め，和解金130万円を支払うことなどを条件とする和解案に応じた。この和解は，原告側の主張をすべて認めるものであった。会社は，「夫婦の収入の多寡」に関係なく，所得税法上の扶養者である「実際に扶養している従業員に支給」することを認めた。加えて，親の扶養者は長子の限定が取り払われ，扶養の対象者は配偶者の両親や兄弟姉妹にまで拡大された。新しい規程は，1990（平成2）年10月1日から実施された。提訴から7年後の勝利であった[17]。

---

15)「1983年度」23頁。
16) 原告のひとりである坂ノ下千代子は係属中に亡くなり，夫の坂ノ下征稔（甲116）があとを引き継いだ。

III 少数派でも変えられる，少数派だから変えられる

1 少数派の中の少数派の苦労

　少数派のプリンス自工支部は会社内で差別的な扱いを受け，苦労を重ねた。なかでも数の少ない支部の女性組合員は，社内はむろんのこと，支部内においても弱い立場に置かれた。

　支部は，女性組合員をあからさまに差別したわけではない。働く者の権利に敏感な組合である。性別で区別することなく，働く者の権利を守ろうとしてきた。婦人部が女性差別撤廃運動に取りかかったさいにも，組合執行部は支援を約束し，男性組合員は協力を惜しまなかった。しかしそれでも，支部の女性組合員からすれば，女性差別に対する認識の違いを思い知らされることがあった。婦人部の部長を務め，定年年齢女性差別の撤廃に向けて闘った中本は，自らの著書で率直にそのような感想を漏らしている。

　「わたしにしてみると大変ショックだったのは，この差別定年の事件にたいする組合員の認識とわたしの考え方に大きなズレがあったことです。このときに遅まきながら気がついたのは，差別定年反対の裁判提訴を決めたときの大会の討論で，「切り下げられたさまざまな労働条件のなかで，裁判にもちこんで社会化してたたかうことになるこの定年切り下げ問題を，日産の合併合理化反対の突破口にしよう」というわたしの発言に，ほとんど賛成の人はおらず，むしろ「思い上がった発言」と悪評さえ受けたことです。

　またある現業部門の組合員は，「職場ではみんな早く辞めたがっている，女の5歳ぐらいの差別定年反対は，大衆の要求とかけ離れている」という内容で，明らかな反対意見だったと思います。

　ほとんどの組合員は"あまりにひどい日産のやり口と，有無をいわせず切

---

17) 銀行労働研究会『ひろば』No. 885, 1990年9月1日, 8-10頁, JMIU日産闘争支援共闘会議「日産自動車家族手当裁判勝利特集号」1991年2月14日より。なお, 2007（平成19）年4月1日付実施の家族手当支給規程の文言は，「第2条　支給対象となる従業員の範囲は, 1. 家族手当は, 扶養家族のある従業員に対し支給する。2. 扶養家族を有する2人以上の従業員が, 生計を一にする場合は, そのうちの1人の従業員について支給する」となっている。

り下げた労働条件に反対するたたかい"という点で, 合意したのでした。このときの論議では, "女性の働く権利"とか "合理化のなかでの女性の労働"ということまで論ずることができなかったのです。」(中本1996, 124頁)

支部は, 日産との〈合併による労働条件切り下げ〉に反対し, その一環として, 女性の定年差別の撤廃運動を支援してきた。ところが, 先述したように, 活動の中途で女性の定年年齢が55歳に引き上げられたため, 支部執行部からすれば, この活動を支援する理由がなくなった。女性の定年年齢がプリンス時代と変わらなくなったからである。その後も支部は支援を続けたが, 活動の主体は「中本さんを守る会」に変わった。この過程で, 婦人部と組合執行部や男性組合員との間に軋轢が生じたのである。「女性たちは組合執行部の批判で終始し, 当面の敵は男性執行委員」になった (同上, 148頁)。当時の事情を, 中本と一緒になって男女間の差別撤廃に向けて活動した元婦人部の人たちに聞いた。

鈴木泉子 (甲149)　定年差別闘争のときは, 合併による労働条件切り下げに対して闘っていたけど, 日産が定年を男性60歳, 女性55歳に上げたから, そうなると闘争の趣旨を変えざるを得なくなった。合併とは関係がなくなるから。そこで男女差別撤廃闘争に変わった。組合で「どうしようか」ということになって, 100人ほどいた組合のなかから,「たった5歳くらいの差は, いいじゃないか」という意見が男性から出された。「大会」での発言だった。「それでも（組合で）闘いを続けるんだ」ということを婦人部が発言し, いろいろと工作して, どうにか続けられるようになった。男女差別撤廃運動は, 男性（組合員）も巻き込んで続けてやれるようになったという経緯がある。男性からすれば不承不承だったかもしれないけど。

村田美慧子 (甲150)　男性を巻き込むために, 男性の組合員宅を訪問したんじゃなかった？

鈴木　やったわね。

村田　説得にいったね。「是非, 定年男女差別撤廃を闘わせて欲しい」って。

鈴木　それと前後して, 活動の主体が「中本さんを守る会」に変わったという経緯もあった。組合が '全面的' というわけではなくなった。中本さんの活動を, 半分は組合がサポートし, 半分は「守る会」が会費を払って財

政的に支えた。そういう葛藤があって，あのときは大変だった。
岡田弘子（甲144）　賃金支援，生活援助まではできないということで。
鈴木　財政的なバックアップは，組合は半分だけ。それで，（中本さんは）外で闘いながら，組合の仕事もしてくれと言われて。私は，夫が組合執行部にいたから，針のむしろにいる感じだった。中本さんははっきりものを言う人だから[18]。
岡田　やむをえず「守る会」に変えた。財政的に支援するために，物品販売とかが大変だった。
鈴木　Tシャツ，わかめ，味噌，工場で安く仕入れた下着を売ったりしたね。
岡田　乳飲み子を抱えて，夜遅くまでやった。
鈴木　執行部も婦人部のがんばりを認めてたよね。

2　組織の外に目を向ける

　女性の差別撤廃運動に対しては，当初から，執行部や男性組合員のなかに反対意見があった。労働組合運動と男女間差別撤廃運動の捉え方の違いや経済的な利害の不一致に原因があったわけだが，会社という枠に対する意識の違いも一因であった。興味深いことに，話を聞いた女性組合員たちは，支部を「企業内組合」として認識していた。その表現には，組合が会社という枠にとらわれ，組合活動が社会に広がりをもっていないことへの批判が込められていた。
　支部の男性組合員は，社内で冷遇されてはいたものの，日産に対する思い入れが強かった。所属組合にかかわらず，男性正社員は「企業社会」の中核層であり，1つの組織で働き続けることを当然視していた。そして，「自社」に対す

---

[18] 執行部側からすれば，運動理念上の問題以外にも，財政的な問題があった。前章で明らかにしたように，元専従の6人は会社から外に出されていたが（そのうちの1人である鈴木孝司（甲105）のみ，1975（昭和50）年に専従として会社側から認められる），支部には5人の給与分を支援する余裕がなかった。彼らは，市議会議員，東京都の労働委員会の委員，上部団体の役員などを務めて糊口を凌いだ。専従になった鈴木には，人件費として予算計上して支部が給与を支払っていたが，組合員数が少ないため，各組合員は他の支部に比べて負担が大きかった。1990（平成2）年度の実績を紹介すると，人件費は529万7340円であり，支部組合員は【（本給＋仕事給＋年齢給）×0.033＋840円】×14ヵ月を納めていた。執行部や他の組合員が，中本たちに対して「活動を支援しないわけではないが，少しぐらいは事情を理解してくれ」という気持ちを抱いたのもわからないではない。

る強い意識は組合活動にも投影されていた。執行部を中心とする男性組合員たちは，組合活動を社内に留める傾向があった。前章の最後に紹介したように，他の少数派組合や地域住民との共闘や交流がなかったわけではないが，会社の枠をこえた活動に「積極的」とは言い難かった[19]。女性の組合員は，日産という枠に対するこだわりが相対的に弱かった。ただし，「世間一般」の女性のように，結婚や出産を機に早期退職するからではない。支部の女性は，会社という枠にとらわれていては活動を進められなかったからである。1984（昭和59）年1月の時点で，支部の女性組合員は7人になっていた。会社内で少数派の組合に属し，組合のなかでもごく少数になった婦人部の人たちは，日産の外に活路を見いだすほかなかったのである。

　では，支部の女性たちは，いつ頃から会社組織の外へと目を向けるようになったのか。

　1970年代に入った頃から，千代田区婦人交流会，中央区婦人部連絡会，男女差別賃金をなくす連絡会など，女性差別撤廃運動に取り組む他社の女性たちとの交流が始まった。支部の女性組合員は外とのつながりを通して「世の中のこと」を，そして「女性たちの闘い方」を知ったという。先駆的に活動していた事務部門の女性から学ぶところが多かった。反対に，事務部門の女性たちは，日産で働く女性との交流を通して，工場における男女間差別の実態を知ることができた。

　支部の女性の運動を大きく発展させる契機になったのは，婦人総行動である。1975（昭和50）年，「平等・発展・平和」をテーマに掲げて女性の地位向上を目指した「世界婦人会議」が開かれ，その後の10年間は「国際婦人年」と銘打たれ，女性の地位向上をはかる動きが日本にも拡がった。その最後の年に婦人の総行動が始まった。きっかけはタケダシステムの闘いである。タケダシステムでは，生理休暇を取得すると賃金がカットされるようになった[20]。1985（昭和

---

[19] 支部の執行部は，地域の共闘が弱いことを自覚していた。「ブロック会議や地区労，そして地域の労働組合との連携・共闘がいぜんとして弱いということです。呼びかけがなければ出席しない，自ら飛び込んでいくという態度がありません。これは地域共闘の軽視のあらわれかもしれません」（「1975年度」27頁）。

[20] 1974（昭和49）年1月，会社側（（株）アドバンテスト，タケダシステム（株））は，労働組合と話がついていないにもかかわらず，「年間24日，100％賃金保障であった生理休暇を，

60）年11月8日，就業規則の「改悪」の撤回を求めて，総行動実行委員会が結成された[21]。

　当時の婦人部にいた人たちの話によると，運動が支部や全金に限られていると拡がりが持てないことはもう少し前の段階で気づいていたが，総行動が始まった頃から，婦人部は積極的に活動の場を社外に求めるようになった。

　鈴木　銀座のど真ん中で女性だけでデモをした。ピンクのネッカチーフをして。
　岡田　家族や知り合いをみんな集めて，「銀座で女性のデモだー！」って。支部の女性は数が少なかった。でもこれが逆に功を奏して，外とのつながりができた。「活路はここにある」という感じで食らいついていった。少数派組合がなかでがちがちやっても勝ち目がない。それで拡げていった。進歩的な闘い方から学んだ。総行動方式。中央区，杉並区，千代田区。「定年差別撤廃」で一緒に闘ったところだよね。外と手を組んでということは，男の人はやらなかった。やらなかっただけでなく，抵抗した。外へ出ることはまずいと。抵抗があるなかで，私たちはまねをしていった。1つの問題に対して，いろんなところから人が集まって，省庁に要請に行ったりした。いろんなやり方があることをそこで知った。外に出て行かなければわからなかった。目が開かれたよね。こういう闘い方があるんだと。女性組合員は，外での闘い方を組合のなかに取り入れようとしてきた。
　村田　「定年差別」のときから「日本有職婦人クラブ」が支援してくれた[22]。

　月2日に限り68％保障」に改悪した。つまり，生理休暇取得者に対して，取得日ごと32％の賃金カットを強行したのである。同年4月，タケダシステムの労働組合の全女性組合員が原告になり，一方的な就業規則の改悪の不当性を東京地裁に訴えた（真の男女平等，人間らしく働く職場をめざす婦人の総行動実行委員会「ひろげよう婦人総行動の輪を」1989年8月発行，22-23頁）。

21）真の男女平等，人間らしく働く職場をめざす婦人の総行動実行委員会「たたかいを結ぶオレンジのスカーフ　ひろげよう婦人総行動の輪を」（1994年2月）2-3頁。

22）女性の社会的地位の向上を目指し親睦を図ることを目的として，1951（昭和26）年に「東京有職婦人クラブ」が誕生した。横浜や名古屋などでも同様のクラブが結成され，1958（昭和33）年に「働く婦人の地位向上，利益の増進，相互の親睦を目的とする団体」として「日本有職婦人クラブ全国連合会」が発足した（日本有職婦人クラブ全国連合会編　1963）。1994（平成6）年，「日本BPW連合会（National Federation of Business and Professional Women's Clubs of JAPAN）」に改称し，2009（平成21）年9月に「特定非営利活動法人日本

政財官とつながりがあるような女性たちにも声をかけ,「こんなことが通用するようではたまらない」ということで応援してくれた。

岡田　あと,私たちの闘いを左右させたのは,国際婦人年。中本さんが,「国際婦人年にあわせて運動を盛り上げていこう」と,その何年も前から言っていた。あれで,そうとう世間に広まった[23]。少数派組合だから,世間に拡げないと勝てない。有名な大学に宣伝にいったりもした。

村田　「家族手当」のとき,はがき作戦もやった。私は俵萌子さん[24]に手紙を出した。有名人の名簿を持ってきて。

鈴木　モーターショーのビラ配り。(日産の本社がある)東銀座で門前行動もやった。ありとあらゆることをやった。外で有名だった。「どんな集会にもいたよね」って。講談師の宝井琴桜さん[25]に「講談にして創ってくれませんか」って頼んだこともあった。四ツ谷の主婦会館をいっぱいにして。そんなこともやった。いろんな人たちから,地域社会から,力を借りなければできなかった。

岡田　女の人は,小さな隙間からでも活路を見いだそうとする。徐々に裁判の傍聴に来てもらえるようになった。

村田　全金の人たちやJMIU[26]の人たちも,動員されるようになったんだよ

BPW連合」になり,現在にいたる。
23) 労働にかんする女性差別撤廃に向けた世界規模の歴史的背景を説明すると,1951(昭和26)年に「同一価値の労働についての男女労働者に対する同一報酬に関する条約」(100号条約)がILOで採択され,日本は1967(昭和42)年に批准した。1975(昭和50)年の「国際婦人年」を契機として,男女平等を求める動きは世界的な気運になった。1979(昭和54)年12月,国連第54回総会で「婦人に対するあらゆる形態の差別撤廃条約」が採択され,日本は1980(昭和55)年7月に署名,1985(昭和60)年に批准,同年「男女雇用機会均等法」を制定した。「国際婦人の10年」の最終年である1985(昭和60)年にケニアのナイロビで世界会議が開かれ(第3回世界女性会議),効果的な措置を講ずるためのガイドライン(「婦人の地位向上のためのナイロビ将来戦略」)が採択された。そこに含まれた「世帯主用語廃止の方針」に基づき,支部の女性たちは闘争を進めていったのである(男女差別賃金をなくす連絡会「第4回世界女性会議・NGOフォーラム　わたしたちはたたかっている　日本の職場における平等をめざして」1995年,10頁)。
24) 女性問題を中心に,教育,老いなど,生きること全般にかんして積極的に意見を発信し,活動してきた社会評論家である。俵ほか(2007)などの著書がある。
25) 女性の地位向上を啓発する社会派講談を得意とし,女性で初めて真打になった講談師である(宝井2002)。

ね。私は執行部とよくけんかしたのよね。執行部に「責任を持てなんていわないから，やらせてくれ」と。やがて執行部から，「自分たちで責任を持て。応援もしないけど，止めもしないから責任を持て」と言われるようになった。

鈴木　（執行部にいた）旦那ともけんかしたもん（笑）。そのうち支部全体が（女性たちの運動や活躍を）認めざるをえなくなった。実績をつくることで変わっていった。「定年差別」の闘いのときは，はじめから男女間でぶつかりがあった。男性全員ではないけど，困難にぶつかった。それが勝ったわけですよ，最高裁で。最高裁で勝つということはすごいことです。全国に影響があるわけでしょ。これで勝ったから，「家族手当」の闘いはとってもやりやすくなった。このときは，初めからぶつかりはなかった。

岡田　男性も認めた。職場の雰囲気もものすごく変わった。

鈴木　絶対に一目おいていたよ。執行部は，男性全体が，女性たちを。

村田　しょっぱなの「男女定年差別」の闘いが大変だった。半分けんか腰でやったけど，あれを突破してからは，執行委員会は女性の闘いを好意的にみてくれるようになった。それからは苦労したことはないよね。そういう意味では組合に恵まれていたんじゃない。さんざん執行部の悪口をいいあったけど，私たちのことを認めてくれて，よい執行部だったよね。

鈴木　下がったり，上がったり（笑）。

岡田　男性どうしだって，話し合っていただろうしね。わかってくれる人から説得して，徐々に理解を拡げていったんでしょう。

村田　男性がみな反対していたわけではない。冨田（明）さん（甲102）は，女性の闘いを親身になって手伝ってくれた。あれが一番楽しかったって言ってたよ。パンフレットをつくったり，みんなで印刷したりしてね。

岡田　（パンフレットをみせる）

村田　全金は男の組合なのに，女の問題を闘っているでしょ。女ばっかりだったら，やれたかどうかはわからない。「男女差別の闘いは，男の職場だ

---

26) 全日本金属情報機器労働組合。プリンス支部の組合員のほとんどは，全金からJMIUに移ることになる。経緯の詳細については第7章で述べる。

からやれたんだ」って，中本さんが言ってたよ。女性だけの職場では，(男女差別が表にでにくいから)やれなかったという見方もあった。

岡田　自分たちが執行部だったら，大変だったでしょうね。要求する立場だからいえる。女性が執行部だったら大変。ノイローゼになっていたかも。

村田　さんざん文句をいってきたけど，そういう意味では組合としてよくやってくれたよ。(女性という)少数派のために。女性は執行委員に出ていないのにね。でも，それに見合うだけの底辺の活動もしたもんね。

岡田　「批判するときは，自分が執行委員になったつもりで言え」って，女性どうしでも言い合っていた。勝手な批判をしてはいけないという気持ちでいた。

村田　「プリンスの婦人部の女性と結婚する男は可哀想」だといわれていたけどね(笑)。

3　少数派だからこそ変えられる

　支部の女性を中心とした女性差別撤廃運動は，社会通念を変えるほどの影響力を持った。「一家の主たる生計維持者」や「世帯主」は男性である。このような考え方は当時の「常識」であり，いまでもなくなったわけではない。婦人部による女性差別撤廃の闘いは，この社会通念に一石を投じるものであった。

　いうまでもなく，彼女たちの活動だけが，女性差別を撤廃させ，通念を変えたわけではない。先述したように，女性差別撤廃に向けた世界的な気運，共闘した仲間，マスコミ，そして世論の後押しがあって，婦人部は裁判で実質的な勝利を収めることができたのであり，それまでに蓄積された判例[27]や変わりつつある社会意識があって，婦人部は活動を進めることができたのである。しかし，彼女たちの奮闘がそうした社会の気運を加速させたことも事実である。「定年裁判」と「家族手当裁判」で勝利和解が成立すると，全国紙・地方紙がこ

---

27) 1960年代半ば以降，女性の賃金差別の不当性を裁判に訴えるケースが増え，女性差別の問題は社会的に広く認知され，法制度が改正され，各企業の就業規則が改定されるようになった(中島ほか1994，女性労働問題研究会編2004，宮地監修／ワーキング・ウィメンズ・ネットワーク編2005)。支部の女性たちは，先行事例に倣いながら差別撤廃活動を進めていったのである(「日産自動車女子50歳定年制は憲法違反」13-14頁)。

ぞって報道し，スポーツ新聞までが派手なタイトルをつけて読者に伝えた[28]。いまや定年退職の年齢や家族手当の受給資格が男女で異なると聞けば，大方の人は違和感を覚えるであろう。婦人部を中心とした支部の取り組みは，女性差別撤廃の歴史に大きな足跡を残したのである。

　彼女たちは，社会的にインパクトを与えたが，勤務先組織を軽んじていたわけではない。活動のそもそもの目的は，勤務先の労働条件や働き方を改善することであり，活動の成果は全社員が手にすることができた。就業規則の変更を通して，日産労組の女性も，そして男性社員もメリットを享受したのである。

　数は力である。組合員の数が多いほど，力を行使することができる。この考えを実現しようとしたのが自動車労連であった。会長の塩路一郎は労連の定期大会で次のように挨拶をした。「組織が大きくなれば，それだけスケールメリットが大きくなるし，組合員にとって益するものになる筈である」[29]。たしかに，多数派の労働組合は会社に対して強い交渉力を保持し，一定の影響力を及ぼしてきた。数の力は否定できない。しかし，あらゆる組織にいえることであるが，組織は巨大化すれば硬直化し，形式的な手続きや組織内の調整に追われ，現場の声を軽視するようになる。また，労使関係が企業内で完結すると，安定化と同時に形骸化し，労働組合は個々人の要望に応えにくくなる。少数派であれば，現場の本音を拾いやすく，集団の慣行を変えることに抵抗感が薄い。少数派組合の中の少数であった支部の女性組合員は，数だけみれば消え入りそうな存在であったが，「周辺」ならではの優位性——柔軟性，機動力，革新性——を最大限に発揮し，組織の外側から会社に変革を迫ったのである。

　彼女たちの活動は，支部の再活性化にもつながった。前章で明らかにしたように，全金プリンス自工支部は，組合分裂直後の暴力を耐え抜くと，法廷闘争に注力して，会社と日産労組との一体化した「攻勢」を跳ね返し，そのほとんどで勝ちを収めた。しかし，1つひとつの事件の解決には時間がかかった。会社との交渉は断続的であり，組合活動はルーティン化し，組合員のなかには「現状に甘んじる」人も出てきた。執行部はこの状態を「マンネリ」と表現し

---

[28]「中本ミヨさん（総評全金プリンス自工支部）日産に勝った！　男女差別定年12年間の闘い　職場活動家訪問」『労働運動』186号，1981年，226-231頁。
[29] 日本自動車産業労働組合連合会『自動車労連』718号，1985年9月25日，1頁。

た[30]）。支部の外との連携を模索した女性たちの活動は，停滞気味な支部組織を再活性化させるきっかけになったのである。

　支部内の葛藤は，組織分裂を招く類のものではなかった。支部の人たちは「許し難い経験」を共有し，結束が固かった。男女間の衝突は，女性組合員が積極的に発言し，精力的に活動できたからこそであり，日産労組のように執行部に意見することさえ許されない組織であれば，そもそも葛藤が表面化することはなかったであろう。それは，支部の‘民主性’と‘多様性の尊重’の証であり，それらを実現させようとしてきた苦労の痕跡でもある。女性組合員たちも執行部に対して不平不満をぶつけていただけではない。「一歳の差別は一切の差別に通ずる」を合い言葉に，男女間差別の問題は男性組合員にも関わる問題であることを理解させる努力を惜しまなかった。彼らから力添えがあったさいには，素直に感謝した。中本は，執行部の人たちや男性組合員の支援なくしては勝ちを収められなかったと述べている。「「女性差別定年反対」という，女であるわたしの直接的な「本音」の要求を支え，大きな社会問題にまで広めてくれた先進的な多くの男性たち，女性の「本音」と男性の「建て前」が一致して，はじめて得られた成果だったのです。本音だけでは運動にならず，また建て前だけでも運動にはなり得ないのです」（中本1996, 172頁）。執行部の人たちも，個人的には女性組合員への協力にやぶさかではなかった。そして，定年差別撤廃の闘争が勝利を収めると，組合役員の立場からも彼女たちの活躍を認め，婦人部の運動は円滑に進んだのである[31]）。

30）「1975年度」30頁，「1983年度」15頁。
31）女性の支部組合員に対する無理解や理解不足は，会社内や組合内だけでなく，家庭にもあったようだ。妻が外で働き，組合活動に参加するには，家庭の理解，とりわけ夫の理解が不可欠である。それを期待できず，組合活動を続けられなかった女性や日産を辞めた女性もいたようである。

第6章　働く場における「存在感」

　全金プリンス自工支部は，組合員数が少ない。数の力には限界がある。組合間差別をやめさせ，労働者の権利を守るために，法廷の場での解決を望んだ。各裁判は長期化し，活動がマンネリ化することもあったが，女性組合員を中心とした男女間差別撤廃闘争が起爆剤になり，支部の活動は再活性化した。

　では，勤務時間中，支部組合員はどのように扱われ，働いていたのか。仕事を取り上げられ，同僚から孤立させられたことは第3章で詳述したが，支部組合員への対応に変わりはなかったのか。

　結論から先に言うと，支部組合員は完全に「なき者」にされたわけではない。合併時は高度経済成長期であり，増産に次ぐ増産である。(旧)プリンス自工の社員が一挙に退社し，新入社員は大量に入社したものの定着せず，会社は非正規社員の活用により急場を凌いだ。現場は混乱状態にあり，現場監督者たちは「支部対応」にかまっていられる状況ではなかったのだ。支部組合員が部下にいるからといって，生産ノルマが配慮されるわけではない。現場監督者は，日産労組の職場委員の立場からすれば，支部組合員は孤立させるべき存在であったが，職場運営者の立場からすれば，「遊ばせておく」わけにはいかない存在であり，そのはざまで現実的な対応を迫られていたのだ。日産労組に移った一般組合員も，全金に残った人たちに対して個人的に敵愾心があったわけではない。みんなの前では口をきかなかったが，「本心」から無視しているわけではなかった。

　プリンス支部の組合員からすると，働くことを拒否していたわけではない。彼らの多くは養成工であり，熟練工としての誇りを持っていた。女性組合員は，対会社，対日産労組に加えて，対男性という意識を強く抱き，男性並みに，男性以上に働きたいと欲していた。全金プリンス支部の組合員としてよりも，元プリンスの社員として自己規定し，誇りを感じ，日産という会社に対抗意識を持ちながら働いている者もいた。支部組合員は，労働条件を悪化させる合理化には反対したが，働くことを端から拒否していたわけではなく，むしろ働くこ

とに貪欲であったのだ。

　会社および日産労組と支部との関係は，大枠として，多数派と少数派，労使協調的と労使（労資）敵対的，排除する側とされる側，といった対立・分断の構図で示すことができる。しかし，法廷闘争と同様，職場の日常においても，力を持つ者と持たざる者との対比では捉えきれない複雑さを内包していた。以下，職場を取り巻く経営環境の変化をたどりながら，支部組合員の配属先の人間模様を明らかにしたいと思う。

I　生産増への対応に追われる現場

　自動車産業は，1965（昭和40）年の不況から脱すると，空前の好景気に沸いた。翌年の業界の総生産台数は前年比21.9％増，翌々年は前年比37.6％増を記録した。日産も大幅な増産であった。1966（昭和41）年の実績は，8月に合併した元プリンス自工の生産分を差し引いても[1]，前年比40％増であった。生産急増に対応すべく，1968（昭和43）年度入社の高卒新規採用者は約4500人を見込んだ。日産の高卒技能員の本格採用はこの年からである[2]。

　日産は新卒を大量に採用したが，労働者の定着率は低かった[3]。高卒技能員の定着率は，1970（昭和45）年1月末時点，1968（昭和43）年度入社3282人中1651人で50.3％，1969（昭和44）年度入社2131人中1496人で70.2％であった[4]。

　日産は，労働者不足を補うために「季節従業員制度」を導入した。農業従事者を農閑期に出稼ぎ就労の形で入社させる制度であり，1967（昭和42）年秋から採用を本格化させた。労働力の需給が逼迫する中，生産拡大の要求に応えるには，季節従業員に頼らざるをえなかったのである。1967（昭和42）年から1972

1）プリンス自工は，合併前から生産規模を拡大し，従業員数を増やしていた。「積極的経営方針が打ち出され，企業規模の拡大によって従業員数も大巾に増加し，昭和35年3000名，36年5500名そして昭和37年末には6000名に達した」（『プリンス自工社史』466頁）。
2）『日産四十年史』316頁。
3）同上，318頁。
4）「1971年度」18頁。なお『全金の旗』122頁によると，昭和43年度高卒技能員の定着状況は，工場の配属者数はこの数字と同じであるが，退職者数が1626人（定着1656人），定着率は50.5％になっている。

(昭和47)年にかけての採用実績は，5349人，8776人，9657人，9361人，9727人，7944人であった[5]。

村山工場でも1967 (昭和42) 年から季節従業員が働き始めた。その数は最盛期には1200人といわれ，村山工場の労働者の4分の1近くを占めた。職場によっては，季節従業員と新卒社員とが構成員の半数を超えた。1967 (昭和42) 年12月当時の村山工場の在籍者数は6453人，翌年の新規採用者数は6697人，その間に退職した人は4050人であった。これらの数字には季節従業員やアルバイトなどの短期雇用者も含まれるが，大づかみにいえば，2人が辞めて3人が新規に入社するほどに，出入りが激しかった[6]。

季節従業員は，2, 3日の形式的な教育を受けただけで次々とコンベアラインに投入された。現場は混乱を極めた。無理な増産に追われ，労働者の管理が行き届かず，労働災害が頻発した。第4章で紹介したように，1967 (昭和42) 年12月から翌年1月にかけて村山工場で4人の労働者がたてつづけに労働災害と労働強化に起因するけがや病気で亡くなった。その後の2年半の間にも，本工の過労死，見習工の構内での交通事故死，社外工の感電死，社外工の転落死，本工の夜勤時の事故（足切断）を苦にした自殺と，死亡事故が相次いだ。他の完成車メーカーと比較して，またそれ以前の日産と比べても，明らかに労災事故が多かった[7]。

現場監督者は職場を回すことで手いっぱいであり，支部の組合員にかまっていられる状況ではなかった。当時のことを知る元現場監督者が，職場の混乱ぶりと支部組合員への対応の実情について語ってくれた。

「生産増，人員増で，それ（全金プリンス自工支部）どころではなかったですよ。新しい人がたくさん入ってくるから，管理する者からしたら，そんなことにかまってはいられない。合併によって職場が大きく変化したのは，1000ccのサニーの生産のときからです。それまで車両は座間でやって，足

---

5)『日産四十年史』317頁。
6)『全金の旗』122頁。日産のなかでもとりわけ村山工場の高卒技能員の定着率が低かった。村山は44.5％（昭和43年度入社，昭和45年1月末現在）であり，10工場のなかで下から2番目であった。
7)『全金の旗』122-126頁。

回りとかエンジンとかは横浜でつくっていたんですよ。合併効果を意図して，足回りの生産を横浜から村山工場へ移管したんですよ。それが，全金と日産労組の対立のなか，旧日産と旧プリンスが一緒に村山工場で行った最初の具体的なプロジェクトでしたね。それによって，夜勤が必要な勤務形態に変わった。

　そのときに一番驚いたのは，私はたまたま足回りの溶接のショップを任されていたんですけど，（職場の構成員である）60人ほどのうち8割，9割くらいだったかな，43高卒，昭和43年に高校を卒業した人たちが占めていた。1968年の卒業者が，60人中50人，そういう職場だったんですよ。つまり，入社してすぐ，サニーの足回りを担当するということで横浜工場にかき集められた集団を，ごっそり，仕事と一緒にこっち（村山工場）へ連れてきたんですよ。それはもうめちゃくちゃでしたね。だから，全金どうこうということは，私のところではなかったです。もっとしんどい話は，当時は増産の勢いがすごかったですから，いまでいう期間従業員ではなくて季節従業員，地方で農作業していた人，ひどいのは60歳近い人もいた，それこそ，「ネコの手も」という感じでかき集めた人たちを戦力化することで必死でしたね，職場の実情は。43高卒の人が職場の大半ですから，みんな仲間意識というか，上下関係がない感じでした。だから，規律はひどいものでしたよ。入社して1年で半分は辞めてしまいました。それは資料があるんだけど（注6と同じ元データだと思われる―伊原），日産がものすごく採用したんですよね。43高卒とか44高卒。その歩留まり，現場の技能員でとった人の定着率はものすごく悪かった。（1年で）4割とか5割，辞めてしまう。それから定着率ということがすごく叫ばれるようになり，管理監督者を評価する1つの指標になったんです。それこそ，朝工場に来ないと，寮に迎えに行ったりして，大変でしたよ。43年だけではない。44年，45年とどんどん採用して，何年間かは定着率が悪かった。めちゃくちゃ悪かった。」

現場の監督者は，一方で，日産労組幹部から「支部のヤツらを孤立させろ」という指示を受けていたが，他方で，増産と増員の混乱のなか，日産労組と全金プリンスとの対立にかまっていられる状況ではなかったのである。

II 完全な「仕事干し」は無理

　現場は完全な隔離や「仕事干し」が可能な状況ではなかった。ノルマ達成の責任を負う立場にある現場監督者にとって，支部の組合員を「干す」ことよりも，生産増に応えることの方が差し迫った課題であった。すべての支部組合員を他の労働者や取引先と関わりのない仕事に就かせることは，事実上，不可能であった。後述するように，技術員や事務員のなかには完全に仕事を取り上げられた者や，長い期間，同僚から隔離された者もいたが，現場に近い者ほどすぐに仕事を与えられ，作業中であれば隣の人と話ができるようになった。

　設計と現場のはざまで働いた粕谷力（甲162）の事例をみてみよう。彼は，プリンス時代は，現場に張り付いた準直接部門の技術者であった。荻窪工場で自動車エンジンの内製部品と組立・運転の検査および品質管理業務を担当し，その後，村山工場に異動となり，品質管理部品質管理一課管理係に配属となった。ところが，日産との合併直後，突如として村山工場第一製造部整備課所属を命じられ，在庫車両の艤装修理や調整作業を技能員としてやるように指示された。すでに動機検査課への配転の内示を係長から受けていたが，粕谷が全金支部に留まることが明らかになると，急遽，配転先が変更されたのである。粕谷は課長にその理由の説明を求めると，「配転先の整備課長に全部まかせてあるので業務の内容はわからない。自分としても，その点が明確でないのですっきりしない。配転先で頑張ってください」と，木で鼻を括ったような返事をしてきたそうである。所属先の管理係20人のうち，職種の異なる部署に回されたのは粕谷だけであった。このときに「不当配転」させられた支部組合員は，粕谷を含め，設計，生産管理，品質管理，購買などの管理部門で働く者たちであり，いずれも経験や習得技術とは無関係な職場に移され，単純な雑役を命じられた（第3章第V節第2項を参照）。

　1972（昭和47）年2月，「不当配転」につき中労委に救済を申し立てていた事件が和解となり，粕谷たちは原職相当職に技術員として復帰することになった（第4章第III節第5項を参照）。粕谷は自動車エンジン関係の内・外製部品の検査技術の担当になり，エンジン部品の検査規格の作成，検査治具の設計・製図など

を担った。

　ここからは，完全な隔離ではなくなった。配属部署内の同僚だけでなく，現場，他部署，部品メーカーの人たちとも関わりを持つようになった。粕谷は設計から下りてきた図面に基づいて製造工程で品質をつくり込む。設計から急ぎで工場実験をしてくれとの依頼を受けることもある。逆に，生産しづらいなどの現場の不満を設計に伝えることも仕事である。現場，設計部門，他部署の間でやりとりを繰り返し，問題点を共有させ，部品設計に変更を促す。部品メーカーとの調整も行う。これらは担当業務の一部にすぎないが，粕谷を仕事から外せば，管理者がそれらの業務を代わりに行わなければならない。しかし，工場の直結部門の管理部長は，2年と同じ職場に留まらないため，細かな業務内容にまでは精通していない。意思疎通，すりあわせ，折衝など，細かなやりとりを要する仕事は粕谷に頼るしかなかったのである。

　もっとも，粕谷は表だってそのような仕事を任されたわけではない。管理者は，できるだけ他者とは接触させず，表向きは孤立した仕事をあてがった。技術員に復帰させたあとも，課内の打ち合わせ，関連部署との折衝は極力やらせなかった。業務にかんする各種資料の回覧は彼だけ飛ばされた。会議などへの出席，他工場や関連メーカーへの出張は，他の技術員が代わりに行くこともあった。上司は，日産労組執行部の視線を気にして，大っぴらには粕谷に業務を任すことはできなかった。しかしそれでも，最も熟達した者を「干す」ことの非合理性を当の管理者が一番わかっていた。周りの目を気にしながら，粕谷に仕事を「頼んだ」のである。

III　全金支部組合員の労働倫理：規制と規律

　ノルマ遂行の責任者からすれば，支部の人たちを完全に「遊ばせておく」わけにはいかなかった。そして，支部の人たちからしても，手持ちぶさたな状態を甘受していたわけではなかった。

　現場で働く支部組合員の多くは熟練工である。ほとんどは養成学校出身者[8]

8）プリンスに中学新卒で入社した労働者は，養成学校で図面の引き方から，材料工学，機械

であり，自分の技術や技能に誇りを持っていた。支部所属の技術者は仕事をとり上げられ，技術進歩から取り残されたが，優秀な技術者になりたいという志を（当初は）抱いていた。女性組合員は女性が社会に出て働くことに意義を感じ，「男性に負けないように働きたい」という意欲を持つ者もいた。支部の人たちは総じて，勤労意欲が高く，かつては優秀な社員であり[9]，「仕事干し」に我慢がならなかったのである。

「仕事干し」への対応は各人各様である。「仕事をやらせろ」と抗議した人もいれば，開き直って仕事をしなくなった人もいた。夜勤には反対の人が大多数であったが，少数だが賛成の人もいた。しかし，「陳述書」を読めばわかるが，誰もが「働く権利」を主張していたのである。

支部の者たちは，自分たちの尊厳をないがしろにしたり，労働条件を悪化させたりする合理化には反対したが，働くことを拒否したわけではない。むしろ，能力を発揮したいと強く欲し，自らに厳しい規律を課していたのである[10]。

工学，自動車工学，工業英語などを習得した。入学年度によりカリキュラムや学習期間に多少の違いはあるが，3ヵ月間座学研修を受け，その後の1年間は，半分は養成学校で学習を続け，半分は現場に出て，溶接，鍛造，機械，仕上げなどを実地で身につけた。働きながら定時制の工業高校に通う者もいた。

9) 会社側は「全面損害賠償請求事件」(48, 51)のときに，「原告らは会社合併前から勤務成績不良者たちだった」と主張し，支部の人たちの職級や賃金を低く抑えていることを正当化しようとしたが（「1991年度」26頁），その主張には無理がある。自らが書いた「陳述書」ではあるが，支部組合員は，合併前は平均以上に評価されていた事実を確認することができる。その一部を紹介すると，「私はプリンス自動車工業株式会社当時，賃金面での評価は上の方でした。当時の賃上げでの査定方法は同期生の中で，上からAが10パーセント，Bが20パーセント，Cが70パーセントと人数ではっきり区別され，賃上げ額で自分の成績がすぐにわかるようになっていました。その中で私の成績はほとんどBでした。すなわち10人中3位以内に入っていたのです」（野田貞夫 甲115）。「私の仕事は当時大変評価され，成績査定でも同期生でトップであったことを係長が知らせてくれたことがありました」。支部に残ることを決意したあとに，「野中は仕事ができるのにもったいないことをした」と課長や係長が折に触れて言っていたことを，こっそり知らせてくれた人が何人もいた（野中辰也 甲117）。「昭和38年4月の賃金は，同年齢の標準昇給額よりも高い」（久保田征明 甲156）。

10) 支部の者たちの勤労観には，支部の「集団としての規律」も影響を与えている。支部の「定期大会議案書」には，他の労働者から理解を得られるように，会社から足をすくわれないように，組合員に勤勉さを促す指摘が散見される。「私たち一人ひとりが，職場における「信頼される存在」にしていくことが決定的に大事です。「差別されているのだから，

IV　自らが起点となり職場を改善する

　支部の人たちは，労働条件や職場環境を悪化させる合理化には反対したが，技能，技術，知識を高めることには貪欲であり，「いい仕事」をしたいと欲し，いつでも仕事ができるように会社に通い続けた。大半の支部組合員の出勤率は100％であり，この数字は彼ら・彼女たちの「勤勉さ」を証明する。

　では，一見矛盾する労働倫理を働く場においていかに実践していたのであろうか。

　組合員は，管理監督者と直談判して，自分に見合った仕事を獲得していった。さらには，持ち場を起点として職場環境を改善する者も出てきた。監督者に働きかけたり，他の労働者に訴えかけたりして，働く環境を自ら変えていったのである。職場の活動実態について，支部の元組合員に語ってもらった。

吉野孝仕（甲124）　合併時は，開発部門の試作（荻窪）にいたんです。試作という職場は，生産と違うんで，なんていえばいいのかな，だだっ広いところでやってないので，仕事をまったくやらせないということもできる職場。生産の場合は，差別されても，（ラインに）入らされるじゃないですか。開発部門は，仕事がないという状況をつくりだせちゃうんです。会社は，図面を私に与えておけば，「遊んでてくれる」という考え。そういう感じで，何年か過ごして，それで，組合の方もいろいろ勝ちとったりして，抗議しながらなんとか自分で仕事を見つけてきて，職場でも仕事をくれるように変わっていった。

　　村山に行く少し前には，仕事中ならだいたい誰とでも話ができるようになった。80年代前半から，仕事はほとんど普通にやれるようになった。俺たちの世代は，養成工のたたき上げだから，仕事をやらせればちゃんと

この程度は当然だ」と，遅刻や欠勤や「仕事ぶり」に目立つようなことがあれば，本人のマイナスだけでなく，それは私たちの組織全体にとってもマイナスなのです」（「1975年度」38頁）。支部は，賃金差別を正当化させない働きぶりや生活態度を組合員に求めたのである。

やる。普通に図面仕事もできるし，難しいこともできる。「勝ちとった仕事」もかなりありますね。「やらせろ」と。いつも，ちっちゃいつまんない小物，簡単な仕事ばっかりもってくるんですよ。「なんで俺たちばっかり差別するんだ」と，年中けんかしてました。だんだんそれが大きな図面などに変わっていった。

　自分が好きなように仕事をやれた。1日中，タバコを吸ってても，新聞読んでても文句を言われない。向こうも，差別しているという弱みがあったのかもしれないけど，仕事がないときは，結構自由にいろんなことをやれた。

伊原　吉野さんの場合，おうかがいするに，仕事がよくできて，周りの連中も「ヤツを敵に回すと仕事が回らなくなってしまう」と考えていた。その状況をまぁ，言い方が適切かどうかわからないけど，逆手にとって，自分のやりたいように変えていったという感じですか？

吉野　周りがそういうふうに見ていたかどうかはわからないけど，自分としては，やりたい仕事をとるために工長とけんかして，実際に仕事をとってきた。で，やればちゃんとできるわけだから。

伊原　それは，試作のとき？

吉野　そう，試作のときもそうで，村山に回されてからも，同じですね。村山に行って，すぐにラインに入れられたんですよ。ラインに。で，ラインの先頭に入れられて，一番簡単な仕事，ティーサットといって，モールを付けるためにひっかける部品を溶接する仕事だった。1日，それだけなんですよ，私がやる仕事は。みんな汗かいて仕事してるのに，私はゆうゆうと仕事をやっている。それでみんなが，「あいつ仕事できるのに，なんでああいうことをやらせてんだ？」という疑問がでてきたみたい。言ってましたよ，ひとりのヤツが。それで，「仕上げをやってくれないか？」と言ってきた。それで仕上げをさせられたんですけど，もともと溶接とか仕上げとかは，試作でやっていた。生産（ラインの人たち）は非常にいい加減，私からすればいい加減でいいわけなんですよ。まあ，ちゃっちゃとやって，さっさとやれば，終わっちゃう。あんまりきれいにやらなくてもいい。そんなんで，すぐにできるようになった。

ただ，私がいるせいで，ラインを速く回せない。それで支障がでてきて，私をラインから外したんですよ。私もラインに乗っているのが嫌だった。私のところは，防具をつけるんですよ。マスクをして，めがねをして，頭巾をかぶって，袖付きの前掛けをするんですよ。その格好で溶接作業をして，やすりがけをして仕上げる。そのラインでは一番過酷な仕事。それこそ夏なんか，胸元から下半身にかけてびしょびしょになるような。とっつぁん（吉田泰洋（甲114）のあだ名―伊原）も同じ仕事をしていた。それが一番きつい仕事だったですね。そこで，私がラインを止めるもんだから。別に（作業が）遅いから止めるわけではないんですよ。理不尽な動きを要求されると止めちゃうんですよ。そんなことを1年くらいやったかなあ，それでラインからおろされた。

　　　それこそサブの仕事，ラインから外れた仕事をやらされたわけで，そのうち，人が足らなくなって，ラインの側の仕事をさせられるようになって。すごく楽な仕事なわけ。普通は，2つも3つもかけもちするんですけど，わたしの場合は，1つしかさせられない。人と接触するようなことはさせない。というようなことがあって，で，（他人の）仕事なんかをみてると，言われた通りにしかやってない。「あーやれば，もっと早くできるじゃないか，楽にできるじゃないか」。見てるだけで，いろいろわかったんで，手伝ってやったりして。そういうことをごく自然に始めて。それで，そいつが休んだときに，「じゃあ，俺がやってやるよ」と。工長も「じゃあ，やってもらおうか」と。だんだんそんな感じで，まあ増えていったわけですよ。そういうことの積み重ねで。

伊原　吉野さんの場合は，周りがしゃべらないという雰囲気ではなかったんですか？

吉野　いや，しゃべらないですよ。それでも，しゃべらないです。ただ，ラインにいるときはしゃべれます。ラインにいるときは，隣のヤツと。そうなるともう（監督者とかには）わかんないから。ただ，休み時間とかはしゃべらない。

　　　（中略）

　　　私の職場（荻窪のとき）では，（支部の人は）3人くらいいたんですけど。

4人か。私だけが生産に回された。私は，人事課長とかなりやり合った関係で，どうも生産に入れられたという感じが強いんだよ。いまでもあの野郎を恨んでるんだよ。ただ，村山に行った方がよかったかな，結果的には。結果オーライ。

伊原　というのは？

吉野　試作にいると，のほほんと過ごすだけだけど，向こう（村山―伊原）に行くと，まず人数が違いますよね，人数が。となると，周りに与える影響が違ってきます。結果的に，よかったと思われることは，生産に入れられたとき，影響が出てきたということです。多々ありましたね。それは，まあ，要するに，「仕事ができるのに，なぜあいつをほっとくのか」という雰囲気が職場に出てきた。というのは，私が，提案というか，改良が好きで，サブ作業のときにいろんな改良をして，それがかなり認められて。半ば「金儲けだ」といってやってましたよ（カイゼンのレベルに応じて賞金がもらえる―伊原）。そんなのが認められて。もともと試作の職場というのは，オールマイティというか，なんでもできる職人的な腕を持っていたんで，生産には難なく入れる。作業スピード的にはちょっと間に合わないということもあるんですが，すぐにできるようになったんです。

　　ただ，私が生産に入ると，作業時間になってから始めて，休憩時間になるとラインから離れるんで，それ以外の時間にラインを回すことができない。会社は，何かの資格をとるって，なんて言うんだ？

吉田泰洋（甲114），野田貞夫（甲115）　ISOか？

吉野　そうそうISO。ISOの認証を取得するために，点検とか，整備とか，そういうことが厳しくなったんですよね。始業時，中間，終業時に点検するという項目があるんですよ。それは，とくにラインが厳しいわけで，それを（業務）時間前に点検していた。（昼の休憩終了の）1時のサイレンが鳴ると同時に，ラインが流れだしていたんですよ。でも，私は，1時のサイレンが鳴ってから，保護具を付けて，手袋を付けて，それで，だいたい3分くらいかかる。すると，ラインが流れてしまいますよね。私の持ち分は流れます。で，流れるとまずいんで，ラインを止めますよね。止められるようになってるんです。間に合わなかったらまずいんで，止めるわけで

すよ。で，普通のヤツが止めれば，大変な騒ぎになるんですが，私が止めた場合は，文句は言えない。待ってるんですよ。私はおもむろに始めるんですよ。そういうことが何回か続く。お昼休みになってもラインが止まらないときがある。たまに。そういうときも，私はやめちゃって，持ち場を離れちゃうから，（部品が）流れてるんですよ。昼食後に再開するときに，私はそこまで行ってやらないといけない。（ラインを）止めて，やりだすわけ。そういうことが何回か続いて，連中も，ラインから外そうと考えたと思うんですけど，やっぱまずいと思ったようで，「（準備のための）5分間をきちんととらんといかん」ということになった。準備や点検を業務時間内にやりだした。そういうことが実際にありました。

伊原　労働時間外だから，無給労働。それをきちんと労働時間内にやらせるということ？

吉野　そうそう。だから3時休みのときとか，みんなきちんと休憩時間をとれるようになったというのは，実際，私が入ってから変わった点であると自負できる点です。そういう変化はありましたね。体操にしても，朝礼にしても，時間内にやるようにと村山のときにやりあった。必要なことだから，時間内にやれと。体操だけは，なかなか変わらなかったけど。

伊原　その変化は，それぞれ自分の組だけですか？

野田，吉野　いや，全体が。

野田　われわれがいる部署全体がよくなりました。ただ，われわれの組合員がいないところは，相変わらずということは，けっこうありましたよ。組によって違う。

吉野　でも，課はよくなりましたよ。課としては，かなりそういうふうに守るようになった。見えていないところはどうなっていたかわからないけど，それなりの影響はありましたよ。

　支部の組合員は持ち場を起点にして職場環境を改善していった。このような事例は吉野たちだけではなかった。「第二組立課のコンベアが昼休みになっても停止せず，休憩時間中にもかかわらず働かされるのは基準法違反だ」。塩谷一利（甲141）による指摘から，休憩時間にコンベアを止めさせる活動が始まっ

た。職場要求から村山分会の地区交渉に持ち込み，労基署交渉へと発展させた。会社は当初，「設備上，正午で止めるのは難しい」という態度をとっていたが，1981（昭和56）年末，昼休みに入ると同時にコンベアが止まった。日産労組員500人とともに働いている職場での実現である。休憩時間に働くことは「多少は仕方がない」と思い込んでいた日産労組員にとって，塩谷の発言から結実した成果は大きく，驚きでもあったようだ[11]。

　支部組合員の絶対数は少ない。社員の比率でいえば，200人から300人に1人の割合である。数の力という点では社内の影響力はしれている。支部もそのことを自覚していたがゆえに，法廷闘争に注力してきたわけだが，各人が各職場に与えた影響も見落としてはならない。支部組合員の中には周りの者を巻き込みながら，働く環境をつくり変えた人もいた。このようなことは，日産労組員にはできなかったことである。

V　日産労組員の複雑な心境：うっとうしい，うしろめたい，うらやましい

　では，職場で「存在感」を示し始めた支部の人たちを，日産労組員はどのような眼差しでみていたのか。

　日産労組の役員からすれば，「目障り」な存在だったであろう。第3章で言及したが，職場に「なじんだ」支部組合員を不定期につるし上げたことからも想像がつく。しかし，一般組合員は役員ほどには労組にコミットしておらず，彼らと同じような心境で支部の人たちをみていたわけではなかったであろう。かつての仲間に対して自らも排除や無視に「加担」し，心の奥では「うしろめたさ」を感じていたのかもしれない。一方的な処遇変更を拒否し，職場規制を発揮する支部組合員に，「うらやましさ」を感じていたのかもしれない。逆に，彼らの代わりに「応援」に行かされるとして，「反感」を抱く人がいたのかもしれない。しかし，裁判や労働委員会に訴えて自分たちの主張を認めさせてきた全金プリンス支部に対して，真正面からは不満をぶつけにくい。職場の同僚た

---

11)「1983年度」19-20頁。

ちは，一言では表現しづらい心境で支部の人たちをみていたものと想像される。名状しがたい心情を，上井 (1994) が巧みに描いているので引用させてもらう。

　日産労組員は，「全金支部員に対してはアンビヴァレントな思いがある。全金支部員の耳には「全金は応援に出されなくて，いいなー」という羨望のつぶやきが入ってきたという。全金支部員が受けている種々の差別待遇，とくに賃金や昇進が低く押さえられている現状は同じ職場の人間なら誰しも熟知しているから，応援に対する不満が小さいうちは，この羨望のつぶやきは「彼らは違う，俺にはできない」，「しようがない」という諦めと同居し，不満も眠り込んでしまう。しかし，自分の隣で働いている全金支部員だけがいつも応援に出ないで済んでいる状況を見ていると，羨望に A（日産―伊原）労組批判のニュアンスがこもってきたり，あるいは「あいつらの分を何故，俺たちがかぶらなきゃならないんだ」という反全金意識が頭をもたげてくるようである。それが自然な気持ちだろう。そこで，A 労組は時々抜打ち的に人選にチェックをかけ，誰しもいやがる職場への応援に見せしめ的に全金支部員をあてることを工場側に求める。その際，全金 A 支部は工場側に事情説明の交渉を求めるとともに，本人の個別的「同意」が必要であると主張するが，会社は業務命令を盾にとって応じなかったという。とまれ，応援の不満も顕在化しないでおさまる。」(上井 1994, 168 頁)

　日産労組の一般組合員は，暴力，「いじめ」，差別にあっているかつての仲間に同情やうしろめたさを感じることもあれば，労働者としての権利を一貫して守ろうとしてきたスタンスをうらやましく思うこともあった。また，支部組合員による労働規制の「とばっちり」を受けたとして，反感を持つこともあった。一般の日産労組員の支部組合員に対する心情は複雑である。では，単純に敵対していたとは言いがたい両者は，接点を持とうとはしなかったのか。

VI　日産労組員への働きかけ

　全金プリンス支部と日産労組は，フォーマルな交流は持たず，経営合理化にかんする情報を共有したり共闘したりすることは一切なかったが，個人的に日産労組員との接触を試みる支部組合員がいなかったわけではない。彼らは，所

属組合の違いをこえて，同じ労働者として抱える悩みを話し合い，解決しようとした。

　1971（昭和46）年11月，「全金プリンスと日産労働者との懇談会」がはじめて村山工場で開かれた。「日産労組の人たちといろいろな問題を一緒に進めてゆくような，そんな交流をもっと強めていきたい」。このような趣旨の有志の集まりである。時を同じくして，荻窪工場でも日産を「良くする会」が催され，2つの組合の交流がはかられた。参加者たちは，置かれた状況を率直に語り合い，交流の成果を実感した[12]。

　東條紀一（甲147）は，日産労組員の同僚と会社外で親交を結んできたことを「陳述書」に記している。「昭和48年ごろ，工具管理課事務所の車体および圧造の保全技術グループ（B班と称している）には15名前後の技術員がいましたが，私はすくなくともそのうち5名以上の人の家庭にはしばしば遊びにいって歓談をしていましたし，夕食などをごちそうになることも少なくありませんでした。もちろんその人たちとも職場では「あいさつ」をすることもできない雰囲気でしたが，いったい誰が嫌がっている人を家へあげ，夕食をすすめるでしょうか」。

　支部の者たちは，日産労組員と個々に接触を持とうとしただけでなく，日産労組員全体に労働者が置かれた厳しい状況を伝えようと努めた。支部は，毎年，「春闘アンケート」に取り組み，組合の垣根をこえて労働者の実態と意見を集約してきた。たとえば，「82年春闘アンケート調査」では，生活実態，賃上げ要求，休暇，仕事，健康，政治，労働戦線統一問題について意見を聞き，数百人の日産社員から回答を得ている。そして，工場の門前で春闘資料・機関紙・ビラなどと一緒にアンケート集約結果を手渡し，賃金情報を伝える「賃金シリーズ」を郵送した。日産労組からは得られない情報を日産労組員に伝え，好意的な反応を得たのである。

　元支部書記長の境繁樹（甲126）の話によると，アンケート調査は非常に緊迫した状況下で行われたようである。「会社では絶対できない。郵送して送り返してもらうのも危ない。相手の了解がないところでそれをやると，反感を持つ

---

12)『全金の旗』159-161頁，「1972年度」15-16頁，「1973年度」16-17頁。

人もいる。だから，自宅に行って，直接手渡して，書いてもらって帰ってくる。寮を'べたに'つぶしたりしてね。アンケートを取りながら話をすると，「ヤツらが楽しそうにしている。それでは困るんだ。ヤツらが困るような態度をとらないとわれわれはダメじゃないか」といった話が職場でされているということを聞いたり，「職場委員に『会社が言った通りに殴れ』と言われたけど，俺にはそんなことはできなかったよ。人を殴るなんてこと，会社の命令でもできるわけないじゃないか。彼はそんなこといったんだよ」と話してくれたり，そばにいた奥さんも「それは，ひどいわね」と相づちを打ったりすることもあった。会社のことだけを話したわけではない。他愛もない世間話をして帰ることも多かった。ただ，失敗したこともあった。会社の近くに住む同僚，その人も非常にいい人でね，その人の家に行ったんですよ。話し込んで帰って来たら，次の日，さっそく，(境が—伊原)日産労組の職場委員に呼び出されて，「お前，ヤツのところに行ったろ。行ってもらっては困るんだ」と脅されてね。そのときは，事前に彼(訪問先の同僚—伊原)が「境さん，ばれちゃったよ」と，こっそり言いに来てくれたんだけどね」。

　支部の人たちは，会社では日産労組員に挨拶することすらままならなかった。あらゆる場で監視され(ていると意識し)，話しかけることは憚られた。しかし，会社の外では，日産労組員に働きかけることは不可能ではない。1人で数十人にアプローチをかけ，職場の要求，職制の言動，日産労組の動向などの情報を仕入れては分析し，協力者に還元する支部組合員もいた[13]。このような活動を通して，徐々に，日産労組へ移った人たちの「いろんな声」が聞こえてくるようになった。「(取り囲みや無視は)本当は嫌でしょうがなかったんだ。勘弁してくれ」といった苦しい胸の内を漏らしたり，職場で誰も話しかけないのは会社からの命令であることを教えてくれたりする人もいた(増田允 甲135)。日産労組員の「本音」や職場環境の実態が方々で報告されだしたのである。

---

13)「1984年度」39頁。

VII　日産労組員からの支援

　支部は日産労組員に対してつながりを持とうとしたが，反対に，日産労組員のなかに支部の人たちを「支援」しようとする人がいなかったわけではない。会社の処遇に不満を抱き，日産労組に反感を持ち，全金プリンス自工支部に好意的な人たちがいた。とりわけ村山工場には，支部に同情的な人が少なくなかった。合併時の「経緯」を知っているからであり，合併後に「話が違う」ことを身にしみて感じたからでもある。日産労組員による「支援」の具体例をいくつか紹介しよう。

　鈴木泉子（甲149）は，日産労組に移った知り合いから社内の情報を教えてもらい，密かに励ましを受けることもあった。「いい人もいたのよ。知らないうちに，ロッカーのなかにみかんが入っていたりしてね。「がんばってね」って。いろんなことがありましたよ。隣の人がいい人で，日産労組の資料をゴミ箱にそっと「捨てて」くれた。私の同期の人だったんですよ。（支部の）組合員全体で賃金差別撤廃の闘いをやっていたときですね。ただ，裁判をやりたくてもやりにくかった。それは，隔離されているから，なかなか（日産労組員の）賃金の実態を知ることができなかったから。日産の賃金体系がすごく複雑だったこともあるけど，他の人の情報がなかなか得られなかったから。もし私たちに情報を与えたことがばれたら，その人も「被害」を受けるから，できなかったわけ。その彼だけは，同期で仲がよかったから，必ず，賞与のときと賃上げのときに，紙に書いてサッとくれた。（私の給料は）本当に半分でした。その人は「えらい人」じゃないですよ。ペーペー。男性では低い方。それでもわたしは彼の半分だった」。

　職場の懇親会に支部組合員も参加させようとする動きが，同僚のなかから生まれたこともあった。「ある日産労組員（退社）が親睦会の幹事をやった時，「関さんもいれようとしたけど組長に断られたよ」と聞かされました。最近も組の人から同様のことを言われました」（関健二　甲146）。「昭和47年12月，○○組の忘年会に高崎君だけ呼ばないのはおかしい，一緒にやろうと7, 8人の人からさそわれたので，私は参加を申し込みました。ところが○○○組長（当時）は，

「絶体(ママ)に反対だ。どうしても来ると言うのなら，私が会をつぶす」と私に公言した。そのため私は，自分1人のために皆さんが参加できなくなるのは気の毒と思って申し込みを取り下げた」(高崎誠治 甲160)。全金の人が「忘年会に参加したい」と発言したとき，日産労組のほとんどの人は一緒にやろうと言ってくれたが，組長1人が全金を「入れるなら忘年会をつぶす」と息巻いたため，参加は実現しなかった。逆に，日産労組の組合員に対しては，課内の親睦的な文化体育行事などに参加しないと，「なぜ参加しないのだ」とうるさくしつこく聞かれる状態だった(冨田明 甲102)。

　現場監督者の強硬な反対にあい，結果的には職場のイベントに参加することはできなかったが，それでも支部の人たちは，同僚の心遣いが嬉しかった。彼らの「勇気」に元気づけられたのである。

VIII　職場による違い：製造現場での助け合い，事務所での陰湿な嫌がらせ

　支部の方から日産労組員へアプローチした例だけでなく，日産労組員から支部組合員に働きかけた例もあった。ちょっとした心遣い程度であったが，「事情」を知っている者からすれば，それでも励まされた。

　ただし，支部組合員の配属先の人間模様は，職場によってかなり異なった。元組合員の話によると，総じて，生産現場よりも事務・技術関連の職場で陰湿な「いじめ」にあったようである。支部の組合員であっても，現場では仕事を任され，作業中であれば隣の人と話をすることができたが，技術部門や事務部門では「全面和解」まで完全に「干された」人が多かった。先述したように，ライン作業者は流れのなかに組み入れられるため協力が欠かせないことや，技術部門や事務部門に比べて機密事項に接する機会が少ないため，会社や日産労組がさほどナーバスになっていなかったことがその理由として考えられるが，業務内容の違いだけでなく，職場文化の違いによるところが大きかったようである。事務部門と現場の両方を経験した村田美慧子(甲150)は，その違いを感じとっていた。彼女は事務部門から現場へと不当配転させられたが，現場の人たちが「守ってくれた」ため，結果的には「現場でよかった」と感想を漏らした。

「シャシー部門が村山工場に移転するのにともなって,事務部門も移った。しかし私は,事務ではなくて,現場の検査課に不当配転させられた。ところが,その検査課は居心地がよかった。検査するための青図面があるでしょ,設計部門から配布された図面を部品ごとに管理する職場。検査員の人から「図面を出してくれ」っていわれると,すぐに出せるようになる。図面の見方もわかってくる。そうなると仲よくなる。みんなとコミュニケーションをとっていた。電話も普通にかけられた。エリートの職場ではなく,「場末の職場」だったから,仲よくしても目立たなかった。

 村山で取り囲みが始まったとき,私の職場では,組長を筆頭に,「村田さん,今日の昼休み,あんたを取り囲みに来るから,職場の責任者が来るからな。弁当を食べててもいいし,お茶を飲んでてもいいし,何しててもいいから,そこに座っててくれ。何かあったら俺たちがあんたを守るから。みんなが興奮して暴力事件を起こして,あんたに危害を加えようとしたら,俺たちが守るから,何しろそこに座っててくれ。いてくれることで,俺たちの『立場』が立証されるから」って言ってきてね。何回くらいあったかな? 弁当を食べながら,「美味しいから,あんたたちも食べる?」とかなんとか言うと,取り囲みがわーわー,きゃーきゃー,大笑いして,和やかだったね。現場と事務所とは違う。だから,わたしね,荻窪から村山に異動させられて,不当配転させられたって会社とやりあっていたけど,あれで守られたの。子供が熱をだしたりすると,職場に電話がかかってくる。「村田さん,子供が熱出してるから保育園に迎えに来いって,言ってるよ」って。そうするとね,西門にタクシーを呼んでくれて,タクシーに乗って保育園に行った。定年になるとき,直属の上司だった人が,「俺はほんとに悪かった」って涙流して謝ってた。その人ね,職場におせちを持ってきてね,食べさせてくれてね,そういう職場だったんだよね。

 ところが,和解する5,6年くらい前,(東京)地労委とかでやり合ってた頃,事務所に戻されたんだけど,そうすると,他の(支部組合員の)女性と同じようなことになった。現場の事務所だからそれほどではなかったけど,係長だとか総括だとか課長だとかがわたしを目の敵にしたわけね。いじめるわけ。陰湿さに耐えられなくて年中けんかしてた。

一番はじめにけんかしたのは，パソコンのやり方を教えてくれなかったから。私がパソコンを触ったら，画面に「ばばばばばー」って，字が消えていったわけ。そうしたらね，「壊した！壊した！」って大きな声で騒ぎ立てるわけ，事務所で総括が。わたしもできないのは嫌だから，立川のパソコン教室に習いに行った。自分でお金払って。わかるようになったら，課長が，「村田さん，ここんとこどうやるんだっけか」って聞きに来るんだよ。その意地悪な総括が定年退職するとき，私がその人の仕事を引き継ぐことになったの。2,3日後に定年退職するってわかってるのに引き継がないの。だいぶ前から「引き継がせてくれ，引き継がせてくれ」って言ってたのに。それで，(退職前)2日くらいのときに，「教えてくださいよ。わからないから」っていったら，「俺，暇だから，わからないことがあれば(家に)電話をよこせばいい」っていうわけ。頭に来てどなっちゃった。「いいかげんにしてよね。なんで引き継がせないのよ。なんであんたのところに電話しなければいけないのよ」ってさんざんやりあって。他に仕事を知っている人がいたから，「あんたなんかに教わらない」って啖呵切ったわけね。事務所，14,5人いるところで。

　上司は，私が生理休暇をとったり，子供の病気で休暇をとったりして，目障りだったんじゃない。朝礼で集まったときに，「休暇をとりすぎる」って，悪口を言い始めたの。私の名前を出さずに。それで，集まりが終わったあと，課長に「休暇とりすぎるって私のことですか？」って聞いたら，「そうだ」っていうから，「わたしもね，課長みたいに，痛風だからって午後から出てきたり，用事があるからって午後に帰ったり，調整できるなら，休暇なんてとりません。そういうことができないから，休暇をとってるんじゃないですか」って，みんながいる前で言ったら，何も言い返せなかったのよ。みんなのいる前でいったから。」

同じく事務部門で働いていた岡田弘子(甲144)や鈴木泉子(甲149)は，仕事を一切与えられず，朝から晩までまったくやることがなかった。岡田は時間をつぶすために，世界文学全集の『戦争と平和』を読破した。業務と無関係なことをやっていても文句はいわれないが，少しでも仕事をやろうものなら，本人は制止され，上司は叱責されたのである。

技術部門でも「いじめ」は陰湿であり，「仕事干し」や無視が徹底された。

NTCで働いた支部組合員は6人いた。設計の浅野弘 (甲164) とユニット担当の山中稔 (甲137) は技術員であり，車体担当の磯崎雅一郎 (甲145)，林房次 (甲111)，増田允 (甲135)，今泉昭二 (甲157) は技能員である。

高卒技術員の山中は，職場で完全に干された。合併前は，三鷹で同僚と同じように働き，第1回日本グランプリにメカニックとして加わった経験もある。合併後に仕事をとり上げられ，NTCに配転させられてからも「仕事干し」は続いた。山中はロッカー室に1人だけ押し込まれ，他の技術者から完全に隔離された。勤務時間中に図書館から本を借りて読んでいても何も言われなかったが，仕事をすることは許されなかった。山中には係長OBがつけられ，コピーなど必要なことがあれば，そのOBに依頼するように指示された。「監視係」がトイレにまでついてくるほど，管理は徹底されていた。当時，書記長であった境 (甲126) が山中の職場に来て話をすると，監視係はずっとその内容をメモしていた。「人権侵害だ」と山中が苦情を言うと，監視係は「業務中だ (から，話をするな)」と反論するありさまだった。

大卒の技術者であった浅野は，それまでの仕事をとり上げられ，作業マニュアルなどの英文の翻訳を1人でやらされた。英訳済みの文章を再度翻訳させられるといった嫌がらせも受けた。職場での隔離が続くと，「やってられない」と開き直り，仕事を拒否する期間もあった。支部の元組合員の話によると，「彼は『仕事ができる』と周りから認められていた。組合分裂のときに彼が大会で発言したさい，塩路がそれを聞いていて，『こちらに欲しい』と言わしめたほどに弁も立った」。

技術員の山中と浅野は，職場で一切話ができなかった。ただし，同じNTCでも，技能員に対しては相対的に縛りがゆるく，他の現場労働者と同様，同僚と話をすることができたようである。

荻窪で技術員として働いていた吉田博 (甲161) も，仕事をまったく与えられず，勤務時間中に堂々と新聞を読んでいた。そして毎日，社長に抗議の手紙を出した。「年賀の挨拶」も怠らずに出し続けると，人事から「お叱りの電話」が来たという逸話が残っている。

先述したように，元プリンスの工場では，「事情」を知っていたため，支部

に同情を寄せる日産労組員は少なくなかったが，支部の活動を警戒する日産労組からの締め付けは強く，表だって交流することは難しかった。それに対して元日産の職場では，支部に対してとくに強い感情は抱いておらず，ましてや合併から時間が経つと，支部の存在を意識することすらほとんどなかった。さきに紹介した村田が比較的差別を受けなかったのは，現場に近い職場だったこともあるが，元プリンスと元日産の労働者が混在した職場であったことも考えられる。元日産の人たちからすれば，「なんでこんなことになっているの？」という感じであり，全金プリンス支部の人たちに対する執拗な嫌がらせは理解できなかった[14]。

　養成学校出身の技術員であった中村勝大（甲123）は，支部のなかでは珍しく元日産の職場である鶴見に送られた。仕事を与えられず，同僚から引き離され，監視役の技能員を2人つけられたが，露骨な嫌がらせはなかった。なお，中村は，「全面和解」のあとも仕事環境は変わらなかった。当該分野の技術進歩が速いため，二十数年も業務から外されると最先端の仕事に携わることができなかったからである。

　事務職員の丸田輝夫（甲151）は，荻窪，三鷹，村山と職場を移ったあと，銀座の本社に配転となった。銀座で働きだしてから3ヵ月ほどは周りから警戒され，業務資料が入っているキャビネットに鍵をかけられるようなこともあった。しかし，すぐに差別的な対応はなくなった。その理由は，本人の推察によれば，丸田に強くあたる上司であれば，丸田が反発するであろうことを見越して優しい人を課長にしたこともあるが，元日産の職場ということもあった。配属先は，元プリンスと元日産の社員が半々で構成されていた。興味深いことに，元プリンスの日産労組員は，全金支部に対してではなく，日産に対して敵対的な姿勢を示していたという。「日産嫌い」を表に出していたのである。丸田自身も，「全金支部という労働組合よりもプリンスという会社に思い入れがある」と語っている。

---

14) 旧プリンスの工場や事業所は荻窪，三鷹，村山にあった。村山工場には第一，二，三製造部があり，全金支部の人たちは第三製造部に固まっていた。当時の日産にはその他，横浜，鶴見，追浜に工場があり，銀座に本社があった。

IX　組織拡大：日産労組から全金プリンス自工支部へ

　支部の人たちは，各職場で「存在感」を示すようになった。職場によって違いはあるが，周りを巻き込んで環境を改善したり，持ち場を起点として影響力を発揮したりする者が出てきた。そして，職場の雰囲気は，支部への新規加入によっても変化した。第3章で「組合員数の推移」を示したように，支部の組合員数は漸減したが，日産労組から全金プリンス（のちに，全金日産）支部へ移った人がいなかったわけではない。1979（昭和54）年に2人，1980（昭和55）年に1人，1982（昭和57）年に2人，1989（平成元）年に1人が支部に加わり，1996（平成8）年に最後の1人が加入した。支部に移った者はごく少数であったが，それでも自動車労連・日産労組の幹部は神経質になった。

　合併後に日産に入社した冨田明（甲102）は，日産労組の組合員であったが，非民主的な運営方法に嫌気がさし，1979（昭和54）年10月12日，全金プリンス支部に移った。入社早々，係長・組長から「（全金のヤツとは）話をするな」と注意され，全金の「ビラを受け取るな」と指示された。支部のビラまきの後ろには日産労組役員がずらりと並び，ビラを受け取る人を見張っていた。冨田が，役員選挙で白票を入れたり「賃闘妥結」に反対したりすると，その都度「説教」された。言いなりになることを拒むと，執拗な監視が始まった。会社の外で全金の人たちと話をすると，組長に「通報」された。組長らの詰問に対して，「同じ所で同じような仕事をしていれば話をしたり一緒にお茶を飲んだりするのは当然と思いますが」と答えると，仕事上および仕事外で差別されるようになった。1978（昭和53）年頃から同僚との接触機会が絶たれ，全金プリンス支部に加入したあとは露骨な差別が待っていた。自分で使う工具を倉庫に取りに行くことすら許されなくなった。国家検定旋盤一級の受験資格を持っているにもかかわらず，会社は受験させてくれなかった。日産労組員はさまざまな仕事を経験して「多能工」化しているが，冨田は1つの仕事に固定された。親睦会費を払い続けているにもかかわらず，親睦会や忘年会の案内は来なくなり，慶弔カンパなどのお願いも一切なくなった。

　鈴木信太郎（甲103）も合併後に入社し，日産労組に加入していたが，1980

（昭和55）年10月から全金支部に移った。全金加入直後，それまで担当していたQCリーダーと文体委員[15]を辞めさせられ，休憩時間に職場の休憩所に立ち入ることを実力で阻止された。この扱いに対して，支部と村山分会は団交と地区交渉の場で抗議し，大量の宣伝ビラを配り，日産が抱える問題を世間に訴えた。そうすると今度は，「ビラの内容がでたらめだ，謝れ」と，鈴木はつるし上げにあった。1981（昭和56）年2月26日，昼休みの時間に食事に行きかけたところを組長ら20人に取り囲まれた。午前4時からの10分間の休憩時間にも20人ほどにつるし上げられ，帰宅時にも「シロ・クロつけてやる。あやまるまで帰さない」などと言いがかりをつけられ，約25分間，足止めを食らった。2月27日，3月12日，16日，19日と続けて，9人から15人に「お前なんか会社にくるな」，「会社に泥を塗りやがって」などと罵声を浴びせられ，つるし上げられた。これらは，支部の人たちがほとんどいない夜勤時に行われた（日産労組から支部に移った者は夜勤を続けた）。支部組合員の菊地英一（冨田と同時期，日産労組からプリンス支部に移った）が救援に駆けつけ，支部の役員は工場の外で待機して鈴木を励まし続けた[16]。

本社勤務調査部所属の大卒社員であった早川行雄（甲104）は，1982（昭和57）年6月30日に日産労組を脱退し，全金プリンス支部に加入した。

早川に話を聞くと，総評全金のことは日産に入社するまでまったく知らなかったそうである。入社早々，日産労組の組織運営の非民主性や極端な反共主義者である塩路に違和感を覚えた。春闘妥結に意見することも許されない。役員選挙では定数と同じ数しか立候補されず，被投票者を選ぶこともできない。それにもかかわらず，投票は，事実上，強制である[17]。早川の職場近辺では，彼の職場以外，得票率は100％であった。彼は組合役員の改選時に白票を入れる

---

[15] 文体委員とは，職場での文化活動やスポーツイベントを取り仕切る委員である。QCも文体も職場の「自主的活動」であり，建前上，日産労組とは関係がない。

[16] 「1982年」32-33頁。

[17] 1986（昭和61）年の投票結果をみると，常任委員，執行委員，代議員の立候補者と当選者は完全に一致し，ほぼ全組合員が投票を行っている。常任委員の選挙結果は，有権者総数6万9550人，棄権880票，投票総数6万8670票，有効投票6万8540票であり，投票率98.73％，有効投票率99.81％であった（日産労組教宣部『発展ニュース』No. 656，昭和61年8月22日）。

と，批判者としてあぶり出され，説得工作を受けた。組合役員からすれば，「反省させよう」という意図があったのであろう，早川は総務に送られ，青年部の役員と職場委員を任された。これは「出世コース」である。しかし，反省の色がみられないと判断されるや，徐々に会社の機構を通して干され始めた。当時の早川からすれば，「こんな会社があるの？」という驚きであった。日産労組内では意見表明するのに限界があると思い，全金プリンス自工支部に移った。脱退通告書には「この非民主的な組合を選択したことを恥じる」と書いた。強く慰留されたが，早川の決意は固かった。日産労組は，翻意は不可能とみるや，除名扱いにした。支部は少数派ではあるが，労働組合法に守られた組合である。心のよりどころになった。本社には，支部の組合員は他に1人（丸田輝夫（甲151））しかいなかったため，特段，宣伝活動はしなかったが，彼と分会をつくり，機関誌を配った。当時，なんの仕事をしていたのか，ほとんど覚えていないそうである。支部の技術者がやらされたような翻訳もしていない。隔離部屋に入れられて，何もしていなかったからであろうか，「当時のことはまったく記憶にない」。職能資格は全金に入る前までは同期と同じように上がっていったが，入ってからはまったく上がらず，主事にとどめられた。

　早川は，1987（昭和62）年3月2日付で，三鷹工場繊維機械事業部販売部業務課に配転となった。管理職であれば，本社から工場部門に移されるケースもないわけではないが，平の社員では異例である。本人の推測によれば，本社で支部の運動が拡大することを日産労組と会社が危惧し，工場に出したのであろう。早川は即座に，配転撤回，原職復帰を求めて東京地労委に救済を申し立てた(59)。嫌がらせは子細にわたった。会社に住宅融資を依頼すると，拒否された。この件にかんしても，地労委に救済を申し立てた(54)[18]。

　合併時に全金プリンス支部から日産労組に移った者のなかには，内心苦しみ続け，定年間近に支部に戻った人がいた。1982（昭和57）年度に退職を迎える予定であった大庭義雄は，その6ヵ月前に全金プリンスに再加入した[19]。1989

---

18)「1988年度」30, 36-37頁。
19)「1984年度」39頁。大庭は，組合分裂後に日産労組員になったが，「全金を攻撃せよ」との日産労組の指示に従わなかった。そのため，基本給を低く抑えられ，退職金も勤続31年ながら600万円に満たなかった（組合試算では通常1000万円ほど）。1983（昭和58）年3月

（平成元）年12月18日，中村正克が[20]，1996（平成8）年7月26日，塚本剛が支部に加入し，久しぶりに組合員が増えた[21]。

X　全金日産自動車支部

「全金プリンス自工支部」から「全金日産自動車支部」への名称変更についてはすでに言及しているが，全金支部の組織拡大とも関係があるため，変更の意図と経緯について説明しておく[22]。

全金プリンス自工支部は，プリンス自工が日産と合併し，会社が日産になったあともその名称を使い続けた。その理由はいくつかあるが，最大の理由は，支部の同一性が問題になり，「財産権」(6) が争われていたからであり，名称を変更すれば，同一性問題がさらにこじれることを心配したからである。ところが，1980（昭和55）年7月18日，「財産権事件」で最高裁の勝利判決を獲得し，旧全金プリンス支部との同一性が法的に認められたため，全金プリンスから全金日産への名称変更の妨げがなくなった。名称変更が執行委員会や大会で議題に上がり始めた。

合併から時間が経過し，世間的にはプリンス自工に対する記憶が薄れてきたため，「全金プリンス自工支部」という名前の由来をさかのぼって説明しなければならない機会が増えた。全金プリンスから全金日産に変えれば，日産のなかに総評全金の組織が存在していることを社外に訴えやすくなる。さらにこの点が重要であるが，全金プリンスという名称のままであると，支部の運動は旧プリンス系の工場に限定し，支部の組織は旧プリンス出身者だけで構成すると

25日，日産社員の平均的な退職金との差額236万1160円，慰謝料200万円，弁護士費用50万円，計486万1160円を請求する訴えを東京地裁に起こした。しかし，1986（昭和61）年，本人が訴えを取り下げた (49)。

20)「1991年度」28頁。
21) なお，組合分裂後にプリンス自工支部から日産労組に移った者も1人だけいた。1972（昭和47）年10月，職場の「いじめ」に耐えかねて日産労組に加入した。日産労組員になってからは，他の労働者と同じように仕事を与えられ，懇親会に参加し，職場を自由に出入りできるようになった。
22) 以下，全金プリンス執行委員会「支部名称変更・討議資料」1983（昭和58）年10月17日より。

いう制約を自ら課しているような誤解を与える。プリンス支部の自己規定によれば，支部の活動とは，全金プリンス支部に残った者に対する差別的処遇を撤廃させる闘いだけでなく，日産自動車のなかに新たな組合員を獲得し，組合組織を拡大する活動でもある。つまり，支部が「守り」から「攻め」に転じるためにも，全金日産への名称変更が欠かせないという見解が組合内から出てきたのである。

　しかし，一般組合員のなかには，そして執行部のなかにも，名称変更に反対する意見があった。「もっと論議を尽くすべき」という慎重論があり，また，次章で明らかにするように，村山工場の合理化が厳しくなり，組合の団結を強めなければならない時期に，名称問題によって支部内で感情的対立が生まれることは得策ではないという冷静な判断もあり，結論は持ち越された。そして議論を尽くした末，「全日産に責任を持つ労働組合」を目指して，1984（昭和59）年1月から全金日産自動車支部に組織名を変えたのである。

第 7 章　労働戦線の再編成：「連合」の誕生と全金日産支部の再分裂

　支部組合員は，配属先の職場に閉じ込められ，孤立させられていたが，職場周辺で「存在感」を示すようになった。会社の外では，男女間差別の撤廃を求める裁判に勝ち，支部の存在が知られるようになった。組合員は「全面解決」に向けて自信を深めた[1]。ところがその最中，ナショナルセンターの連合体の結成に向けた動きが活発化し，支部の上部団体はこの動きに追随し，全金日産支部も労働戦線の再編成に巻き込まれたのである。

I　再編と混乱

1　統一推進会，統一準備会，全民労協，全民労連，そして連合へ

　1970年代末，ナショナルセンターの再編成と連合体の結成に向けて活気づいた[2]。この活動を主導的に進めた「6人委員会」の1人が，当時の自動車労連会長の塩路一郎であった。1979（昭和54）年9月6日，自動車総連（全日本自動車産業労働組合総連合会の略。自動車産業のメーカー，車体・部品，販売，輸送および関連産業の労働組合の連合体）の会長でもあった塩路は，自動車総連大会で「統一を進める会」を提唱した。同年10月の総選挙で社会党（現・社会民主党）が後退したことに危機感を抱いた総評の指導部は，全野党共闘路線を翻

---

1) 支部組合員は，女性差別撤廃の勝利により「全面解決」に向けて勢いづいたことを実感した。「家族手当の勝利が，本気でやれば勝てるんだ，っていう勇気を組合員に与えたと思うな」。「ここにきて，もしかしたら全面解決があるかも知れないって変化を感じるわ」（「日産自動車家族手当裁判勝利特集号」1991年2月14日，3頁）。
2) 「連合」結成へと至る過程で組織間および各組織内で激しいぶつかり合いや熾烈な駆け引きがあったが，本書は時系列で事実関係のみを記す。詳しい内容については，ものがたり戦後労働運動史刊行委員会編『ものがたり 戦後労働運動史 IX』（2000年，第一書林）161-163, 169-173, 176-180, 182-184, 203-205, 212-228, 242-263頁。同編『ものがたり 戦後労働運動史 X』（2000年，第一書林）23-30, 40-43, 60-65, 96-101, 118-123, 149-153, 198-202, 226-232, 234-238, 249-251, 253-275, 277-281頁。

し，共産党排除の「社公(社会党・公明党)中軸」路線を社会党に迫った。1980 (昭和55)年9月22日，中立労連と新産別により結成された「総連合」が同盟および総評と個別に会談し，民間単産先行による労働戦線の「再編統一」を進めることを確認した。これを受けて同月30日，「労働戦線統一推進会(統一推進会)」が発足した。翌81(昭和56)年6月3日，統一推進会は「基本構想」を発表する。基本構想とは「自由圏の労働者との連帯」を目指し，「統一労組懇」系の組合(この労働戦線の再編を右派主導として反発する組合—後述)を排除する姿勢を示したものである。労使協調路線と反共主義を掲げ，国際自由労連[3]への加盟を前提としていた。固有名詞は削除されたものの，反共色は明らかであった[4]。

統一推進会は，1981(昭和56)年12月14日に民間先行による「労働戦線統一準備会(統一準備会)」を立ち上げ，翌年同日に「全日本民間労働組合協議会(全民労協)」を発展的に発足させた。これらも，国際自由労連への一括加盟を表明し，「目的の一致した政党との協力」という表現を用いて日本共産党を排除し，統一労組懇を名指しで批判した。1985(昭和60)年12月13日に「連合組織移行準備会」を立ち上げ，翌年2月に新しい連合体の綱領・憲章にあたる「進路と役割(案)」を発表した[5]。全民労協は，1987(昭和62)年11月20日に「全日本民間労働組合連合会(全民労連)」として発展的解消を遂げた。その前日に同盟と中立労連が，翌年に新産別が解散した。1989(平成元)年11月21日，総評官公労も全民労連に合流し，その日の午後，新しいナショナルセンターである「日本労働組合総連合会(連合)」が結成された。74単産4友好組織，約800万人と発表された。同日，総評は第82回臨時大会を開いて解散した。

2 統一促進懇，統一労組懇から全労連へ

かくして，日本最大のナショナルセンターが誕生した。しかし並行して，こ

---

[3] 国際自由労働組合総連盟(ICFTU)の略称。1949年，世界労連(世界労働組合連盟 WFTU)から反共派が脱退し，米国や西欧州の労働組合が中心となって国際自由労連を結成した。2006年，国際労働組合総連合(ITUC)の結成に合流し，解散した。
[4] 藤井(1986)16頁。
[5] 全民労協は，1986(昭和61)年5月末の代表者会議で「進路と役割」を確認した。その趣旨は「基本構想」と同じである。同上，57-61頁。

の動きに反発する形で，労働戦線を再編しようとする他のグループが存在した。「資本からの独立」を目指し，「右派主導の労働戦線再編」を批判する労働者たちである。

　さかのぼること1966（昭和41）年12月，特定政党支持路線（総評＝社会党，同盟＝民社党）に反発する労働組合が，「政党支持・政治活動の自由」を掲げ，「選挙闘争の経験を交流する労働組合懇談会」を発足させた。38単産が，1969（昭和44）年11月1日に「全民主勢力の統一のためのアピール」を発表し，翌年3月12日に「全民主勢力の統一促進労働組合懇談会（統一促進懇）」を結成した。1974（昭和49）年12月5日，「統一戦線促進労働組合懇談会（統一労組懇）」に発展的に改組した[6]。前項で紹介したように，全民労連が「自由にして民主的な労働運動」（反共・労使協調主義），「国際自由労連への加盟」を掲げた新しい連合体を発足させる活動を活発化させたが，この動きに対抗して，統一労組懇に加盟する労働組合も新しいナショナルセンターの立ち上げを構想した。連合の結成と同じ日である1989（平成元）年11月21日に，「全国労働組合総連合（全労連）」を誕生させた。27単産41地方組織，組織人員約140万人が集結した[7]。日本の階級的・民主的な運動を発展させるべく，「たたかうナショナルセンター」であることを行動綱領に明記し，すべての労働者を結集させる母体となるべく，組織原則として「資本からの独立」「政党からの独立」「共通する要求での行動の統一」の3つを採択した。連合は「進路と役割」の綱領に基づく特定の運動路線と国際自由労連加盟の承認を加盟の条件にしたが，全労連は組合員間の思想・信条の相違を認め，組合民主主義に基づく組織内討議により一致点を見いだすべきであるとの考えを示した。

3　全国金属の混乱：追随と反発

　日本最大のナショナルセンターの連合が誕生し，同日，資本からの独立を掲げる全労連が結成された。また，そのどちらにも行けない人たちの受け皿として，全国労働組合連絡協議会（全労協）[8]が発足した。大がかりな労働戦線の再

6）統一労組懇の要求課題と活動基本方針については，統一戦線促進労働組合懇談会（1981）。
7）全労連の結成の経緯から結成後の20年の軌跡については，全国労働組合総連合編（2009）。
8）総評の3顧問であった元議長の太田薫，元事務局長の岩井章，元議長の市川誠らが中心と

編が進むなか，総評の下部組織である全国金属，そしてその傘下にある日産支部は，大きな決断を迫られたのである。

　総評が労働戦線の「右翼的再編」に加わると，全金中央も「右主導」の流れに追随した[9]。1981（昭和56）年12月15，16日の全金中央委員会で統一準備会に加わる方針を可決し，1983（昭和58）年2月13，14日の全金臨時大会で全民労協に参加することを採決し，1987（昭和62）年8月の定期大会で民間連合に加盟することを承認した。1989（平成元）年11月9日，全金は新産別全機金などと統合して「全国金属機械労働組合（金属機械）」を発足させた。1999（平成11）年9月9日，金属機械はゼンキン連合と組織を統一してJAM（Japanese Association of Metal, Machinery, and Manufacturing Workers）を結成し，現在にいたる。

　全金が統一準備会に加わり，「右主導」の労働戦線再編に自ら参画する一方で，反共・国際自由労連加盟の流れに組み込まれているとして，全金中央の決定に反発する声が強まった。1981（昭和56）年12月，全金の320支部・分会が「基本構想反対・統一準備会不参加のアピール」を発表した。全金中央による全民労協への参加決定に対しても，支部の約半数が反対の意を表明した。そして，全金中央の決定に異を唱えただけでなく，「闘う金属労働者」の組織を新たに立ち上げた。1982（昭和57）年12月19日，「右翼労戦不参加」を掲げた「金属機械労組連絡会（金属連絡会）」の結成総会を東京都港区芝の日本女子会館で開き，1200ある全金支部のうち550余りが集結した[10]。統一推進会の「基本構想」に反対し，全民労協ならびに連合会をめざす「右翼的労働戦線」の再編に加わらず，資本と政党から独立し，労働者の生活と権利，そして平和と民主主

　　なって「労働運動研究センター（労研センター）」をつくり，このセンターが母体となって，1989（平成元）年12月9日，第三のナショナルセンターになる「全国労働組合連絡協議会（全労協）」が結成された。全労協の発足時における組織の特徴は，『月刊社会党』411号，1990年，174-180頁，五十嵐（1990）。

9）全金中央からすれば，「労働戦線の統一は労働者の利益の増進と権利の拡大を目的として」おり，統一準備会は「「ゆるやかな共同行動体」であり，全金の方針をもとに共通要求にもとづく共同行動を積極的に発展させる」ことを志向したのである（「統一準備会参加と82春闘についての全国金属第1回中央委員会の討論」，1981年12月，16頁）。

10）以下，金属連絡会，金属機械反合闘争委員会の立ち上げや活動内容については，石川（1992），全日本金属情報機器労働組合（JMIU）編（2004）41-72頁，金属機械反合闘争委員会（2007），金属機械反合闘争委員会「30周年記念事業」実行委員会編（2012）。

義を守る闘いを進め，共通の目的を持つ単産や諸団体とは協同し，闘う金属労働運動の構築および階級的ナショナルセンターの確立を目指す。このような趣旨の会則を金属連絡会は採択した[11]。

　金属連絡会の結成と前後して，全金傘下の組合のなかから共同行動を起こそうとする動きが生まれた。東京を中心に「全国金属を守る会」が立ち上げられ，全金の「右傾化」に反対する勢力を結集する動きは地方にも広がった。「全金路線を守る会」，「基本構想に反対する会」，「全民労協に反対する会」などと名乗る組織が全国各地で誕生した。共同行動への参加の輪が拡がり，共同行動の実行委員会が正式に発足した。そして，金属産業で紛争が頻発したため，経営合理化に対して恒常的に「闘う組織」が必要になり，1982（昭和57）年12月25日，金属産業の労働者および労働組合の権利を守り，金属産業で合理化と闘う人たちを支援する「金属機械反合闘争委員会（金属反合）」が組織された。金属反合は，ヒロセ電機の賃金差別を是正させ，閉鎖された東洋製鋼を再開させ，北辰電機の差別を撤回させるなど，結成1年目にして立て続けに争議を解決し，次年度以降も成果を勝ちとった[12]。日本鋼管の解雇撤回，日本ペイントの原職復帰，古河電池の解雇撤回，山武ハネウエルの賃金昇格差別是正，石川島播磨の解雇撤回・差別是正など，大企業の争議解決にも協力した。

　金属連絡会は統一労組懇に参加し，連合結成に向けた動きに反対する労働者，人間の尊厳や労働者の権利を守るためには闘うことを辞さない労働者が集結した。連合の傘下に入ろうとする全国金属に反発する「闘う金属労働者」は，1989（平成元）年2月27日，新しい産別組織である全日本金属情報機器労働組合（JMIU: all Japan Metal and Information machinery workers' Union）を結成した。「JMIUは，金属・機械，情報機器関連産業に働くすべての労働者の利益を代表する，この産業における唯一まともな労働組合，闘いのとりで」であると結成大会で宣言し，すべての金属情報機器労働者に「職場をとりでに，企業の垣根を乗り越え，地域の共闘，産業別統一行動を強め，全国的な共同の闘いを大きく拡げ，闘うナショナルセンターの確立に向かって前進しよう」と呼びかけた[13]。IBM

---

11)「金属連絡会ニュース」No. 12, 1983年1月8日, 1頁。
12) 金属機械反合共同行動と争議解決の歴史は，金属機械反合闘争委員会「30周年記念事業」実行委員会編（2012）38-40頁に一覧で掲載されている。

の従業員差別を是正させた十数年にわたる闘いがJMIU結成に向けた下地となり，池貝鉄工所の指名解雇を撤回させた5年6ヵ月に及ぶ闘いの勝利（1988（昭和63）年12月28日に全面勝利の和解）がJMIU結成に弾みをつけた[14]。金属連絡会に参加した組合を中心に293組合，1万2000人がJMIUに加盟した。1989（平成元）年10月22，23日開催の第2回定期大会で全労連に加盟することを決定した。

4　全金日産支部の対応：全金からの脱退，JMIUへの加盟

　全国金属中央委員会が1981（昭和56）年12月に統一準備会への参加方針を決定したことは先述したが，プリンス支部は，その2ヵ月前に開催した定期大会（10月17日）で，「戦線の右翼的再編に反対，基本構想反対，統一準備会不参加」の方針を採択した[15]。「基本構想」は日本の民間労働組合をすべて「日産労組型」にすることを謳っており，それに基づく統一準備会への参加はありえないことを確認した。支部の人たちは，統一準備会への参加方針を採決する全金中央委員会を傍聴し，動向を見守った。

　翌82（昭和57）年2月24日開催の全金東京地本の臨時大会で，中央委員会の「統一準備会参加の決定」は1票差で否決された[16]。プリンス支部は対応を迫られた。支部の執行委員会は，「基本構想反対・統一準備会不参加」のスタンスを守り，「右翼的再編」に抗する力を強化することが支部の責務であると考え，「東京金属連絡会」への加入の方針を決めた。組合員に討議をかけたのち，同年3月12日の春闘臨時大会で最終決定をくだした。支部は金属連絡会を発展させる方向で活動することを決め[17]，支部から全国連絡会の常任幹事，東京連絡

13）全日本金属情報機器労働組合（JMIU）編（2004）75-76頁。
14）池貝鉄工所による指名解雇を撤回させる闘いは，支援共闘会議および「池貝職場に戻す会」の全面的なサポートを受けて職場復帰を勝ちとることができた。この闘いは，80年代末，「労働戦線の右翼再編」が進むなか，階級闘争的な労働運動を盛り上げる大きな弾みになった。闘争の詳細については，池貝鉄工被解雇者団編（1989）。
15）「1982年度」38-39頁。
16）「金属連絡会議ニュース」No. 1，1982年3月9日，1-2頁。全金最大の地本である東京地本による否決を受けて，全金中執の中からも公然と批判の声があがった（同，No. 2，1982年3月29日，1頁）。
17）「1983年度」26-28頁。

会の三役（会計），西部連絡会の副会長と幹事を出し，金属連絡会に活動の基盤を求めた[18]。

　名称が変わった全金日産支部は，1989（平成元）年8月5日の第28回定期大会で，全国金属を脱退してJMIUに加盟することを決定した。「数年前から全金が右傾化を強め，「連合」路線の中で主流に転じようとする動きを強めている中で，私たちはこれまで24年間のたたかいを評価し，このたたかいを発展させていくためには，すなわち①労資関係正常化，不当差別・権利侵害撤廃「全面解決闘争」に勝利するために，②日本の労働組合運動を前進させ，労働者の要求を達成するために，全金脱退，JMIU加盟が，最上の選択であることを熱心な討議のすえ，圧倒的な賛成で決定した」のである[19]。

5　支部の再分裂

　日産支部は全国金属を脱退し，JMIUに加盟して，「全面解決」に向けて闘う体制を整え直した。ところが，ここで問題が発生した。結論から先に言うと，全国金属に残ることを希望する者が少数ながら存在し，支部が再分裂したのである。

　金属連絡会への参加当初から，新しい産業別単一労働組合への加盟に対して否定的な意見があった。支部は，「全員が新単産に参加できるようになるまで十分な話し合いを事前に行い，了解をとってから一般討議におろしていく」ことを基本方針として確認し，執行部は1988（昭和63）年10月から組合員の意見を聞き，合意のめどがたったと判断して，11月から執行委員会の討議に入った。

　ところが，同年12月17日の全体集会で明確な意思をもった反対意見が出され，ここに来て，当初の見通しが甘かったことに執行部は気づかされた。「組合民主主義に従い，反対であっても最終的には多数意見に従って行動してくれる」であろうという見方は希望的観測にすぎず，話し合いが十分ではなかったことを理解した。

---

18)「1989年度」53頁。
19)「1991年度」18頁。

翌1989（平成元）年2月初旬，執行部は，反対意見の中心人物に再度確認を求めたところ，「全国金属に残る意思は変わらない」とのことであった。3月予定の全国金属脱退大会までにはなんとしても話し合いによって合意を得たいと思っていた。運営日程は変更せず，「脱退大会」まで最善をつくすことにした。

2月11日の規約改正大会で，従前の規約に基づいて名称変更を含む規約改正を行ったが，あらためて強い反対意見が出された。しかし，既定方針は変更せず，同月13日の執行委員会で3月2日に「脱退大会」を開催することを提案した。2月15日の三役会議で再度，個別の話し合いの日程を決め，19日に実施したが，ここに来てただならぬ事態になっていることを執行部は認識したのである。

支部は，日産および日産労組の「攻撃」をはね返すという目的を共有してきたため，執行部は，見解はいずれ一致するであろうと暗々裏に考えていた。新単産加盟問題は，「組合民主主義」により解決されることを期待し，「連絡会」の方針をいかにして具体化するかという点に討議の中心を置いた。執行部は，反対意見に対する配慮が欠けていたことを痛感し，のちに，合意形成のための努力が不十分であったことを反省した[20]。

全国金属に残ることを希望した人たちは，なぜ新産別への加盟に反対していたのか。そのうちの1人に話を聞くと，支持政党の違いをほのめかした。全労連は，政党からの自由を活動原則にし，特定政党との結びつきを公には認めていないが，共産党との関係が深い労働組合であることは周知の事実である。話を聞いた人は日本共産党と強いつながりがある新産別に加盟することには反対であった。「金属連絡会の活動は，総評全金という産別，その産別内に産別組合をつくる形になっていた。分派活動ということになる。執行部はこっそり活動していたけれども，私は反対だった。政党的にいえば，反共（反共産主義―伊原）ではないけど，反日共（反日本共産党―伊原）だから。共産党だと運動に広がりをもてない」と述べた。

JMIUに移ることを決定した執行部からすれば，「反対している人達の主張は，総評や全金の右転落を見ようとせず，わが国にたたかう真の労働組合を作ろうとする労働者の切実な願いを，特定正当（ママ）の労働組合への介入であるときめ

---

20)「1990年度」27-30頁。

つけるものでした」[21]。

　支部内で意見の一致はみなかった。労戦統一に対する支部組合員の反応は，「右翼的労戦統一反対」，「全金の右傾化阻止」の基本線においては一致したものの，活動の場をどこに求めるかで意見が分かれた。ほとんどの者はJMIUに移ることに賛同したが，ごく少数が全国金属に残った。後者の人たちは，全金脱退とJMIU加盟を決定した第28回定期大会（1989（平成元）年8月5日開催）には出席せず，別集会を持った。JMIU日産支部は，同年9月16日の臨時大会で6人の除名を決定した[22]。

　支部の人たちは，分裂の悲哀をいやと言うほど味わってきた。誰も分裂を望んではいなかった。強引な取り込みや力ずくの排除があったわけではないが，少数派組合はさらに分かれてしまった。

　しかし問題は，少数派組合のさらなる分裂にとどまらなかった。分裂を機に，会社から横やりが入ったのである。このときもまた，組合の同一性が問われた。

　先述したように，支部は，1989（平成元）年2月11日の臨時大会で，既存の規約に基づいて名称変更を含む規約改正を行ったわけだが，会社側は，その名称変更をとらえて，「全金に所属しているといいながら支部ではなく労働組合というのはありえない。労働組合かどうか疑わしい。労働組合であることと従前の支部との同一性を法的に立証せよ。それなしには，組合として認めるわけにはいかないし，従前の組合とで協定した時間内の組合活動協定の履行などとても認められない」として，以降，組合活動の否認，団交・地区交渉・事務折衝の拒否，一時金要求書受け取りの拒否とエスカレートし，春闘と夏季一時金の回答も拒んだ[23]。

　年が変わり，ようやく団交再開に向けた予備折衝が開かれた。会社は「団交再開にあたってのルール作りをしたい。案文は会社が作る。このルール作りは組合の不当労働行為申し立てに影響されない」との見解を述べた。しかし，1990（平成2）年1月22日，組合が「同一性に疑問があるとして団交を拒否しているのは不当労働行為である」として東京地労委に救済を申し立てたところ

---

21)「1991年度」18頁。
22) 同上，18，32頁。
23)「1990年度」30頁。

(66),会社は「組合が都労委に申し立てたので団交をやる気がなくなった」と案文づくりを放棄し,団交拒否の態度に戻った。同月26日,会社はすべての団交を拒否することを通告した[24]。

1990(平成2)年5月16日,支部が東京地裁に会社を提訴していた「組合事務所,残業差別等,損害賠償事件」で,JMIU日産支部が原告として認められた(22)[25]。組合の同一性が法的に立証されたわけであるが,それにもかかわらず,会社はJMIU日産支部を労働組合として否認し,団体交渉を開かないだけでなく,要求書提出の面会にさえ応じなかった[26]。支部は同月30日,春闘要求の中央,地本,支部の三者申し入れに対する団交拒否についても救済を地労委に申し立てた(68)[27]。会社は1992(平成4)年5月まで,支部を労働組合として認めない態度をとり続けたが,地労委和解交渉のなかで団交再開に同意し,同年6月に夏季一時金にかんする団交がようやく開催された[28]。

なお,組合の分裂時にしばしば問題になる財産権問題は,上部団体どうしで解決をみた。

II 塩路一郎の失脚と規制なき合理化

1 塩路の失脚と新しい包括的労働協約

労働戦線の大再編が進むなか,日産の少数派組合はナショナルセンターの合従連衡に翻弄され,さらなる分裂という悲哀を味わった。しかし他方で,自動車労連の会長である塩路一郎が労働戦線統一に向けて社外で精力的に活動していた最中,灯台下暗し,社内で塩路失脚の布石が着々と打たれていたのである[29]。

1977(昭和52)年6月,石原俊が新社長に就任した。塩路との関係は,当初は

---

24)「1991年度」20頁。
25) 同上,21頁。
26)「1992年度」22頁。
27)「1991年度」21頁。
28)「1993年度」36-37頁。
29) 塩路の失脚の経緯については,伊原(2016)第3章で詳述したので,本書は簡単な記述にとどめる。

川又前社長時代の蜜月状態を踏襲する様相を見せていたが、徐々に対決姿勢を露わにした。石原および人事部は、塩路失脚に向けて水面下で画策し、慎重に手はずを整えた。最終的な決め手になったのは、「怪文書」である。現場監督者層であり、日産労組の中核層でもある、組長、係長、安全主任の「三会」の有志が立ち上がって、反塩路の「怪文書」をばらまいた。「日産は塩路会長が1人で作ってきた会社ではありません。我々や皆さんが一生懸命努力して作ってきた会社ではありませんか。たった1人の労働貴族の権力欲のために、5万社員の日産自動車が没落の道を歩むようなことを絶対許してはなりません」。彼らは、1983(昭和58)年9月、記念すべき会社創立50周年が「日産没落」の第一歩とならぬようにと社員に訴えた。1986(昭和61)年2月22日の第64回代議員大会で「三会からの申し入れ」が代議員会の意見として確認され、日産労組執行部はそれを自動車労連に伝えた。自動車労連は、2月25日に三役会、中央執行委員会を開き、代議員会の内容を検討し、塩路会長に意向を聞いた。塩路は同年9月に自動車総連会長を、10月に自動車労連会長を退任した[30]。

　自動車労連および日産労組は、民主的な組織に生まれ変わることを誓った。自動車労連会長の代行に選出された清水春樹は、「民主的な組織のルールに基いて(ママ)ものごとを決めていく」ことを表明し、日産と日産グループはこのままでは組合員とともに沈没してしまう、賃上げどころか雇用も守れない事態になる、「今や労使が不毛の対立をしている時期ではない」と述べ、「新しい出発」を内外に印象づけた[31]。日産労組の組合長は、「日産労組が、この年次大会で、これまでの「復興闘争」[32]と名づけた活動に区切りをつけ、自動車労連の運動方針で確認した考え方や方向にそって、気持ちを新たにして諸活動に取組んで

---

30) 全日産自動車労働組合『日産労報』第251号、昭和61年3月3日、1頁。
31) 日本自動車産業労働組合連合会『自動車労連』第734号、昭和61年3月15日、1頁。
32) 1984(昭和59)年10月26日、自動車労連は第17回定期全国大会で、「新たな復興闘争の推進」を中心課題とする新運動方針を採決した(『自動車労連』第691号、昭和59年11月25日、1頁)。経営側が「保守化の傾向」を強め、「左翼労働運動のみならず、労働者参加をめざす近代的な労働運動をも拒否する」ようになり、「経営権の侵害」として日産労組を批判するマスコミの論調がこの傾向に拍車をかけた。自動車労連は日産の労使関係の変化をこのように捉え、会社に対する不信感と批判的態度を表に出すようになり、労組が率先して会社を立て直す方針を打ち出したのである(同、4頁)。この背景には、労組トップの塩路と会社トップの石原との対立があった。

いきたいと考えます」と宣言した[33]。

　塩路失脚直後の中央経営協議会において，労組側は，自らが変わり，新しい労使関係の構築に向けて努力する意向を会社側に伝えた。開口一番，「本日の中央経協を新たなスタート台にして，労使がお互いの立場を尊重し，ケジメをつけながら，共通の目標に向かって協力し合っていくという関係を確固たるものにしていきたい」と発言し，会社側は「全く同感である」と応えた[34]。

　1986（昭和61）年4月，会社側は日産労組の「民主化」と称して，一部専従役員の職場復帰をはじめ，専従役員数の削減，常任資格付与の廃止，役員選挙方法の見直し，政治活動の検討，組合費の引き下げなど14項目にわたり，日産労組組合長に申し入れを行った。同年12月26日，日産労組は会社と包括的労働協約を結び直した。

　新しい労働協約は，日産労組が関与してきた生産計画，昇給・昇進，安全衛生などの決定を，経営側の専権事項として明記した。そして，建前では組合と経営の両方に対して中立的であったが，実質的には職場委員として活動してきた「三会」を，経営者は「現場の経営者」として明確に位置づけた。現場の管理機能のみを担わせ，生産目標を完遂する責任を負わせるようになったのである[35]。

　日産労組は，新しい労働協約の締結にさいして次のように語っている。「これは，会社および組合が，お互いの役割をわきまえ，立場を尊重しながら，共通の目標に向かって協力しあう健全な労使関係を築こうとするものである。組合は，この労働協約の精神とルールに基づき，自ら責任をもった主体性ある活動を推進し，新しい時代に適応する新しい組合活動を，組合員の皆さんと一緒に切りひらいてきている。そして，今後とも日産グループの中に生まれた前向きの新しい流れをより確かなものとし，企業の繁栄と，従業員の雇用の確保・生活の安定をめざしていく」[36]。

---

33)　『日産労報』第258号，昭和61年11月27日，1頁。
34)　『発展ニュース』No. 176，昭和61年6月6日（金），5頁。日産自動車株式会社労務部『監督者ニュース』号外，1986年3月21日，3-4頁。
35)　「1987年度」13頁。なお，全金プリンス支部（日産支部）は，会社と包括的な労働協約を結んでおらず，最後まで結ぶことはなかった。
36)　日産労組「第23回定期大会　活動報告　昭和60年10月〜昭和62年9月」6頁。

2 歯止めがきかなくなった合理化

　塩路の失脚と新しい包括的労働協約の締結を経て，日産労組・自動車労連は再出発を誓った。塩路失脚の次の年に開かれた定期大会で，全日産労組は活動の重点の一番目に「企業基盤の強化と明るく活力ある職場」を掲げ，「厳しい環境を前向きの気持で乗越えよう」，「労使協議の充実」，「職場労使のコミュニケーションの活発化」，「包括労働協約の誠意ある運用」を組合員に訴えた[37]。たしかに労働組合は変わった。カリスマ的なリーダーが組合組織を牛耳るようなことはなくなった。しかし，全国金属（のちに JMIU）日産支部組合員に対する接し方を見るかぎり，民主的になったとは言いがたい。塩路の失脚後も，日産支部への対応は基本的には変わらなかった。組合の大会，労使協議会[38]，団交などの場で，日産支部との関係について触れることはなかった。日産労組は，同じ労働者として支部と協力して働く者の権利を守ろうとはしなかったのであり，職場では支部の人たちを隔離し続けたのである。

　「組合としての再出発」の限界は，支部組合員に対する非人道的な接し方を改めなかったことだけではない。経営合理化に対して歯止めをかけられなくなったこともある。塩路体制が一掃されると，日産労組は経営側を牽制する力をほぼ失ったと言っていい。以下にみるように，経営者は日産労組に気兼ねすることなく，合理化を進めるようになったのである。

　部門や工場をこえた「応援」が頻繁になり，より大がかりなものになった。1987（昭和62）年，「多能工化政策」という名目で，村山工場は横浜工場から30人，日産車体から50人を受け入れた。同年4月からは逆に，村山工場から追浜工場に200人が3〜4ヵ月間，栃木工場に150人が6ヵ月間，座間工場に50人が6ヵ月間，「応援」にかり出された[39]。村山工場は，九州からも「応援」を受け入れるようになった[40]。

---

37) 『第23回定期大会第1号議案　重点活動方針（案）』(87年10月) 6-7頁。
38) 「経営協議会」と「団体交渉」が日産の交渉機構の2本柱であったが，塩路が失脚し，新しい包括的労働協約が締結されると，前者は「労使協議会」に変わった。それはたんなる名称変更ではない。経営協議会は，労使間で協議し，経営施策について決定をくだす場であり，組合が実質的に経営を規制することもあったが，労使協議会は，経営側が組合に経営計画を説明する場になった（田端 1991，236-245頁）。
39) 「1988年度」21頁。

「3S（スペシャルセールスサポート）計画」と銘打たれた販売店出向計画は，1985（昭和60）年6月に第一陣として200人から始まり[41]，1987（昭和62）年5月に最後の陣を送り出した。しかし，常時5000人体制を維持するために，帰任者と入れ替えに新たな出向が行われた。この販売店出向は，不足したセールスマンを補充することが目的であったが，工場の人員削減を意図したものでもあった。残業手当は1ヵ月20時間分のみ，出向期間は2年から3年に延長され，休みは実質的に1ヵ月間なしという人まで出てきた[42]。当初は出向年齢に制限があったが，のちに50歳以上も対象になった。

　職掌区分をこえて技能職を命じられるケースも増えた。三鷹工場では「ノンプロショップ」と称して，事務員や技術員が交替で現場作業を手伝う職場が設けられた。相模原部品センター部品第二課（村山工場内）では，事務員が毎日一定時間，現場で部品梱包作業をやらされた。荻窪でも，技能員の仕事である倉庫業務を命じられた事務員がいた[43]。

　1988（昭和63）年度の支部「春闘アンケート」によると，1年間に46％の人が「応援」を経験した[44]。頻繁な「応援」や労働者の意向を無視した労務施策に嫌気がさし，大量の退職者が出た。日産の社員数は6万500人から約1万人が減った。一転して増産になると，工場は人手不足になり，労働者にそのしわ寄せがいった。各工場とも毎月4～6直（二交替制の場合，各シフトで2日から3日）の休日出勤，毎月50時間以上の時間外労働を要請され，「ただ働き」が恒常化するようになった。しかし，そこまでやっても増産要請に応えられないため，準社員の採用が開始され，季節工，アルバイト，関連会社からの「応援者」などの不安定雇用者が大量に増えた[45]。1988（昭和63）年4月から改正労働基準法が施行され，変形労働時間制，裁量労働制，フレックスタイム制の導入が可能になり，日産でも労働時間の「弾力化」が進んだ。このような労務施策は，雇用や労働の「柔軟化」だけでなく，コストカットを目的としたものである。コ

---

40)「1991年度」17頁。
41)「1986年度」34-35頁。
42)「1988年度」22頁。
43) 同上，37-38頁。
44)「1989年度」28頁。
45)「1990年度」18頁。

ストカットは細かい点にまでおよんだ。1986（昭和61）年夏，突如として生産カレンダーが変更され，土日出勤が命じられた。使用電力のコスト削減を意図したものであり，この変更により約3億円が節約された。翌年も，7月から9月にかけて13日もの土日出勤が課され，労働者の生活リズムを無視したカレンダーが強要された[46]。

この時期に，賃金体系も改定された。1986（昭和61）年に数十項目にもおよぶ諸手当の切り下げが行われ，翌年4月に賃金体系が刷新された。会社は「職務と賃金，生計費規模と賃金のアンバランスを是正し，バランスのとれた生涯賃金カーブとしていく」という理由をつけて，30年間つづけてきた賃金体系を全面的に見直したが[47]，実質は，成績査定の部分を増やして賃金格差を拡大させ，中高年齢者層の賃金カーブを低くするものであった。つまり，長いこと踏襲してきた「年功主義型賃金」から「仕事を軸とした能力主義型賃金」への転換をはかるものであった[48]。一般層の中高年齢者を中心に8350人の賃上げがストップし，従業員間の格差が拡がった。

こうして経営合理化が日に日に強まっているにもかかわらず，日産労組は労務施策に対して反対の声を上げなかった。かつてのような組合による「恐怖支配」は影をひそめ，組合の意向に反対する者や生産計画を達成できない現場監督者を詰問するようなことはなくなったが，経営合理化に対して意見を述べることもなくなった[49]。

塩路が組合トップに君臨していた時代の方が，労組による職場規制が発揮されていたのは皮肉である。もちろん，塩路は協調的な労使関係を標榜し，経営合理化に非協力的であったわけではない。自主管理活動（「P3運動」[50]，QCサ

46）「1988年度」38頁。
47）同上，32頁。
48）日産の賃金体系の制度的変遷については，「実例特集　日産自動車」『人事マネジメント』1997年8月号，54-57頁，「労働新聞先進10事例にみる人事・賃金制度改革の動き　日産自動車」『総合資料 M&L』1998年12月1日，22-26頁。
49）「1991年度」17頁。
50）「P3運動」とは，オイルショック後の低成長時代を乗り切るために，労使間の合意のもとで進められた生産性向上運動であり，目標として掲げられた「参加（Participation）」，「生産性（Productivity）」，「進歩（Progress）」の頭文字をとって「P3」と名づけられた（上井1991，83-84頁）。

ークル活動，提案活動など），工数低減活動（「ワンカップラリー」，「PSラリー」，「世界一周ラリー」など[51]），厳しい労働環境に耐えうる体力づくり（「ビューティーサロン」，「同パートⅡ」，「軟弱人間撲滅運動」）など，経営合理化に協力する活動を自ら企画してきた。これらの活動のほとんどは就業時間外に無給で行われ，1時間前後の早出や居残りは日常茶飯事であり，夜勤明けに2時間以上，活動させられることもあった[52]。しかし，他方で，労働者の昇進・昇格や「応援」にさいして実質的に組合の承認を必要とさせたり，ME機器の導入にさいして労組との協議を求めたりと，経営側の施策に対して一定の規制をかけてきたことも確かである。それが，塩路体制が一掃されると，労働者による職場規制はほぼなくなったのである。

Ⅲ　もうひとつの「組合問題」の解決に向けて

ただし，筆者が主張したいことは，塩路体制の時代の方が労働者にとって「ましだった」ということではない。塩路自身，「労使協調」という経営イデオロギーに踊らされていたのであり，塩路の失脚は，「労使協調」を真に受けた労働組合の行く末を暗示していたことである。

労働者と使用者は，完全に利害を共有しているわけではなく，本質的に対等な関係でもない。しかし，経営側にとって，右肩上がりの成長期は力関係を曖昧にした方が好都合であった。労働者から強い組織コミットメントを引き出すためには，力関係を表に出さない方がよかったからである。大方の労働者にとっても，雇用が守られ，賃金が上昇し続けるかぎりにおいて，利害の対立面をことさら強調することは得策ではないように感じられた。そして，会社の「成長物語」はいつまでも続くものと思われた。ところが，低成長時代に入ると，さらには会社組織の存続が危機に瀕すると，使用者は力関係における優位性と立場の違いを鮮明にせざるをえなくなった。労働者が望まない合理化を断行するには，経営側の力や権限を誇示する必要が出てきたからだ。それにもかかわ

---

51) 目標管理による動機づけの一種であり，工数低減活動にゲームの要素を取り入れ，すごろくのようにして目標を達成させた。ゲーム名は各職場が考えた。
52) 「1982年度」43-44頁。

らず，塩路は従来通り，場合によっては従来以上に，「対等な関係」を前面に出して発言したため，会社側からうるさがられ，最終的には切り捨てられたのである。塩路は，「協調的労使関係」が抱える本質的な矛盾を「失脚」という形でいち早く体現したといえよう[53]。

塩路なきあとの日産労組は，「社員が一丸となって危機を乗り切ろう！」と叱咤激励するばかりであり，会社の合理化政策にまったく口を挟まない。一般組合員からすれば，安定した雇用および賃金の保障と引き換えに会社に協力してきたが，雇用不安が高まり，賃金が大幅に減少しても，会社の存続のために協力を促される。結局のところ，労組は，いつの時代にも経営に協力することを求め，本当に困ったときも助けてくれるわけではなさそうだ。このことに気がついてしまった組合員たちは，組合の存在意義を感じなくなる。

会社は，「協調的労使関係」の「一翼を担う」労組よりも上手であった。経営者にとって日産労組という「足かせ」はなくなり，自分たちの思い通りにならない存在は，JMIU日産支部（および全金に残った人たち）だけになった。会社はここに来て，もうひとつの「組合問題」を解決しようとするのである。

---

53) 塩路の失脚後，経営悪化の原因を塩路個人に求める論調が強まった。そのような見解に対して，塩路側から経営者の責任を問う反論が出された（塩路2012，佐藤2012）。しかし，どちらの議論も問題の本質を避けているように思われる。

第8章　全面解決闘争と「和解」

　全金支部組合員を排除するように表だって指図していたのは日産労組・自動車労連であった。そのトップに君臨した塩路一郎を失脚させ，経営者は日産労組・自動車（日産）労連[1]に気兼ねする必要はなくなった。塩路だけが「足かせ」であったならば，全金（のちにJMIU）日産支部との関係を見直すことが可能になったはずであるが，その後も関係修復に向けて経営側から働きかけることはなかった。

　全金（のちにJMIU）日産支部は，労使間の紛争の全面解決に向けて活動を盛り上げ，経営者と膝を詰めて交渉した。1993（平成5）年の初め，ついに「全面和解」が成立した。合併前年の確執から数えて28年もの歳月が流れていた。

I　「労使関係正常化・全面解決闘争」

　支部と会社は，「全面和解」に向けて，東京地労委から幾度となく勧告が出されてきた。賃金差別は，「第二次和解」が成立したあとも完全には解消されず，支部は，1976（昭和51）年2月2日に「第三次斡旋申請」を行った(28)（第4章第III節第4項を参照）。同年11月2日の第9回斡旋交渉の場で，地労委の公益委員から「全面和解」の勧告が出された。賃金差別に限定せず，地労委および裁判にかけられている事件をすべて一括解決してはどうかという提案である。支部は執行委員会でこの件を諮ったが，「夜勤前提ならば全面和解に応じられない」という結論になった[2]。

1）自動車労連は，1989（平成元）年に「全日産・一般業種労働組合連合会（日産労連）」に名称を変更した。
2）それ以前にも，賃金，仕事，不当処分，不当配転，組合事務所など，複数の項目の包括的解決に向けた「和解交渉」はあった。「残業差別事件」(14)の結審後から地労委で「第一次和解交渉」が始まった。1回目の交渉は1969（昭和44）年4月5日に開催され，翌年4月11日の18回目の交渉をもって「和解」は不調に終わった。地労委の「第二次和解交渉」が1974（昭和49）年7月25日に開始された。しかしこのときも，10回目の交渉（1975（昭和

地労委は，1980（昭和55）年3月11日，「賃金差別」の調査のさいに再び「全面和解」を勧めた。和解交渉は1年間で10回におよんだが，このときも不調に終わった。全金プリンス支部は，地労委の交渉に頼りすぎであり，また全員の意思統一が不十分であり，組合員が当事者としての自覚を欠いているとして，運動のあり方を反省した。

　支部は「80春闘」で，全組合員が団結して「労使関係正常化・全面解決闘争」に取り組むことを確認し，第19回定期大会（1980（昭和55）年10月4日）でこの闘争の意義を整理し直した[3]。執行部が「労使関係正常化・全面解決闘争」の方針案を作成し，全組合員が全体集会や職場会で「全面解決闘争」の意義・要求・闘い方について討議を重ね，第22回定期大会（1983（昭和58）年7月23日）で活動方針案が可決された。支部は，全面賠償訴訟（**22**，**48**）の勝利が「全面解決」の突破口になると考え，全組合員の力を結集させてこの裁判に勝つべく，意思統一をはかった。

　支部の人たちは許しがたい差別や権利侵害を受け，家族も筆舌に尽くしがたい苦しみを味わってきた。「全面解決闘争」とは，組合および組合員が受けてきた不当労働行為と人権侵害をやめさせる闘いであるが，それにとどまらない。組織内で多数派になる希望を失わず，日産全体の労働条件を向上させ，運動を社会に拡げる闘いでもある。①法廷闘争で勝利する闘い，②職場の支持を拡げる闘い，③会社を社会的に包囲する闘い。これらを「全面解決闘争」の3本柱に据えた。

　「労使関係正常化・全面解決闘争」は，5年先を目標達成の期限に設定した。年ごとの活動実績を振り返ると，1年目（1983年8月〜84年7月）に，日産の本社がある中央区の区労協が中心になって「日産関連三闘争支援中央区連絡会」を結成した。「三闘争」とは，「日産全面解決闘争」，「厚木部品争議」，「日産から暴力をなくす闘い」である。追浜工場で働く八木光明は日産労組の組合員であったが，「企業ぐるみ選挙」に協力せず，厚木自動車部品の除名・解雇にも

50）年9月3日）をもって交渉は途絶えた。1976（昭和51）年11月2日から始まった交渉は，東京地労委「第三次和解交渉」であり，以下に示すように，交渉は難航しながらも，粘り強く続けられたのである。

3）以下，全金日産自動車支部「労使関係正常化・全面解決闘争方針」より。

反対したため，集団暴力を受け，肋骨を折った[4]。八木支援を主たる目的として「日産から暴力をなくす会」が生まれた。「連絡会」がはじめて手がけた大きな行事は「5・18日産の仲間と連帯する文化の夕べ」(中央会館)である。開催までの4ヵ月間，都内全域にわたって協力を要請し，支部組合員も宣伝活動に奔走した。当日の「夕べ」には410団体，1252人が参加し，収容人数をこえた会場は熱気に包まれた[5]。1984 (昭和59) 年3月に支部は会社に差別撤廃を求める「全面解決要求書」を提出していたが (51)，同年6月の回答は，「要求全項目とも認められない」であった。その理由は，「賃金や仕事は本人の職務遂行能力等の結果であって，差別を行っていない」，「会社の諸施策にことごとく異をとなえる組合になぜ便宜供与しなければならないのか」，「会社の目的達成に忠誠を誓わない者に部下をゆだねたり，誓わない者をかなめにいれるわけにはいかない」といったものであり，会社側は従来通りまったく取り合わない姿勢を示した[6]。会社側の厳しい態度にもめげず，支部は抗議行動を強化した。1年目は，本社に対して2回，日産のメインバンクの日本興業銀行(現・みずほ銀行)に対して4回，村山・荻窪・三鷹の各工場・事業所では頻繁に，抗議活動を実施した。「全面解決」関連のパンフレットを5千部作成し，宣伝ビラをおよそ20万枚配布した。

　2年目 (1984年8月～85年7月) に入ると，第4章の「厚木自動車部品解雇事件の支援」のところで言及したように，「日産闘争支援連絡会」を立ち上げた。厚木自動車部品争議の支援を目的として，村山・三鷹・荻窪・NTCで抗議活動を実施し，本社へ抗議を3回，興銀へ抗議を2回，厚生省・労働省(当時)へ要請を2回行い，石原社長や塩路自動車労連会長の自宅周辺でも支援活動を行う徹底ぶりであった。1年目の中央区の大集会に続き，「5・17日産文化の夕べ」(読売ホール)を開催した。参加団体は427，参加者は1488人にのぼった。

　3年目 (1985年8月～86年7月) には「日産闘争支援三多摩連絡会」を結成し，

---

4) 追浜工場の暴力事件の詳細は，八木ほか (1983) 10頁，青木 (1982) 41-85頁。第3章の注11も参照。
5) 5・18日産の仲間と連帯する文化の夕べ実行委員会「不撓不屈　5・18日産の仲間と連帯する文化の夕べ実行委員会ニュース」第8号，1984年7月10日。
6) 「1985年度」13-19頁。

村山工場と三鷹工場周辺の抗議行動を強化した。その他にも，モーターショー近辺のバス停でビラを配ったり，「日産闘争支援ユーザーの会」を発足させて「日産車を愛すればこそ，一日も早く争議を解決し，日産車に乗っていて誇れる日産になってほしい」とのメッセージを日産経営者に送ったり，重役宛に要請書を郵送したり，大学門前や株主総会で宣伝行動をしたりするなど，思いつくかぎりのことをした。「5・15日産闘争支援全国総行動」を実施し，参加団体892，参加者2032人，駅頭・地域宣伝57ヵ所，工場前宣伝19工場，門前ビラ3960枚，全配布ビラ5万150枚，協力を要請した販売会社47都道府県151社と大がかりなものであった。これらの活動は，日産闘争支援連絡会と厚木支援共闘会議，中央・地方の統一労組懇，金属連絡会から全面的な支援を受けた。個人署名にも積極的に取り組み，公平な判決や命令を早期に求める署名を，横浜地裁に1万1962人分，東京地裁に1万2770人分，中労委に6000人分提出した。支援要請ビラは10万枚に達した。

4年目（1986年8月〜87年7月）の特筆すべき活動は，「三多摩連絡会」が中心となって開催した「10・24連帯の夕べ」（立川市民会館）である。参加団体は447，参加者は1600人にのぼった。支部は社内では少数派であったが，社外では連帯を通して大きな力を獲得していることを実感した。この集いは，日産闘争支援だけを目的としたものではなく，国鉄の分割・民営化，教育臨調，大型間接税，国家機密法など，当時の国民的関心事である政治課題と絡めた集会であり，「日産の労働者を励ます集会」から「日産の労働者と様々な要求を持ち寄って共闘する集会」に発展した。その他には，金属反合共同行動（1986年10月，12月，87年3月，4月，6月），全都総行動（1986年10月，87年4月），婦人の総行動（1986年11月），5・15全都官民共同行動（1987年5月15日，日産本社前に過去最高の約千人）に参加し，他団体との共闘関係を強化した。協力要請のビラを21万枚，「実行委員会ニュース」を1万8千枚配布した。日産本社の対応にも変化がみられるようになった。「腕章やゼッケンをしていなければ面会に応じる」と，態度を軟化させてきたのである。

5年目（1987年8月〜88年6月）は，「労使関係正常化・全面解決闘争」の最終年である。日産厚木争議は，9月に原告側が全面勝訴した。支部はこの勝利の勢いに乗って，日産争議も「全面解決」にもっていきたいと考えた。10月に

団体署名活動を開始した。提出実績は，東京地裁に2442団体，東京高裁に1701団体，東京地労委に1500団体，日産に2000団体であった。同月，100万枚ビラ宣伝行動を始めた。

　以上，「労使関係正常化・全面解決闘争」の5年間の軌跡をみた。活動の柱の1つである「会社を社会的に包囲する闘い」は大きく前進した。支部は他団体と共闘関係を築き，社外から支援を受け，差別的処遇を世間に知らしめ，日産経営陣を包囲する社会的圧力を高めた。社外の声が大きくなるにしたがって，支部組合員の団結力も強まった。

　「法廷闘争で勝利する闘い」にも進展がみられた。支部は，残業や組合事務所などの差別に対する損害賠償を求めて，1973（昭和48）年8月30日に会社を提訴し (22)，全組合員の賃金・仕事などの差別に対する損害賠償を求めて，1983（昭和58）年9月28日と翌年5月15日，それぞれ追加提訴した (48, 51)[7]。前者は1986（昭和61）年にいったん結審したのち，翌年2月に裁判官変更により弁論が再開され，1988（昭和63）年2月に結審となり，判決待ちの状態であった。後者は「全面損害賠償請求事件」の本体ともいえる裁判であり，1987（昭和62）年5月から証人調べが始まり，翌年6月までに6回の公判が開かれた。支部は，弁護団任せにせず，三役・分会長・各証人をメンバーとする「全損対策委員会」を設置し，原告である全組合員が「陳述書」を提出し（第3章を参照），支部をあげて裁判闘争に取り組んだ。「残業差別事件」(14) が1985（昭和60）年4月23日に，「組合事務所・掲示板貸与拒否事件」(18) が1987（昭和62）年5月8日に，最高裁で勝利したことを受けて，勝利判決が期待できる状況であった。

　上記の2つの活動の柱は，密接に結びついている。支部は署名活動に精力的に取り組み，組合員に対する処遇の不当性を社会に知らしめ，裁判を取り巻く世論の形成に力を注いだ。他の組合や地域社会からの支援の声は，法廷闘争を後押しすることになり，同時に，裁判での勝利は，日産の差別的処遇を世間に広く伝え，支部の存在を社会にアピールする機会になった。

7）(48) は，1973（昭和48）年の提訴のときには含まれなかった組合員5人（専従やその後加入した人）の損害賠償請求として提訴した事件であり，(51) は，賃金差別・仕事差別・慰謝料を含む全面損害賠償請求を「残業差別損害賠償事件」に加えたものであり，独立の事案として新たに提訴した事件である。

ただし，活動の3本柱の1つである「職場の支持を広げる闘い」は目だった成果を上げられなかった。この5年の間に新規組合員を迎えることができず，定年退職などにより組合員は減少していった。第10回定期大会時（分裂後6年目，1971（昭和46）年10月24日），支部組合員数95人，平均年齢30.4歳であったのが，「全面解決闘争」のスタート時，組合員数76人，平均年齢42歳になり，終了時には，組合員数66人，平均年齢46歳になっていた。もちろん，社内の支持拡大の指標は組合員数だけではない。日産労組のなかにも隠れた支援者はいた。しかし，支部が「労使関係正常化・全面解決闘争」で掲げた「社内で多数派になる」という大きな目標は，達成することができなかった。

支部は，第27回定期大会（1988（昭和63）年7月9日）で「労使関係正常化・全面解決闘争」を次のように総括した[8]。「この5年間をつうじて会社を社会的に包囲する闘いは，飛躍的に前進しました。共闘団体，支援団体の拡大，会社への抗議，大量宣伝，署名，大集会などあらゆる取り組みを精力的におこない，支部にとって永く教訓になる財産を残したといえます。しかし全面解決は成しとげていません。この原因として考えられるのは，この5年間で会社をかなり追いこんだものの，厚木争議団のように，会社が解決の決断をせざるをえないところまで追いこめきれなかった事でしょう」[9]。支部からすれば，「全面解決闘争」の到達点は必ずしも満足できる結果ではなかった。次年度以降も活動を継続し，運動を強化・発展させることを組合員は確認し合った。

1989（平成元）年8月にJMIUに支部が加盟してからは，JMIUが全面的に支援する形で日産闘争をもり立てた。同年12月20日，全労連とJMIUが中心になって「JMIU日産自動車支部闘争支援共闘会議」を結成し，議長にはJMIU中央執行委員長が，副議長，代表幹事には全労連の副議長をはじめとして29の単産・地区労代表など33人が，事務局長にはJMIU東京の書記長が，事務局には支部三役を含む17人が就く強力な支援体制を整えた[10]。

1990（平成2）年3月，支部は「石播闘争支援連」[11]との共催で「石播・日産を

---

8)「労使関係正常化・全面解決闘争」の定期大会における総括は，「1989年度」29-52頁。執行委員会の総括と今後の方針は，「全面解決闘争5年間の総括と今後の方針」。
9)「1989年度」40頁。
10)「1991年度」21頁，JMIU日産闘争支援共闘会議「生きることはたたかい」（1991年）より。

はじめ全ての争議の勝利をめざす3・11大集会」を代々木公園で開き，1万人の労働者・市民を集めた。同年10月「日産の差別をなくす10・19日産闘争支援全国総行動」を[12]，翌91（平成3）年10月「日産・石播の争議を勝利させる10・18全国総行動」を実現させた[13]。この時期に，日産の経営者はJMIU日産支部の組合員を部下に持つ管理監督者を集め，「①現在，全国的な争議団活動を行っているのは，日産と石播である。②会社としては好ましくないと考えており，JMIUと和解する方針である。③和解の条件として，JMIUには生産への協力を求めている」と説明した[14]。支部は，他の争議団との共闘関係をさらに強化した。山武ハネウエル争議団と共同行動を企画し，3年連続で「全国総行動」を実施した[15]。金属反合は10余年の間に74回の「行動」を実現させ，75団体の争議を勝利解決に導いた。金属反合共同行動は，日産争議の解決に向けて強力に後押しした[16]。

　支部が「全面解決」に向けて全国に支援を求めるのと並行して，各分会はそれぞれの地域社会でのつながりと協力関係を強めていった。村山分会は三多摩地域で，荻窪分会は杉並区で，三鷹分会は武三地区労のなかで，NTC分会は厚木地区労のなかで，それぞれ精力的に活動を行い，共闘関係を確たるものにしたのである[17]。

II 「全面和解」

1 「和解」の経緯

　支部が「全面和解」に向けて闘争を盛り上げるなか，1990（平成2）年12月13

---

11) 石川島播磨重工（現・IHI）で長年続いた差別とそれを撤廃させる闘いについては，明るい職場と平和をめざすIHI連絡会（2009），米田憲司・人権回復を求める石川島播磨原告団（2010）。
12) 「1992年度」22-24頁。
13) 「1993年度」26頁。
14) 同上，23-24頁。
15) 「1994年度」9-11頁。
16) 「1993年度」31頁。
17) 「1991年度」22頁。

日，東京地労委で争議の全面解決に向けた交渉が始まった。支部が和解の条件として求めたことは，大別して次の3点である[18]。

1) 組合否認・組合間差別などの是正
2) 組合員に対する差別是正・処分撤回
3) 損害金の支払い

日産争議全面解決交渉は，初年度6回，次年度18回の計24回を数え，第1の要求である支部に対する差別の撤廃（組合事務所・掲示板の貸与，団体交渉再開，時間内組合活動を認める，懲戒処分の撤回）は大筋合意に達した。次に，組合員に対する賃金差別および仕事差別の是正と，二十数年におよぶ差別に対する損害金（解決金）の支払いの交渉に入った[19]。

1992（平成4）年12月7日，会社側から賃金・仕事ランクの最終是正案が提示された。支部執行委員会は討議を重ね，和解案拒否の結論を出した。ところが，JMIU中央，地方本部，弁護団，支援共闘会議の見解は異なった。支部は12月12日，15日，19日と3日間にわたり臨時大会を開き，組合員が議論を尽くした末，投票により審議を諮ることにした。その結果，執行部案は否決され，会社側の是正案を受諾する，という決定が下された。

支部が受諾する意向で臨んだ12月21日の和解交渉の最終局面で，突如として地労委から「経営施策への協力」の要請が出された。23日，急遽，執行委員会を開いてこの要請を検討し，「無条件での経営施策協力は認められない。何らかの規制文言を入れさせること」を地労委に要求することを決めた。慎重を期し，翌24日にJMIU，弁護団との打ち合わせでこの方針を再確認し，地労委に強く申し入れ，25日の交渉に臨んだ。第36回地労委和解交渉は夜を徹して行われ，ついに合意にいたった。

翌1993（平成5）年1月8日，支部と会社は第37回地労委和解交渉で協定書に調印した。合併から数えて26年と5ヵ月，合併前の混乱から数えれば27年と数ヵ月が経っていた。「今回の和解を勝ち取った要因は，なによりも27年間にわたって不屈にたたかいぬいてきたJMIU日産自動車支部の組合員の奮闘を土

---

18)　JMIU日産闘争支援共闘会議「生きることはたたかい」（1991年）より。
19)　「1993年度」1, 34頁。

台に，JMIUを中心に支援共闘会議が結成され，全労連，各都道府県労連をはじめとした全国のたたかう仲間の支援の輪が大きく広がったことにあります。同時に，支援共闘会議の結成とともに新たに編成されたJMIU日産弁護団の献身的な活動は大きな力になりました。また，金属機械反合闘争委員会の系統的なたたかいが，日常的な運動を前進させてくれました。そして，この長期間のたたかいを支えてくれた家族の力もありました」[20]。

和解成立後，2月27日に報告集会が開かれ，3月1日，全執行委員が辞任し，新執行部が選出された。支援共闘会議は課題を達成し，解散した[21]。

2 「和解」の成果

和解協定は，15条からなる協定本文，覚書（一）～（六），就業時間中の組合活動にかんする協定と覚書，確認事項で構成されている（巻末資料8-1は協定本文のみ）。和解協定の第一条（基本精神）には，「会社は労働基本権を尊重し，不当労働行為と疑われるような行為は行わない。組合は経営権を尊重し，経営施策に協力する」と明記された。以下，和解により獲得した組合側の成果を列挙する[22]。

1) 組合否認，組合間差別などの是正
①団体交渉
　1989年2月以降の団交拒否をやめさせ，通常は支部執行委員7人，必要に応じてJMIU上部役員2人程度の出席を認めさせた。同時に，従来一度も出席しなかった労務担当重役を主要局面で年3回程度出席させることを認めさせた。
②地区事務折衝
　1989年2月以降の事務折衝拒否をやめさせ，分会の事務折衝を再開させた。
③組合事務所の貸与

---
20)「1994年度」11頁。
21) 同上，11，13頁。
22) 以下，JMIU日産闘争支援共闘会議，JMIU日産自動車支部「日産争議全面解決　全国のみなさんご支援ありがとう」（1993年1月）より。

村山工場と荻窪事業所において組合事務所を貸与することを認めさせた。
④掲示板の設置
　村山工場，荻窪事業所，三鷹事業所および日産テクニカルセンター（NTC）に合計6枚の組合掲示板を設置することを認めさせた。
⑤就業時間中の組合活動
　JMIU全国大会，地本大会，支部執行委員会に参加する時間および移動時間と，専従者の職場復帰にともなう執行委員の専従者に代わる組合活動時間（年間300時間）を認めさせた。
2）組合員に対する差別是正，処分撤回
①賃金是正
　1992年4月1日付で，本給，仕事給，成績給，資格手当を是正させた。
②仕事ランクの是正
　仕事ランクを是正させ，それに応じた職務の担当を約束させた。
③退職金ポイントの是正
　退職金の計算基礎となる退職金ポイントを是正させた。
④職掌差別の是正
　会社合併時に技術員から技能員にされた3人の組合員の職掌を元に戻させた。
⑤人間関係差別，村八分
　紛争の全面解決を管理職および従業員に周知徹底させ，職場における人間関係の融和をはからせることとした。
⑥懲戒処分
　異職種応援反対，ストライキ，5・15全国総行動，厚木争議支援共闘会議ビラ配布を理由とした出勤停止処分による賃金カット分を個人別に支払わせ，今後の査定等において不利益に扱わせないこととした。
3）解決金の支払い
　解決金として金一封を会社に支払わせた。
4）専従者の職場復帰
　組合専従者の職場復帰にさいして，本給を同期の組合員と同等に保障させ，これまで労使間で合意できなかった勤続年数は，専従期間の半分を算入させた。

なお，旧全金日産支部がJMIUに移る人と全金に残る人とで分裂した経緯については前章で触れたが，後者が先に和解に達した。全金に残った人たちは，「全面損害賠償請求」(48, 51)を1990（平成2）年8月3日に取り下げた（2人と4人）。会社からすれば，ごく少数の方が合意を得やすかったであろうし，そちらと先に合意に達すれば，JMIUの方も和解に応じるであろうとの目算もあったと考えられる。和解にいたる過程で，2つの支部は連絡をとりあうことはなかった[23]。

III　支部内の意見調整

　「全面和解」は多年の念願であった。支部の人たちはようやく「正常な労使関係」のもと，他の労働者と分け隔てのない職場生活をおくれるようになった。
　ただし，最終結論にいたる過程で，支部内でもめにもめた。「和解の条件が低すぎる」，「会社側の是正案では和解できない」といった否定的な意見，「やるだけのことはやってきたのだから和解しよう」といった妥協的な意見，「ここまで闘ってきたのだから，絶対に妥協すべきではない」といった断固たる反対意見など，さまざまな見解が組合員から出された。細かな点でも意見が分かれた。わかりやすい例をあげると，夜勤にかんして，他の労働者と同じように働きたいとして賛成する人もいれば，労働者の健康を損なうとして反対し続ける人もいた。話は容易にはまとまらなかったが，見解の相違の根幹は，支部の運動に対する和解の位置づけ方の違いにあった。「差別がある中でも仲間を増やしていけば，いつかは多数派になれる」と考える者は，とりあえずは和解を受け入れ，そのうえで支持者を増やしていこうとした。「差別がなくならなければ，多数派にはなれない」と考える者は，差別が完全に是正されることにこだわった。女性組合員は安易な妥協には反対であった。組合間の差別に加えて男女間の差別が完全には解消されていなかったからである。
　執行部のなかですら，和解案に対して見解の一致をみたわけではない。当時，

---

23) 全金の方の和解金は，組合一括ではなく，個人別に支払われた。なお，全金に残った人たちは，1999（平成11）年に日産支部の解散を承認した。

表 8-1 「和解」

甲	入社年月	92年4月時年齢	性別	学歴	採用	職掌	資格	仕事ランク	本給	資格手当	仕事給	成績給	年齢給	合計
									1992年4月（是正前）					
163	1952年4月	55	男	中卒	正規	技能	120	G3	103,120	14,500	92,300	13,100	74,250	297,270
160	1953年4月	54	男	中卒	正規	技能	120	G4	108,190	14,500	96,900	16,400	76,350	312,340
158	1953年4月	54	男	中卒	正規	技能	130	G3	97,280	10,000	92,300	12,000	76,350	287,930
159	1953年4月	54	男	中卒	正規	技能	120	G3	99,580	14,500	92,300	12,000	76,350	294,730
145	1956年4月	51	男	中卒	正規	技能	120	G4	106,560	14,500	96,900	17,500	79,350	314,810
142	1956年4月	51	男	中卒	正規	技能	120	G3	101,850	14,500	92,300	12,000	79,350	300,000
140	1956年4月	51	男	中卒	正規	技能	120	G3	96,960	14,500	92,300	12,000	79,350	295,110
148	1956年4月	52	男	中卒	正規	技能	120	G3	97,020	14,500	92,300	13,100	79,350	296,270
130	1957年4月	50	男	中卒	正規	技能	120	G3	97,880	14,500	92,300	14,200	79,350	298,230
133	1957年4月	50	男	中卒	正規	技能	120	G3	100,990	14,500	92,300	12,000	79,350	299,140
134	1957年4月	50	男	中卒	正規	技能	120	G3	100,700	14,500	92,300	13,100	79,350	299,950
135	1957年4月	50	男	中卒	正規	技能	130	G2	91,780	10,000	88,200	9,600	79,350	278,930
132	1957年4月	50	男	中卒	正規	技能	120	G3	94,350	14,500	92,300	12,000	79,350	292,500
131	1957年4月	50	男	中卒	正規	技能	120	G3	92,850	14,500	92,300	12,000	79,350	291,000
121	1958年4月	49	男	中卒	正規	技能	120	G3	94,590	14,500	92,300	13,100	78,850	293,340
124	1958年4月	49	男	中卒	正規	技能	120	G3	95,290	14,500	92,300	13,100	78,850	294,040
120	1958年4月	49	男	中卒	正規	技能	120	G3	93,030	14,500	92,300	12,000	78,850	290,680
122	1958年4月	49	男	中卒	正規	技能	130	G3	91,060	10,000	92,300	12,000	78,850	284,210
115	1960年4月	47	男	中卒	正規	技能	120	G3	94,090	14,500	92,300	13,100	77,850	291,840
114	1960年4月	47	男	中卒	正規	技能	120	G3	91,980	14,500	92,300	13,100	77,850	289,730
111	1961年4月	46	男	中卒	正規	技能	120	G3	88,590	14,500	92,300	13,100	77,350	285,840
165	1952年11月	56	男	中卒	中途	技能	120	G3	94,050	14,500	92,300	12,150	72,150	285,000
155	1959年2月	54	男	中卒	中途	技能	120	G3	92,200	14,500	92,300	12,000	76,350	287,350
154	1960年6月	54	男	中卒	中途	技能	120	G3	92,970	14,500	92,300	12,000	76,350	288,120
139	1958年8月	51	男	中卒	中途	技能	130	G2	85,930	10,000	88,200	10,800	79,350	274,280
128	1960年5月	50	男	中卒	中途	技能	120	G3	91,480	14,500	92,300	13,100	79,350	290,730
129	1959年2月	50	男	中卒	中途	技能	120	G3	94,160	14,500	92,300	12,000	79,350	292,310
127	1961年7月	50	男	中卒	中途	技能	120	G3	89,190	14,500	92,300	12,000	79,350	287,340
109	1965年5月	46	男	中卒	中途	技能	130	G2	83,960	10,000	88,200	10,800	77,350	270,310
110	1963年3月	46	男	中卒	中途	技能	130	G1	66,760	10,000	84,400	8,600	77,350	247,110
106	1964年8月	45	男	中卒	中途	技能	120	G3	86,720	14,500	92,300	14,200	76,850	284,570
162	1952年4月	55	男	中卒	正規	事技	130	J3	118,300	14,500	99,700	20,000	74,250	318,830
123	1958年4月	49	男	中卒	正規	事技	120	J3	105,380	14,500	99,700	21,700	78,850	320,130
152	1958年4月	52	男	高卒	正規	技能	120	G3	105,360	14,500	92,300	13,100	79,350	304,610
146	1959年4月	51	男	高卒	正規	技能	120	G4	104,560	14,500	96,900	16,400	79,350	311,710
136	1961年4月	50	男	高卒	正規	技能	120	G3	102,660	14,500	92,300	14,200	79,350	303,010
125	1961年4月	49	男	高卒	正規	技能	120	G3	97,750	14,500	92,300	13,100	78,850	296,500
117	1963年4月	47	男	高卒	正規	技能	120	G3	96,590	14,500	92,300	13,100	77,850	294,340
108	1965年4月	45	男	高卒	正規	技能	120	G3	87,890	14,500	92,300	12,000	77,350	279,040
116	1964年11月	47	男	高卒	中途	技能	120	G3	90,190	14,500	92,300	12,000	77,850	286,840
103	1971年1月	42	男	高卒	正規	技能	130	G2	67,430	10,000	88,200	10,200	74,750	250,580
147	1959年4月	51	男	高卒	正規	事技	120	J3	111,250	14,500	99,700	21,700	79,350	326,500
137	1960年4月	50	男	高卒	正規	事技	120	J3	110,010	14,500	99,700	23,400	79,350	326,960
138	1960年4月	50	男	高卒	正規	事技	120	J3	107,050	14,500	99,700	20,000	79,350	320,600
113	1964年4月	46	男	高卒	正規	事技	120	J3	98,420	14,500	99,700	20,000	77,350	309,970
161	1959年6月	54	男	高卒	中途	事技	120	J3	107,830	14,500	99,700	20,000	76,350	318,380
164	1960年4月	55	男	大卒	正規	事技	110	J5	156,850	23,500	111,000	34,000	74,250	399,600
126	1965年4月	49	男	大卒	正規	事技	120	J3	133,460	23,500	99,700	21,700	78,850	357,210
144	1956年4月	51	女	中卒	正規	事技	130	J2	69,680	10,000	88,200	9,600	79,350	256,830
118	1964年4月	48	女	中卒	中途	技能	130	G2	65,740	10,000	88,200	9,600	78,350	251,890
150	1958年4月	52	女	高卒	正規	事技	130	J2	73,920	10,000	88,200	10,200	79,350	261,670
149	1958年4月	52	女	高卒	正規	事技	130	J2	77,300	10,000	88,200	10,800	79,350	264,080
112	1964年4月	46	女	高卒	正規	事技	130	J2	65,800	10,000	88,200	9,600	77,350	250,950
166			男	中卒	中途	技能								

注：1) 組合員に割り振った甲の番号は、第3章の表3-1「『陳述書』提出者一覧」に基づく。
　2) 組合員の表記の順番は、男→女、技能→事技、中卒→大卒、正規→中途、高年齢→低年齢になっている。れにならった。
　3) 「学歴」は入社時のものである。
　4) 覚書（四）により、甲116, 117, 152の3名は1993年4月1日付けで職掌・仕事ランクがG3→J3へ変更された。
　5) 甲166の賃金は、1990年以降、支部で把握していない。

による賃金是正幅

		1992年4月（是正後）								是正幅				
資格	仕事ランク	本給	資格手当	仕事給	成績給	年齢給	合計	資格	仕事ランク	本給	資格手当	仕事給	成績給	年齢給	合計
120	G4	112,550	14,500	96,900	17,500	74,250	315,700	0	1	9,430	0	4,600	4,400	0	18,430
120	G5	118,080	14,500	102,100	21,200	76,350	332,230	0	1	9,890	0	5,200	4,800	0	19,890
120	G4	106,170	14,500	96,900	16,400	76,350	310,320	1	1	8,890	4,500	4,600	4,400	0	22,390
120	G4	108,680	14,500	96,900	16,400	76,350	312,830	0	1	9,100	0	4,600	4,400	0	18,100
120	G5	116,300	14,500	102,100	22,400	79,350	334,650	0	1	9,740	0	5,200	4,900	0	19,840
120	G4	111,160	14,500	96,900	16,400	79,350	318,310	0	1	9,310	0	4,600	4,400	0	18,310
120	G4	105,820	14,500	96,900	16,400	79,350	312,970	0	1	8,860	0	4,600	4,400	0	17,860
120	G4	105,890	14,500	96,900	17,500	79,350	314,140	0	1	8,870	0	4,600	4,400	0	17,870
120	G4	106,830	14,500	96,900	18,600	79,350	316,180	0	1	8,950	0	4,600	4,400	0	17,950
120	G4	110,220	14,500	96,900	16,400	79,350	317,370	0	1	9,230	0	4,600	4,400	0	18,230
120	G4	109,900	14,500	96,900	17,500	79,350	318,150	0	1	9,200	0	4,600	4,400	0	18,200
130	G3	100,170	10,000	92,300	12,000	79,350	293,820	0	1	8,390	0	4,100	2,400	0	14,890
120	G4	102,970	14,500	96,900	16,400	79,350	310,120	0	1	8,620	0	4,600	4,400	0	17,620
120	G4	101,340	14,500	96,900	16,400	79,350	308,490	0	1	8,490	0	4,600	4,400	0	17,490
120	G4	103,240	14,500	96,900	17,500	78,850	310,990	0	1	8,650	0	4,600	4,400	0	17,650
120	G4	104,000	14,500	96,900	17,500	78,850	311,750	0	1	8,710	0	4,600	4,400	0	17,710
120	G4	101,530	14,500	96,900	16,400	78,850	308,180	0	1	8,500	0	4,600	4,400	0	17,500
120	G4	99,380	14,500	96,900	16,400	78,850	306,030	1	1	8,320	4,500	4,600	4,400	0	21,820
120	G4	102,690	14,500	96,900	17,500	77,850	309,440	0	1	8,600	0	4,600	4,400	0	17,600
120	G4	100,390	14,500	96,900	17,500	77,850	307,140	0	1	8,410	0	4,600	4,400	0	17,410
120	G4	96,690	14,500	96,900	17,500	77,350	302,940	0	1	8,100	0	4,600	4,400	0	17,100
120	G4	102,650	14,500	96,900	16,400	72,150	302,600	0	1	8,600	0	4,600	4,400	0	17,600
120	G4	100,630	14,500	96,900	16,400	76,350	304,780	0	1	8,430	0	4,600	4,400	0	17,430
120	G4	106,920	14,500	96,900	16,400	76,350	311,070	0	1	13,950	0	4,600	4,400	0	22,950
130	G3	93,780	10,000	92,300	14,200	79,350	289,630	0	1	7,850	0	4,100	3,400	0	15,350
120	G4	99,840	14,500	96,900	17,500	79,350	308,090	0	1	8,360	0	4,600	4,400	0	17,360
120	G4	102,770	14,500	96,900	16,400	79,350	309,920	0	1	8,610	0	4,600	4,400	0	17,610
120	G4	97,340	14,500	96,900	16,400	79,350	304,490	0	1	8,150	0	4,600	4,400	0	17,150
130	G3	91,630	10,000	92,300	14,200	77,350	285,480	0	1	7,670	0	4,100	3,400	0	15,170
130	G2	72,860	10,000	88,200	10,800	77,350	259,210	0	1	6,100	0	3,800	2,200	0	12,100
120	G4	94,650	14,500	96,900	18,600	76,850	301,500	0	1	7,930	0	4,600	4,400	0	16,930
120	J4	120,470	14,500	105,400	26,800	74,250	341,420	0	1	10,090	0	5,700	6,800	0	22,590
120	J4	115,010	14,500	105,400	28,500	78,850	342,260	0	1	9,630	0	5,700	6,800	0	22,130
120	G4	114,990	14,500	96,900	17,500	79,350	323,240	0	1	9,630	0	4,600	4,400	0	18,630
120	G5	114,120	14,500	102,100	21,200	79,350	331,270	0	1	9,560	0	5,200	4,800	0	19,560
120	G4	112,040	14,500	96,900	18,600	79,350	321,390	0	1	9,380	0	4,600	4,400	0	18,380
120	G4	106,680	14,500	96,900	17,500	78,850	314,430	0	1	8,930	0	4,600	4,400	0	17,930
120	G4	105,420	14,500	96,900	17,500	77,850	312,170	0	1	8,830	0	4,600	4,400	0	17,830
120	G4	95,920	14,500	96,900	16,400	76,850	300,570	1	1	8,030	4,500	4,600	4,400	0	21,530
120	G4	98,430	14,500	96,900	16,400	77,850	304,080	0	1	8,240	0	4,600	4,400	0	17,240
130	G3	73,590	10,000	92,300	13,100	74,750	263,740	0	1	6,160	0	4,100	2,900	0	13,160
120	J4	121,420	14,500	105,400	28,500	79,350	349,170	0	1	10,170	0	5,700	6,800	0	22,670
120	J4	120,060	14,500	105,400	30,200	79,350	349,510	0	1	10,050	0	5,700	6,800	0	22,550
120	J4	116,830	14,500	105,400	26,800	79,350	342,880	0	1	9,780	0	5,700	6,800	0	22,280
120	J4	107,420	14,500	105,400	26,800	77,350	331,470	0	1	9,000	0	5,700	6,800	0	21,500
120	J4	117,690	14,500	105,400	26,800	76,350	340,740	0	1	9,860	0	5,700	6,800	0	22,360
110	J6	171,190	23,500	115,500	41,000	74,250	425,440	0	1	14,340	0	4,500	7,000	0	25,840
110	J4	145,660	23,500	105,400	28,500	78,850	381,910	0	1	12,200	0	5,700	6,800	0	24,700
120	J3	76,050	14,500	99,700	20,000	79,350	289,600	1	1	6,370	4,500	11,500	10,400	0	32,770
130	G3	71,750	10,000	92,300	12,000	78,350	264,400	0	1	6,010	0	4,100	2,400	0	12,510
120	J3	80,680	14,500	99,700	21,700	79,350	295,930	1	1	6,760	4,500	11,500	11,500	0	34,260
120	J3	82,650	14,500	99,700	23,400	79,350	299,600	1	1	6,920	4,500	11,500	12,600	0	35,520
120	J3	71,810	14,500	99,700	20,000	77,350	283,360	1	1	6,010	4,500	11,500	10,400	0	32,410
	G3	95,300		92,300	13,100										

会社は「同期生と比較」するためにこのようにグループ化をし，そのなかで年齢順に表示することが多かったので，そ

れることを約された。

表 8-2　仕事給額表，年齢給額表，資格手当額表

仕事ランク	月額 (円)	4月1日現在満年令 (才)	月額 (円)	4月1日現在満年令 (才)	月額 (円)
J1 (担　　当　　職)	84,400				
J2 (担　　当　　職)	88,200	18	45,350	39	72,350
J3 (上 級 担 当 職)	99,700	19	45,850	40	73,350
J4 (上 級 担 当 職)	105,400	20	46,350	41	74,050
J5 (総　　括　　職)	111,000	21	47,100	42	74,750
J6 (総　　括　　職)	115,500	22	47,850	43	75,450
J7 (課 長 補 佐 職)	121,000	23	49,600	44	76,150
G1 (初 級 技 能 職)	84,400	24	51,350	45	76,850
G2 (中 級 技 能 職)	88,200	25	53,100	46	77,350
G3 (上 級 技 能 職)	92,300	26	54,850	47	77,850
G4 (指　　導　　職)	96,900	27	56,600	48	78,350
G5 (工 長 補 佐 職)	102,100	28	58,350	49	78,850
H6 (高度専門技能職)	108,600	29	60,100	50	79,350
G6 (工長・主任職)	116,600	30	61,850	51	79,350
G7 (係　　長　　職)	127,100	31	63,150	52	79,350
G8 (上 級 係 長 職)	135,400	32	64,450	53	77,850
V6 (元工長・主任職)	97,900	33	65,750	54	76,350
V7 (元 係 長 職)	103,100	34	67,050	55	74,250
		35	68,350	56	72,150
		36	69,350	57	70,050
		37	70,350	58	67,950
		38	71,350	59	65,850

資格区分	月額 (円)
主　　査，　工　　　　師	70,000
副　　　　　工　　　　師	27,500
主事 (上級)，技師 (上級)，技士 (上級)	23,500
主　　事，　技　師，　技　士	14,500
副　主　事，副　技　師，副　技　士	10,000
書　　　記，　技　　　　工	6,000

1993年1月「賃金規則」より。

執行委員長であった坂ノ下征稔 (甲116) によれば，1992 (平成4) 年末，会社側から解決金を1億円上乗せすると持ちかけられた。上部団体は，「和解を認めてよいのでは」という意見であった。全組合員が3日3晩議論を尽くした。それでも話はまとまらず，投票で決することになった。賛否ほぼ半々であったが，ごくわずか，賛成が上回った。「賛成」あるいは「賛成でやむなし」として，和解が決まった。

和解直後の反応にも個人差があった。和解により，全組合員が「仕事ランク」を1つ是正され，賃金がアップした（表8-1）。現場の者の多くは喜んだが，事務員や技術員のなかには複雑な思いの者もいた。相対的に同期との差が大きいため，ランクが1つ是正されたとしても，同期との賃金差は依然として大きかったからである。事務員・技術員の多くはJ3からJ4に是正されたが，同期は総括職以上（J5～J7）であり，大卒の場合はJ7より上の管理職になっている者も少なくなかった。J4になっても差別が是正されたとはみなしがたかったのである（表8-2）。

　和解にはいたったものの，支部内にしこりが残った。和解に納得することができず，和解以降，組合活動から退く者もいた。「最後のところでまとまらなかった。ずっと頑張ってきたから，そういう結末になり，悲しかった」。元組合員のひとりが率直に感想を漏らした。とはいえ，「金銭的なもめごとがなかったのは幸いだった」と付け加えた。和解金の配分をめぐって，しばしば上部団体内でいがみ合いが生じるが，JMIU内で事務的に割り振られた。

IV　新しい「行動規範」の制定

　1998（平成10）年4月，新しい「日産自動車従業員の行動規範」が制定された（巻末資料8-2）。支部との和解を踏まえ，進歩的な理念を掲げたものに改定された。法令・法規を遵守することを誓い，大企業の社会的責任を全うすることを謳い，従業員のモラルを向上させることを約束した。「行動規範」の第3章「会社と従業員との関係」の2「従業員の行動規範」の冒頭で，労働関係法令の遵守を従業員に強く訴えている。「憲法に定める基本的な人権を尊重し，如何なる差別や嫌がらせも行わないことはもとより，労働関係法令並びにその精神を遵守しなければならない」。その細則で，差別の中身を細かに定義づけし，差別に関わる人を分類したところが，特筆されるべき点である。

　「社会に存在するさまざまな差別に対する私たちの立場は，以下の7つに分けられます。
　1）差別をする人（言葉や行動で差別をする人）

2）差別を煽る人（差別する人を支持し，差別を助長する人）
 3）差別に同調する人（差別する人と同じ考えに立つが，行動には出ない人）
 4）差別に無関心な人（差別があっても気づかず，自分とは関係無いと思っている人）
 5）差別に傍観者の立場で接する人（差別があることは知っているが，ただ眺めている人）
 6）差別される人（本人に責任や原因が無いのに，他の人から差別を受ける人）
 7）差別を無くす為に努力する人（差別を無くすことに努力し，上記の人達の啓発等をして行く人）」

　差別という現象は，直接の加害者と被害者だけで生じるわけではない。さまざまな人が多様な形で関与して差別が発生する。差別をする人や煽る人はもちろんのこと，差別を傍観する人や差別に無関心な人も，間接的とはいえ差別に加担している。いかなる形であれ，差別する側にならないように注意を促した点で，新しい「行動規範」は画期的であった。会社は長期間の対立から和解を経て，日産から本気で差別をなくそうとしたのである[24]。
　和解時の書記長であった境繁樹（甲126）に，「行動規範」の改定について意見を求めると，素直に評価した。
　「1993年の和解後に，日産が「従業員行動規範」というのを出したんです。それがなかなかよい文章なんですよ。「差別」について，事細かに書いてある。差別というのは，差別を先頭になってやる人間が一番悪いが，差別がありながら見て見ぬ振りをする人，そういう人も含めてすべてが差別なんだと。自分は関係ないと思っている人も，傍観しているだけでは，差別する側に分

---

[24] ただし，新しい「行動規範」の制定の背景には，日産内の「和解」だけではなく，経済界全体の動きもある。1990年代に入り，経済団体が率先して企業の法令遵守や社会的責任への自覚を促す「企業行動憲章」を発表した。経団連（現・日本経団連）は1991（平成3）年に「経団連企業行動憲章」を作成し，「企業の社会的役割を果たす7原則」と「公正なルールを守る5原則」を決めた。それに倣う形で，各企業が独自の行動憲章を制定したのである。

類される。日産から差別を一掃するために，従業員はこれからはきちっと対応して欲しいという，立派な文章だったんですよ。改定したときに，たまたま小田急線の相模大野で，団体交渉のさいに相対した会社側のトップの人間と会いまして。トップといっても人事部の次長クラスなんですけどね。「日産という会社もなかなか粋なことをやる」，そんな話をしましてね。彼が電車から降りる瞬間に，「いやぁ，境さん，そこに気がついてくれましたか」という感じの言葉をかけてきたんですよ。「私たちが（文言を）入れたんだ。あなた方との長年の争いは終わった」と。私は，会社側を美化しすぎているのかもしれません。昭和42, 3年の頃はひどい目にあった。殴る蹴るという時代があった。それより昔にも，会社はたぶんひどいことをやった。28年争議とか。しかしその後については修正しながら来ている面があるという気がするんです。」

V 「和解」時の人事部長

「全面和解」時，会社側の人間として交渉にあたった人事部長（のちに人事担当副社長）の森山寛に，合併時の「トラブル」から「全面和解」にいたる経緯について聞いた。

伊原　プリンスとの合併当時のことは，憶えておられます？
森山　まあ，私は（日産に）入社して間もない頃でしたから，プリンスとの合併の経営的な意味合いその他については，まったく記憶にありません。あんまり考える立場にもなかったですし，考えてもいなかったわけで。ただ，その後のごたごたはね，人事の人間としてみていて，心が痛みましたね。非常に心が痛みました。
伊原　結局，百ちょっとの人が，そのまま残ったんですよね。全金の方に。
森山　はい，百人くらいですね。
伊原　彼らとの間で「トラブル」が生じましたよね。日産の組合との関係で。
森山　それはですね，当時はまさに労使一体でしたから，組合と会社が一体となって全金潰しをやったと。そういうことですね。

伊原　人事の方も関わっていた？

森山　関わっていましたね。ただ，僕はその頃，ちょうど座間工場にいたのかな。そうですね。僕はその当時のことはまったく知りません。本社にいれば，また違ったかもしれませんけど。村山工場とか，（荻窪と三鷹）事業所ではけっこう大変だったと。

伊原　かなり尾を引きましたね。

森山　引きましたね。引いたと思います，私は。プリンスの人たちを日産嫌いにしましたね。

伊原　あれは，人事の政策として間違っていたのでは？

森山　いや，人事の政策としてはよくわかりませんが，建前上はですね，プリンスの人たちを，日産の人間と，人事制度上ですね，差別したというようなことは，一切ありませんでしたから，人事制度上は，そういう間違いを犯したとは思いませんけど，なんて言うかな，ある意味でいうと，一番間違えたのは，塩路一郎が権力を握って数年後に起きた，会社に貸しをつくる絶好の機会だったんですよね。塩路一郎氏としては。当時の社長は川又（克二）さんでしたから，全金プリンス支部が，全自日産分会とダブったんでしょう。プリンスとの合併の成否は，組合問題にかかっていると思い込んだふしがあるんですよ。これはわたしの推測なんですが，そこに塩路一郎が「わたしがやってやりましょう」みたいな話があって，組合にも介入の余地を残した，与えたと。実際，組合はかなり介入をして，全金からの脱退を決めさせ，日産労組への加入を決めさせる，といったことをずっとやってきましたから。まあ，この辺のいきさつを全部，一個一個，憶えているわけではないですが，その過程でですね，かなりのね，職場ではですね，無理があったんだろうと思っているんですよ。「とにかく早く全金を脱退して日産労組の方につかないと，ひどい目に遭わすぞ」みたいなですね，そういった脅しまがいのやり方ですよね。政策というよりはやり方ですかね。まあ，それも政策といっていいのかもしれませんが。そういうやり方がしこりを残して。もちろん，「確信犯的な人」も何人かはいたと思いますけど，全金に残って最後まで抵抗した人たちというのは「意地」ですよね。最後までですね，これはもう理屈ではないと。こういう思

いをしてきた俺たちが，いまさら日産に「はい」と言えるかと。そういう思いを抱かせてしまったわけです。

　直接やってきた人たち（全金支部対応をしてきた管理者―伊原）にも，僕は人事部長になってから随分と文句を言われました。「俺たちの苦労を知らない」って，僕は随分言われましたよ。「お前らの努力は本当によい努力だったのか」と。要するに，この本[25]にも書いたように「努力の方向を間違えたんではないか」と。「努力したのは認める。しかし，方向を間違えた努力は，成果を出さない。そういうことだったんじゃないの」と。わたしが人事部長になったときにも，全金の人たちが残っていたんですね。組合ですから，労使交渉権があるわけですね。ずっと労使交渉に，全金の人たちは「経営のしかるべき人を出せ」と言ってきたのに，ずっと断り続けて，荻窪の課長クラスに対応させてきたんです。僕が人事部長になって「俺がでる」という話をしたときに，随分，担当の人たちに怒られましたね。「俺たちの今までの苦労をないがしろにするのか。盾になってきた俺たちを」と。

伊原　直接の担当というのは，誰があたっていたんです？

森山　課長クラスの人が中心。部長もでていたかもしれませんが。

伊原　労務部の課長ということですか？

森山　労務部というか，事業所のですね。

伊原　それぞれの事業所の？

森山　それぞれの事業所。まあ，実際に専門で対応にあたってきた人は，ほとんど元プリンスの人たちなんですよね。プリンスの人事の人たちなんですよ。だから，その人たちも結構，つらい思いをしてやってきたわけですよね。

伊原　そのプリンスの人事の方は，全金対応で専属でいらしたんです？

森山　いました。

伊原　何人ぐらいいらしたんです？

---

25) 森山寛『もっと楽しく――これまでの日産 これからの日産』（講談社出版サービスセンター，2006年）。

森山　2人くらいかな。

伊原　その方たちは，いってみれば，間に入ってたわけですよね。

森山　そうです。だから，非常につらい思いをしたんだろうと思うんです。だからね，自分たちの20年，25年，いろんな葛藤を持ちながら，嫌な思いをしながら，一生懸命，会社のためにと思って，「防波堤」になってきたつもりがですね，なんだかよく知らないけど，急に新しくきた人事部長が，知りもしないのにのこのこ全金の前に出て行って，「みなさんの要求はよくわかりました」なんて言われると，困ってしまうと，そういうことでしょうね。だけど，わたしはですね，最初にあんな対応をしなければ，100人もの人たちが意固地になって残ることもなかっただろうと。まあ数名は本当に共産党みたいな人がいましたから，それはまあ，しょうがないですよね。残ったであろうと思いますけど，100人もいたとは思えないですよね。若干，共産党にかかっていた人がいたけど，すぐに「隠れ共産党員」になっていってですね，「隠れ共産党員」なら，会社に対して何にも害はないんですから。

伊原　何を思っていてもそれは自由ですからね。

森山　うん，何も害はないわけですから。『赤旗』を読んでようが。まあ不思議なもんで，なんていうんですかね，昭和30年代から40年代にかけた人事部門というのは，奇妙なところがあって，『赤旗』を読んでいるような奴をいちいち全部洗い出して，それを全部駆逐するのが人事部の使命だなんて考えている人が多かったですね。奇妙なところでしたよ。やっぱり，昭和30年代までというのは，政治もそうですけど，まだまだソ連の存在やら中国共産党の存在やら，まだ冷戦の危機感みたいなものがあったんでしょうね。まあ私はね，日本共産党というのは官僚組織になっていて，本気になって企業を転覆するような力なんてとてもないと思ってましたけど。ただ，民青[26]の活動とかがまだまだ盛んでしたから，会社にとってはまだ小うるさい存在ではあったんでしょうね。共産党のトップの人たちは，30年代の後半にもなると，さすがに日本転覆なんて考えていたとは思えませ

---

26) 日本民主青年同盟の略。日本共産党系の青年組織。

んけど，末端になるとまだ信じていた人もいたんでしょうね。だから，人事にはそれと闘うことが仕事だと思っていた人がいて。それはやっぱり，僕らみたいに昭和30年代の後半になって日産に入社してきた人間と，昭和20年代に入社した人間とでは，ずいぶん感覚が違いますね。

伊原　全金プリンスの彼ら，彼女たちの存在というのは，人事の人からすると，かなり意識に残っていたものですか？　それとも，1966年くらいに職場でつるし上げがあったり，そういった時代が1年くらいだったと思うんですけど……

森山　もうちょっとあったかもしれませんね。1年強くらいあったと思います。

伊原　1年強。その後の状況は，そんなに意識する存在ではなかったんです？

森山　ローカルな問題になっていたんですね。（支部の人が）いたのは，村山と荻窪という元プリンスの工場と事業所に限られていましたから，多くの日産の人は，それを感じることはなかったんですが，村山や荻窪の人たちは感じていたんでしょう。

伊原　ちょうど「手打ち」された時に，森山さんが人事部長だったんですよね。

森山　そうです。

伊原　ローカルな問題になっていたけれども，（JMIU日産支部に対する）意識は，そのときまで，人事としてはあったんです？

森山　はい，あったと思いますね。わたしはなかったですけど，あったと思います。

伊原　そうなんですか。

森山　ええ。ずーっと残っていたと思います。

伊原　それは，日産の労組に入れようというよりは……

森山　それはもうないですから。それはもう諦めてました。むしろ，その人たちがしょっちゅうビラをまいたり，抗議のストライキをやったり，それから訴訟を起こしたりすることに対して，「またか」という感じでですね，対応してきたということではないでしょうか。

伊原　一般の労働者，従業員からすると，ほとんど意識にのぼらなくなった？

森山　ええ。ただ，村山，荻窪の人たちは，毎日，ビラを配られたりなんやかんやするもんだから，そのたびに，担当の人事の人間が，「ビラを受け取るな」とかなんだとか言うもんだから，多少は意識したでしょうね。

VI　職場の「和解宣言」

　和解の条件に含まれていたように，各職場の管理監督者は構成員を前にして「和解宣言」を行った。「本人が，いままでの態度を改めるのであれば」という但し書きが付いたため，その表現を気にする支部の組合員もいたが，職場の長が「これからは平等に扱う」ことをみなの前で誓った。

　それ以降，支部の者たちは他の労働者と区別なく働いた。残業をこなし，夜勤に加わり，種々の教育を受けられるようになった。野田貞夫（甲115）は「技能員中級教育」（第35回，1996（平成8）年12月16日〜20日）を受講し，品質管理，安全衛生管理，設備管理，原価管理，作業管理，N-TWI（監督者のための企業内訓練）などの管理手法を学んだ。目を引く点は，受講者の年齢である。当時の野田は50歳過ぎであり，20歳以上も若い人たちと一緒に講習を受けた。

　仕事をする方も，させる方も，気兼ねする必要はなくなった。支部組合員はもともと技術や技能の向上に貪欲な人たちである。和解を機に生き生きと働きだした。吉野孝仕（甲124）は和解の前から自分で仕事を獲得していたが（第6章第IV節を参照），和解後には思う存分腕をふるい始めた。

　「「手打ち」以降，仕事差別はなくなったんです。面白かったですよ。私にラインを一本任せるくらいまでなりました。ゴーンが来る前だから，バブルが弾けた頃に，かなり生産量が落ちて人もいらなくなりました。そんなときに，ラインを任されて。あんときが一番面白かったな。2人で1つのラインを回したりして。そのとき，ロボットがトラブったときに現場で修復できる能力をつけさせてくれと要求して，資格をとったんですよ。現場でも簡単に修復できるように教えてくれと要求して。で，結局，教育システムをつくったんですよ。ロボット操作資格なんかを始めたんですよ。係長が，私たちに

理解がある人だったんです。(和解前にも)「吉野さんの成績がどうのこうのって俺たちは決められないけど，ここまでなら上げられる」って言ってくれて，私の経験をすごく買ってくれてた係長で，その係長に，「ロボットを職場で誰でも簡単に修復できる資格をつくった方がいいんじゃないか」と提言して。50歳過ぎでロボットの操作を覚える人はいなかった。私はその時，60近かった。」

　和解の1年半後の時点で，JMIU日産支部は仕事差別の実態について組合員にアンケート調査を行った。その調査結果によれば，差別は著しく改善された。「仕事ランク是正に伴う仕事内容の改善と職掌の是正」については，「仕事が改善された」27.7％，「少し改善された」40.4％，「改善されていない」31.9％であった。和解時の約束通り，技能員3人が技術員に戻った。出張や教育の面でも日産労組員とほぼ同等に扱われるようになった。産業機械事業部所属の支部組合員3人がフォークリフトの運転資格を取った。「日常の仕事での人間関係」は，「差別がない」59.6％，「まだ差別がある」21.3％，「以前とかわらない」19.1％であった。「親睦会加入」の状況は，「加入している」40.4％，「未加入」48.9％，「その他」10.6％であった[27]。和解の前から非公式に参加を許された職場もあったが，人目を憚らずに親睦会に参加できるようになったのは，和解のあとからである[28]。

　支部の組合員にとって，気兼ねなく同僚と話ができるようになったことが，なによりもうれしかったようだ。同僚たちも，支部の人たちに話しかけるさい，人目を気にする必要はなくなった。和解の直後は，親睦会への参加を頑なに拒み続けた職場もあったようだが，また，これまでのいきさつから，職場になじむのに時間がかかった組合員もいたが[29]，ほとんどの職場で，希望者は親睦会に参加できるようになった。

　ちなみに，暴力をふるい，無視し続けた同僚に対して，支部の人たちはわだかまりをすぐに捨てることができたのか。ある組合員は，和解の直後，10人

---

[27]　「1995年度」20頁。
[28]　「1996年度」15頁。
[29]　親睦会への加入をはじめとして，歓送迎会，忘年会，旅行会などに招かれるようになったが，人間関係が協定締結前と変わらない人もいた(「1995年度」15頁)。

ほどに「謝れ」と迫った。2人は家に来て謝罪した。飲み会で謝る者もいた。「そんなことやったっけ」と，とぼける人もいた。支部組合員は過去のことを絶対に忘れはしなかったが，同僚の「事情」もわかっていたため，大方の者はなじる，問い詰める，非難する，といった行動にはでなかった。それよりも，これからは誰憚ることなく話ができ，仕事に従事できる，という喜びの方が勝ったのである。

VII 団交再開

　支部の掲示板は，1993 (平成5) 年3月12日から，村山とNTCで各2枚，荻窪と三鷹で各1枚，計6枚が利用可能になった[30]。掲示は許可制ではなく，届出制である。組合事務所は，同年の夏までに完成予定であったが，若干遅れ，荻窪分会は10月19日に，村山分会は同月23日に開設した。

　団体交渉は，1989 (平成元) 年2月以降拒否されていたが，1993 (平成5) 年2月26日に再開された。会社側からはじめて取締役人事部長 (森山) が出席し，以後，年3回程度参加した。JMIU本部役員 (2人程度) が随時，団交に加わるようになった。同じく中断されていた事務折衝も始まり，各分会とも最低月1回行われるようになった。

　1993 (平成5) 年の年末一時金は，10月25日の臨時大会で要求額 (3.3ヵ月分，110万円) を決定し，同時に圧倒的多数でスト権を確立し，28日の団体交渉に臨んだ。日産労組はすでに春の交渉時に80万円で会社と協定を結んでいたが，10％減額になるとの噂が流れるなかでの交渉であった。支部は，「その80万円にしても昨年比8万円減だ。それをさらに減額するというようなことは他労組のこととはいえ許されない。内部留保をとり崩してでも満額回答するように」と強く迫った。会社は11月4日の回答指定日を無視し，日産労組との団交には応じるものの，JMIU日産とは交渉を持たなかった。就業時間中，課長が従業員を集めては，会社の窮状への理解を求め始めた。支部は抗議のストライキを30分打った。このストライキは抗議ストであると同時に，日産労組員に対す

---

30) 以下，「1995年度」14頁。

る激励ストでもあった。最終的には，74万円（80万円の7.5％減）の回答をもって妥結・調印にいたった[31]。

支部は20年来，「安全衛生委員会」[32]の設置を要求してきた。会社側は検討する姿勢すら見せなかったが，和解後，「年2回（4月と10月），事業所ごとに開きたい。構成メンバーは会社側が人事課長と安全衛生管理課長を考えており，支部のほうも2名にしてほしい」との前進した回答が会社側からよせられた[33]。

---

31) 同上，11-12頁。
32) 安全衛生委員会とは，安全衛生にかんする措置に労働者の意見を反映させる制度である。労働安全衛生法で定められている。
33) 「1996年度」10頁。

第9章　市場原理に基づく「改革」と2つの労働組合の反応

　JMIU日産支部は粘り強く交渉し，組合員は解決に向けて精力を傾け[1]，「全面和解」にこぎつけた。30年近い闘争はついに幕を閉じた。しかし，支部の活動はここで終わりではなかった。むしろここから，日産という巨大組織をも飲み込もうとする市場の原理と経済のグローバル化に対する本格的な活動が始まった。

　1980年代から90年代初頭にかけて，日本の自動車産業は国際競争力の高さを賞賛された。実際には，同じ日本企業でも財務状況に違いがあり，日産は高コスト体質に苦しんでいたが，バブル景気に浮かれて高級車が飛ぶように売れていたため，日産の収益性の低さは露呈しにくかった。バブル経済が崩壊すると，消費マインドが一気に冷え込み，日産の財務基盤の弱さが露わになった。周知のように，日産はルノーと「提携」を結び，カルロス・ゴーンを送り込まれ，経営合理化に大なたを振るった。

　「ゴーン改革」は，日産を「Ｖ字回復」させたとしてマスコミでもてはやされた。経済の低迷に苦慮する政財界で一躍有名になり，雇用や労働条件の悪化に鬱々とする国民の関心を集めた。しかし，日産はゴーンが来てから「改革」に着手したわけではないし，ゴーンひとりが日産を「立ち直らせた」わけでもない。日産は，ゴーンが来る前から工場閉鎖や大規模配転を行い，賃金制度改定や人員削減を行っていたのである。

　「ゴーン改革」のインパクトは大きかった。それゆえに，そこにいたる経緯が事実に基づいて顧みられることはほとんどない。ましてや，一連の「改革」に対する労働者の反応や「改革」による現場への影響が冷静に検証されること

1）支部組合員が組合活動のために利用した年休は，1988（昭和63）年度は1人平均7日，90（平成2）年度は9日，以後も年に8〜9日の年休を活動にあて，なかには年休のほとんどを組合活動に使った者もいた。「1989年度」50頁，「1991年度」32-33頁，「1992年度」26-27頁，「1993年度」40頁。

はない。本章は,「ゴーン改革」のイメージにとらわれることなく,90年代以降,市場競争が強まるなかで日産が着々と手を打ってきた合理化の流れを丹念に追い,それに対する2つの労働組合の反応をみていく。そして次章で,「改革」による現場への影響を検証する。

I 大規模な合理化と労働組合の対応

1 賃金制度改定

　1995(平成7)年1月,日産は賃金体系の抜本的な改革案を打ち出し,支部には同年2月14日開催の団交の場で,賃金制度改革を「実施する方向で検討中」と説明した。賃金制度の大幅な見直しは1987(昭和62)年4月以来である(第7章第II節第2項を参照)。前回の改定は,賃金全体に占める成績査定分の割合を増やすものであり,一般職(非管理職)の賃金体系の内訳は,総合決定(本給・資格手当)30％,仕事対応(仕事給・成績給)40％,生計費対応(年齢給・家族手当)30％になった。今回の改定は,査定の比重をさらに高めるものであり,総合決定分を20％に縮小して仕事対応部分を50％に拡大するという提案である。査定の詳細は依然として労働者にはわからなかった[2]。会社側は,賃金構成の「バランスが崩れてきた」ため改定を行うと説明したが,これは,日経連(現・日本経団連)の方針[3]に沿ったものであり,人件費の抑制と従業員間の競争強化を意図したものであった。

　提案当初から会社は「総原資を増やさずに賃金体系改定を行う,したがって50％の人は賃上げ,50％の人は賃下げになる」と従業員に伝えていたため,賃下げになるであろう人たちを中心に,改定案に不満を持つ者は多かった。改定の進め方があまりに性急であり,監督者層も含めて職場から強い反発が起きた。日産労組が採決した職場ですら,1400人以上もの人が新しい賃金制度に公然と反対・保留の態度を示し,JMIU日産支部のアンケート調査によると,76％の人が賃金体系改定に反対の意を表わした。このような職場の声を受けて,

---

2)「1996年度」13-14頁。
3) 日経連は「新・日本的経営システム等研究プロジェクト」を1993(平成5)年12月に立ち上げ,1995(平成7)年5月にその最終報告(『新時代の「日本的経営」』)を発表した。

JMIU日産支部は「1人の賃下げも認めない」との主張を譲らなかった[4]。

新制度導入は延期を余儀なくされた。1995（平成7）年秋，会社は当初案に修正を加え，改めて賃金制度の改革案を発表した。賃下げになる人には，賃上げとは別原資で「調整手当」が支給されることになった。全労働者の約3分の1にあたるおよそ1万3000人が該当した。日産労組は改定案を承認し，新しい賃金制度は実施の運びになった。翌年4月から一般職の制度が改定され，総合決定：仕事対応：生計費対応の比率は2：5：3になった[5]。

支部は引き続き，新制度による賃下げに反対した。1996（平成8）年4月10日の団体交渉の場で，中央本部と地方本部の役員にも出席してもらい，大部分の組合員が実質的に賃下げになる回答では妥結できない旨を伝えた。これに対して会社側は，早急に検討して次回の団交を申し入れると答えた。賃金辞令の交付を目前に控えた4月22日，会社側から団交の申し入れがあった。「賃金体系改定は実施済みであり変更できない。賃上げ額，配分についても変えることはできない。しかし，JMIUは妥結できないということなので，その意思を尊重して強行はせず，妥結するまで旧賃金で支払う。今後妥結できる条件作りのために引き続き交渉を継続したい」との意向が会社から示された[6]。

一時金制度の改定にも，労働者から反対の声が上がった。日産労組はこれらの声に特段，配慮することはなかったが，日産支部は，「調整手当を何らかの形で一時金の算定基礎に入れろ」との論陣を張り，宣伝行動を強めた。6月4日の団交で，夏季一時金の配分について会社から次の2点が提案された。①当初案は比例分（月次給を反映）と成績分（業績評価を反映）の比率が59.2対40.8であったが，比例分を増やして62対38にする。②調整手当が多く付いた層（一時金の算定基準である基本給が大幅に減った層）であるG3，G4[7]に成績分

4）「1997年度」11-13頁。
5）一般職の賃金制度が改定される前，1994（平成6）年7月に，部課長層を対象とした賃金制度が抜本的に見直された。1987（昭和62）年に「総合決定」4割，「仕事対応」6割になり，1994（平成6）年に後者が9割になった。資格手当も仕事等級の格付けに連動するため，実質的に100％仕事基準になり，賃金は仕事等級と成績査定のみで決定されるようになった（「労働新聞先進10事例にみる人事・賃金制度改革の動き　日産自動車」『総合資料M&L』1998年12月1日，22-24頁）。
6）「1997年度」13-15頁。

の配分を厚くする。これらの修正により，支部要求である調整手当を比例分基礎に入れた場合と比較して70〜90％の達成になると，3人の例をあげて説明した。支部は6月9日の執行委員会で討議した結果，会社の修正案をもって96春闘と夏季一時金について妥結することを決め，同月18日の臨時大会で採決をとり，会社と協定を結んだ[8]。1996(平成8)年の年末一時金は，日産労組はすでに春の時点で年間145万円，年末74万円で妥結していたが，支部は，制度改定による影響の緩和を強く要求し，夏季一時金と同様，一定の成果を得た[9]。

2 働く場への合理化の浸透：JIT

　日産の改革は，働く場にもおよんだ。日産はISO9000を取得し，全社規模で「TQM (総合的品質管理)」を導入した[10]。JIT (ジャスト・イン・タイム) はトヨタの生産管理手法 (TPS) として有名であるが，日産も似たような同期化システムの構築を検討した。のちに「日産生産方式 (NPW)」と呼ばれるシステム[11]である。1994 (平成6) 年にNTCがJIT生産方式を試験的に始め，翌年，村山工場の製造ラインと産業機械事業部が続いた。毎月2回「JIT指導会」が開催され，講師と部長が先頭に立ち，管理監督者が後に続いて職場を巡視するようになった。「指導会」で学んだ者たちが，中間在庫を徹底的に省く「一個作り」を推し進め，ラインの編成替えを行った[12]。村山工場は，消費税引き上げ前[13]のかけ込み需要の対応に追われ，当初，JIT生産方式にさほど熱心ではなかったが[14]，増産が一段落してから外部コンサルタントや産能大学 (現・産業能率大学) の教授らの指導を受けて生産ラインを組み直し，「自主的改善活動」[15]に熱心に取り組み始

---

7) 技能職の仕事ランクは，初級技能職 (G1) から上級係長職 (G8) に向けて上がっていく。詳細は表8-2を参照のこと。
8) 「1997年度」15-16頁，JMIU日産自動車支部「1996年夏季一時金団交報告」。
9) 「1998年度」10頁。
10) 同上，5-6頁。
11) 「日産生産方式」の中身については，日産自動車 (株) NPW推進部編 (2005)。
12) 「1997年度」11頁。
13) 1997 (平成9) 年4月1日より3％から5％に引き上げられた。
14) 「1998年度」9頁。
15) 日産は，1966 (昭和41) 年に座間工場でスタートさせて以来，QCサークルの歴史を持つが，1997 (平成9) 年にTQCのなかに位置づけ直して「リニューアル宣言」した。なお，

めた[16]。

　JIT生産方式の導入に対して，支部は，労働強化は懸念したが，組合として反対まではしなかった。ただし，組合員のなかに，自分の持ち場で労働強化に気づき，修正させた者がいた。ライン作業は，1人あたりの作業量が0.6秒単位で計算され，積み上げ式に決定されていた。したがって，JIT生産方式が導入され，作業時間が変わっても，理屈のうえでは労働の強度が変わるわけではないが，導入後に作業密度が高まったと感じ，強度が増しているのではないかと疑念を持った者がいた。野田貞夫 (甲115) は，JIT生産方式の導入にさいした工数計算の「誤り」を発見して，現場監督者に修正させたのである[17]。

3　大規模な配置転換と働かせ方の柔軟化

　会社は，工場間の異動や工場から販売への出向を大規模かつ頻繁に行うようになった。第7章で明らかにしたように，1980年代中頃には異職種への配置転換に着手したが，90年代に入るとより大がかりに行うようになり，ついには雇用調整も始めた。「片道切符」の出向の募集，早期退職の奨励，雇用の非正規化など，雇用形態，配属先，働かせ方をより柔軟化した。

　1994 (平成6) 年，計2050人が25ヵ月間，販売会社に出向し，同年12月には転籍を前提とした出向 (事務員・技術員・技能員) が公募され[18]，翌年5月1日に開始された[19]。会社は，「日産圏のなかで雇用を守る」ことを公言し，従業員の流動化は日産グループ内に留めてきたが，早期退職者の募集に着手した。事実上，雇用保障に手をつけたのである。手始めに，人件費の高い間接部門や管理職を対象として「選択定年制」を実施し，間接人員を20％削減することを

　　2000 (平成12) 年に「New QCサークル活動」をスタートさせ，QCを「日産リバイバルプラン」(後述) の課題に挑戦するためのツールとして明確化した (日産自動車株式会社『QCサークル活動　40周年のあゆみ』)。
16)「1999年度」8頁。
17)「1998年度」9頁。
18)「1995年度」16頁，「1996年度」15, 37-38頁，「1998年度」5-6頁。転籍者には優遇策として年齢に応じて「販社転籍加算金」が支給された。30歳未満は500万円，30～34歳は700万円，35～39歳は900万円，40～44歳は1100万円，45～49歳は1300万円である。
19) 人材開発部「販売会社営業部員出向の転籍制度改訂及び社内公募実施について」1994年12月22日付。

目標に掲げた。この制度は一般層にも拡充され，対象年齢が引き下げられた。従来，55歳以上で退職した者が「定年扱い」であり，54歳以下は「自己都合退職扱い」であったが，1994（平成6）年4月1日から，50歳以上が「定年扱い」になった。会社側の説明によると，その理由は「一般層についても，各人の選択の幅を広げる目的で，定年前の自立退職に対して援助するべく，これまで55才から適用していた選択定年制を拡充する」ためである。早期退職者には退職金に加えて「自立援助金」が支給された。50歳で退職すれば，退職金プラス月収[20]18ヵ月分をもらえ，その金額は年齢が高くなるのに応じて段階的に減少され，59歳で3ヵ月分になる。この制度は，翌年5月に拡充され，1年間限定で30歳から59歳6ヵ月までが対象者となり，「自立援助金」の最高額は50歳で月収48ヵ月分に増額された[21]。

会社側は「選択定年制」の導入にさいして，「肩たたきは，一切行わない」と明言したが，「公募」の名のもとで，「目標」に達しない間接職場や準直接職場で現場への「応援」や配転をちらつかせて退職を迫る動きがあった。こうした事例の報告を受けた支部は，会社に職場ごとの具体的な目標人数の公表を求めると，会社はそれを拒否したが，目標計画を立てていることは認めた[22]。日産の将来に見切りをつけた人たちが「選択定年制」を利用し，1995（平成7）年9月末約1200人，翌年3月末約1000人，5月末約600人，合計およそ3000人の従業員が会社を去った。会社は1996（平成8）年3月期決算で，特別損失として特別退職金363億円を計上した[23]。

支部のなかにも早期退社した者がいた。制度が拡充された1年間に，7人もの組合員が「選択定年制」を活用した[24]。会社を辞めた理由は，家庭の事情の人もいれば，「和解」に納得できなかった人もいた。支部内には「みんなで最後まで闘い抜こう」という雰囲気があったが，それでも早期退職する者がでるほどに「自立援助金」は魅力的であった。

---

20) 厳密に言えば，「基準内賃金」である。本給の他，仕事給，成績給，年齢給，資格手当，職務手当（特定の職務に就く者のみ）が含まれる。
21)「1996年度」15頁。
22) 同上，7頁。
23)「1997年度」10頁。
24) 同上，18頁。

会社は,「人材」の流動性を高め,働かせ方をより柔軟にした。なかでも技術部門をそのターゲットにした点がこの時期の特徴である。NTCでは1995 (平成7) 年7月から,間接職場のJ5[25]以上を対象として裁量労働制が実施された。適用人数は,全社で1694人,うち1127人がNTCであった[26]。適用者は,ひと月4万円の手当 (残業時間換算で月12〜13時間分) と引き替えに労働時間の制約を取り払われた[27]。加えて,年次有給休暇を取得すると手当を削られた[28]。支部は団交を通して,裁量労働対象者が休暇を取った場合の手当カットをやめさせたが[29],それでもこの制度に対する従業員の不満があまりにも強かったため,手当が4万円から7万円に増額された[30]。

設計部門において定年退職などにより欠員が出ると,非正規社員で補充されるようになった。日産は,派遣社員の大量活用のはしりであり,次章で詳しくみるが,「雇い止め」のさいに派遣社員から不当解雇として訴えられることになるのだ。

準直接部門も合理化の対象になった。検査課と工務課の保全部門 (環境エネルギー関係を除く) が製造部に編入された。その意図は,製造部全体で人員を削減し,配置を柔軟にすることにあった。ただし,コスト削減一辺倒の組織改編と労務施策は,ゆくゆく設備管理や設備保全の質の低下という新たな問題を引き起こすことになる。

村山工場の組立職場は,生産ラインの一部分を丸ごと請負化する新しい管理方式を採用した。この動きに対してJMIU日産支部は団体交渉の場で,当時,違法であった工場における派遣労働者の活用を牽制し,会社側から「そういうのは入れていない。疑わしきものはすぐに改善する」との回答を引き出した[31]。

---

25)　事務・技術職掌の仕事ランクは,担当職 (J1) から課長補佐職 (J7) に向けて上がっていく。下から5つ目の総括職 (J5) 以上が,裁量労働制の対象になった。ランクの詳細は表8-2を参照のこと。
26)　「2000年度」25頁。
27)　「1997年度」10頁。
28)　「1996年度」8頁。
29)　「1998年度」13頁。
30)　「2002年度」17頁。日産労組に属する労働者からも不満が噴出した。裁量労働制や変形労働時間制が導入された日産の職場の実態については,山中 (1998) が報告している。
31)　「1998年度」5-6頁。

日産は,「契約社員制度」を1997 (平成9) 年7月から導入した。「SC (スペシャリスト・コントラクト) 社員制度」と呼び, 正社員を任期付きにする制度である。対象はデザイナーやインターネット関連のシステムエンジニアであり, 契約は1年更新, 働き方は自己裁量に基づく。年収は職務内容などにより異なるが, 通常の正社員より原則2割から3割高く, 最高評価を受ければ役員並みの報酬を得ることができると宣伝された[32]。「終身雇用を前提としてきた正社員に契約社員への道を開くのは大手企業では日産が初めて」であり[33], 同年8月, 中途採用の社員にもこの制度が適用されるようになった。

4　組織の閉鎖・売却・再編

　日産は, 賃金制度, 生産工程, 雇用制度など, あらゆる面で「改革」を進めてきたが, それでもコスト削減は不十分であると判断し, 工場の閉鎖に着手した。

　1993 (平成5) 年2月23日, 座間工場の閉鎖計画を発表した。座間工場で働く者のうち2500人を九州工場と村山工場に配転させ, 3年かけて5000人の人員を削減し, 座間工場の車両生産を1995 (平成7) 年に終了するという計画である[34]。工場閉鎖計画の発表前に4000人の削減計画が出され, すでに3000人が減らされていた。合わせて8000人もの人員削減になる[35]。

　座間工場の閉鎖は, 大規模「リストラ」の先駆けとして世間から注目された[36]。座間工場は, プリンスとの合併前から稼働していた旧日産の工場であり, JMIU日産支部の組合員がいなかったため, 支部による工場閉鎖反対運動には限界があった。しかしそれでも支部組合員たちは, 全労連・神奈川労連の支援を受け, 日産の下請企業, 地元の商店街, 地域住民とも協力しながら, 合理化

---

32)「注目される日産自動車の新契約社員制度」『労政時報』第3330号, 1997年12月。
33)『日本経済新聞』1997 (平成9) 年6月20日, 朝刊, 1面。
34)「1994年度」4頁。なお,「全面和解」の直後に座間工場の閉鎖が発表され,「和解」前にはこの閉鎖にかんする情報はまったく漏れ出なかった。
35) 同上, 16頁。
36) 新聞でも大々的に特集が組まれた。「工場閉鎖『日産座間』の人々1~5」『朝日新聞』1993 (平成5) 年12月13日 (夕刊) 10面, 15日 (夕刊) 10面, 17日 (夕刊) 10面, 18日 (夕刊) 8面, 20日 (夕刊) 8面。

反対闘争に取り組んだ。大規模な「リストラ」に対する支部，地域社会，そして世間の批判が高まるなか，会社は座間工場の従業員に聞き取りを行い，各人の事情を考慮して慎重に異動先を決めた。異動先は，遠くは九州，吉原（静岡），栃木であり，近くは追浜（神奈川），村山，NTC，相模原部品センターである。ほとんどの人は首都圏内の異動を希望し，なかでも座間から近いNTCか相模原部品センターを望む者が多かった。配転対象者は2500人であったが，九州工場への異動を自ら希望した400人を除き，首都圏の他工場に回すことになった。合理化計画に手直しを加え，1000人もの人員を新規に必要とする九州工場への異動は全社から希望者を募ることにした[37]。座間以外の工場から300人をかき集め，欠員300人は現地で採用することにした[38]。

荻窪は1998（平成10）年，三鷹は99（平成11）年，村山は2001（平成13）年と，ここから立て続けに工場や事業所が閉鎖されることになるが，座間工場のときと同様，会社は労働者の事情に'ある程度は'配慮し，早い段階で労働者に「条件」を提示した。労働者にとって不都合なことは最後まで教えず，合理化を強行する企業が多いなか，日産はそれなりに「誠意」をみせた。それらは旧プリンスの工場や事業所であり，おそらく支部を中心とした反対も意識してのことだろう。労働者の要求も汲みながら，用意周到に合理化を進めていった。

既述したように，荻窪の設計部門は，旧日産の同部門と統合するためにNTCに移転済みであった。ただし，宇宙航空事業部は荻窪に残り，観測用ロケットを製造したり，マーティンマリエッタ社[39]と業務提携を結んで自衛隊のロケット弾を開発したりする任務は継続していた。会社は，1993（平成5）年3月中旬，宇宙航空事業部の製造部門を群馬県富岡市に，同研究開発部門を埼玉県川越市に移転する計画を発表した[40]。

荻窪の社員のほとんどは川越行きを望んだ。なかでも女性社員は，全員が強く希望した。しかし，会社はそれを見越して，「川越には連れて行かない」と

---

[37] 「1994年度」15頁。
[38] 「1995年度」10頁。
[39] 湾岸戦争で使われたパトリオットミサイルを製造した会社である。1995年にロッキード社と合併して，ロッキード・マーティン社になった。
[40] 「1994年度」15頁。

はじめに牽制し,「荻窪地区の機能の大部分が群馬県富岡市に移転することに伴い,業務とともに異動することを原則とする」と発表した[41]。1995（平成7）年から富岡市への移転が始まった[42]。会社は異動にかんする個別面談は行ったが,希望を聞かずに異動先を事務的に決定し,異動・赴任条件は変更しないと言ってきたため,先述した「選択定年制」を利用して退職する者が続出した[43]。ところが,支部は会社側と粘り強く交渉し,当初の決定を覆させ,川越事務所への異動を支部から3人認めさせた。「「和解」後だったため,会社も気を遣ったんでしょう」と,該当者の鈴木泉子（甲149）と岡田弘子（甲144）は述懐している。富岡へ異動する者も支部から1人だけ出たが,新幹線通勤を了承させ,単身赴任手当支給期間の制限を撤廃させた[44]。移転作業は1998（平成10）年5月に完了した。なお,宇宙航空事業部は,ゴーンが日産に来た直後の2000（平成12）年7月,石川島播磨重工業（現・IHI）に売却された。

　三鷹事業所の閉鎖は二転三転した。1993（平成5）年4月7日,三鷹事業所の繊維機械事業部の分離独立計画が発表された。そこで製造されていたウォータージェットルームとエアージェットルーム[45]の販売は,分離独立計画が浮上する2,3年前は好調であり,経営者は,「勢いのあるこの時期に繊維機械を本業にした会社に分離独立させたい」との意向を示し,日産本体から繊維部門を切り離すことにした[46]。同年10月1日,三鷹事業所の繊維機械事業部は日産から分離独立し,資本金90億円の日産テクシス株式会社になった[47]。日産は次に,日産テクシスを埼玉県東松山市へ移転する計画（1996年予定）を発表した。しかし,その頃には業績が悪化していたため,計画は白紙撤回された[48]。1999（平成11）年4月,ウォータージェット織機事業は,譲渡額50億円ほどで豊田自動織機製作所（愛知県刈谷市）に売却された[49]。

---

41)　人材開発部「宇宙航空事業部移転について」1995年5月9日付。
42)　「1996年度」7頁。
43)　「1997年度」9頁。
44)　「1998年度」7頁,「1999年度」7頁。
45)　高速の空気（air jet）あるいは水流（water jet）を用いた織機（loom）である。
46)　「1994年度」15-16頁。
47)　「1995年度」7頁。日産の完全子会社である。
48)　「1997年度」9頁,「1999年度」8頁。

その他にも，工場や施設が次々と再編された。村山テストコースの走行実験部門は栃木工場に集約され，異動の対象者は500人中380人であった[50]。1996（平成8）年2月27日，工機技術本部村山地区が，座間地区[51]あるいは追浜地区に統合される計画が発表された。計画発表以降，職場は不安と不満に包まれた。当初の対象者は150人であったが，同年5月末の時点で現職の係長や工長を含む30人以上が退職し，異動対象者数は100人以下になった[52]。異動対象予定者には支部組合員も含まれ，羽村仔（甲127）は座間地区への異動を内々示されたが，「座間地区への通勤は不可能であり，ましてや単身赴任などとうていできない，したがって村山地区に残せ」と支部を通して抗議した。翌年4月9日に支部は会社と団交を持ち，「羽村組合員の配置転換は重大な労働条件の不利益変更であり，支部と本人の同意無しには強行できない，本人の健康状態からも異動は困難であり，村山地区に残留させること」を要求した。同月16日，振動工具の使用制限，重量物の取扱制限の診断書が産業医から出されたことで，会社は羽村の異動を撤回し，村山工場工務部工務課の機械加工職場という，比較的本人の経験が活かせる職場への異動を命じた[53]。羽村の件に限らず，支部の組合員は組合を通して会社と交渉することにより，処遇の不利益変更を拒否し，労働条件の悪化を防いだのである[54]。

とはいえ，すべての支部組合員が組織再編にともなう職場環境や生活環境の悪化からまぬがれたわけではない。衣川寿（甲106）は，三鷹で織物機械の製造を担当していたが，所属部署が豊田自動織機に売られると村山へ異動になり，

---

49) 三鷹で働いていたJMIU日産支部組合員は，日産の他工場に移された。織機事業の豊田自動織機製作所への譲渡ならびにそれにともなう組合員の異動にかんする全日産労組の対応は，「①日産テクシス労働組合は，全組合員の新しい職場への異動が完了するまでその組織を維持する。②従って，日産テクシス労働組合は，最後の組合員の異動を終えた段階で実質的な解散となる」（全日産労組『職場討議資料　第35回大会議案書』1999年9月11日，15頁）。なお，日産テクシスの産業機械事業（フォークリフト製造）は，米国ナッコ社に営業譲渡する計画が浮上し，譲渡額は3億ドルを超えるとみられたが，破談になった。
50)「1995年度」16頁。
51) 先述したように，座間工場は1995（平成7）年に閉鎖されたが，座間の工機工場は残された。
52)「1997年度」10頁。
53)「1998年度」8-9頁。
54) なお，支部は，座間地区に車通勤する人には八王子バイパスの道路料金を会社が負担することを認めさせた。これは，日産労組員にも利益になることであった。

マーチの生産ラインに入れられた。そして，経過を先どりして言えば，ゴーンが日産に来てすぐに村山工場が閉鎖になり，衣川は，追浜に行くことになった。しかし会社は，それ以前に異動を経験した者には一定の配慮を示し，彼は川越行きに変わった。先述したように，宇宙航空事業部は売却されたが，川越の計量管理室はそのまま残された。ところが，そこも閉鎖されたため，NTCへ単身赴任になったのである。

　衣川のような例もなかったわけではないが，支部の組合員は，組合を通して会社と交渉することが可能なため，「雰囲気にのまれて承諾する」といったことはなく，本人の事情や希望を会社に伝え，決定に対して納得することができたのである。

5　日産労組の執行部の対応と組合員の反応

　経営者は，多様なライフスタイルに応じた「自由な働き方」を奨励し，雇用・労働政策として推し進めるようになった。しかしその実態は，労働時間や賃金が大きく変動し，職場は落ち着かず，労働者の生活は不安定になった。景気の長期低迷にともなう生産台数の大幅減により，夜勤が中止になり，残業がゼロになり，一時帰休の人も出て，日産労働者の収入は大幅に減った[55]。一転して生産増が見込まれると，少ない（正）社員でやりくりしなければならない。村山工場は，追浜工場や栃木工場へ約300人もの「応援」を出したと思ったら，反対に栃木工場や関連会社に「応援」を要請することになった[56]。消費税引き上げ前は，駆け込み需要に追われ，毎日1, 2時間残業と月に7シフト休出（二交替制の場合，月に3日半休出）という厳しい生産体制を敷いた[57]。遠隔地への「応援」や他職種への出向に出された人は，家族も含めて生活が様変わりし，「応援」を受け入れる側も，人の出入りが激しくなって落ち着かない。職場では安定した生産体制を望む声が大きくなった。

　しかし，塩路自動車労連会長と石原日産社長との確執，塩路の失脚を経た日産労組は，経営側との「信頼関係」を取り戻そうとして，会社の労務施策に対

---

55)「1995年度」6頁,「1996年度」15頁。
56)「1996年度」7頁。
57)「1998年度」5-6頁。

して厳しい態度をとらなかった。90年代に入り，経営の合理化が強まっても，全日産労組の会社に対するスタンスは変わらなかった。組合の重点活動は，「魅力ある企業と職場づくりの活動」（会社との関係），「ライフサポート活動」[58]（組合員や社会との関係），「政策・制度改革の取り組み」（中央・地方の政治との関係）である[59]。中央労使協議会における組合側の要望は，「魅力ある企業と職場づくり」と穏当なものであった[60]。

座間工場の閉鎖のさいですら，全日産労組は特段反対しなかった。日産労組座間支部発行の機関紙にも，工場閉鎖問題をほとんど取り上げていない。全日産労組の役員によると，「当初は会社への反発の声もあったが，結局は経営悪化の状態を理解し，「やむを得ない」という意見に収まった。従業員にしてみれば「不満はないが，不安はある」といったところですよ」[61]。全日産労組は，閉鎖計画が公表されたひと月後，正式に計画の受け入れを決めた。

日産労組の執行部は労使関係の「健全化」と職場の「活性化」を会社に求め，自らも協力する姿勢をみせた。しかしその間，合理化は滞りなく進み，一般組合員は不満を募らせた。90年代も後半になると，労働者の我慢は限界に達し，日産労組の執行部も職場に渦巻く不満を看過できなくなった。賃金・一時金の交渉の場で労働者の声を会社に伝えた。長くなるがその一部をそのまま抜粋する[62]。

村山支部「我々組立工程物流職場に課せられた96年度の生産性向上目標は人員換算で6名分に相当したが，当初困難と見られたこの目標を，稼働分析による待ち時間の削減やレイアウト変更による工程数の削減，さらには部品の取り置き等，小改善の積み重ねで何とか達成することができた。我々の職

---

58) 日産労連の組合員の生活福祉を向上させる活動であり，共済，積立年金，医療共済などを充実させる活動である。日産労組のHP（http://www.anu.or.jp/activity.html 最終閲覧日：2019年8月3日）を参照。
59) 全日産労組『第28回定期大会議案　職場討議資料　運動方針（案）活動報告』1992年9月，4頁。ここであげた3つの重点活動は，いまなお日産労組の組合活動の柱である。
60) 日産自動車株式会社人材開発部『監督者ニュース』No. 100，1991年10月25日，6-7頁。
61) 「小さな抵抗　ビラに託す声（工場閉鎖「日産座間」の人々4）」『朝日新聞』1993（平成5）年12月18日，夕刊，8面。
62) 以下，全日産労組・日産労組版『HOT LINE 第2回団交速報』No. 128，1997年2月27日（木），1-2頁。

場は50歳台の方が半数を占めており，昨今一段と高まる作業負荷の中で改善活動に協力してもらっている年配の方々には心から感謝している。さらに，村山工場はステージアとマーチ・コレットの販売が好調で大変な増産となり，残業はもちろんのこと，土曜日の昼勤休出に続いて日曜日の前夜勤休出[63]と，体をゆっくり休める時間も取れない状況となった。皆疲れがたまっているせいか，休憩時間中の会話も減り，昼休みも時間があれば横になっているような状態で，職場の活性化など考える余地もなくなっている。私達は，このような厳しい職場環境の中で，紹介したような原低(原価低減―伊原)目標を達成してきたのである。"達成してきた"というより，減少していく人員体制の中でどうやって仕事をこなしていくのかを夢中になって考え"乗り越えてきた"といった方が良いのかもしれない。会社にはこの様な職場の苦労の実績を十分に認識してもらいたいし，きちんと評価してもらいたい。97年度も厳しい状況が続くとのことだが，その厳しさに元気よく立ち向かっていく活力を職場に与えるためにも，会社には誠意ある回答をしてもらいたい。」

九州支部「私の組では，1-2ラインでテラノ(車名―伊原)の車両組立作業を行っている。95年9月に新型テラノを全員が一丸となって立ち上げ，その後，北米向けテラノの立ち上げ，RV (recreational vehicle：レジャー向け車種―伊原)シフトが進む国内市場へのタイムリーな車両供給という事で，シフトペースを段階的に引き上げながら増産に対応してきた。この間職場では，シフトペース変更のたびに応援者を迎え入れたが，仲々(ママ)習熟が追いつかず，工長がライン入りしてやっと生産が間に合う状況の中で，部下にも「品質維持のためにも月頭の計画年休は我慢してくれ」と頼み，ギリギリ何とか対応してきた。さらには毎月のように休出要請に応え，特に7月には4直，8月には夏休みの4直を含め実に8直もの休出を部下にお願いした。この間は家族旅行や子供の海水浴・地域での活動などにも参加できず，家族の冷たい視線を感じながらも皆が会社のために協力してきた。また，最近では，テラノの受注が落ち着いてきたものの村山工場のマーチの増産対応のために，シフトペースを変えて関東への応援者を捻出している。こうした状況の中で，不満を漏らす

---

[63] 通常の夜勤は月曜日から。日曜日の夜から入る夜勤のことを「前夜勤休出」と呼ぶ。

部下に対しては,「日産の収益をあげることが第一だ。俺たちの賃金・一時金をあげていくためにもがんばろう。」と言ってギリギリの生産体制に協力してもらっている。なぜ,家族を犠牲にしてまでも,我々が不規則かつ高負荷の勤務体制下で努力・協力してきているのか。それは,「日産を早く再建したい,そして我々の生活を安定させたい。」と職場の誰もが心から願っているからである。会社に我々のこれまでの努力と成果をきちんと評価し,是非,賃上げ・一時金について前向きに検討してもらいたい。家族を含めて私たちが元気を取り戻すことのできるような回答,監督者として部下に対し「会社も応えてくれた,これからも頑張ろう」と言えるような回答を今年こそは示してもらいたい。」

これは,JMIU日産支部組合員の声ではない。日産労組員の切なる訴えである。日産労組の執行部は現場の声を団交の場で会社に伝えた。それを聞いた経営側は,「従業員の皆さんの努力や苦労は十分に認めている」として労働者の「がんばり」は評価したものの,企業間競争が激化し,経営指標が思ったように改善しないため,従業員には「いま以上の努力」を求めると返答した。

世紀が変わる頃には,職場のモラールは誰の目にもわかるほど悪化した。日産労組の「組合員意識調査」によると,「明るく活力のある職場風土」であるか,「上下のコミュニケーションが取れている」か,という質問に対して,肯定的評価は極めて低位の水準にとどまった。部門別に見るととりわけ工場部門の評価が低かった[64]。

それにもかかわらず,会社側は,中央労使協議会においても同じような発言を繰り返した。自分たちも現場の苦労や不満を理解していないわけではないが,「全社一丸となってこの難局を乗切っていきたいと考えているので,皆さんのご協力をお願いしたい」とさらなる努力を要請した[65]。組合執行部は経営側の意見を受けて,いま最も大切なことは,「一人ひとりの業務目標の達成こそが,今日の危機突破の必要条件であり,難局を乗り切るための従業員・組合員の役

---

[64]『HOT LINE 98年度下期中央労使協議会報告』No. 154, 1998年11月4日(水), 4頁。
[65]『HOT LINE 99年度上期中央労使協議会報告』No. 161, 1999年2月12日(金), 1頁。

割である」と各自が受け止めることであり,社長のリーダーシップのもと,全従業員が一丸となって「目標を完遂するための態勢(職場の風土)づくり」を進めていくことである,と総括した[66]。

ついに,現場で働く日産労組員から経営者の責任を追及する声が出た。「①これまで辛い思いもし,頑張ってきたつもりなのに,なぜ経営が過去最大の危機に陥ったのか。②こうした状況に陥った責任の所在はどう考えればよいのか。③今後具体的に有効な経営施策をどう講じていくのか」[67]。日産労組員は心情を率直に吐露し,会社に裏切られたという気持ちをぶちまけるようになった。「日産が好きで入社したのに何故我々が日産を離れなければならないのか」と「非常に悲しい気持ち」になったが,「それでも職場は,今自分にできることは何かを追求しながら,未来を信じ,会社のためと思い精一杯努力してきた」。会社から指示された目標もすべて達成してきた。それなのに会社は,「構造改革は未だ道半ばである」,「当社の収益構造は未だ脆弱である」とのコメントを繰り返すばかりであり,「今までやってきた我々の努力は無駄だったのか」と「疑心暗鬼にならざるを得ない」。部下の一人ひとりに無理をお願いして目標を達成したにもかかわらず,収入は上がらず,「必死に頑張ってきた苦労は何だったのかと,大変悔しく,情けない気持ちで一杯である」[68]。

経営者の責任を問う意見を団交の場で聞いた会社側は,「経営の責任に関する声が数多くあることは深く認識しており,反省もしている。何とかその責任を取らなければならないということについては,経営陣は皆同じ気持ちである。この事業革新のアイテムを早急に完遂し,強固な企業基盤を造り上げてゆくことこそが,経営者としての責任であると考えている」と答えた[69]。

会社側は,1999(平成11)年度の一時金として,前年度比約50万円減を提示した。「従業員の生活状況や職場での努力を全く考慮していない訳ではない。真剣に考慮したが,会社自体の存続ということをまず優先させなければならないことを理解してもらいたい」と金額の根拠を説明した。しかし,日産労組の

---

66) 同上,4頁。
67) 『HOT LINE 第2回団交速報』No. 165, 1999年2月25日(木),1頁。
68) 「ホットライン別紙 第2回団交で会社に伝えた支部の声」1999年2月25日。
69) 『HOT LINE 第2回団交速報』No. 165, 1999年2月25日(木),2頁。

執行部もさすがに一時金の大幅減は受け入れがたく,「現場は,身を削る思いで工数低減をやってきた。今もなお,工長が作業に入ってラインを支えている。これだけやってきた現場には,「なんでこうなったんだ」という,やり場のない思いが一杯溢れている。只今の見解がもし職場に示されれば,この思いは一気に怒りに変わりかねない。とても労使が協力して困難を乗り越えようといった態勢は築けない。只今の発言は撤回してもらいたい」と怒りを露わにした[70]。しかし,会社には労働者から「前向きな意欲」を引き出す経営戦略を要求し,組合員にはこの危機的状況を理解して欲しいと訴えかけ,それ以上,経営責任を厳しく追及しようとはしなかった[71]。最終的には,会社側は「組合の主張に精一杯応えようとしたものと受け止め」,「組合は,困難な状況を打破し,真の体質強化を図り,日産再生を実現していくためには,労使一体となった取り組みが不可欠であることを強く認識している。経営者,職制の皆さんと組合,組合員が真にベクトルを合せ(ママ),日産再飛躍に向け難局を乗り切っていきたい」と総括し,ルノーとの提携直前である1999（平成11）年度の一時金は団交4回で妥結した[72]。

II ルノーとの「提携」と日産リバイバルプラン

経営危機に陥った日産は,フランスのルノーと「提携」を結び,活路を見いだそうとした。そして,ルノーからカルロス・ゴーンが送り込まれ,日産を大胆に「改革」したとして名声をとどろかせることになる。たしかに,グローバルな視野を持つ経営,世界市場で訴求力のある自動車デザイン,マスコミをうまく使った演出など,ゴーンによって日産が大きく変わった点はある。しかし,経営合理化にかんしていえば,彼が来る前に立てられた計画を冷徹に遂行した点に特徴があり,前節で示した「改革」の流れに沿ったものである。以下,ルノーとの提携の経緯,日産リバイバルプランの概要を紹介し,それらに対する日産労組およびJMIU日産支部の反応をみていこう。

---

70) 同上,3頁。
71) 同上,4頁。
72) 『HOT LINE 第4回団交速報』No. 167, 1999年3月18日（木）, 4頁, 強調伊原。

1 提携までの経緯

　前節で明らかにしたように,市場での生き残りをはかる日産は,賃金制度の改定,従業員の削減と働かせ方の「柔軟化」,組織の再編と,次々に手を打った。しかしながら,1991（平成3）年以降,8年間で7度の赤字であり,収益性はあがらなかった。有利子負債（除く販売金融）は,1998（平成10）年度末には約2兆1千億円まで膨れあがった。塙義一社長は,販売拡大に依存しない収益体質への変換を目指し,「キャッシュフローを重視した経営に転換するために,事業に関係ない資産は可能な限り売却する」と宣言した[73]。1998（平成10）年5月に「グローバル事業革新の概要」を発表し,総原価低減活動により「2000年度までに約4000億円削減」することを目標に掲げた[74]。その後の経営施策はこの計画に沿ったものである。

　日産は,資本参加にかんしてダイムラーベンツ（現・ダイムラー）と交渉を持った。ところが,1999（平成11）年1月,ルノーによる日産への出資提案が突如として表に出て,ダイムラーベンツは資本参加を断念した。同年3月27日,ルノーと日産は資本提携を含む包括的提携を結ぶことを発表した。日産は実質的にルノーの傘下に入って経営再建を目指すことになった。

　日産の経営陣は,ルノーとの提携が決まり,会社の未来は明るいことを強調した。管理職向けの社内広報紙である『NISSAN Weekly』（1999年4月1日,増刊号）は,日産の塙社長とルノーのルイ・シュヴァイツァー会長の共同記者会見の模様を掲載し,「真のパートナーシップ」は相互補完の関係を築き,相乗効果をもたらすとして,提携の意義を大々的に伝えた。合併後の計画として,経営トップにより構成される「グローバル・アライアンス・コミッティ（GAC）」を設置し,そのもとで,各テーマの実務者を派遣し合う「クロス・カンパニー・チーム（CCT）」を設けて経営プランを具体的に検討・策定・実行していく予定であると説明した。

---

[73]「2000年度」13, 15頁。
[74]「1999年度」21頁。

2　提携発表に対する2つの組合の反応

i）日産労組

　提携発表直後の1999（平成11）年4月5日，全日産労組と会社は提携にかんする臨時中央労使協議会を開いた。会社側は社長自らが出席した。

　会議の冒頭にあたり，ルノーとの提携は「グローバルな戦略的提携とパートナーシップ」であり，双方にとってメリットがあることを会社側が説明した。この発言を受けて組合側は，「1. 日産とルノーとの間で調印された「グローバルパートナーシップに関する合意」は，これまで両社が培ってきたノウハウや持てる資源を有効かつ効果的に結び付けるものである。日産労組は，今回の提携が，従業員・組合員の努力とあいまって，両社・両グループに所属する労働者の雇用と生活に明るい展望をもたらすことを期待する。2. 日産労組と日産自動車は，労使が対等の立場に立ち，互いの責任を全うすることを通じて健全かつ良好な労使関係を維持・発展させながら，日産の掲げるグローバル事業革新に協力し，企業の発展とそれを通じた組合員の雇用の安定，並びに生活の維持・向上を図っていく」とコメントした[75]。

　日産労組は，今後も提携にかんする最新情報を知らせて欲しい，協力は惜しまないが「雇用確保の3原則」は守って欲しいと会社に伝えた。

　「組合として申し上げておきたいのは，組合員も我々組合執行部も，今回日産が置かれた困難な状況を打開し，21世紀に向けて再飛躍していくための努力や協力は惜しまないということである。その際，特に我々が重要と考えているのが労使による徹底した論議である。今後個別経営課題について，より具体的な提案がなされるものと考えているが，適宜適切に労使協議会を開催し，労使間はもとより，社内各層幅広く理解と納得を得るよう双方が努力していくこととした。但し，組合は組合員の雇用確保を大前提として考えて

---

75)『HOT LINE』No. 169, 1999. 4. 14（水），2頁。対外的にも似たようなコメントを出した。「日産自動車労働組合（萩原克彦委員長）は27日，日産自動車とルノーが資本提携の合意文書に調印したことについて「（合意は）これまで両社が培ってきたノウハウや持てる資源を有効かつ効果的に結びつけるものである。日産労組は今回の提携が従業員・組合員の努力とあいまって両者・両グループに所属する労働者の雇用と生活に明るい展望をもたらすことを期待する」との見解を示した。」（『日刊自動車新聞』1999（平成11）年3月29日，1面）

いる。従来も労使で確認してきた「雇用確保の3原則」については，是非守ってもらいたいと考えており，今回の中央労使協議会でも確認しておきたい。
　①雇用調整を採用抑制と自然退職との差で行うことは容認する。
　②社内外への応援・出向については，職場の理解と納得を前提に対応することとし，転籍についてはこれに加えて本人同意を前提に対応する。これは3者合意の原則である。
　③いかなる施策であっても，本人の意思に反して，結果として退職に追い込まれるような施策についてはこれを認めない。
　以上3点である。これは，従来の労使関係の中で確認してきた内容であり，我々としてはギリギリの雇用確保の考え方であるので，これを前提にしながら，今後の施策に協力をしたいと考えている。」[76]

組合側からの要望に対して，会社側は，「雇用確保の3原則は長い間労使で守ってきたものであり，異論はない。ただ一方で，今回我々は，大変厳しい環境下に置かれており，場合によっては，存続さえも危うくなるリスクもある中で，この原則を活かしながら実際にどうしていくのか，労使で相談しながら進めていきたいと考えている」と慎重な答え方をした[77]。

ⅱ）JMIU日産支部

日産労組は，提携の中身，今後の経営施策，労働者への影響などについて突っ込んだ質問はしなかったのに対して，JMIU日産支部は，今後生じるであろう雇用問題について会社側に細かく問いただした。JMIU日産自動車支部「春闘・ルノー関係団交報告」(1999年4月19日発行)によると，13日の団交時，すでに村山工場の閉鎖にかんする記事が週刊誌に出ており，従業員間に不安が広がっている。支部ははじめにこの噂の事実確認を行い，人員削減の予定について聞き出そうとした。会社側は，140万台生産でも利益を出せるようにスリム化する予定であるが，「なんとも言えない。決まっていない」と曖昧な返事を繰り返した。この時点では，労働者にとって否定的な情報は出てこなかった[78]。

---

76)『HOT LINE』No. 169, 1999. 4. 14（水），4頁。
77) 同上。
78) 日産の経営陣は，この時点では，対外的にも，村山の工場閉鎖を否定している。「楠美副

支部は，今後の経営計画についても細かな点まで質問した。会社は提携によるメリットばかりを強調するが，ルノーが強い欧州で日産の生産はどうなるのか。なかでも英国工場やスペイン工場はどうする予定か。ルノーと日産は競合する車種が多いようにみえるが，提携による相乗効果は生まれるのか。有利子負債の内訳はどうなっているのか。支部は新聞報道や雑誌記事を丹念に拾い，それらの真偽を会社に確認し，経営計画の実行可能性を聞きだそうとしたが，納得のいく返答は得られなかった。

　支部は，ルノーとの提携発表直後からフランス労働総同盟（CGT）と交流を始めた。1999（平成11）年3月下旬，CGTから全労連に交流の申し入れがあり，全労連とJMIUおよび日産支部はこの申し入れに応え，6月15日から18日にかけてフランスに代表団を派遣した。双方の会社の発展と労働条件の改善に向けて「共同アピール」を行い，協力関係を深めることを確認し合った。

　会社はルノーとの提携意図を，日産の危機的状況を乗り切るためと説明し，JMIU日産支部にも協力を求めた。日産の経営が厳しいことは，支部も重々承知していた。協力を拒んだわけではない。しかし，支部は資本提携にいたる経緯の説明が事前になかったことに不満を露わにした。そして，提携いかんにかかわらず，労働条件の重大な変更は労働組合との協議なしには行わせないという立場を堅持し，労働者本人とともに労働組合の同意が必要であるという基本姿勢を改めて示した[79]。

3　日産リバイバルプラン：製造現場の「改革」を中心に

　1999（平成11）年5月28日，ルノーからの資本の受け入れが完了した。6月25日，株主総会で新取締役が選出され，7月1日，新役員が正式に活動を開始した[80]。

　7月5日に開催されたエグゼクティブ・コミッティで，クロス・ファンクシ

　　社長は工場閉鎖の件で，とにかく名前が挙がる村山工場について「国内生産能力を200万台から170万台に調整する過程で，村山の閉鎖ははいっていない」と明言した。」（『日刊自動車新聞』1999（平成11）年4月13日，九州版，10面）
79)　JMIU，同・日産支部「日産とルノーの資本提携に関する見解」1999年6月10日。
80)　日産自動車社内報『News Nissan』No. 542, 1999年，特別号。

ョナル・チーム（社内横断チーム）の編成が決定された。このチームは，日・米・欧の200人が直接関与する大がかりなものである。チーム全体の目標は，ルノーと経営資源を共有してグローバルな経営体制を確立すること，取引・生産・開発をスリム化してコストを削減すること，日産の「ブランド力」を高めることである。チームは9つのサブチーム（事業の発展，購買，製造，研究開発，組織と意思決定プロセス，販売・マーケティング，一般管理費，財務コスト，車種削減）からなり，各チームが具体的な経営計画案を策定した。

チームは，結成から3ヵ月の間に計2000ものアイデアを検討し，選りすぐりの400をエグゼクティブ・コミッティに上げた。9月1日，ルノーから17人の経営者・管理者が送り込まれ，10月18日の取締役会でアイデアが承認された。それが，「日産リバイバルプラン」（以下，NRP）である。

全体の必達目標は，(1)2000年度に必ず黒字転換する，(2)2002年度の時点で売上げに対する営業利益率を4.5％にする，(3)2002年度までに有利子負債を50％以下（7000億円以下）に削減する，である。NRPを3年以内に達成させることが決まった。

以上はNRP全体の概要であるが，日産本体の生産現場に関わる「改革」とその「成果」をみていこう。

ゴーンの見解によれば，日産の工場は世界トップレベルの生産性を有しているが，製造分野の生産性は，そのまま全体の効率性に直結するわけではない。労働生産性が高くても，機械設備の稼働率が低ければ，コスト効率はよくないからである。ゴーンは，国内の生産体制をスリム化し，生産能力を削減することを求めた。

NRPによると，当時の国内の生産能力は，2シフト，稼働時間3660時間を基準にして200万台と算出されていた。はじめに検討したのは，既存の生産設備の稼働率を高めることである。稼働時間を4400時間ベースまで上げると，生産能力は試算で240万台まで高まる。たとえば，昼勤30分残業，夜勤1時間残業，月に休出6シフトを加えると，稼働時間は4400時間になる。

次に，生産能力の削減である。1999（平成11）年度の生産予想は128万台であった。工場稼働率は，生産能力を240万台とすると53％にとどまる。そこで，生産能力を30％削減し，165万台のキャパシティーで同数を生産すると，稼働

率は77％に上昇する。2002（平成14）年度は135万台の生産見込みであり，削減後の生産能力でその数を達成すると，稼働率は82％に上がる。

　つまり，機械設備の稼働時間を増やし，かつ生産能力を削減すれば，稼働率は大幅に上がることになる。需要の増加には，生産設備の増強ではなく，稼働時間の増加（上限年間5000時間ほど）で対応する。製造コストの約半分は固定費であるが，固定部分をできるだけ小さくすることにより，生産量の変動に対して柔軟なコスト対応が可能になる。

　加えて，車の基本構成部分を意味するプラットフォームの数を少なくする。開発に膨大な費用がかかるプラットフォームを複数の車種で共有させ，開発費用を大幅に削減する。1999（平成11）年当時，24のプラットフォームを7工場で生産していたが，2002（平成14）年には15を4工場で，2004（平成16）年には12を4工場で生産する。その結果，開発費を削減し，かつ，生産を集約させて規模の経済性を享受する。

　具体案として，村山工場，日産車体京都工場，愛知機械港工場，久里浜工場，九州エンジン工場を閉鎖，あるいは稼働停止する。下請会社や関連会社も整理する。下請会社を半減させ，直営ディーラーを削減し，関連事業部を売却し，増強は研究開発のみとする。グループ全体で2万1000人（14％）の人員削減を目標に掲げた。コスト削減は細かいところまで徹底する。1999（平成11）年，電力費を削るために日曜出勤を始めた。このカレンダーは8月いっぱい続けた。

　NRPはすぐに「成果」が現われた。2000（平成12）年10月30日，ゴーンが「リバイバルプランの進捗状況」をマスコミ向けに発表した。利益は過去最高の2500億円を記録し，連結有利子負債は2兆1千億円から1兆1500億円に縮減し，従業員は8800人，購買コストは1420億円，部品納入業者は22％削減した。ゴーンは「再生に向けた地ならしがすんだ段階」と表現し，今後一層，プランを推進する考えを示した。当初の予定より早く目標を達成したため，2002（平成14）年4月から，新しい中期計画である日産180（にっさんワンエイティ）をスタートさせた。

4　現場への影響

　生産体制のスリム化や「柔軟化」は，日産の財務状況を大幅に改善させた。

しかし,「業績回復」の背後で,労働者は「改革」のしわ寄せを受けていた。大規模な人員削減など,雇用への影響は知られているが,労働時間が大幅に増えたのである。

追浜工場では,9.5＋9.5体制（昼勤・夜勤とも,所定内労働8時間＋残業1.5時間）になり,月に8直休日出勤（二交替制なら4日休出）になった[81]。2004（平成16）年度の追浜工場の実働時間は2209.09時間（うち残業時間232.0時間,休出時間235.09時間）であり,両直合わせた稼働時間は年間4400時間を上回った[82]。筆者は2004（平成16）年に日産の工場で請負社員として働いていたが,この数字を裏づけるように,配属先もまったく余裕がなかった。三交替制,週7日24時間のフル稼働,毎日2時間残業であった[83]。

では,労働密度など,作業工程への影響はどうであったのか。NRPは,生産システムをリーンに絞り,かつ市場の変化に対して柔軟に対応させることを目指したことはすでに説明したが,現場ではリードタイム（発注から納品までに要する時間）とコストの50％削減が目標に掲げられ,ゴーンが来てから目標必達のかけ声が大きくなった。しかし,現場の作業員に話を聞くと,ゴーンが来た前後で現場管理に大きな変化はなかったようである。日産は時間がかかる現場の「つくり込み」よりも,結果がすぐに表われる資産の「切り売り」や人員の削減に注力したのである[84]。

なお,前章で紹介した「従業員の行動規範」は,ゴーンが来てから改定された。2001（平成13）年10月,日産グループのすべての役員・従業員を対象とした「日産グローバル行動規範」が制定され,「日本版」はその下に位置づけられた。2003（平成15）年10月,「日産自動車従業員の行動規範」は「日産行動規範（日本版）～わたしたちの約束～」に変わった。

新しい「行動規範（日本版）」では,第6章「多様性の尊重と機会平等」の項目が大幅に変更された。

　1　当社の役員・従業員は,相互の人権を尊重し,人種・国籍・性別・宗

---

81)「日産リストラ対策現地闘争本部」のビラ（2000年11月16日）。
82)「2002年度」16-17頁。
83) 伊原（2016）第3部を参照のこと。
84) 現場管理の制度的な変化については,同上の第2部を参照。

教・身体障害・年令・出身・その他の理由での差別・いやがらせを行ったり，その状態を容認してはなりません。
2　セクシュアルハラスメントは，職場における男女，特に女性労働者の意欲や個人としての尊厳を不当に傷つけるほか，職務上重大な影響を与えます。当社の役員・従業員は，セクシュアルハラスメントを正しく理解し，その防止を徹底して下さい。

　差別とはなんたるかを真摯に検討した項目はすべて削られた[85]。「基本的人権の尊重」は「情報セキュリティ」の遵守などと同列に並べられ，「ハラスメント」(の防止)は，企業の「コンプライアンス」，「社会的責任(CSR)」，「リスクマネジメント」の対象として位置づけられるようになった。

　JMIU日産支部は，組合との協議なしに「行動規範」が変更されたことを問題視し，2004(平成16)年6月25日付，委員長の坂ノ下征稔の名で，ゴーン社長あてに再検討を求める「通告書」を提出した(巻末資料9-1)。しかし，会社側は「通告書」には応じられないと返答した。

5　村山工場の閉鎖と組合の対応
ⅰ)日産労組

　日産は，1999(平成11)年10月18日，国内5工場を閉鎖し，今後3年間でグループ全体の従業員を2万1千人削減する計画(NRP)を公式に発表した。座間工場の閉鎖が一段落したと思ったら，次は村山工場である。労働者は落ち着かなかった。しかし，日産労組は転居や単身赴任などの条件についてわずかに上積みさせただけで工場閉鎖をすんなりと受け入れた。指名解雇は阻止したものの，早期退職の募集には応じた。工場閉鎖計画を発表したさいの日産労組の反応は，ゴーン自身が「拍子抜けした」と語るほどに，穏やかなものであった。

　「人々はただ自分の行くべき道を見つめた。これはまた日本と欧州との違い

---

[85]　「日産グローバル行動規範(2010年度版)」でも，「6　多様性の尊重と機会平等」は，「日産は従業員，取引き先，お客さま，及び地域社会の多様性を評価・尊重します。また，差別やいやがらせは，どんな形・程度にせよ容認されるべきではありません」と簡素なものになっている。

だろうか,もしこのような発表が欧州でなされたら,どれほどの騒動になるか,容易に想像がつく[86]。(中略)ところが,日本ではそのようなことは起こらない。この時も,わずかに共産党系の労働組合が銀座の本社に向けてデモ行進した程度で,社内に実質的な影響はなかった。数千人規模の参加者のうち,日産の社員はごく少数で,連帯感を示すために駆けつけた幾人かのルノーの組合員たちががっかりしたというくらいである。」[87]

日産労組村山支部の委員長は,工場閉鎖計画が発表される数日前,ゴーン社長から内々に話があり,完全閉鎖に同意する意向を伝えていた[88]。計画発表後,日産労組は会社と臨時中央労使協議会を持ったが,ここでも反対する姿勢すらみせず,「具体的にどうやって人員削減を進めるのか労使で議論する必要がある」とコメントした。一般組合員は不満を抱かなかったわけではない。しかし,配転の内々示が進むにつれて,職場では「あきらめのような,さめたような雰囲気」が漂い,工場閉鎖に対する怒りや不安の声はあまり聞かれなくなった。従業員は工場閉鎖にともなう配転にかんして「個人面談」を受け,配転を受け入れるか,さもなければ退職するかの決断を迫られたのである。

もっとも,労働者から表だった抵抗が起きなかった理由として,会社側が反発を懸念して早めに手を打ったことも考えられる。従業員対策は迅速であった。工場閉鎖計画を発表して2ヵ月後の12月にはすべての条件を提示した。たとえば,赴任手当の増額(持家・家族帯同者306万円,借家・家族帯同者246万円,持家・独身者90万円,借家・独身者30万円)を認めた。また,配置転換にも

---

[86] ゴーンは,ルノーのナンバー2に抜擢されるや否や,3年間で「200億フラン削減計画」を打ち出し,その一環としてベルギーのビルボート工場を閉鎖した(ゴーン2001,121-124頁)。本人は大規模なリストラをやりきったとして「改革」を自画自賛したが,工場閉鎖をめぐる騒動は大変なものであった。EU,ベルギー国王,フランス政府が猛反発し,ルノーの労組は解雇に反対するストライキを打ち,ベルギーの全自動車産業の労働組合は工場閉鎖への抗議に対して支持を表明するために2時間にわたり操業を停止し,労働者たちは工場閉鎖反対を訴えてパリの街頭を練り歩いた。労働争議は5ヵ月間にも及んだ。そして,ルノーは工場閉鎖無効を訴える裁判を起こされ,労働組合への事前通知がなかったとして罰金を支払わされたのである(阿部2005,91-99頁)。

[87] ゴーンandリエス(2005)326頁。

[88] 以下,『東京新聞』1999(平成11)年10月20日,朝刊,8面,「工場が消える 日産・村山の影〈上〉 いざ「内示」 転勤か退職か」『毎日新聞』2000(平成12)年4月27日,朝刊,東京版,27面。

一定の配慮をした。一例をあげると，栃木工場への異動を打診されても，工場をまたいだ配転を経験済みであれば，栃木行きを断ることができた。「転身支援制度」と称する退職加算金の影響も大きかった。以前の早期退職優遇制度と同様，はじめは管理職を対象として50歳以上の従業員に「選択定年」の募集をかけ，1999（平成11）年4月から3ヵ月間，対象年齢を引き下げて45歳以上の管理職を対象にし[89]，6月から翌年3月にかけて，40歳以上の一般層に募集を拡げた[90]。選択定年制は，2000（平成12）年4月からさらに1年間延長され，対象年齢が拡大され，支給額が上乗せされた[91]。この制度に応募した人はかなりの数に上った[92]。

ii) JMIU日産支部

村山工場の閉鎖計画に対して，日産労組が'穏便に'すませたのとは対照的に，JMIU日産支部は即座に反対の声を上げた。工場閉鎖計画の発表当時，支部には38人の組合員が在籍していた。支部とJMIUは，NRPの見直しを求めて，断固として闘う方針を固めた。全労連は評議員会で，日産闘争を「リストラ万能」の風潮に抗する闘いとして位置づけ，全国統一闘争のなかで最も重要な闘いとして支援することを決め，全国に「力の結集」を呼びかけた。全労連は，当時の議長を責任者にして「日産リストラ対策委員会」を設置し，三多摩共同労働会館を拠点にして「日産リストラ対策現地闘争本部」を設け，全労連から副議長を含む3人を三多摩労連の事務所に常駐させるという，全面的なバックアップ体制を敷いた。

日産リストラ対策現地闘争本部は，NRPを全面的に見直し，工場閉鎖や大

---

89) 『日本経済新聞』1999（平成11）年4月13日，朝刊，11面。
90) 「2000年度」22頁。
91) この時期に「選択定年」を選んだ者は，通常の退職金に以下の月収が上乗せされた。23〜29歳は3ヵ月，30〜39歳は12ヵ月，40〜44歳は18ヵ月，45〜49歳は24ヵ月，50〜56歳6ヵ月は42ヵ月，56歳7ヵ月以降は60歳までの残余月数（日産リストラ対策現地闘争本部(2001)，72頁）。なお，これ以降では，2007（平成19）年6月に管理職を除く45歳以上の一般社員1万2000人を対象に早期退職優遇制度（「セカンドキャリア支援制度」）が導入され，生産部門を中心に1650人が2008（平成20）年3月末に退職した（『日本経済新聞』2007（平成19）年4月26日，朝刊，11面，同年12月28日，朝刊，10面）。
92) 「2001年度」23頁。

量人員削減の計画を撤回するように訴えた。村山工場の門前での抗議活動をはじめ，周辺地域や主要駅頭で取引企業や住民に働きかけ，自治体に請願や要請を行い，日産本社前で抗議の声をあげた。村山工場の門前宣伝は70回をこえ，参加者数はのべ1500人，配布したビラは3万1000枚に達した。日産労組との共闘は一切なかった。しかし，かつてならビラまきが妨害され，つるし上げが起きたが，日産労組員もビラを受けとるようになった。1999 (平成11) 年12月23日，村山工場近くで現地大集会が開催され，3300人が集結し，村山工場の3つの門前を通過したデモ行進は3キロ以上にもおよんだ。翌年1月25日，日比谷野外音楽堂は5千人を超える労働者・市民・農業従事者・他団体などで溢れかえり，フランスCGT代表やメキシコFAT (メキシコ真正労働者戦線) 代表からも連帯の挨拶があった。2000 (平成12) 年9月15日，翌年3月20日にも，大集会を村山工場の現地で開き，2001 (平成13) 年4月14日に現地闘争本部が閉所式を執り行うまでの1年半の間，抗議活動を精力的に続けた[93]。

支部は，団交の場でもNRPの見直しを迫り，経営者の責任を追及した。これまでの経営のどこに問題があったのか，経営者はどのような形で責任をとるのか，問いただした。しかし経営側は，「過去のことを言っても生産的な話ではない」としてその問いを一蹴し，会社を「改革」し存続させることが経営責任を果たすことになると返答した[94]。

支部が中心となって工場閉鎖反対運動を大々的に展開している最中，村山工場から大量異動が始まった。2000 (平成12) 年10月に470人，11月に320人，翌年4月に890人が，他工場に移っていった。合計2963人が異動することになるが，異動先の内訳は，栃木工場1010人，追浜工場710人，座間事業所117人，NTC 63人，いわき工場37人，横浜工場14人，川越1人，九州工場1人，高田工業出向70人，退職・出向・転籍者690人であった。村山工場 (プレス・メッキ・成形) に残ることができたのは250人だけであった。会社は「解雇はしない」と明言し，日産労組も「意に反して退職せざるを得ない労働者をださない」と断言してきたが，事実上，退職を余儀なくされた人もいた[95]。

---

93) 以上，JMIU日産自動車支部『日産リバイバルプランとのたたかい 宣伝ビラ綴り 2000年10月から2000年12月』，全国労働組合総連合編 (2009) 211-213頁。
94) JMIU日産自動車支部「リバイバルプラン団交報告」1999 (平成11) 年11月8日，1頁。

支部は，村山工場で働いていた22人の組合員，全員の希望をかなえさせた。16人が村山工場に残り，自ら異動を希望した組合員だけが他工場に移った[96]。支部は，組合員一人ひとりの意向を聞き，団体交渉の場で要望を会社に伝え[97]，会社側が頑なな態度を示す場合にはストライキも辞さずに[98]，組合員の要求を通した。最終的には「本人任せ」になった日産労組とは異なった。

 自ら希望して他工場に移った支部組合員の内訳は，栃木工場2人（2002年に＋1人），追浜工場1人，座間事業所1人（＋1人），横浜工場1人であった（＋異動前に定年を迎えた者が1人）。それまで支部組合員がいなかった栃木，追浜，横浜の工場へ異動した者たちは，各工場で心新たに活動を始めた。旧プリンスの工場に比べて旧日産の工場では，「労働者の意識」は明らかに低かった。遅番の人が30分も早出してミーティングをしたり，休み時間や就業時間外に辞令を交付したりすることは，「普通のこと」であった。村山工場も以前はそうであったが，第4章と第6章で明らかにしたように，労基署への告発や職場での地道な抗議活動を通してそれらを所定労働時間内にやるように改めさせ，それが「当然のこと」という雰囲気を職場につくってきた。支部組合員は，異動先の工場でも同じように，「それらは業務であり，所定の時間内にやるべきである」との声を上げた[99]。やがて，新しい配属先にもこの考え方は浸透し，周辺の職場にも拡がっていった[100]。

 追浜工場に異動した元組合員に当時の状況を聞くと，「追浜に行くと，以前の村山と変わらず，やられていたんですよ。たとえば，朝礼が始業前に行われていた。でも，私が行ってから，必ずみんな待ってます。時間が来るまで待つようになりました。追浜もそのように変わった。それは，われわれが行ったから」と胸を張って答えた。その他にも改善すべき点はたくさんあった。「寮の

---

95) 日産リストラ対策現地闘争本部（2001）。村山工場従業員の異動先一覧は同73頁。
96) JMIU日産自動車支部，2000（平成12）年9月15日付のビラ。日産リストラ対策現地闘争本部・JMIU日産自動車支部（2001）所収。
97) JMIU日産は会社側と，2000（平成12）年9月28日に団体交渉を持った。10月12日の団体交渉で，会社はJMIU日産の秋季要求およびNRP関連の要求に回答した。
98) 2001（平成13）年3月14日にストライキを打った。
99) 『JMIU日産』No. 331, 2000（平成12）年8月9日，1頁。
100) 日産リストラ対策現地闘争本部ビラ（2001（平成13）年2月1日）。

水がまずい。赤水をなくせ」,「食堂のめしを白くしろ」,「ただ働きをやめさせろ」など,次々と不満や要望が寄せられた。支部組合員は,管理監督者にかけあったり,事務折衝に持ち込んだりして,それらの要求を実現させていった[101]。

2001（平成13）年4月,栃木工場に異動した2人の支部組合員は,赴任後すぐに活動を始めた。

「2人はさっそくポスターを張り出した。千人ほどの労働者が利用する社員食堂そばの掲示板は,日産労組のものだったが,組合の要求を受入れ,会社はそれを半分にしてJMIU掲示板として貸与したのである。『栃木工場のみなさんへ。私たちは4月1日付けで,村山工場から赴任してきました。働きやすい職場をつくるため,共にがんばりましょう。第二車軸課本木道隆。第二組立課野田貞夫』。2色刷りのポスターである。2人の赴任を喜んだのは,村山から異動してきた人たちである。「希望を出せば野田さんは村山に残れたのに,それをきてくれた」と歓迎した。ビラも受け取らなかった人がむこうから近づいてきて,仕事のきつさを話す。栃木工場の家族寮はベランダが錆びていてフトンも干せない。フロのお湯が出にくいなど問題だらけであった。不満の声をあげたのは村山から異動した人たちで,JMIU日産支部は改善を要求した。会社はベランダをきれいにし,フロ用のボイラーも増設した。うるさいと苦情のあった廊下に,カーペットも敷かせた。JMIUへの期待は大きくなった。「村山では見ることの無かった変化が起きている」。野田さんはそう実感した。」[102]

異動先の工場には数千人の労働者が働いている。支部の組合員は,そのなかの1人か,せいぜい2人である。できることは限られる。影響を与えられる範囲はしれている。しかし,これまでの経緯があるため,管理監督者は彼らを邪

---

101) 日産労組も,福利厚生の充実に取り組んでこなかったわけではない。「従業員の健康と生活」をサポートするために,厚生分科会などを通して労使で話し合いの機会を持ち,寮や社宅,食堂運営,保養所,健康などについて意見を交わしてきた。ただし,経営側が福利厚生費の見直しを提案し,組合執行部がそれに対して見解を述べるという形の「意見交換」であり,経営資源が限られるなかでどこを切り詰めるかという話になりがちであった。ましてや,各労働者の苦情に個別対応したわけではなかった。

102) 下島（2001）より。

険には扱えなかった。支部の人たちは，旧日産の工場でも活動を始め，交流を拡げ，できるところから労働環境を改善していったのである。

III　存在意義が問われる日産労組，実効性が高まったJMIU日産支部

　日経連は1995（平成7）年に『新時代の「日本的経営」』を発表し，多様な価値観やライフスタイルに応える「多様な働き方」を推奨するようになったが，日産の事例からも明らかなように，その実，企業の手っとり早い人件費の削減を支持した。通産省（現・経済産業省）は，同年4月1日から，国内生産活動を活性化するために，「特定事業者の事業革新の円滑化に関する臨時措置法」を施行したが，実質的に大企業の「リストラ」を後押しした。日産はこの「大企業リストラ支援法」に基づき事業革新計画の承認を受け，本章でみた大がかりな合理化を遂行したのである[103]。1999（平成11）年4月から改正「男女雇用機会均等法」が施行され，日産も高卒女性技能員を，深夜勤務を含む交替制に就かせることを前提に採用し始めた。同年6月30日には「労働者派遣法」と「職業安定法」が改正され，それまで26業種に限って例外的に認められていた派遣労働と有料職業紹介が原則自由化され，日産も積極的に活用するようになった。こうしてみると，日産という会社は，雇用の規制緩和という社会の動向と連動し，その先頭に立って経営合理化を進めてきたことがわかる。

　一連の合理化は，経営側からすれば，労務コストを即座に，そして大幅に削減する点で効果があった。しかし，労働者側からすれば，雇用の不安定化，勤務地や仕事内容の変更，労働時間の変動，賃金の減少を強いられ，生活に強い不安を感じるようになった。この時期に行ったJMIUのアンケート調査によると，「不安はない」と答えた人はほぼ皆無であった。不安の原因は，「賃上げの抑制」がトップであり，「仕事がきつくなる」，「出向・転籍，仕事内容が変わる」，「工場閉鎖・移転，勤務地が変わる」，「会社を辞めさせられる」が続いた[104]。

---

[103]　山本（2001）163-171頁，「1996年度」32頁。自動車産業で「大企業リストラ支援法」を活用したのは日産が初めてであった。
[104]　「1998年度」40頁。

雇用と賃金が保障される限りにおいて，労組が労働条件の悪化を（一時的に）受け入れても，また，個々の労働者の要望や不満が聞き入れられなくても[105]，組合員はその決定に（渋々）従った。しかし，それらが保障されないのであれば，話は違ってくる。日産の全生産台数のうち国内生産分は2割弱にすぎない（2018（平成30）年実績は，総計約549万台中約93万台で16.9％）。会社に協力すれば勤務先組織は存続し，自分たちの雇用と賃金は守られる，という言説を無邪気に信じることはできなくなった。終わりの見えない経営合理化に対して，日産労組の一般組合員は不満を募らせていった。しかしそれでも，日産労組の執行部は労務施策の撤回を強く求めるわけではなかった。

ゴーンはNRPの発表にさいしてホテルで会見を開き，スピーチの最後に日本語で社員にこう語りかけた。「どれだけの痛み，犠牲が必要となるか，私にもわかっています。でも，信じてください。ほかに選択肢はありません」[106]。会社にとって，経営合理化は唯一の選択肢であり，労使協調の組合にとっても「改革」は不可避であった[107]。

日産労連・日産労組はNRPに対して注文をつけなかったわけではない。「雇用確保3原則」の死守と労使間の「合意」の形成を従来通り，組合の方針として掲げた。日産労連会長によれば，本人の意思に反する退職を回避し，労使間の合意のもとで個別に面談を行い，組合員の要望を会社に伝え，座間工場閉鎖時以上の「条件」を引き出した[108]。しかし，「協調」という幻想を持ち続けた日産労連は，会社に対して強い態度に出ることができなかった。NRPが発表さ

---

105) 1955（昭和30）年10月14日に会社と締結した全日産労組の「経営協議会に関する協定書」には，「3. 経営協議会においては，組合員の労働条件及び組合員の個人的不平不満はこれを取り扱わない」と，わざわざ明記されている（巻末資料9-2）。労働者の意見を汲み上げて経営側に伝えるルートは経営協議会だけではないだろうが，全日産労組は「組合全体」のことを，そして労と使の制度化された関係を優先してきたのである。
106)『日本経済新聞』1999（平成11）年10月20日，朝刊，11面。
107) 経済紙である『日本経済新聞』ですら，ゴーンが送り込まれて以降，大幅な人員削減に反対もせず，経営者の責任を追及もせず，問題を先送りにしてきた日産労組を批判した。「日本の労使協調路線」は崩壊したと論じ，「労組が沈黙することは，国際標準ではない」として，人員削減に反発することを暗に促した（『日本経済新聞』1999（平成11）年10月26日，夕刊，3面）。
108) 西原（2002a，2002b）。

れ実行に移されたときも,「日産再生のラストチャンス」と捉え,ゴーンの「リーダーシップ」を称え,工場閉鎖にいたらしめた経営陣の責任を本気で問おうとはしなかった。「労使協調」の呪縛にとらわれていたため,問えなかったのである[109]。

　会社が存続の危機に陥ると,日産労組の一般組合員は「労使協調」の限界を思い知らされることになった。労働環境が日に日に悪化するなか,組合には期待できず,会社に対しては不満を強めていった。村山工場の閉鎖のとき,日産社員であれば自由に書き込みと閲覧ができる掲示板がイントラネットに開設された。社員は会社に対する思いの丈を自由に書き込み,会社批判もかなりの数に上った。会社は匿名性を守ることを約束したが,社内の掲示板である。そこに会社の不満をぶちまけるとは,よほどのことである。掲示板の立ち上げから1年ほどが経過した頃,サイトが閉鎖された。週刊誌に情報を流した者がいるということが表向きの理由であるが,会社経営者も日産労連・日産労組執行部も,この掲示板から労働者が抱えている不満を汲み上げ,本気で解消する気はなかったのである。

　少数派のJMIU日産支部は,経営合理化による労働者へのしわ寄せを甘受することなく,労働者の同意なき労働条件の不利益変更には断固として反対し,組合の要望を一部でも会社側に取り入れさせた。会社と和解したあとにもかかわらず,ストも辞さずして要求を貫徹した[110]。賃金制度の改定のときは,会社は支部の要求を無視するであろうと,支部ですら当初予想していた。これま

---

[109] 文字通り,労働者の犠牲の上で「改革」が進められ,その「成果」が一部の者に占有されたにもかかわらず,ゴーンが逮捕されたあとですら,日産の労組は強く抗議しようとはしない。ゴーンを批判しているのは同じ立場の経営者である。そして,ゴーンを批判した西川廣人社長兼CEOも,役員報酬不正受領の疑いが明るみに出て,辞任した。伊原(2016)の第3章でこれまでの経緯から将来を示唆したように(第2部の結・注6,180-181頁),日産では,カリスマ性のあるリーダーの称揚から現場軽視・労働者不在の権力闘争の歴史が繰り返されるのである。なお,ゴーン失脚にかんする経営者内の問題にかんしては,丸山(2019)が考察している

[110] 支部は,1995(平成7)年と97(平成9)年の春闘と夏季一時金の要求に前進的な回答を得られなかったため,抗議のストライキを打った(「1996年度」13-14頁,「1998年度」12頁)。1998(平成10)年3月11日にJMIUの第一次統一行動でリレーストを打ち,支部から4人が参加した。続く3月19日の第二次統一行動日には,支部は午後から全体半日ストライキを決行し,三多摩統一ストライキ集会に35人が結集した(「1999年度」13-14頁)。

での会社の対応から，また，すでに日産労組側と妥結していたこともあり，内心ではそう思っていた。しかし，会社はJMIU日産には合意に達するまでは旧賃金制度を適用するという誠実な態度をみせた。支部は，NRPに対しても子細に検討し，労働者の意向を無視した配置転換や労働条件の不利益変更には異議を申し立て，支部の組合員の希望をほとんどかなえさせた。支部にとって，NRPは不可避ではなかったし，唯一の選択肢でもなかった。「改革」は受け入れざるをえないとしても，詳細が決まっているわけではない。中身を詰めていく作業に関与することは可能であり，実際に支部は要望を細かく会社に伝えた。かくして，圧倒的に少数の労組の方が会社に要求を認めさせることができるようになったのである[111]。

とはいえ，JMIU日産支部およびその組合員の影響力がおよぶ範囲は限られている。全社規模の意思決定を覆すほどの力は持ちえない。また，支部の意見が聞き入れられたのは，経営側による「配慮」もあったであろう。ようやく和解にこぎつけた経営者は，支部に対して気を遣ったとも考えられる。したがって，支部の力を過大に評価することも慎まねばならないが，日産労組との比較で言えば，労働者の権利を守るという点でこの時期に存在感を示したことはたしかである。

「リストラ万能」の時代になり，加えて個人単位の管理が強まるなか，「労使協調」の労働組合は存在意義を問われている。対して少数派組合は，組合員にとっての実利が高まった。数の論理に基づく交渉力では劣るものの，組織が身軽であり，機動性が高く，個別対応力に長けているため，個々の労働者の要望を実現させやすくなったのである。

---

[111] ただし，支部の要求を実現するうえで，日産労組による「間接的な影響」がなかったわけではない。一例をあげると，連合は秋季には要求を行わないが，JMIUは統一要求日である1997（平成9）年9月19日に44項目の要求を会社に提出した。10月2日に回答があり，すべて「応えられない」というゼロ回答であった。しかしその後，日産労組も「秋の取り組み」として要求を出し，2月になって4項目については前進回答があった。労災一時金の部分的増額，私傷病による休職期間延長と手当の増額，永年勤続旅行制度における男女間差別の解消，海外出張駐在員の一時帰国休暇の改善である。前から3つの項目は，支部が永年にわたって要求し続けてきたものであるが，日産労組の「援護射撃」による影響がないとは言えない（「1999年度」11頁）。

第10章　「改革」の犠牲者の支援：組織の
　　　　　ウチとソトをつなぐ

　会社や工場の存続が危ぶまれ，社員は個々に進退の「選択」を迫られるなか，少数派組合は組合員を手厚くサポートし，存在感を示すようになった。しかし，その間にも支部組合員は減っていった。新規に加入する人はほとんどおらず，1人また1人と定年退職を迎えた。日産には会社にもの申す人がほとんどいなくなった。経営陣は大規模な合理化を誰に憚ることなく実行し，労働環境は目に見えて悪化している。

　ただし，退職後も労働運動や社会的な活動を続けている元支部組合員は少なくない。そして，彼らや彼女たちのなかには，相談案件の1つとして，日産で働く現役の労働者をサポートし続けている人もいる。いくつかの事例を紹介すると，本書執筆時，元執行委員長の坂ノ下征稔（甲116）は三多摩労連の事務局長を任されている。長らく書記長を務めた境繁樹（甲126）はJMIU三多摩地域支部を基盤にして活動している。野田貞夫（甲115）も三多摩地域支部で労働者支援を精力的に行っている。女性の元組合員は，継続して女性問題に取り組んでいる人が多い。村田美慧子（甲150）はJMIUの女性センターで活動し，岡田弘子（甲144）は「女性総行動」に関わり，鈴木泉子（甲149）は「男女差別賃金をなくす連絡会」[1]の活動を再開した。現役中から同業他社の少数派や反主流派の組合員と交流し，退職後も連絡を取り合っている人もいる。地域社会に目を向け，地元で労働相談にのったり，地域ユニオンを自ら立ち上げたり，既存の労組で地元労働者を支援したりしている人もいる。元支部組合員のなかには，

---

1) 「男女差別賃金をなくす連絡会」は，あらゆる職場から女性差別の賃金制度をなくすことを目的として，1979（昭和54）年に東京で結成された。金融機関，自動車・電機メーカー，商社，航空会社など，さまざまな業種・企業で働く女性が参加してきた。月例会を持ち，集会やシンポジウムを開催し，男女平等に向けて社会にアピールしてきた。互いの職場事例から学び合い，活動を支援し合い，企業・政府に共同で申し入れを行ってきた（男女差別賃金をなくす連絡会「第4回世界女性会議・NGOフォーラム　わたしたちはたたかっている　日本の職場における平等をめざして」）。

それらの活動の一部として，日産の本体，関連会社，取引先で解雇されて困っている人たちを手助けしている人もいるのだ。

本章は，不当解雇の撤回を求めて日産の本体や取引先を訴えている事例から，日産関連の企業の職場環境および従業員に対する処遇の悪化ぶりを明らかにし，現役社員をサポートする元支部組合員の活動の一端をみていく[2]。サポートしている人は，元支部組合員だけではない。異なる経歴を持つ人たちが力を合わせて支援しているのである。

I 非正規社員の切り捨て：違法な雇用形態と雇い止め

経営合理化のしわ寄せは，真っ先に，会社組織や取引構造の「末端」に位置する労働者に来る。非正規の労働者，下請企業の労働者，外国人労働者，女性労働者，高齢労働者，若年労働者たちである。彼ら・彼女たちの多くは，慢性的に不安定な雇用環境に置かれるようになった。

前章で明らかにしたように，労使協調的な企業内組合は，労働条件の切り下げを迫られても，労働争議を起こしてでも断固拒否することはまずないが，「末端」の労働者たちは，そもそも企業内組合に入っていない（入れない）ことが多い。しかし，最近の動向として，個人加盟のユニオンに加入して労使間の紛争を個別に解決しようとする人が増えている。集団的労働紛争件数は減少傾向にあるのに対して[3]，個別労働紛争件数は増加傾向にあり，高どまりしている[4]。

2008（平成20）年秋，リーマンショックの余波を受けた会社は一斉に「非正規切り」を行い[5]，解雇された労働者が働き先や派遣会社を相手どって訴訟を起こすケースが相次いだ[6]。日産やその子会社で働く非正規社員も契約の更新を

---

2) 係属中の事件もあるため，以下，原告および地域ユニオンとJMIU日産支部元組合員は匿名とする。また，話の筋が変わらない範囲内で，細かな点にかんして一部事実を変更したところがある。
3) 厚生労働省『労働争議統計調査年報告』各年より。
4) 厚生労働省『個別労働紛争解決制度施行状況』各年より。
5) 2008（平成20）年度，自動車メーカー12社は，販売不振による減産にともない派遣社員・期間従業員を約1万3千人削減した（『朝日新聞』2008（平成20）年12月18日，朝刊，1面）。

打ち切られ，そのなかには，社員としての地位確認や慰謝料の支払いを求めて会社を提訴する者がいた[7]。以下，30代から50代の男女5人がJMIU神奈川地方本部に加入し，日産自動車関連支部を結成して，2009（平成21）年5月12日，雇用継続，賃金支払い，損害賠償を求める訴訟を横浜地裁に起こした事例を紹介する[8]。

5人のうち2人は派遣技術者であり，日産テクニカルセンター（NTC）で6年ほど働いた末に契約を打ち切られた。他の1人は，派遣労働者として日産のY工場で3年半働き，正社員への登用を希望していたが，労働災害にあい会社に診断書を提出すると，グループ会社に異動させられ，そこで解雇された。その他の2人は，日産の子会社である日産車体のH工場で6年あまり働き，その間，雇用形態を派遣社員，直接雇用の期間従業員，派遣社員，期間従業員と頻繁に変えさせられ，最終的には日産の都合で解雇された。

5人は，雇用形態，仕事内容，勤務地は異なるが，日産の本体あるいはグループ企業で非正規雇用者として数年間働いた末に突然の「雇い止め」にあった点で共通する。金融危機の影響による世界規模の販売低迷を受けて，日産は2008（平成20）年末に，期初時点で2000人働いていた派遣社員と50人の期間従業員全員の契約を翌年3月末までに打ち切ると発表した。「100年に一度の大不況」という表現を用いては，大規模な人員削減の正当性を主張した。翌2009（平成21）年2月9日，ゴーンCEOは，同年度中に全世界の日産グループ全体で2万5000人を減らす計画を打ち出し，国内では正社員4000人，非正規社員8000人がその対象になった[9]。原告は，これらの人員削減の「犠牲」になった人たちである。以下，5人のうちのひとりであるA（派遣技術者）の働き方の内容と裁判の経過を詳しくみていく。

Aは，2003（平成15）年10月上旬に，T派遣会社と派遣労働契約を結び，同月20日，NTCデザイン部に派遣された。業務内容は，CGデザイン業務，テ

6）『朝日新聞』2009（平成21）年7月9日，朝刊，25面。
7）同上，2009（平成21）年5月13日，朝刊，25面。
8）以下の記述は，断りのない限り，原告のひとりが作成した冊子であるDigital carrier siroyagi（2013）および阿部編（2012）による。
9）『朝日新聞』2009（平成21）年2月10日，朝刊，大阪本社版，11面。

クニカルイラスト類，3Dデザインである。労働条件は，派遣期間が2003（平成15）年10月20日から同年12月31日まで，就業時間は午前9時から午後6時まで（休憩1時間），時間外労働はあり，賃金は時給2040円であった。その後，派遣会社との契約を3ヵ月ごとに更新した。

　派遣期間が通算3年を経過した2006（平成18）年12月，業務内容に見合った査定と賃金を求めて，派遣元の会社と派遣先のNTCデザイン部に異議を申し立て，日産と直接交渉の機会を持ち，時給が2250円に上がった。さらに，2007（平成19）年4月から2700円に，2008（平成20）年4月から2800円に上がった。ところが，2009（平成21）年2月16日，派遣会社は，日産から同年3月31日付でAとの派遣契約を更新しない旨の連絡があり，労働契約を終了するとAに伝えた。Aは，2009（平成21）年3月31日までに，3ヵ月ごとの雇用契約を計22回更新した。

　以上が，Aが日産で派遣労働者として働き出してから辞めさせられるまでの経緯であるが，Aは，処遇に違法性があり，日産は解雇を撤回すべきであるとして，日産を横浜地裁に訴えた。

　派遣先である日産は，派遣される労働者を自ら面接し，選考していた。日産は「事前面接」ではなく，「事前面談」であると苦しい弁明をしたが，2010（平成22）年8月18日付の『毎日新聞』が「事前面接マニュアル」の存在を報道し，日産の事前面接は公然の事実になった。Aは，日産で働く前にトヨタグループで勤務経験があり，自動車デザインにかんしてももともと高度なスキルを持っていた。そして，入社後に複数の業務を担い，企画提案や後輩の教育も行い，実質的に正社員と同等の仕事をこなしてきた。つまり，期間の定めのない契約の人たちと同じような働き方をしてきたのだ。したがって，日産が解雇する場合には，解雇権濫用法理が適用されるべきであり，日産は人員削減の必要性を示し，雇い止めを回避する努力を尽くし，人員選択に合理性があることを証明し，説明義務を果たすことが必要である，とAおよび弁護団は考えた。しかし，会社は整理解雇の「4要件」をまったく満たしておらず，雇い止めは無効であるとして，解雇撤回を求めて日産を訴えたのである。

　日産の非正規切りの撤回を求めて闘う5人を支援するために，2010（平成22）年4月10日，「日産とたたかう仲間を支える会」が発足した。支援の輪が拡が

る中，JMIU日産支部の元組合員のなかにも支援活動に参加する者がいた。NTCで勤務経験があり，職場の実情を知り尽くしている人であり，いまでも現役の労働者と交流を持ち，派遣労働者の増加や作業負担の増大などの現状にも通じている人である。彼に話を聞くと，自分が働いてきた職場に愛着を持っており，職場環境の急激な悪化を憂えて労働者支援に協力している，とのことであった。

　非正規切り裁判は，2013（平成25）年11月21日に横浜地裁で結審し，翌年3月25日に判決が言い渡された。派遣先の日産と派遣労働者との間には，事実上の使用従属関係，労務提供関係，賃金支払関係は存在せず，両者の間に労働契約が成立していたとは認められず，日産の雇い止めの無効性については判断するまでもなく，原告の地位確認請求および賃金支払請求も理由がないとして棄却された。他の4人も，社会情勢と社会通念上，雇い止めは無効であるとはいえず，雇用継続と損害賠償の請求は退けられた[10]。地裁判決に納得がいかない原告側は，すぐに東京高裁に控訴した。しかし，2015（平成27）年9月10日，東京高裁は，原審判決と同様，原告の訴えをすべて棄却した。翌年12月21日，最高裁は原告の上告に対して棄却および不受理の決定を下した。

　5人の原告の所属組合であるJMITU[11]神奈川地方本部は，この訴訟手続きと並行して，日産と日産車体に団体交渉を申し入れてきた。それに対して日産は，2人の派遣社員については，自社とは雇用契約がなく，「使用者」には該当しないとして団交を拒否し，1人の期間従業員に対しては団交を開いたものの，組合側の申し入れを一切聞き入れなかった。日産車体も，2人の期間従業員に対して団交を開いたが，組合の申し入れを端から聞き入れようとはしなかった。同組合は，法廷闘争後，両社の団交拒否と不誠実団交は不当労働行為にあたるとして，神奈川県労働委員会に救済を求めて申し立てを行った（神労委平成28年（不）第3号）。5回の審問を経て，2018（平成30）年2月27日，労働委員会は，日産にかんして団交応諾義務を認め，一部救済する命令を発した[12]。

---

10) 『朝日新聞』2014（平成26）年3月26日，朝刊，横浜版，29面。
11) 2016（平成28）年1月31日，JMIUはTCWU（通信産業労働組合）と組織統合し，JMITU（日本金属製造情報通信労働組合）を結成した。
12) 『日本経済新聞』2018（平成30）年2月28日，朝刊，42面。

しかし，会社側は同年3月13日付で中央労働委員会に再審査請求を提出し，団交拒否の姿勢を崩さなかった。2019（令和元）年7月24日，中労委から和解勧告が出され，8月19日，同労組と日産および日産車体との間で和解が成立した。和解内容は明らかにされていないが，日産は事実上，雇用者と同程度の地位にある「使用者」としての責任を認めたのである。裁判元原告5人の争議は，10余年で全面解決に至った[13]。

II　下請会社の労働者へのしわ寄せ：精神疾患

　日産の関連会社や取引先の「整理」も，「改革」プランの柱であった。その「効果」はすぐに現れたが，急激な業績回復には無理があり，そのしわ寄せは取引先の労働者にもおよんだ。

　日産資本100％の子会社で働いていた技術者Bの事例をみてみよう。彼は，ゴーンが日産に送り込まれた年である1999（平成11）年の4月から，雇用期間の定めのない正社員として日産の下請企業で働き始め，自動車設計の業務を主に任された。ところが，入社年の秋から，勤務先との雇用契約をいったん終了させられ，取引先の会社に派遣された。派遣のさいに就業条件明示書の提示はなかった。しばらくして，派遣先が日産関連会社からの受注に相次いで失敗し，業務量が激減し，実質的に所属者はBひとりになった。Bは，このような状況で働くことに疑問を感じ，2004（平成16）年3月末までとされていた派遣契約の打ち切りを申し出て，その前年末に派遣契約は終了した。

　ところが，2004（平成16）年4月，再び会社の方針により，前回とは異なる日産の下請企業に派遣され，カーエアコンの設計を担当した。なお，このときも，就業条件の書面の提示はなかった。

　誤解を避けるために指摘しておくが，Bは，仕事ができなかったから他社に出されたわけではない。派遣先からの要請により派遣されたのであり，派遣先で高く評価されていたのである。2006（平成18）年度，入社先から「貢献賞3級」を授与された。

---

[13]　『朝日新聞』2019（令和元）年8月20日，朝刊，東京版，24面。

Bは入社した会社でほとんど働いたことがなく、立て続けに派遣を命じられたことに疑問を感じ、2008（平成20）年4月頃、入社した会社に「戻りたい」と元の上司に相談した。2009（平成21）年3月末日をもって、派遣契約は終了した。

2009（平成21）年2月、Bは、入社先の会社に戻るにあたり、上司になる予定の人と就労条件について面談を行った。そこで、①入社以降、主に部品設計の業務を担い、部品についての知識や技術はあるが、車両設計については現段階では知識が不足しているため、4月復帰後すぐには車両担当にしない、②入社以降、入社先で就労したことがほとんどないので、業務遂行に必要な研修を受けさせる、ということで合意した。

同年4月、入社先で正社員として働き始め、内外装設計部に配属された。しかし、面談の合意事項①に反し、車両担当に回された。また、合意事項②も守られず、業務上必要な研修を受けさせてもらえなかった。さらに不都合なことに、会社がリーマンショックによる業績悪化を受けて前任者の派遣社員との契約を打ち切ったため、Bはほとんど引き継ぎなしに新しい業務に取りかからなければならなくなった。いきなり300件以上の未読メールの処理に追われた。

Bは、5月にストレスから逆流性食道炎を発病し、2週間の自宅療養になった。職場復帰後、上記のような職場環境では働く自信がないことを直属の上司に訴えたが、上司は「1ヵ月で何がわかる。もう少し頑張ってみろ」と発破をかけた。

同年9月、ストレスにより再び胃の調子を悪化させ、不眠、頭痛、嘔吐、幻聴の症状が出始めた。通院していた胃腸科で心療内科を紹介され、うつ病と診断された。Bは長期療養に入り、傷病手当の支給を受けた。

翌2010（平成22）年3月、主治医から復職可能診断書が出され、Bは、人事部、上司および産業医と面談し、復職することになった。しかし、「リワーク（外部の医療機関による復職支援）」や「リハビリ出勤（時間をかけて勤務時間を増やし、通常勤務にもっていく制度）」などの職場復帰支援はなく、すぐに週5日・1日8時間勤務を命じられ、1週間でうつ病を再発させ、休職に追い込まれた。

Bは、会社の指示にしたがい、今回はリワークに通い、復調の様子を報告するレポートを会社に提出し、「デイケア（精神的な病を抱える者が、病院やクリニックなどの専門の施設に通いながら、スポーツ・趣味活動・作業活動など

を通じた集団的な治療を受け，社会復帰を目指すこと）」にも取り組んだ。復職に向けて努力し，主治医から復職可能との診断を得た。しかし，会社側は，就業規則に照らして「休業前の60％以上の能力を発揮できる見込みがない」ため復職不可能と断定し，休職期間満了をもって退職扱いにした。それを立証するには，少なくとも医学的な判断が必要と思われるが，産業医の診断もなしに結論づけた。「休職期間満了通知」以降，本人は意思確認すら求められていない。Ｂは困り果てて勤務先の労働組合に相談に行くと，「個々のケースには関与しない」とつれなく断られた。

企業内組合に頼ることができないＢは，個人加盟のユニオンに相談し，加入した。2012（平成24）年末に第1回団体交渉を会社と持ち，計3回団交を重ねたが解決にはいたらず，労働審判制度を利用して紛争を解決する道を選んだ。Ｂの闘いを中心になって支えたのは，JMIU日産支部の元組合員である。労働審判の審理の過程で，会社が復職の前提としているリワークを雇用主として責任をもって受けさせていないこと，Ｂはリワーク受講後にレポートを提出したが，会社は人事コンサルタントを用いて追加レポートを強いたことが明るみに出た。

Ｂは，会社との話し合いを通して，「1. これまでの退職（解雇）手続きを撤回し，即時復職のための処置を講ずること。2. 人事コンサルタントの脅迫的な介入対応について謝罪すること」を会社側に求めた。

4回目の団交で調停が成立した。会社はＢの復職を認め，解決金[14]および退職状態から和解成立までの期間の休職手当を支払った。原則6ヵ月間，復職後の業務遂行および勤務状況などを観察する期間（復職後プログラム）を設定した。

元支部組合員の支えもあり，Ｂは復職を勝ちとることができた。しかし，復職が決まるや，Ｂは「復職したくない」，「自信がない」と不安を口に出し始めた。会社の前までは行けるのだが，うつ病の再発を恐れて体がすくむのである。結局のところ，復職することなく，退社することになった。

---

14) そのうちの2割は組合に支払われた。

III　メンタルヘルスの悪化は日産本体の正社員も

　経営合理化のしわ寄せは，まずは「末端」に位置する労働者にいく。しかし，日産本体の正社員とて安泰ではない。より少ない人員で，より多くの仕事を，よりスピーディーにこなすように求められるようになった。また，組織の「柔軟化」や内部労働市場の流動化が進み，慣れない仕事を任され，体調を崩す者が珍しくなくなった。

　Cは，1993（平成5）年4月に日産に入社し，2005（平成17）年3月まで車の内装のデザイナーとしてNTCで働き，同年4月から人事関連業務を担当することになった。2007（平成19）年5月26日以降，体調不良が続き，出社できなくなり，同年10月1日から休職に入った。

　主治医の診断によると「統合失調症」である。産業医は，復職前にデイケアに参加することを勧め，主治医と相談するように指示した。

　産業医は，デイケアに問題なく参加するなど順調に回復している経過を聞き，今後も2週間に1回ほどの頻度で通院を要するものの，残業，出張，休日出勤を3ヵ月ほど禁止するという条件で，2008（平成20）年1月9日以降復職可能との判断をくだした。会社は，産業医からの報告を受け，休職前と同じ部署に復職させることにした。「職場復帰プログラム」を適用し，復職後の業務負担は休職前の6～7割程度になるように配慮した。日産は，厚生労働省指針および就業規則に基づき，2006（平成18）年4月1日から，休職者が「円滑な職場復帰を実現するため」の「職場復帰プログラム（一般層）」を導入していた（ただし，この時点では，規定として明文化はされていない）。

　ところが，Cは2008（平成20）年4月10日以降，再度出社できなくなった。年次有給休暇をとり，同月29日と30日に傷病休暇を取得したのち，6月2日以降欠勤になった。そして，欠勤が3ヵ月間続いたため，会社は，就業規則に照らし合わせて，10月1日より2回目の休職を命じた。

　会社側からすれば，「傷病休職」制度は労働基準法その他の法令に定めがある制度ではなく，「人事管理上の必要性」から設けた任意制度である。猶予なしに解雇される場合に比べて手厚い「解雇猶予制度」であり（勤続3年未満は2

年，3年以上は3年），治療機会を十二分に与えるものである。
　会社は，復職基準を就業規則で明文化した。就業規則第54条4項および5項にて，「「職場復帰プログラム取扱い」の第9条で定められている「復職要件」をすべて満たさなかった場合には退職」と規定した。会社は過半数組合である日産労組と協議を行い，同意を得た。2011（平成23）年1月1日付で，「職場復帰プログラム取扱い」は社内の内規で運用開始された。復職者にとって重要と思われる条項を以下に記す。

　第8条　職場復帰支援等
　　次の各項に該当する者は，再発防止のために会社が必要と判断した場合は，休業期間中にリワーク等の職場復帰支援，又はこれに準ずる取り組み（以下「職場復帰支援等」という。）を行うものとする。ただし，上記取り組みが不充分であると会社が判断した場合は，その継続，又は他のプログラムへの参加を指示することがある。なお，職場復帰支援等にかかる費用は疾病により30日以上休業した者（以下「休業者」という。）が負担する。
　　1. メンタル疾病による休業期間が1年以上経過した者
　　2. 過去3年以内にメンタル疾病による休職歴，又は過去3年以内に1ヵ月以上の休業が2回以上ある者
　　3. 前第1項及び第2項に準ずると会社が認めた者
　第9条　復職基準
　　休業者は，次の各項すべてに該当していると会社が判断した場合，復職できるものとする。
　　1. 通勤ができること
　　2. 1日8時間の勤務に耐えられること
　　3. 前各項を満たす主治医の診断書等その事実を証明する書類を会社へ提出できること
　　4. 休業前の60％以上の能力が発揮できる見込みがあると会社が判断可能なこと
　　5. 本規程第12条で定める復職後の取扱いが終了した時点で，1日8時間の勤務に支障がなく，休業前と同程度の能力が発揮できる見込みがあ

ること
6. 本規程第8条に定める職場復帰支援等を行っていた従業員については，会社がこれを終了したと認めたこと

　Cは，2011（平成23）年1月19日，日産宛に「同年2月4日からの復職を希望する」旨を記した復職願と，「病名は統合失調症。復職は可能と思われる。ただし，当初は，残業制限，時短勤務等配慮をお願いしたい」と記載された主治医による診断書を提出した。ところが，会社側は，Cは復職要件を満たしていないと判断し，休職期間満了日である同年2月6日をもってCを退職させる旨，通知した。Cは途方に暮れて日産労組に相談したが，Bの事例と同様，企業内組合は親身になってサポートしてくれそうにないため，個人加盟のユニオンに助けを求めた。そこで，JMIU日産支部の元組合員の支援を受けることになったのである。

　Cが退職させられる直前の2011（平成23）年2月2日，所属するユニオンは「組合加入通知及び団体交渉要求」を日産に送った。3回にわたって団体交渉を重ねたが，退職を前提として解決を求める日産と，復職にこだわるユニオンとの話し合いは平行線をたどった。

　産業医は，復職可否の基準として，安全に仕事ができるか，調子を崩さないかの2点をあげた。Cに統合失調症の陰性症状が残存していたこと，統合失調症は再発可能性が高いこと，NTCの職場環境が過酷であること，再発防止にとって極めて重要である周囲のサポートが期待できない状況にあること，それらを総合的に判断して復職不可という判断をくだした，と説明した。そして，Bの事例と同様，「キャリアサポートコンサルティング代表取締役」という肩書きを持つ者が「面談」に同席し，親をその場に呼び寄せ，Cに地元へ帰ることを勧めた。

　Cは，ユニオンの支援を受け，不当解雇の撤回を求めて横浜地裁に会社を提訴し，2013（平成25）年3月31日に和解が成立した。2011（平成23）年2月6日をもって休職期間が満了になり雇用が終了したことを相互に確認し，会社側はCに相応の退職金を，組合には解決金を支払い，Cは会社を辞めた。

IV　使い捨てにされる労働者，心を病む人たち，不信感に満ちた職場

　日産の大規模な「改革」については前章で詳述した。日産は有利子負債を4年で全額返済し，短期間で「成果」を出して「V字回復」を世間に印象づけた。しかし，「改革」を強いられた組織の内部や下請会社では無理が重なり，労働者にしわ寄せがいっていた。本章は，その後も続く「改革」によって労働条件や雇用環境が悪化の一途をたどり，労働者の許容限度をこえ，職場が「病理化」している現状の一端を明らかにした。

　日産の本体および関連企業の「末端」に位置する人たちは，景気変動の「調整弁」にされてきた。昨今の労務管理はその層を拡大させ，固定化しており，その結果，日産を「底辺」から支えてきた人たちが雇用不安に怯え，正社員との賃金格差に不満を感じ，人を人とも思わぬ「使い捨て」にやりきれない思いを抱いている[15]。加えて，日産本体の正社員ですら安心できなくなった。NTCは，日産の新商品の企画・デザイン・設計開発の中心であり，「技術の日産」の要である[16]。そこでも人員が削減され，雇用の非正規化が進み，人の出入りが激しくなり，正社員の仕事量が増している。商品の企画から商品化までの期間が18ヵ月から12ヵ月に短縮され，作業密度が格段に高まり，技術者は時間に追われ，ストレスを抱えるようになった。

　労働環境の劣悪化とメンタルヘルスの悪化は，日産の人事部も把握し，産業医も認めている[17]。本章が取り上げた日産本体の事件に関わった産業医は，日

---

[15] 新聞で報道されたその他の事例として，日産自動車九州工場で働いていた2人の非正規社員が組合を結成し，派遣元と同工場に解雇撤回の要望書を出した（『朝日新聞』2009（平成21）年2月4日，朝刊，24面）。このほかにも，表沙汰にはならないものの，不満や不安を抱えたケースは無数にあるだろう。ゴーンの逮捕後，非正規切りにあった者たちは，やるせない思いをさらに強めた。日産のために「全員で痛みを分かち合おう」，派遣切りは仕方がないことであり「経営陣の責任ではない」と演説したゴーンの台詞はいまさらながら白々しい。日産やその関連会社から派遣切りにあった元従業員50人ほどが本社前で抗議を行った（『毎日新聞』2018（平成30）年11月22日，夕刊，7面，『日本経済新聞』同年11月26日，夕刊，11面，『中日新聞』同年11月27日，朝刊，31面）。
[16] 2011（平成23）年3月末の時点で，正社員7892人，派遣社員813人が在籍する大所帯である。
[17] 全社的に「メンタル系休業者」が急増した事実は，日産労組も把握している。詳細は，伊

産では統合失調症などのメンタルヘルスの悪化事例が多くなっていると述べていた。ただし、その原因をなくそうというわけではない。原告は厳しい環境に耐えられないだろうから復帰は難しいとの判断をくだしたのである。

　職場の雰囲気は悪い。外部のコンサルタントを雇って社員を「つつがなく」クビにする会社に、「信頼」など育まれるはずがない。会社は次々と新しい労務施策を打ち出し、就業規則を手抜かりなく改定し、労務管理の「プロ」を雇い、現状に耐えられない社員に「自主退社」を促し、不当解雇として訴えられれば顧問弁護士に対応させる。会社は社員の健康に気を配っていないわけではないだろうが、病気やけがが発生すると、その責任を回避しようとする。直接の「犠牲者」にはならずとも、会社の姿勢は社員に伝わる。労働者は会社に対してのみならず、同僚に対しても自己保身が強くなる。「自分の業績」を上げることに注力し、体力や気力を温存し、「使えない」同僚を非難する。職場は「居場所」「教え合う場」「成長する場」ではなくなった。

　ただし、日産のなし崩し的な職場環境の悪化は日産独自の経営施策だけによるわけではない。日本全体の労働政策と社会情勢の影響を受けている。それは、本章で取り上げた裁判の判決からも読み取ることができる。

　派遣社員Ａの解雇無効の訴えに対して、地裁は日産が労働者派遣法に違反した働かせ方をしていることは認めている。ただし、判決文によると、「労働者派遣法の趣旨及びその取締法規としての性質、さらには派遣労働者を保護する必要性等にかんがみれば、仮に労働者派遣法に違反する労働者派遣が行われた場合においても、特段の事情のない限り、そのことだけによっては派遣労働者と派遣元との間の雇用関係が無効になることはない」(強調は伊原)。この判決は、雇用保障の制限と、違法行為と自らが認める働く場における労働関連法令の遵守、すなわち、職務範囲の限定との関係を軽く考えているように思われる[18]。

　　原 (2015) 第3章注9 (190頁)。
18) 2003 (平成15) 年10月から日産で派遣社員として働き、2009 (平成21) 年5月末に契約を打ち切られた20代の女性社員も、正社員化を求めて会社を東京地裁に訴えたが、事前面接や契約外の庶務など、派遣法違反の実態は明らかになったものの、正社員化は認められなかった (『朝日新聞』2015 (平成27) 年9月18日、朝刊、30面)。

いわゆる「日本的経営」のもとでは，労働者は雇用の保障と引き替えに組織内の「柔軟な処遇」を受け入れてきたのであり，もし雇用が保障されないのであれば，労働者の専門性や負担という点から鑑みて，また職場運営上からしても，「柔軟な処遇」は受け入れがたい。なぜなら，社内の労働慣行の融通性に雇用の流動性が加われば，「柔軟性」が高まりすぎて職場が荒れるのは必定だからである。両者の切り離せない関係に対して無理解な判決がくだされると，実質的に，雇用保障なき「柔軟な処遇」がまかり通り，働く場の秩序は維持できなくなるのだ。

　日産の労務施策は，日本社会全般の雇用政策に即したものであり，雇用の流動化に起因する職場の荒廃は日産に限られた問題ではない。ただし，日産は財界主導の雇用政策を時代にさきがけて実行してきたのであり，「最先端」の労働政策を率先して実践してきたのである。その点から言えば，日産の職場で際だって見られるのかもしれない[19]。

V　組織のウチとソトをつなぐ，働く場を継続的に改善する，働く者の文化を教える

　日産関連企業の労働者は，なかでも非正規労働者は，理不尽な扱いを受けても社内の組合を頼ることができず，経営者や管理者と個人で対峙させられる。不当な解雇や不条理な処遇を受けたさい，個別労働紛争解決制度を利用して1人で闘うことも不可能ではないが，相手は「労務対策のプロ」である。1人でやり合うのは心労がたまる。

　その点にかんして言えば，組織横断的な個人加盟のユニオンに助けを求めれば，組織の論理にとらわれずにサポートしてくれる。勤め先の内情を知悉して

[19)] 日産では，2017（平成29）年9月以降，無資格者による完成検査などの不正が相次いで発覚し，現場に対する批判が高まった。本書では取り上げなかったが，これも「改革」による現場への影響の1つである。根深い要因として日産という会社組織の隠蔽体質があり，現場管理の不徹底があるが，直接的な原因は人手不足であり，現場に押しつけられた無理に対する「現場なりの対応」とみることができる。是非はともかく，大真面目にルールを守ろうとすれば，本章で取り上げた諸事例のように現場が「病理化」するからである。詳しくは，伊原（2018b）を参照のこと。

いるJMIU日産支部の元組合員が支援してくれることもある。元組合員は，日産という組織の事情に即しながらも組織の論理にとらわれずに現役社員をサポートしている。

　もちろん，本章で紹介した支援活動に問題がない，と言うわけではない。雇用の打ち切りを宣告された労働者にとって，最優先の希望は雇用の継続である。しかし，高ストレスの職場で働き，メンタルを病んだ者たちは，かりに職場復帰を勝ちとっても，同じ職場に戻ることが怖くなる。「こんな会社とはおさらばしたい」という気持ちになるのも無理はない。かくして，現実的な「落としどころ」は金銭的な和解になる。和解が成立したあとに退社し，支援してくれた組合には謝金を払うだけで，加入しない者も少なくない[20]。このような闘い方の最大の問題点は，組織内部に対する注視は一時的になり，違法な雇用状態や常軌を逸する労働環境が放置されたままになることである。

　会社を訴えた当事者にとって，直接の目的は職場改善や労働者全体の労働条件の向上ではない。とりわけ非正規雇用者は，勤務先に対する思い入れが弱く，それらに対する関心は乏しい。したがって，とりあえず「先立つものを確保したい」という気持ちもわからないではないが，金銭的な解決に終始すると，職場環境が変わらないだけでなく，移った先でも同じような「トラブル」に巻き込まれるケースが少なくないようだ。

　支部の元組合員たちは，労働者支援の現状に満足しているわけではない。しかし，雇用条件や労働環境の改善が思うように進まなくても，支援を投げ出さない。闘い抜いた人ならではの辛抱強さ，自信，楽観が，筆者には感じられた。組合員が会社を辞めても，同じ会社で働く他の組合員を支援して職場改善を会社に要求し続けることはできる。個人的につながりを持ち続け，当人に「身の処し方」を教えることもできる。支部の元組合員のなかには，「トラブル」の原因を見極めさせ，対処法を身につけさせ，似たような「トラブル」に巻き込まれないように助言している人がいた。働く場をウチとソトから複眼的に見ることができる支部の元組合員は，眼前の紛争の解決に注力するも，同時に，現役

---

[20] 紛争を解決するときだけ組合に助けを求め，謝礼すら払わずに辞めていく人もいる（『東京新聞』2014（平成26）年10月6日，朝刊，10面）。

労働者のキャリアを長期スパンで支え，日産および日本の労働社会の将来を展望し，職場環境を労働者主導で改善しようとしているのである[21]。

---

21) 会社の枠をこえて活動するユニオンにかんして注意すべき点を最後に付言しておく。ユニオンや労働者支援のNPOは，働く者を親身になって支援し，職を失った者に対しては生活保護の申請を手助けするなど，労働者および失業者の生活全般の面倒をみている。筆者は，旧来の労働組合の役割をこえた活動を否定するわけではないが，国が責任を持って国民の生存権や働く権利を保障し，会社に労働関連法令を守らせることが先であると考える。その前提に対する共通理解が希薄化した状態で活動にとりかかれば，国の役割を代替させられたり企業の「尻拭い」をさせられたりすることになり，多忙により，そして財政的にも潰されかねない。この問題については別稿で考察した。伊原 (2015) 第7章も参照のこと。

第11章 「会社人間」とも「独立独歩」とも異なる
キャリア：「社会」に足場を持つ

　合併時，全金プリンス支部に残った大卒組合員は2人だけであった。有名大学を出て，日本有数の大企業に入った彼らは，「エリートサラリーマン」になる可能性があった。しかし，支部に残ったがゆえに，二十数年にわたり「仕事干し」にあい，「冷や飯」を食わされた。外目には，不遇を託つキャリアだったのかもしれない。だが，当人たちからすれば納得のいくキャリアであった。60歳まで日産で働き通した。協調的な労使関係のもとで働く「従順」な社員であっても，出されるときはあっけなく外に出される。むしろ，「従順」であるがゆえに，会社からすれば「肩たたき」をしやすい。

　いわゆるサラリーマンが望み，歩むキャリアとは，「優良企業」に入り，社内ヒエラルキーの頂点を目指し，やがて自分に対する評価の「現実」を知り，退社すると同時に終わるものだけではない。専門知識や高度な技術を身につけ，会社を渡り歩き，組織に縛られない働き方が一時もてはやされたが，それとの二者択一でもない。本章は，日産の大卒社員でありながら，支部の組合員であり続け，長いこと書記長を務めた境繁樹（甲126）の働き方と退社後を振り返りながら，いわゆる「会社人間」とも「独立独歩」とも異なるキャリアの事例をみていく[1]。

I　境の経歴

　1942（昭和17）年12月6日に横浜で生まれた。生後まもなく父親が亡くなったため，母親の実家である宮城県登米町に移り，そこで育った。1万人ほどの小さな村であった。小中高といつも首席であり，答辞送辞を行うのは境であった。1965（昭和40）年3月に東北大学工学部精密工学科を卒業し，同年4月1日，プ

---

[1] 以下，1984（昭和59）年2月10日作成の「陳述書」および，本人への聞き取り調査による。

リンス自工に入社した。

II　合併までの仕事

　プリンス自工に入社後，4月から11月まで新入社員教育を受け，動力機構部機構課に配属された。動力とはエンジンであり，機構とはメカニズムである。配属先の機構課はエンジンを除く動力伝達系を担当する部署であり，境はトランスミッション（変速機）の設計を任された。境自らが希望した職場であり，この配属を非常に喜んだ。「私は入社後，人事部教育課の進路希望調査で，動力機構部機構課を希望し，希望通りの配属になり，新しい人生に希望と誇りをもって出発しておりました」。配属先の上司である主任も，境の配属を好意的に受け止めた。「忙しくて，人事に人をくれるように毎年希望を出していたが，君が自分からこの課を希望してくれて助かった」と境は言われた。配属後すぐに，変速機の構造の学習をかねて，スカイラインGT 5段変速機の総組立図を書いた。その後は，設計変更図面の作成などの業務を日常的にこなしながら，変速機の心臓である歯車の理論やベアリングの寿命にかんする知識を貪欲に学んだ。

　1966（昭和41）年に入ると，次期発表のトラック用変速機の設計に着手した。新しい変速機の設計にあたって，車両設計部門や動力機構部門などが共同決定した開発方針に基づき，主任が変速機全体の概案図を書き，係員は分担して個々の部品を図面化する。歯車・軸類の寸法，車両の使用年数に耐えられる金属の硬さ，各部へ供給する潤滑油，加工しやすい形状など，エンジンの駆動力を伝達させるあらゆる要素を考慮しなければならない。この変速機の設計は3月までかかった。当時，歯車の計算には電動計算機を使っており，ひと組の歯車の計算に半日を要することが常であった。これでは非能率的であると思い，境はIBMの電子計算機のプログラミングを勉強し，経理部門が主に使っていた電子計算機を8月末に借りて，その計算を数分で行えるようにした。

　設計業務は多岐にわたる知識を要する。境は，早く主任のような設計者になりたい一心で努力する毎日であった。毎月30時間程度の残業をこなしたが，時には息抜きもした。係のボウリング大会に参加したり，同僚と麻雀をやった

り，昼休みには課長や主任などを相手に囲碁を打ったりして，職場の先輩にかわいがってもらった。境にとって，当時はもちろんのこと，いまになって思い返しても，本当に楽しい日々であった。

III 合併からの二十数年間：隔離された日々

 ところが，そのような充実した日々も，1966 (昭和41) 年の夏の終わり頃から少しずつ様子が変わっていった。会社は，全金プリンス自工支部を組合として認めなくなり，団体交渉を拒否し，組合費を給料から天引きして全金脱退者がつくったプリンス自工労組へ渡すようになった。労働委員会で会社に団交応諾命令がくだされたが，管理監督者やプリンス自工労組役員は支部に対していっそう強硬な態度をとるようになった。

 境はなぜ全金に残ることにしたのか。「陳述書」に次のように書いている。

 「昭和41年4月，会社合併を目前に控えて，当時のプリンス自動車工業(株)の従業員全員が加入していた全国金属労働組合を脱退して，当時の日産自動車(株)の従業員全員が加入していた自動車労連に入るべきだと言う人達が現れ，組合規約を無視した運営を行ない大多数の人たちを全金から脱退させました。私は入社して間もないため，組合についての知識は少ないものでしたが，この脱退の経過を見ると，その先頭に立っている人たちは労働者の代表としてふさわしくないという思いを強く持ったため，全国金属に残ることを心に決めました。」

 設計職場で全金支部に残ったのは，車両技術第一部車両設計二課の浅野弘 (甲164) と境の2人だけであった。浅野はすでに6年間車両設計の業務に携わっていたが，会社は突如として村山工場の車両整備の職場への配置転換を命じた。業務上，まったく関係のない職場である。会社の中枢である設計部門から外し，支部組合員どうしを引き離すために，村山工場のテストコースの片隅に追いやろうとしたのであろう。全金支部と本人は不当配転に抗議したが，設計職場への入室を阻止され，浅野は8月末に荻窪から村山工場へ移らざるをえなくなった。設計部門の支部組合員は境だけになった。

 そのような折，「実験に来てくれ」と，境は課長に呼ばれた。実験職場に出

向くと，「境君は会社に全金として届け出ているという話だが本当か。みんなが脱退したのだから，いっしょにやったらどうか。どうして組合に足をつっこむんだ。せっかく一流の大学を出たのだから，技術一筋に生きた方が君のためにもよい」と課長に諭された。境は，「もちろん技術も伸ばしたいが，良心も守りたい。会社が技術と良心を両立させるようなやり方をしてくれるように願っている」と受け答えした。

課長のほかにも，主任，大学の先輩，プリンス自工労組中央委員などがかわるがわる説得に訪れた。しかし反対に，全金が労働者の立場にたった労働組合であることを境は力説し，全金脱退の誘いには応じなかった。

10月1日，課長に呼ばれ，実験への配転を唐突に命じられた。理由は最高級乗用車であるプレジデントの変速機が実験段階に入り，多忙になって人員が不足しているからというものであった。しかし明らかに，設計から全金組合員を一掃するための口実であった。同じ課のなかに設計と実験とがあり，設計は全員が大部屋の同じフロアーで作業するため境を隔離できないが，実験は小部屋に分かれているためそのひとつに境を閉じ込めようとしたのであろう。だがこのときはまだ，先輩の指導のもと，変速機の台上耐久試験を監視し，同期装置の台上および実車の試験による性能と耐久性の検査に従事していた。

ところが，11月16日，村山テストコースで同期装置の耐久試験を行い，トラックのクラッチが破損したため交換作業をしていると，荻窪から新品のクラッチを持ってきた課員から「定時で帰れ」と言われた。課長の伝令とのことであり，その日はすぐに荻窪へ戻ったが，課長はすでに退社していた。次の日の朝，課長からあらためて「境君，きみは今後いっさい残業，出張をしなくてよい」と命じられた。他の全金組合員はすでにさまざまな差別を受けていたため，すぐに合点がいった。課長はさらに，「台上耐久試験もやめて，居室にいろ」と指示した。部屋にしばらくいたが，仕事が心配なため実験室に顔を出すと，先輩が追ってきて「課長が戻れと言っているから戻ってくれよ」と半ば懇願するので，仕方なく部屋に戻った。

残業は，必要に応じて課員が各自で判断し，1日に1～4時間ほど行っていた。境は11月16日までは他の課員と同程度の残業をこなしていたが，その日以降は残業しようにも課長や課長代理がやってきて，「君の仕事は急がないから，

残業するな」と阻止され、一切できなくなった。境は「他の人は毎月50時間も残業があって忙しいのに、私だけ定時で帰るのは申し訳ないです。仕事をもらえれば残業するし、せめて順番でやっている徹夜耐久試験には加えてください」と頼んだが、課長は、「女子はほとんど残業をやっていない。仕事によっては残業はない」ととりあわなかった。

1967 (昭和42) 年になると、プリンス部門労組役員が全金組合員に対して集団暴力を毎日しかけてきた。境も1月11日から、ほぼ毎日取り囲みにあった。同日の昼休み、隣室のエンジン実験課で働いていた全金組合員の中村勝大 (甲123) が境の居室に飛び込んできて、「境さん、この人たちが僕にいろいろ言うんだ」と助けを求めてきた。彼に続いてどやどやとエンジン実験課と補機課の人たちが入ってきて、2人は三十数人に取り囲まれた。彼らは、「全金の考えを述べてみろ」、「全金がいて迷惑だ」などと口々に言ってきたため、境は臆することなく自分の考えを述べた。12日と13日の昼休みも課内の数人に取り囲まれ、食堂へ行くこともままならなかった。

1月13日の定時後、境が退社しようとすると、補機課の人たち20人近くに廊下でつかまり、動けなくなった。プリンス部門労組の中央委員と代議員が先頭に立ち、「お前はおととい、全金は会社を誹謗していないと言ったが、このビラを見ろ」と言って絡んできた。境は前年の12月から残業をやれなくなったのを機に、中野駅近くの英会話学校に自費で通い始めた。その日は5時半から学校があり、帰してくれるように頼んだ。しかし、「英会話よりこの方が、君にとってもわれわれにとっても重要だ」などとすごまれ、振りきって帰ろうとすると廊下を塞がれてしまった。仕方なく居室に逃げ込み、頭を抱えて自分の席に座っていた。部屋には課長がいたが、事情を知りながらも、たばこを吹かして何も言わなかった。30分ほどすると廊下にたむろしていた人たちがいなくなり、境は帰途についた。結局、その日は英会話学校に行けなかった。

次の日、課長が「昨日はどうだった？」と様子を探りに来た。課長は途中で部屋を抜け出したのでことの顚末を知らなかった。境が「英会話学校に通っているのに、妨害されて困る。ああいう人たちは解散させてください」と頼むと、課長は、「幼稚園の先生じゃあるまいし、いちいち部下の面倒をみていられるか」と吐き捨てるように言い、とりあってくれなかった。

1月20日の朝，主任に第三会議室に連れて行かれ，次のように言われた。「境君がどうしても全金をやめないと言うなら，課員全員の前でその理由を述べてもらいたい。これから毎日，昼休み，全員で行くから話し合いに応じてくれ。それから，現在昼休み，現場を通ってみると，よくない状態が生じている。われわれの課ではあんな状態にはしたくない。しかし，このままではああいうことをやらざるをえない。われわれも決断を迫られている」。現場の「よくない状態」とは，ミッション職場（変速機製造部門）の暴徒化した取り囲みのことを指していた。境は，昼休みは食事をとらなければならないし，組合の連絡などもあるため，主任の話をきっぱりと断った。そして，「話があるなら，定時後に数人と話し合いたい。20人もいると，どうしても会話が一方通行になり，感情的になりやすい」と答えた。主任も自分の主張を譲らず，昼の時間まで話は平行線をたどった。昼休みになり，会議室から職場に戻ると，実験の全課員がすでに部屋に集まっており，つづいて設計の課員も入ってきた。機構課全員がそろった。境は，「お互いの考えを話し合おうというのであれば応じるけれども，全金をやめろというのであれば話しても無駄です」と冷静に考えを述べると，「意見交換の場じゃないんだ。やめるかやめないかが問題だ」と激高して怒鳴り散らす者がいた。境は無理にこの場を離れようとすれば暴力に発展することを危惧し，退室することは思いとどまった。このような「話し合い」が1月25日まで続いた。

　同日，境がミッション職場の前を通ったとき，全金組合員の塩谷一利（甲141）が数百人のプリンス部門労組員に取り囲まれ，高い台の上に座らされ，耳に何かを押しつけられ，怒鳴られている姿が目に入った。塩谷は立たされ，何かを読み上げさせられていた。その最中，「パトカーだ！」と叫び声がして，さっと潮が引くように人が退散していった。境が塩谷の側に駆け寄ると，耳たぶから血が流れていた。塩谷は耳たぶにペンを押しつけられ，「謝罪」を強要されていたのである。

　この暴力事件以降，境は一切の仕事を与えられなくなった。1月下旬，立入許可バッジの切り換えがあった。会社は，事務部門や製造部門など機密事項の少ない職場には白，自動車開発部門には青，試作部門には赤，航空部門には緑のバッジを従業員に着けさせ，部外者の立入りを禁じていた。設計・実験部門

は試作職場に入る機会が多いため，青と赤を組み合わせたバッジを全員が着けていたが，境だけ青バッジを渡された。その理由を課長に尋ねると，「君が機密を漏らすとは思わないが，全金は機密を漏らすので与えない」という返答であった。境は試作命令書を発行してきた関係で，課内でもとりわけ試作職場に入る機会が多いことを告げると，課長は「電話ですませろ」と怒り口調で言い捨て，「これ以上言うと憲法問題になる」などとつぶやきながらその場から立ち去った。

　2月中旬になると，レース用変速機の取扱説明書の翻訳を命じられた。独語や英語で書かれた特許関係書類や機械取扱説明書などを和訳する作業であるが，課長の目の届くところで「ひとり作業」をさせるためにつくられた差別的な仕事である。境の他に，実験職場で翻訳だけをしている人はいなかった。その不当性を何度も抗議したが，課長は「翻訳は重要な仕事だ」の一点張りだった。「残業で実験の仕事をやります」と言うと，「(課員は)境と一緒に仕事をすると能率が落ちると言っている」と答えてきた。いく度となく抗議したが，「みなが境と一緒に仕事をしたくないと言っているから，仕方なく1人でやれる翻訳をしてもらっている」，「日産を批判する人は必要ない」，「人事課に抗議に行く人間には仕事をやってもらおうという気にはならない」，「会社の機密を漏らす人間に責任ある仕事を任せられない」とつれない返事を繰り返すばかりであった。あるとき，課長代理に「能率が落ちるなどと言う人がこの課にいるのですか」と尋ねると返答に窮していたが，このやりとりを聞いていた課員のひとりが「お前は信用できない。2人でミッションを持ち上げたとき，お前が急に手を離せば俺がけがをする」と口出しして代理に助け舟を出した。本当にばかばかしくなり，情けなくもあり，言い返す気力がなくなった。

　1972（昭和47）年9月まで，業務はほぼ外国文献の翻訳だけであった。他の課員が実験業務全般を忙しそうにこなし，技術的・人間的に成長していく姿を横目に，境は一年中，机に向かってひとり黙々と翻訳を続けた。課長たちが常に監視しており，他の課員と口をきくことすらできなかった。

　仕事以外も，ことごとく差別的な扱いを受けた。具体例を挙げると，1966（昭和41）年末以降，課内の積立金を返され，親睦会から外された。課内旅行にも誘われなくなった。伯母の葬儀で帰省し，土産のまんじゅうを課員に配った

ところ，課長代理が一人ひとりからそれをとりあげて境に返してきた。兄や友人からの電話をとりついでもらえなかった。1968（昭和43）年夏，課員の自宅に遊びに行ったことが会社に知られ，日産労組常任ら数人に脅迫され，脚をけられ，軽いけがをした。1969（昭和44）年3月の昼休み，日産労組常任と同執行委員にけり飛ばされてけがをした。この件で課長に苦情を訴えたが，とりあってもらえなかった。1970（昭和45）年9月，境の結婚式の案内状を課内に回覧すると，「お前たちの宣伝に使われてたまるか」とののしられ，日産労組常任に強く足を踏まれた。そばにいた課長に抗議すると，「机のかげで見えなかった」ととぼけられた。その案内状に記された「結婚を祝う会」の幹事が勤務する会社に課長が赴き，境との関係を調べあげた。総括（係長クラス）の人に，「お茶を飲むな，親睦会費を払っていないのに」，「始業前に掃除してもらう必要はない」などと言われた。合併から時間が経つと露骨な嫌がらせは少なくなったが，監視体制は依然として厳しく，他の課員が境に話しかけてくることはなかった。

　裁判で勝利判決を獲得し，地労委から勝利命令を受けるようになると，徐々に差別は撤回された。1972（昭和47）年10月から，翻訳のほかに実験治具の設計業務を担当できるようになった。ただし，新しい仕事も他の課員とまったく同じようにやらせてもらえたわけではない。境は図面を描くだけであり，工作部署との打ち合わせはすべて総括が行った。

　1982（昭和57）年2月，境は設計に配転になった。フォークリフトを設計・製造する業務が日産車体から日産本体に移管され，境はフォークリフトの実験に回されたが，実験の部署には境よりも年下の課長がいるという事情から，課長が全員年上である設計に配転させられた。仕事内容は，従来通りの翻訳に加えて，「技術調査」という名称の仕事を与えられた。エンジンや変速機などにかんする資料調査であり，他社の技術動向を報告書にまとめる仕事である。ただし，他の人が集めてきた資料を整理するだけの作業であり，基本的には翻訳と同類の「ひとり仕事」であった。設計に配転になってから，むしろ翻訳の業務が増えた。なお，境が設計に移ってから，実験で境が担っていた業務は課員が分担してこなすようになった。

　仕事の量は増えたものの，相変わらず部下もつかず，他の人と話もできず，黙々と1人で仕事をこなす日々が続いた。会社に出勤すると，誰とも挨拶せず，

業務前の体操をやり，自分の席に座る。上司が無愛想に仕事をもってくる。なかでもエンジンの設計の総括がぶっきらぼうであった。境は「いまでもよく憶えている」と言う。その総括は，「あんたの上司なんてやりたくないんだ」という態度を露骨に出した。境に仕事を持っていくさいにも，抑揚なく「これを翻訳しといて」とだけ告げ，資料を無遠慮に机に置いた。境は翻訳を黙々とこなし，できあがると上司に提出する。誰とも交流のない職場生活が続いた。

　1985（昭和60）年12月26日の会社創立記念日に，境は勤続20年の表彰を受けることになった。通例からすれば，工場単位の式典で表彰状を手渡されるはずである。しかし，境はそれに参加させてもらえなかった。集会解散後に課長に呼ばれ，ひとりだけ別扱いで表彰状を渡された。翌朝，課長に「勤続20年の社長表彰がなぜ時間外に一対一で表彰状を渡すだけなのか。当然みんなの前で表彰してもよいのではないか」と尋ねると，課長は「（境の）勤続表彰は結果的に年数を満たしただけなので，時間内にみんなの前で表彰する必要はない」と答えた。些細なことと思われるかもしれないが，一事が万事，このような有様であった。

　境は，「陳述書」で次のように述べている。全金に残ることを決めた「時を起点にして，その後は脅迫，暴力，差別の15年間で，優れた技術者になろうとした私の人生目標は根底から崩れてしまいました。賃金，一時金は同期生とくらべると大幅に差をつけられるようになりました。仕事はただひとり，一日中，誰とも話をしないでできる仕事に変えられました。他の課員が残業に追われながらも仕事に生きがいを見出しているのに，私ひとりだけ定時で帰れと命令されます。親睦会からも私だけがはずされ，レクリエーションをやるときも出してくれません。入社以来20年経った現在，若さあふれる後輩がはつらつと仕事に励む姿を毎日見ていると，私に仕事上，人間関係上の差別を加えている会社の経営者に対する怒りがこみあげてくるのをおさえることができません」。

　「陳述書」を読むと，境の職場生活は無味乾燥であり，砂をかむ毎日だったように思える。たしかに「仕事干し」と人間関係からの排除はきつかったようである。しかし，境がいまになって冷静に振り返ると，陰ながら境に信頼を寄せ，厳しい監視のなかで仕事を与えてくれる人もいた。境はそれになんらかの意味を見いだそうとした。同じ支部の技術員でも，浅野弘（甲164）や吉田博（甲

161)は差別的な仕事や同僚とのつきあいを自ら拒否したが，境は与えられた仕事を楽しもうとした。

　生産技術課の主任をしていた東北大の先輩2人が，「遊んでるんだったら翻訳してもらいたい」と境の課の主任のところに話を持ってきた。1967（昭和42）年に，スイス・マーグ社の歯車研削盤の取扱説明書を独語和訳する仕事を始めた。独語の技術翻訳や資料調査を行える社員は限られていたため，その後は途切れることなく翻訳や調査の依頼が入った。ブレーキライニング摩耗警報装置やブレーキプロポーショニングバルブ（制動力前後配分弁）の特許調査，ドイツ・リンデ社製フォークリフトの整備要領書の翻訳など，本社やNTCから，さらには下請メーカーからも頼まれ，やりがいを感じた。試験機および治具の設計の話も来た。実験治具の図面作成は，やがて1台の試験機の設計にまで発展した。自動車メーカーとは，種々の部品を専門メーカーから購入して組み立てる総合組立メーカーである。動力伝達系を例にして説明すると，ブレーキはそのほとんどの部品を専門メーカーから購入するが，組み立てたあとの品質は自動車メーカーが保証する。日産の実験職場には性能や耐久性を試験するさまざまな機械があった。それら試験機の設計依頼が境に来たのである。境は，ブレーキのセルフアジャスター耐久試験機，ブレーキホース寒冷耐久試験機，ホース配索経路試験機など，独創的なアイデアの試験機を数多く作り，陰ながら課員から信頼を得ていた。

　境は，20年近く荻窪で働き，村山に移った。そのときは「荻窪から'大物'が来るということで，それはもう警戒された」ようである。村山に行くと，翻訳生活に戻った。課長から仕事をまとめて指示され，ここでも他の人と話ができなかった。村山は大部屋であり，みなと一緒に働くようになったが，衆人環視の状態になり，荻窪以上に誰も話しかけられない雰囲気であった。長い日産での社員生活のなかで次々と新入社員が入ってきたが，誰ひとり，話しかけてこなかった。境より後に入社した女性社員が，境とまったく話をせずに退社していく。そのひとりが退職するさいに，境が遠慮がちにお別れの言葉をかけたことがあった。彼女はこの期におよんで「どうすればいいのか」という困惑の表情をして上司の顔色をうかがった。境が日産で働いてきたなかで最も悲しかったエピソードの1つである。境は「全面和解」まで課内の同僚と話をするこ

とさえできなかった。

IV 「和解」後

1993 (平成5) 年の年明け早々,職場で次長から「和解宣言」があった。かつての仲間から言葉の暴力と無視にあい,仕事を取り上げられ,数々の差別を受けた。それが30年近くも続いた。怒りの感情が消えることはないだろう。しかし境は,「和解の後に話しかけてもらったときは素直にうれしかった」と述べた。

「和解後,ほとんどすべてが解禁になった。解禁になったとたん,すっかり変わった」。「和解宣言」の直後に課長が境のところに来て,次のように指示した。「設計の仕事をこなすには,3つのツールを使えないといけません。外国語,CAD (コンピュータ支援設計),ANEMS (オール日産エンジニアリングマネージメントシステム:すべての商品情報が入ったシステム) です」。CAD以外は習得済みであった。CADも触ったことはあったが,課内の人からあらためて手ほどきを受け,短期間でマスターした。和解時,境は50歳になっていたが,技術や知識の習得意欲は衰えていなかった。もともと優秀な技術者になることを夢見てプリンスに入社した境である。むしろそれまでの遅れを取り戻すかのように,夜遅くまで仕事に打ち込んだ。家に帰っても仕事について考えていることがあった。

親睦会にも参加できるようになった。以前は,境だけを差別しているという批判を受けないように,「職場の会費」は集めず,その都度,「有志」が会費を払う形にして,境を除いて飲み会を開いていた。そこまで手の込んだことをしてでも,境を排除しようとしていたのである。和解後は,年に1回,飲み会に誘われるようになった。

2000 (平成12) 年まで村山で働き,座間工場に回され,フォークリフトの設計を担当した。みなと同じように仕事に取り組み,2002 (平成14) 年に退社した。定年退職の送別会は感慨ひとしおであった。ひどい扱いをした日産であったが,職場の同僚には恨みはない。次長が「よく続けた」と褒め称えた。境よりも8つ下の部長が話しかけてきた。「境さんはほんとえらいですよ。私なんか,境

さんと話をしたかったんですけど，境さんと話すと「ミイラとりがミイラになるから話をするな」ときつく言われて，したい話もできなかった」。彼は違う課であった。同じ課でない人にまで，口をきかないように強要していたのである。境が村山に来るさいに，そのような「勉強会」が開かれていたことがあとでわかった。いずれにせよ，境の送別会は，相模大野にある居酒屋で開かれ，設計と実験の課から40人ほどが参加し，境は盛大に送り出されたのである。

V　組合員としての活動：現役中から退社後にかけて

　境は，1965（昭和40）年7月1日，全金プリンス自工支部に加入し，翌年4月の組合分裂時に全金支部に残留した。同年10月には早くも支部委員に就任し，以降7期務めた。1973（昭和48）年10月に支部執行委員になり，以降9期担当する。1982（昭和57）年7月に書記長になり，「全面和解」にこぎ着けた。その後，途中で降りた期間もあったが，定年退職まで書記長を務めた。

　支部は，自分の意見をはっきりと述べる人たちの集まりである。意見をとりまとめるのに苦労はなかったのか。本人曰く，「これといった苦労はなかった。民主的に議論をすることには注意を払ったが，支部の組織運営にかんしてとりたてて困難な点はなかった。全金支部が再度分裂した点と「全面和解」のさいに意見の一致をみなかった点は残念に思うが，それも議論を尽くした結果である」。

　ただし，支部の活動で心残りな点はあるようだ。支部の運動のなかで，そして人生のなかで最も残念に思っていることは，日産に支部を残せなかったことである。「1980年代に入ってから，7人が日産労組を脱退してJMIU日産支部に加入したが，しんちゃん（鈴木信太郎，甲103―伊原）を最後に，組合員を日産に残すことができなかった。この点だけは心底残念である」。

　もっとも，境自身は，退社したあとも，そして支部の消滅にかかわらず，労働運動を続けている。前章で明らかにしたように，JMIU日産支部の元組合員には，会社を辞めたあとも社会的な活動を精力的に続けている人が多い。境もそのひとりである。

　境はJMIU三多摩地域支部で活動を続け，無給で労働者支援を行っている。

日産のときは大企業の正社員の雇用や労働条件をめぐって闘ってきたが，いまは主に非正規労働者をサポートしている。相談に来る人たちが働く会社には労働組合がなく，組合があっても非正規労働者の人は相談に乗ってもらえない。そのような人たちの受け皿になっている。三多摩地域支部でも長らく書記長を務めたが，2014（平成26）年9月7日の定期大会をもってその任を解かれ，いま現在はいち組合員として活動を続けている。

日産とのつながりは，完全になくなったわけではない。現役の人と交流する機会があり，日産の現状を聞いている。境が会社を辞めたとき，30歳代の社員に「境さんはもう定年なんですか。うらやましいですね」と言われたそうである。「その言葉が何を意味していたのか，すごく気になっている」ようだ。「いまの日産に不満を持っている人は多い。そういう人たちがいるかぎり，日産における労働運動は終わらない」。境はこのように考えている。

VI 同期入社者たちのキャリア

日産に限らないが，新卒社員は，通常，平均的なキャリアモデルを設定されている。入社後10年ほどの間は，その既定路線に乗って出世していく。それ以降，徐々に同期間で差が出てくるものの，一定の範囲内におさめられるのが通例である。しかし境の場合，昇級を完全に止められ，給与額も大幅に差をつけられた。

支部は会社資料を元にして，1965（昭和40）年入社の大卒の昇級状況を調べた。境は，そこから昇級差別の実態を明らかにし，「陳述書」に記して裁判所に提出した。それによると，1975（昭和50）年当時，同期は32～33歳で4Bに昇級しているが，境は33歳でようやく4Cになり，それ以降4Cに留められた[2]。

境と同期入社の大卒社員は83人であった。在職19年目（40歳すぎ）の1983（昭和58）年当時，境が調べられた範囲内で，52人が課長または課長相当職になっていた。その時点で既に退職している者もいるし，その後に課長に昇進した

---

[2] 大卒は，2（C, B, A），3（C, B, A），4（C, B, A），04，03と職級を上げていく。4B，4Aが総括であり，04は技師，03は課長である。境は，部下なしの4Cに留められた。

者もいる。境が知るかぎりでは，当時，課長になっていない者は，境を除いて2人のみであった。その2人も総括の役職にあり，課内の重要な業務を任されていた。役職なしは境だけであった。

　境は，賃金も同期と比べて大幅に差をつけられた。合併前である入社した年とその次の年は，同期とまったく差がなかった。1966（昭和41）年の夏季一時金の支給は，境が全金支部に残ることが明らかになったあとであり，ここから差がつけられ，1968（昭和43）年から差が大きくなった。同年時点ですでに，同期13万円，境10万円と，3万円の差があった。

　境は，昇級・昇給にかんする差別の撤廃を求めて闘い続けた。しかしそれは，出世を望んだからではない。「人並み」に働き，他の人と同等に処遇されることを希望したからである。

　もっとも，境の同期入社者も，その後みなが順調に出世街道を歩んだわけではない。しだいに，大卒でも課長になれない人が出てきた。査定が厳しくなり，「使い物にならない」と判断されれば，部下なしの役職につけられた。同期のなかにも，現場の「お飾りの課長」をやらされた者がいた。自分の専門とは関係のない部署に回された人もいた。そして，境以外全員，定年前に日産の外に出された。自動車業界とは無関係な会社に再就職した人もいた。日産の外に出されると，2年間は日産時の給与との差額分を日産に補塡してもらえるが，そこで「使えない」と見切られると，次の職場は自分で探さなければならない。バブル経済がはじけたあとということもあり，再就職は難しくなっていた。このような話は，日産に限らなかったであろう。日本社会全体で会社の成長が頭打ちになり，高度経済成長期に大量入社した人たちをいかに処遇するかで，会社は頭を悩ますようになった。

VII　失脚後の塩路からのアプローチ

　本章の最後に，支部や境の'宿敵'である塩路との関係にかんする興味深いエピソードを紹介しよう。

　日産の経営陣が大規模な合理化計画を発表し，実行に移していったのに抗して，JMIU日産支部は全労連の全面的な支援を受けて日産リストラ対策闘争を

盛り上げたことは第9章で詳述した。2000（平成12）年9月15日に村山で大集会を開いたが，そのときに，塩路が顔を出したのである。日産労連にではなく，JMIU日産支部の方にである。

　それより前，とある集まりで，境は塩路と同席する機会があり，その後に続いたお茶会で塩路と話し込んだ。話は多岐におよんだ。境は，塩路と直に話をするのは初めてであった。塩路は支部を持ち上げた。「いまは，日産のことを本気で考える人がいなくなってしまった。私なんかは，日産労働者のために活動してきたのに，追い出される始末だ。「塩路さんを囲む話し会」も，私は喜んで参加すると言ったんだけど，中止になってしまった。どっからか圧力がかかりつぶされた。元の役員で気心が知れた人たちまで私を見限ってしまった。それに比べて，あなた方はほんとに頑張っている」。境が記憶をたどると，このような話であった。境からすれば，支部が評価されることは嬉しくないわけではないが，「いまさらそのように言われても，なんの益にもならない」と思い，塩路に次のように返した。「うちの組合は塩路さんにやられたという気持ちが強いんだ。私自身は，1965（昭和40）年4月にプリンスに入社し，5月には日産との合併の発表があった。塩路さんが，10月か11月に，当時の全金プリンスの定期大会に来賓として来られて，いろいろと講演されましたよね。私としては，あの文章を読んでみて，日産労組と一緒にやっていけないと思った。たしか「われわれは政治活動をやるんだ。民社党を支持するんだ」と。労働組合運動に政治を持ち込んで，ましてや，民社党。私としては，田舎もんだったんですけど，社会党を分裂させた人たち，社会党を逃げ出した人たちという評価でしたので，そんな人たちとは一緒にやっていけない。そういう気持ちがあって，みんなが雪崩うって日産労組に行ったが全金に残ったんだ」。そのように伝えると，塩路は，「私はそういうことは絶対言ってない」と強く反論したようである。筆者が当時の定期大会における演説の記録を確認すると，たしかにそのような発言はしていなかった[3]。いずれにせよ，同盟は民社党支持，総

---

3) 境の記憶違いであり，1965（昭和40）年10月21日のプリンス定期大会での挨拶ではなく，同年11月13日のプリンス中央委員会での演説および質疑応答であった。そこではたしかに，塩路は「社会党・総評は日本のためにならない」と発言し，反総評・反社会党，反共の立場を露骨に表した（総評全国金属労働組合　日産・プリンス中央対策委員会「自動車

評は社会党支持ということは公然の事実であった。塩路は後日，演説の原稿と『文藝春秋』掲載の手記[4]を境に送ってよこした。そして，「来る2000（平成12）年の9月の集会に塩路さんが参加をしたいと。だから，検討してくれないか」という依頼が，塩路の知り合いを通して境に来た。当時，支部の書記長であった境は，「要望はわかりました。執行委員会で聞いてみます」ととりあえず返答し，執行委員会にかけた。委員はみな，「そんなことはいけないだろう。塩路はなにを血迷っているんだ」という反対意見であった。支部の委員長の坂ノ下征稔（甲116）が，上部団体のJMIUに経緯を話し，意見を聞いてみた。「呼ぶべきではない。挨拶させるわけにはいかない。過去のことを反省したならまだしも。筋を通せ」という反応であった。塩路には断りの連絡をいれた。ところが当日，塩路は来たのである。隊列には加わらなかったが，全国一般労働組合の役員と一緒についてきた。境は，集会後の「「ご苦労さん会」への参加ぐらいは認めてもいいかな。打ち上げの挨拶をしてもらえれば面白いかな」と個人的には思ったようだが，それも「まかりならん」ということで実現しなかった。

後日，境は村山工場閉鎖反対現地闘争本部の総括集を送ったが，塩路からの返事はなかった。あとからわかったことであるが，塩路は癌で入院していた。塩路は食道癌で2013（平成25）年2月，86歳でこの世を去った。亡くなる直前に，日産の元経営陣に対する批判の書を出版した[5]。自分を失脚に追い込んだ石原元日産会長を手厳しく叩いた内容であり，執念を感じさせるものであった。しかし，全金プリンス支部に対する謝罪は，そして日産の経営合理化に抗したJMIU日産支部の活動に対する評価は，書かれていなかった。

VIII　会社に振り回されたのは誰か

境のキャリアを振り返ると，会社組織に全面的にコミットし，ヒエラルキーの頂点を目指す，いわゆる「日本的経営」下のサラリーマン像とは異なる労働

労連（日産労組）塩路一郎会長の演説要旨」，『全金プリンス』1965年12月10日（号外）「塩路（自動車労連）会長に聞く　日産労組の考え方，運営」1頁）。
4) 塩路 (1995)。
5) 塩路 (2012)。

者人生をおくってきたことがわかる。有名大企業で出世競争にのめり込んだわけではないが，会社に縛られずに労働市場を巧みに泳いできたわけでもない。労働者としてのこだわりを持って働き通した。境たちは二十数年もの間，職場のつきあいから排除され，さまざまな差別を受けたが，労働者の権利を会社に認めさせ，職場環境を改善し，社会通念を変えるほどの影響をおよぼしたこともあった。和解後は，日産労組の人たちよりも会社から「配慮」された。皮肉なことに，大卒同期入社のなかで定年の60歳まで日産で働いたのは境だけである。退職後も社会から必要とされ，労働者支援の活動をいまも続けている。境は，大学時代の同学科の同期会に毎年参加しているが，「自分たちのなかで一番楽しそうに生活している」と友人から評されたようである。会社外にも活動の基盤を持ち，社内の評価に振り回されず，ぶれない働き方を全うした。

　日産の「天皇」として祭り上げられた塩路は，最終的には経営者に，そして自動車労連の「仲間」に'裏切られた'。筆者は，塩路が亡くなる少し前に会う機会があり，彼は6時間ぶっ通しで話し続けた。それでも話し足りないようであり，居酒屋に誘われた。筆者の前にいた塩路は，ジャーナリストが描いた威圧的な権力者ではなく，喉の癌を煩い，声がうまくでないひとりの「老人」であった。それでも声を振り絞り，「私は間違っていない，私の運動論は理解されていない」と，涙ながらに訴えてきた。彼は彼なりに信念を持って労働運動に取り組んでいたことが痛いほどわかった。彼は亡くなる直前に本を出した。石原元会長に対する痛烈な批判をこれでもかと書き綴っていた。「労働貴族」という従来の塩路像はいくらかは覆せたかもしれないが，彼にとっての不幸は，意識があまりにも経営者に向いていたことであり，それゆえに，経営者との根本的な利害の相違に気づくのが遅く，'自らが育てた'労働組合で起きていることに気がつかなかったことである。そして残念なことに，同じ労働者である全金プリンス支部の人たちとの間に共通の利害を見いだそうとはしなかった。筆者が，「全金の方々が，暴力，つるし上げにあいましたよね，あれを指示したのは誰なんですか？」と聞くと，「わたしは知らないんです。(中略) わたしが暴力的にヤツを抑え込んだということは，一切ないです。むしろ，暴力的にやられたのは，こちらなんですよ」と語気を強めて反論した。「暴力をふるった一部の組合員が裁判で負けた」事実を持ち出して，全日産労組も関与してい

たのではないか，と再度問うと，「プリンスの経営者が，てめえのケツはてめえで拭けと，そういう気持ちでしたから」と吐き捨てた。経営者に対する恨み辛みは聞けたが，強引な取り込み，暴力，差別，陰湿な「いじめ」に対する反省の弁は最後まで聞けなかった。

　自動車（のちに日産）労連は，塩路の失脚後，「民主的な組合」として再出発することを誓った。たしかに労連は生まれ変わった。組合員に対する露骨な統制はなくなった。しかし，会社に対する交渉力や規制力も失った。日産労組は，会社の合理化に対して疑問を呈する姿勢すらみせない。日産を落ちぶれさせた経営陣の責任を問わないし，「改革」の「成果」の報酬がごく一部の者に偏っても文句すら言わない。ゴーンが会社資金を流用したとして逮捕されても，批判の声をあげるのは同じ経営者であり，労働組合ではない。こうしてみると，会社との「信頼関係」に踊らされていたのは塩路だけではなかったことがわかる。

　日産労組の一般組合員は，労と使のトップに翻弄された「サラリーマン人生」を歩んできた。全金支部組合員に対する取り囲みや無視に「参加」させられ，企業ぐるみ選挙を「支援」させられた。しかも，会社および日産労組に「従順」であろうと，むしろ「従順」であるがゆえに，異動や配置転換の命令を拒むことは難しかった。そして，ほとんどの者は定年退職前に日産から外に出された。「労使協調」の一翼を担う日産労組の労働者であっても，切られるときは冷徹に切られる。経営側からすれば，ようやく和解にこぎ着けたJMIU日産支部の人たちよりも切りやすかった。

　同じようにプリンスに入社し，合併後の日産で働き続けても，全金プリンス支部に残った人と日産労組に加入した人とでは，会社人生は大きく異なった。しかし，どちらの組合に属した方が「幸せであったか」を問うつもりはない。働き方は人それぞれである。筆者が本書で示したかったことは，どちらの組合に属そうとも，労働者は会社に振り回されてきた点であり，しかしそうしたなかでもぶれない働き方，生き方を全うしようとしてきた人たちがいたことである。境のキャリアは，市場の動向や経営側の意向に対して器用に乗っかろうとすることだけが仕事人生ではないことをわれわれに教えてくれる。

終章　最後の組合員

　日産は，定年退職者に対して長年の労苦をねぎらう。本社開催の定年退職式に招き，工場長主催の昼食懇談会に招待し，各職場で挨拶する機会を設ける。同僚たちは送別会を開いて盛大に送り出す。しかし，和解の前に会社を辞めた支部組合員は，それらの慣行からも外された。お世話になった人たちに挨拶することすら許されず，有給休暇を使って挨拶回りをした者もいた。和解のあとは，他の労働者と同様，大仰な送別会を開いてもらい，同僚から退職祝いの花束や餞別の色紙をもらった。鈴木泉子 (甲149) は，「定年を祝う旅行まで企画してもらい，辞める日に職場に夫と娘が来てくれた。会社から出るさい，門のところにずらりと並んで拍手してくれて，感極まって泣いちゃった。和解の前はこんなことは考えられなかった」。かつてを知る同僚のなかには，彼女たちや彼らに心から謝罪した人もいた。「あんたたち，よくあんな状況に耐えてきたよね。俺だったら，桜の木で首をつってたよ」などと，軽口を言い合える仲になった人もいた。支部の人たちは苦しい時代を生き抜いた。いまでも許せないことがあるだろう。しかし，長いこと籍を置いた会社である。最後はわだかまりなく，一緒に働いた同僚の好意を素直に受け取った。

　21世紀に入り，プリンス時代を知る日産社員は少なくなった。支部の組合員もごくわずかになった。支部の最年少は，プリンス自工に入社した人は1947 (昭和22) 年生まれであり，日産労組から移った人は1950 (昭和25) 年生まれである。最後の組合員は，2010 (平成22) 年3月末に定年退職を迎えた。JMIU日産支部は消滅し，日産関連支部が新たに立ち上げられた。最後の支部組合員になった鈴木信太郎 (甲103) に，日産社員時代を振り返ってもらい，退職後の活動状況を聞いた[1]。

　辞めた日の心境は，「これで会社にきちんともの申す組織はなくなったな。

---

1) 鈴木信太郎に話を聞き，テープを起こした文章を本人に確認してもらった。

これから日産はどうなっていくのかな」っていう感じだった。民主主義というものは，権力にものを言うことで成り立っているから，権力にものを言うところがなくなったら，どんどん腐っていくんだよ。俺はこれでも会社によくなってほしいと思っていろいろ言ってきた。「これからはお前ら，日産労組の人たちの責任だからな」という気持ちだった。けど残念ながら，ここ最近の動きをみると，悪い方向に進んでいるね。

　専門学校時代は，ベ平連[2]などに顔を出しており，もともと平和や民主主義には関心があったけど，はじめから全金に入ろうと思っていたわけではない。入社前は全金の存在すら知らなかった。日産に入社して，周りの人と同じように日産労組に入った。だけど，日産労組は，労働者のためというよりも，会社の言いなりという気がした。「労働組合なんだから，労働者のためにやってくれよ」とすぐに思った。隣の職場にいた全金の人と話をする機会があって，「日産にもこういう人たちがいるんだ」と，入社後にその存在を知った。でも当時は，日産労組をなかから変えてやろうという気概があった。職場でやんわりと話をふってみたこともある。若いヤツらは「その通りだな」と賛意を示してくれたけど，なんかやろうという話にはならなかった。入社後しばらくは，気心が知れたヤツらと表だたずに活動していた。「日産労働者共闘会議」って名乗っていたかな？『不屈』という機関紙を出していた。春闘など，日産労組のやり方に対する批判を書いて，立川の駅前で配っていた。学生組織を集めて一緒に活動したこともある。日産の人にはばれてはいなかったように思う。

　会社の連中は，俺が何を考えていたかは，知らなかったと思うよ。日産労組の青年部の幹事もやったし，職場の幹事も任されたし，組合のイベントにも参加していた。俺は行かなかったけど，職場長クラスの人たちは，御殿場にある日産労組の保養所に1週間缶詰にされて，「研修」を受けさせられていたみたい。1年に1回か2回，開かれていたようだ。想像だけど，『洗脳の時代』[3]に書かれているようなことが行われていたんじゃないかな。その青年部も，塩路が失脚したあとになくなった。

2）「ベトナムに平和を！市民連合」の略。ベトナム戦争に反対し，平和を訴えた市民運動の団体。
3）宇治芳雄『洗脳の時代』(汐文社，1981年)。

全金に移ると公言してから，周りの反応は凄かった。日産労組の評議員をやっていたヤツが怒鳴り込んできた。全金入りが確定するまでは，連日，日産労組の組合紙を持って説得に来るヤツもいた。工長連中に呼ばれて，ことあるごとに説教された。でも，「全金に入るから」と言って突っぱねた。そういうやりとりが2週間から3週間続いた。

　日産労組のヤツらは，俺がいないときを狙って，実家にまで押しかけてきた。親から聞いた話によると，「全金に入ると出世できない」，「差別されるだけだ」，「全金にいては結婚できない」などと脅され，ついには「会社を辞めさせろ」，「全金に入っていたのがわかると次の就職もできない。いますぐ会社を辞めるなら職を世話してやる」などと脅迫的な言葉を投げかけられたそうだ。夜の8時から9時にかけて。明くる日も，夜8時半から11時まで説得に来た。その後も日をおいて押しかけてきた。度重なる説得工作のせいで，高血圧だったお袋は倒れ，親父は不眠になってしまった。お袋は俺のことを信頼してくれて，最終的には「自分が好きなようにすればよいよ」と言ってくれた。親父は全金入りに反対した。「何をやってるんだ」と叱られた。「どうか全金を辞めてくれ」と土下座してお願いされたこともあった。軍国少年だった厳格な親父にね。あれにはほとほと参ったよ。それでも俺は折れなかった。俺は「いままでわがままを言ったことがなかったんだから，認めてください」と懇願した。塩路が辞めたさいにニュースになった。そのときに，「こいつが"ガン"だったんだ」と親父に説明したら，「う〜ん」と唸っていた。だけど親父は死ぬまで認めてなかっただろうね。残念ながらわかり合えなかった。

　入社した当時，炭鉱労働者が中途採用で大量入社してきて，俺の職場にも何人かいた。彼らは「俺は社会党支持だ」と表だって言っていた。「春闘はおかしい」などと，人目を憚らずにしゃべっていた。そういう人たちがいるわけだから，全金に入っても大丈夫だろうと高を括っていた。だが，その考えは甘かった。俺がこっちに移ってから，炭労の人たちに「お前，なにやってんだ」と詰問調で言われ，「全金に入っただけですよ」と答えるしかなかった。会話はその程度になった。日産労組の役員の締めつけが強くなり，その他の連中とはまったくしゃべらなくなった。

　全金に入ってからも，それ以前と同じ仕事を続けた。全金に対する激しいつ

るし上げから何年も経っていたから，露骨な「仕事干し」はなかった。

　全金の仲間には，ほんと助けてもらった。全金の人たちは夜勤をやっていなかったけど，俺ともう1人，あとから全金に入った者は夜勤を続けた。そのときに「何かあるんじゃないか」と，執行委員長の坂ノ下さんが心配してくれて，自分の仕事が終わったあと，夜中に工場の前で待機してくれた。何かあればすぐに駆けつけられるようにと，車中で休んでくれていた。しばらくして，「もう大丈夫かな」と彼が待機をやめようとしたら，（同じく支部の組合員であった）奥さんに「まだ続けなさい」って言われたみたい（笑）。気持ちはうれしかった。支えは心強かった。夜勤のたびにほんとうに緊張したからね。

　全金に移って最初の夜勤の時，1980年の12月頃だったかな，全金のビラに書いた記事の件でつるし上げにあった。「お前，嘘書いただろう」と。俺はずっと下を向いて耐え忍ぶしかなかった。火曜日と木曜日，夜勤の帰りぎわ，決まって取り囲みがあった。職場の工長は，その時間になるとすぅーといなくなる。ただ，かつての連日連夜のつるし上げとは違ったね。恒例行事のようになっていた。ヤツらも心からやる気があったわけではなかったようだ。「上から言われて仕方なく」という雰囲気がありありだった。はじめは緊張して寝られない日々が続いたけど，だんだんこっちも「今日もあるかなぁ〜」という程度の感じになった。

　俺は言うべきことはいうが，激高するタイプではなかったので，職場で激しいいざこざは起きなかった。しかし一度だけ，許しがたいことがあって，「バカヤロー！」って工長に面と向かって怒鳴りつけたことがあった。腹立たしくて思い出したくもない。工長が「謝れ」と言い返してきて，激しくやりあった。

　自動車労連（のちに日産労連）の連中とはやり合ったが，わかり合える人たちとの出会いもあった。一人またひとりと，人を介して交流が生まれた。会社外にもつながりが拡がった。その仲間たちとはいまでも連絡をとり合っている。「連合」結成時に全金に残った人もいたが，彼らともつきあいはある。この間も一緒に飲んだ。

　全金支部が再分裂したとき，俺はJMIUの方に移った。それは，「多数派」にいた方が，その後の活動がやりやすいと思ったからであり，全金に残った人たちに反感があったわけではない。逆に，残った連中も，「全労連に行くのが

嫌だから」といった意思表示であり，真っ向から対立し，仲間割れしたという感じではなかった。だからいまでも，全金に残った人たちとも交流がある。

「俺を罵倒し，無視し続けた日産労組のヤツらって，どういうツラして生きているのか」って思い続けた。それで会社を辞めたときに，退職の挨拶をかねてはがきを出したんだ。俺からすれば，「絶対に生き残ってやる」という意地があった。「60まで働き抜いたんだ」という誇らしげな心境だった。「辞めろ」と面罵したヤツに，教えてやりたいと思った。だから，「60歳で定年になりましたよ。俺は働き通したんだぞ」と，連絡してやった。

そうしたら，1人だけから電話があった。全金に入るまでは仲がよかった，そいつ1人だけが返事をよこしてきた。ただ，その人も「俺はいま，ここできちんとやってるよ」程度の反応だった。あっちはまるで当時のことを憶えていなかった。いじめてきたヤツらは恥ずかしいと思って連絡ができないのか，それとも，いじめたことすら憶えていないのか。いずれにせよ，俺の方はいじめたヤツらのことを一生忘れない。

40年近く働いた会社だから，日産に対して愛着がないはずがない。日産が消滅するのを願っているわけがない。でも，日産というブランドは残っても，生産は国内に残らないかもしれない。ゴーンがトップになってから，首切り，首切りの会社になってしまった。会社には愛着はあるけど，経営陣を信用するのは間違っている。

日産労組がもっとまともな組合だったら，日産という会社はもっとまともになっていたのではないか。労働者のことを親身に考える組合であれば，労働者はやる気を失うようなことはなく，会社は「フランスの植民地」みたいなことにはなっていなかったのではないか。

日産労組には，権力を認識する回路がなかった。会社と労組との間に線引きがなかった。労組としてのけじめがなかった。「いまどき，権力？」って言う人がいるかもしれないが，権力というものはリアリティを持って俺たちに迫ってきたんだよ。経営陣とは仲間ではない。ゴーンと俺たちの間に共通するものが何かあるの？ ヤツは工場もつぶすし，何千人もの人員も削減するし，「いろんなこと」をすることができる人たちだよ。多くの人たちの「人生を決める力」のある人たちだよ。にもかかわらず，そこが曖昧になっていた。曖昧にす

ることが，誰にとって好都合かを考えてみなよ。

　全金に入ってから，俺たちは「職場を破壊する人たち」ということで，ことあるごとに非難された。だが，2001年に村山工場が閉鎖されたときのことを思い返せば，どちらが職場を破壊してきたのかは一目瞭然だよ。俺が門前で演説をぶったとき，「最大級の職場破壊は，工場閉鎖ではないでしょうか。その職場破壊に反対しているのはJMIU日産支部だけです。われわれと一緒に，工場閉鎖に反対しましょう！」と，日産労組の人たちに訴えかけた。ビラは受け取ってくれたけど，反応はまったくなかった。日産労組こそが職場破壊をしてきたんだよ。そのことに気づかずに，「労使協調」って会社側に踊らされてきたんだから。ただ，塩路ひとりの責任ではない。塩路にはもちろん責任はあるけど，塩路にすり寄ったすべての人に責任がある。

　退職してから聞いた話だけど，和解後に，保養施設などの福利厚生施設の使用を申請すると，JMIU支部の組合員は最優先で利用させてもらえたようだ。人事課長は，すごい気の使いようだった。俺の退職記念の飲み会にも来てくれた。何万という労働者のなかの1人だよ。通常ならありえないことだよね。どういう心境で参加したのかはわからない。「これで支部の人はいなくなった」とほっとした思いだったのか。それとも，「長い間申し訳なかった」という懺悔の気持ちだったのか。後者だと思いたいね。

　会社を辞めてからも活動を続けている。独立系の地域ユニオンで活動するようになった。映画とSF小説が趣味だけど，この歳で社会との接点を失ったら引きこもりになってしまう。退職後しばらくはぼーっとしていたが，そこの委員長に誘われて，夏頃からボランティアで手伝いだし，いまは執行委員をやっている。これも縁だね。元支部の人たちはいろんな活動をしている。労働運動は「もういいや」って人もいるけど，地道に労働者を支援したり，地域の平和運動に参加したり，まちづくりに関わったりと精力的な人が多い。定年から3年経つけど，地域の労働運動は面白いと感じる。日産にいたときは，どんなに強く要求を出しても却下されたが，いまは会社側に「やってくださいよ」っていえば，聞いてくれるところもある。「聞けない」と突っぱねる会社もあるが，裁判がどんどん進んでいく。いまにして思い返せば，日産のときは，労使関係が硬直的だったね。いまはこちらのやり方しだいでいろんな反応を相手側から

引き出すことができる。企業内に限定された活動と地域の労働運動とではまるで違う。ただいずれの形にせよ，労働運動は否定されるべきものではない。労働組合というものは世の中になくてはならない。

　コミュニティ・ユニオンが労働運動の希望だという人もいる。札幌地域労組[4]だったかな，あそこはすごい。千人単位で組合員がいて，支部をいくつももっている。俺のいるユニオンもそういう形にならないかな。あそこの書記長はすごい。心底感心するよ。俺は，全国交流会に毎回参加しているんだけど，そういう人たちの活躍ぶりから刺激を受けている。現実問題としてうちのユニオンは財政的に厳しい。それでも微力ながら手助けしていくつもり。続けることに意味があると思っている。

　会社組織から外に出て，地域の活動に参加させてもらうようになってから，労働環境が日に日に悪化していることが実感としてわかる。俺が関わっている事件は，「ザ・底辺」。悲惨な状況になっている。「日産をよくしないと，下請けなどのボトムがよくならない」という気持ちで日産では活動していたが，いまは「ボトムを底上げしなければ，社会全体がよくならない」という気持ちで取り組んでいる。両方とも大事だね。心が折れそうになることもある。絶望感に襲われそうになることもある。泥水のなかを這いずり回っている感じがする。だが，ここで踏ん張らないと，日本の労働者はもっとひどいことになる。俺たちは，最後の「防波堤」だね。防波堤が決壊すれば，ほんと目も当てられない状態になるよ。オーバーだけど，そういう気概をもって活動している。

　日産に支部の組織はなくなった。しかし俺たちには，日産で長年闘ってきたという自信がある。闘い方のノウハウがある。社内外で培ったつながりもある。俺にとって，全金に入ったのも，運動を続けているのも，たまたまといえばたまたまだが，縁となって活動を続けてきたし，これからも続けていくよ。俺は死ぬまで活動をやるんだろうな。

2013年8月26日　相模原市橋本駅の居酒屋にて

鈴木信太郎

4）札幌地域労組のHPによれば，札幌地域労組は1974（昭和49）年に結成され，札幌市および近郊に80の支部を持ち，2200名の組合員を擁する（最終閲覧日：2019年9月1日）。

補章　職場をつくる労働組合

　本書は，日産の合併および「改革」を少数派の視点から捉え直し，組織内で続いた「いじめ」の歴史と疲弊した現場の現状を明らかにしたが，過酷な労働や悲惨な職場環境は日産に限らない。長時間労働，サービス残業，過労死など，残念ながら聞き慣れてしまった話題に加えて，「○○ハラスメント」，過労自殺，ブラック企業といった嘆かわしい言葉が次々と日本で生まれてきた。

　戦後の日本は焼け野原から再出発し，高度経済成長を経て世界有数の経済大国になった。しかし，その「代償」も大きかった。「サラリーマン」は勤め先に対して全人格的なコミットメントを求められ，職場では相互に扶助し相互に監視し，半ば自発的に半ば強要されて「勤勉に」働き，悪名高い過労死に追い込まれる者が出た。日本経済が全般的に低迷すると，賞賛された「日本的経営」は一転して批判されるようになり，市場原理に基づく「改革」が脚光を浴び，働き方もその対象になった。各自のライフスタイルに合った働き方がもてはやされ，「モーレツ社員」，「会社人間」は嫌われるようになる。しかし，ほとんどの人にとって，雇用の規制緩和と働き方の「多様化」は労働条件の悪化を意味した。就業者の4割を超える非正規雇用者は，経済的に不遇をかこち，勤め先を頻繁に変えさせられ，キャリアの連続性を失い，将来展望を描けず，雇用不安に怯えている。人手不足になっても労働者の力が強くなるわけではない。正社員は非正規社員に代えられるにとどまらず，外国人労働者，外国人技能実習生へと，より安くより無理が利く「労働者」に代えられていく。正社員も安泰ではない。人の出入りが激しい職場は落ち着かず，仕事量は増え，責任のなすりつけ合いが生じ，限度を超えたストレスがハラスメント，うつ病，自殺を誘発している。いわゆるエリート社員や管理職とて安心できない。電通の新卒社員の過労自殺は象徴的な事件であった。名ばかり管理職や裁量労働制を適用された専門職は，残業代を切り詰められ，労働負担を不可視化されるようになった（伊原2015）。

　「日本的経営」のもとであれ，市場原理に基づく経営のもとであれ，日本の

職場から過労死や過労自殺はなくならない。「やる気」の調達と裏腹な関係にあるとはいえ，死に‘至らしめる’労働社会が健全なはずがないだろう。素朴な疑問として，憲法で保障された生存権が，なぜ職場では公然とないがしろにされるのか。自然環境の保全には敏感になったが，人間が働く環境にはなぜ‘寛容’なのか。先進国を自認する国でも，「普通に働き，普通に生きる」ことは過度な要求なのか。起きている時間の大半を過ごす場が改善されることは，社会や人類の進歩とはいえないのか。しかし，職場でそのような疑問を口にしたり，不満をこぼしたりしようものなら，大真面目に説教を食らうことになる。「仕事とはそういうものだ」，「金をもらっているのだから我慢しろ」，「‘皆に’迷惑をかけるな」，「エネルギーを‘生産的な方向に’使え」，「嫌なら辞めろ」，「代わりはいくらでもいる」などと，辛辣な言葉を畳みかけられることになる。経営者や管理者からの命令，消費者からの要望，株主からの発言には耳を傾けて当然と思われているが，労働者の意見や異議申し立ては愚痴として退けられる。「まともな社会人」は口をつぐみ，不満げな人を諫める側に回り，不満があれば会社の外で発散する。「できる人」は新自由主義の文脈に即して自分を守り，「文句があるなら辞める」のがスマートな働き方といわんばかりである。かくして，ハラスメント，うつ病，過労死，過労自殺などの社会的病理はなくならない。

　もちろん，働く場は無法地帯ではない。歴史的に見れば，物理的に危険な職場や身体を酷使する職場は改善されてきた。労働条件や職場環境は法律により規制され，働く者の権利は守られてきた，はずである。経営側が主導してカイゼン制度を導入してきた例もある（伊原 2017）。本稿執筆時，「働き方改革」が議論され，新しい制度が実現されようとしている。つまり，「働き方」は改善されてきたわけだが，法規制や制度設計による「技術的な問題」として扱われるようになり，働く者に対しては制度内の「選択の問題」として提示されるようになったのである。

　しかし，それらが組織内や職場でいかなる形で実行され定着するかは，ミクロの場における人間関係や文化によるところが大きい。職場は設計者の意図した通りに運営されることもあれば，現場の者たちが与えられた制度を読み替えたり，骨抜きにしたりして「自衛」することもある。たとえば，インセンティ

ブシステムに即して熱心に働くこともあれば，賃金格差に納得がいかず，見えないところで手を抜いたり，怠業をしたりして，「帳尻を合わせる」こともある。人手が足りない職場では，助け合ったり，カイゼン制度に則って負担を軽減したりすることもあれば，諦めムードになることもある。本書で取り上げた日産をはじめとして，不良流出や不正が多発し，「現場の弱体化」が批判されている。しかし，昨今の「手抜き」や「不正」といわれる現象は，現場に無理を強いる経営合理化に対する「現場なりの合理的な対応」と捉えることもできる。なぜなら，無理をそのまま抱えたり，正規のやり方で処理しようとすれば，先述したように，現場は過労に追い込まれ，潰される人が出てくるからであり，そうならないための「健全な反応」あるいは「仕方がない対処法」だからである（伊原 2016，第 4 部；2018a；2018b）。

　職場運営のあり方は，法制度や管理制度により設計され，ミクロの場の文化により具体的に形づくられるわけであるが，それらを媒介する要素として「労使関係」も忘れてはならない。労働市場でも働く場でも，労働者は使用者と実質的には対等でないことは疑いようがない事実である。それゆえに，立場の弱い労働者が団結し，資本や経営側に異議を申し立てる権利を獲得してきた歴史的経緯がある。そして組織内の働き方の日常的なルールは，経営者と労働者の交渉や協議を通して決定されるようになり，労働組合がその片側を担うケースが多かった。ところが現状では，労働組合の組織率は低下傾向にあり，組合が働き方に与える影響力は弱まっている。「いまさら労働組合なんて」，「目をつけられたくない」，「ややこしい人と思われたくない」というのが世間の風潮であろう。日産における組合評も同じように変わった。かつては経営に対して一定の発言力を有していたが，いまや力を失い，ほとんどの労働者は組合に関心を示さなくなった。しかし日産における職場秩序の悪化は，経営側が労働組合をイデオロギー的に批判し，労働者も組合に無関心になり，現場に無理を強いる経営合理化に対して異議を申し立てることすらせず，制度化された苦情処理のルートおよび「合意形成」の手続きを失ったことも一因であろう。日産を凋落させた張本人として組合のトップが批判されてきたが，彼がいなくなったあと，大規模な「改革」がまかり通り，現場が弱体化し，皮肉なことにその結果，かつての労働組合が果たしていた機能が浮き彫りになったのである（伊原 2016,

第3章)。

　労働組合に対しては，研究者も似たようなスタンスである。かつては盛り上がりをみせた研究テーマであるが，現在は真正面から扱う人はほとんどいなくなった。しかし繰り返すが，労働組合とは，労働者が職場環境や労働条件を守る権利を法的に認められた団体であり，資本主義の発達に付随する形で登場・発展・変容してきた組織である。好むと好まざるとにかかわらず，職場改善や職場秩序を考えるうえで避けられないテーマであり，有効性のみならず限界も含めて，資本主義の「発展」を考えるうえで看過できないテーマである。

　そこで以下，職場環境を守る，改善するという視点から，労働組合研究をあらためて概観したいと思う。まずは，主流派の労働組合である労使協調的な企業内組合にかんする歴史と研究を簡単に振り返る。本書に出てきた日産労組はこれにあてはまる。続いて，近年盛り上がりを見せる個人加盟のユニオンにかんする研究に目配りする。その上で，企業内の少数派組合を対象とした研究を見直すことにしたい。本書の主たる研究対象であり，日産におけるもうひとつの労組である，全金プリンス自工支部がこれに該当する。

I　労使協調的な企業内組合：規制より参加

　東京大學社會科學研究所篇 (1950) は，日本の労働組合の特徴を企業内組合として提示した嚆矢の研究である。編者の大河内一男は序で，「戰後の組合は，一言を以てすれば經營内的存在とも特徵化し得べきものを共通にしている」と述べている (10頁)。単位組合のほとんどが企業体ごとに結成され，使用者を代表する者までも含む「職工一本の混合組合」であり，労働者組合というよりは「従業員組合」であるとその特徴を整理し，欧米の組合とは異なる企業内組合を前近代的な社会の証とみなした。もっとも，日本の労働組合も「身分制の撤廃」や「経営の民主化」など，戦後の「民主主義」を真に支える「社会的力」を示しているとして，全面的に否定しているわけではないが，「多くの遅れた要素」を抱えており，それらを克服するには「近代的精神」を打ち立てなければならないと主張した (同上, 16頁)。

　同年，末弘嚴太郎も日本社会に固有な労働組合を論じる著書を出版し，似た

ような労働組合像を示した（末弘1950）。アメリカの読者を想定し，アメリカの労働組合との比較を念頭に置いて，日本の労働組合に独自な特徴を企業内組合として紹介した。それは，戦後に限った特徴であることを強調している。「終戦後の労働組合が一般に企業単位で組織されたのと異り（ママ），戦前の組合は経営者の影響のもとに組織された会社組合を除くと，一般に企業の外において組織され，この組織された労働者が個々の企業または工場の中に支部を作っていた」（同上，87頁）。末弘によれば，戦後，労働組合の結成が法的に認められ，その数は急激に増えたが，労働者たちは窮乏と失業に直面して急遽結束したため，労働者としての利害を同じくしているわけではなかった。企業単位に労働組合が結成され，職種が入り交じり，工員と職員が同じ組合に入り，ユニオンショップが多く，失業者の世話はしない。「戦前のように，組合が各企業もしくは経営の外部にあって，その所属組合員が支部を各企業もしくは経営の内に作るのではなく，各職場毎に結成された組合が単位となり，それらが連合して上部組織を作るのである」（同上，180頁）。

　たしかに，戦前と戦後とでは労働組合の形態に違いがある。大正期から昭和初期にかけて，労働組合の主要な組織形態は企業の枠をこえたものであった。ただし，小松（1971）によれば，第一次大戦後，不足する熟練労働者を確保するために，大企業は労働者を定着させる労務管理を採用し，すでにその時点で一部の労働者の抱え込みは始まっていた。それと同時並行的に，大企業と中小企業，熟練工と臨時工，それぞれ分断された労働市場が発生したのである。兵藤（1971）は，第一次大戦後に企業内で育成し昇進させる管理制度を導入し，労働現場における直接的な管理を強化していく経緯を重工業大経営の事例から明らかにした。戦前から労働運動は会社横断的な広がりを持ちにくかったのであり，労働諸条件をめぐる要求や争議は工場や事業所単位で行われていたのである。

　労働組合の戦前と戦後の断絶を強調する議論は修正を迫られたが，日本に固有な労働組合の特徴を「前近代の残滓」として否定的に捉える見方は，多くの論者が共有した。労働市場が未成熟であり，それと対になって企業の枠をこえる労働組合が結成されないという批判である。

　ところが，終戦直後の灰燼から日本企業が立て直しを図り，日本経済が高度成長を遂げると，企業内組合に対する評価は「先進性の証」へと様変わりした。

「終身雇用」、「年功序列」、「企業別組合」からなる「日本的経営」という言葉が世間に広まるきっかけになった著書は、Abegglen (1958) である[1]。西欧先進諸国とは異なる日本企業の特異性を紹介した。先に示したように、彼以前にもその特殊性を指摘した論者がいなかったわけではないが、彼の議論の新奇さは、「日本的経営」を日本（アジア）に固有な文化的土壌の上で独自に工業化を遂げた事例として肯定的に捉えた点にある。敗戦により自信を失った日本国民は、外国人による日本社会の肯定論を歓迎した。

日本的労使関係に対する海外研究者の好意的評価は続いた。Dore (1973) は、日立製作所と English Electric との比較分析から、前者の労務管理を、企業内組合、安定的な長期雇用、年功序列型の昇進・昇格制度、高水準の企業内福祉などを特徴に持つ「組織志向」型と名づけた。そして、日本企業は戦後、後発としてスタートしたが、いまや資本主義の先進国と肩を並べるほどに成長し、逆に、先進国の労働慣行が日本のそれに収斂する可能性があるとして、日本の労使関係の「先進性」を評価した。OECD (1973, 1977) は、日本経済の短期間の成功と低い失業率の要因を、「企業別労働組合 (enterprise unionism)」を含む「日本的雇用制度 (Japanese Employment System)」に求め、日本の諸制度を低成長と失業に悩まされている他国に紹介した。

関連分野の日本人の研究も、企業内組合を肯定的に捉える論調に変わった。中山伊知郎は、Abegglen (1958) の出版と同年、日本に固有な企業内組合は生産性向上に寄与するとして好意的に評価している（中山1958）。ただし、労使間の紛争がまだ絶えない時代である。「安定した労使関係」を現状認識として提示しているのではなく、規範として求めた。労使間の紛争を避けるための具体的な施策として、団体交渉をもっと有効に活用すること、組合指導層に大きな裁量を与えることを提案し、人の教育が重要であると指摘する（同上、77-117頁）。

白井泰四郎によれば、日本の経営者は労働者を安易に解雇せず、労働者は雇用保障とひきかえに経営側に協力し、協調的な労使関係が築かれ、それが物価

---

1) いわゆる「日本的経営」における労使関係の研究動向については、伊原 (2016) の序章で整理した。本書は議論の流れを簡単に紹介するにとどめる。以下、「労使」という漢字を用いるときは、労働者と使用者との社会関係を意味し、「労資」という漢字を用いるときは、労働者と資本家との対立的な階級関係を意味する。

の安定と高度の経済成長との両立を可能にした。企業別組合は，数の力という点では産業別組合に劣る。ストライキをちらつかせるわけではなく，交渉力という点で限界があり，「御用組合」に堕する可能性はある。また，企業規模により組合間で格差が生じやすいという問題もあるが，職場に密着した組織を持ち，組合どうしの衝突がなく，経営側と現実的に交渉する力を有する点は評価される（白井 1968）。

　日本経済が急成長を遂げると，日本人も企業内組合と協調的労使関係を持ち上げるようになったが，当初は，企業別組合の「欠陥」を認めたうえで「長所」を明らかにする，といった慎重さがあった（同上，39-50頁）。ところがしだいに，企業別組合を経済合理性の観点から一面的に正当化するようになった。さらには，雇用を保障し，労働者の経営参加を認め，現場労働者の技能を高めるとして，労働者の観点からも好意的に解釈されるようになる。「戦前のような従業員の身分制的な序列や差別待遇が撤廃され，従業員階層間の待遇格差が著しく縮小した」。白井は，この事実をもって，「わが国の労働組合の民主化要求は平等主義思想に貫かれたもの」であるとの理解を示し，「企業レベルに関するかぎり，産業民主制は定着に向って着実に発展してきたと評価してよい」と言い切るようになった（白井 1980，190頁）。また，労働者の発言権の増大という点からも，日本の労使関係は民主的であると評する。「団体交渉慣行や労使協議制の普及によって，従来経営側の専決事項とされていたことが交渉や協議の対象とされるようになり，雇用・労働条件の決定に労働組合が発言し規制する範囲や程度が増大した」（同上，188頁）。彼の他にも，Cole (1981) はブルーカラー労働者の経営参加と生産品の品質の高さを日本企業の特徴として析出し，小池 (1981; 1997など) は現場労働者の職場運営への参加と技能向上を日本企業の強さを支える源泉として理論化し，仁田 (1988) は大手鉄鋼メーカーの事例から労使協議制を通した労働者の経営参加が会社の環境適応力を高めていると分析した。なかでも，国際市場で存在感を増す自動車産業の研究において，協調的労使関係下の労働者の参加および技能の向上が世界規模で好意的に受け止められた (Womack et al. 1990)。フォード生産システムは，大量生産・大量消費の経済社会システムをグローバルに広め，労働者に「ゆたかな生活」をもたらしたが，働く場において単純な反復作業を強いたため，労働者の不満，怠業，高い労働移

動率，生産性の低下を引き起こし，労使間の対立を先鋭化させた。それに対して，協調的な労使関係を築き，内部労働市場を整え，技能の向上と職場運営への参加を認める日本企業の管理システム（生産管理，労働組織，教育制度など）は，トヨティズム，フジツーイズム，オオノイズム（トヨタ生産システムを主導的に体系化した人物に由来）などと呼ばれ，フォーディズムを超えたシステム（ポスト・フォーディズム）として称えられるようになった (Kenney and Florida 1988, Coriat 1991)。

かくして，企業別組合を全面的に評価する議論が主流になったが，協調的労使関係下の労働慣行にかんして批判がなかったわけではない。その1つは，「参加」から排除された労働者の存在を無視しているという指摘である。いわゆる「日本的経営」の労働慣行を適用された人の多くは，大企業で働く男性正社員に限られていた。さらには，「日本的経営」の恩恵を被った人たちにかんする事実認識に対しても批判が出た。彼らの「参加」の程度や形成技能のレベルには限界がある，という反論である。この点については別著で検討したので繰り返さないが (伊原 2003)，「現場」のなかにもさまざまな部署や仕事があり，「労働者」のなかにも階層が存在し，誰もが高度の仕事を担当し，長期展望で「キャリア」を積み上げてきたわけではない。

とはいえ，すべての職場が非民主的に運営され，すべての労働者の技能が低かったわけでもない。労働者に理解がある経営者や良心的な管理者のもと，文字通り，現場の人たちが職場を切り盛りし，能力を高めてきた会社もあった。また，経営者も組合の存在を無視することはできず，労組が職場環境の維持や改善に影響力を発揮してきた会社もあった。筆者が日本企業の職場の特徴として強調したい点は，職務範囲に曖昧さを持たせ，現場レベルで柔軟に対応させる組織が多かったが，職場運営の柔軟性とは，経営側主導で設計された制度のもと，経営側の「善意」により認められた慣行であり，労働者が権利として自律性を獲得し社会制度的に担保されていたわけではなく，必ずしも民主的な運営を意味するわけではなかったことである。その証左ともいえよう，職場環境が悪化しても，労働者がフォーマルにとどめることは難しい。企業が右肩上がりの成長を遂げていた時代には，組織には人員を抱える余力があり，職場には物理的・精神的な余裕があった。経営側の「理解」に加えてそのような余力や

余裕が，労働者に「自律的運営」を許してきた（放置してきた）面がある。しかしいまや，ほとんどの企業からそれらが削り取られ，職場は「民主的な運営」どころではない。過重な負担をどうにかこなす場と化している。日産の事例からも明らかなように，それでも，企業内組合（の役員）は経営側の労務施策に本気で反対する気配すら見せない。否，これまでの経緯から，そのような姿勢をとれないのである（伊原 2013a）。反対すれば（反対したところで），会社はもっと苦境に陥るであろうと考え，経営側に「協力して乗り切るほかない」という思考にとらわれている。ここに来て，企業内組合の存在意義が問われているのである。

II　個人加盟ユニオンの台頭：ソト側からの異議申し立て

　労働組合の労働者組織率は2割を下回る。この事実は，主流派の労組の存在意義が問われていることを如実に示す。組織成長を通したパイの拡大が望みにくい状況にあって，賃金の上昇というわかりやすい成果を獲得できない労組に，組合員は期待しなくなった。加えて，組織率の低下は，非正規労働者の増加によるところが大きい。ほとんどの非正規労働者は企業内組合から排除されてきたのであり，非正規労働者の増加は労働者の組合離れを意味する。かくして，ノンユニオン化の流れが加速する（都留 2002）。
　主流派の企業内組合を支持・擁護してきた研究者も，労働者の「組合離れ」に危機感を抱いている。「敵対的で戦闘的な労働組合」という「理想主義」を退け，「対抗的労使関係の時代」は終わったと宣言した稲上（1995）は，日本の企業別組合の「深い経営参加」は「最先端」に位置するものとして評価するものの，「既存の企業別労使関係にも「限界」や綻びがめだちはじめた」との認識を示し，新しい労使関係を再設計する必要性を提起する（285頁）。「ユニオン・アイデンティティ」を再構築し，一般組合員の「組合コミットメント」を高めなければならないと主張する。中村（2009）は，主流派の組合が正規労働者中心という限界を乗り越えるために，パート，派遣労働者，契約社員などの非正規雇用者を取り込もうとする新たな試みを紹介する。
　企業内組合の衰退が進むなか，一方で，企業内組合が既存の組合員から「コ

ミットメント」を引き出す努力をしたり，新たな労働者層を組合員として取り込もうとしたりする動きが出てきたが，他方で，会社という枠にとらわれない，個人加盟のユニオンの活動が活発になっている。

　労働法制の規制緩和と労働市場の流動化に対応する形で，企業組織という枠をこえて労働者を支援する労働組合が結成されるようになった。企業内組合が軽視したり無視したりしてきた層——管理職，女性，若者，非正規労働者など——をサポートする「新しい労働運動」である（木下 2007，橋口 2011，遠藤編 2012，伊藤 2013，小谷 2013 など）。個人加盟のユニオンは，働く先の組織の論理にとらわれにくく，紛争の高い解決率を誇る。

　ただし，筆者の問題関心に即してみると，現時点で問題がないわけではない。労働者たちは不当な解雇や理不尽な処遇を撤回させるために，ユニオンや NPO などの支援を受けて，労働委員会に救済の申し立てを行ったり，裁判や労働審判に持ち込んだりして，勝訴判決や勝利和解を獲得する事例が増えている。しかし，それらの闘いは，当該事件の解決だけが目的であり，しかも勝ちを収めた場合もその多くは金銭的な和解になるため，働き先全体の職場環境や労働条件の改善には結びつきにくい。働く場を改善するには，組織の外からの単発的な異議申し立てにとどまらず，組織の内側と連携を図り，運動に広がりと持続性を持たせることが不可欠である。本書で紹介したような事例もなくはないが，現状ではそこまでにいたったケースは多くない。

　もっとも，新しい労働運動のなかにはさまざまな活動形態があり，労働組合どうしが共闘・連携したり，活動を継続する過程で組合の形態を変えていったりするケースもある。呉 (2012) は，企業別組合がパートタイマーを組織化する事例，持株会社や企業グループに労働組合が拡大する事例，コミュニティ・ユニオンなどの合同労組が活動する事例など，労働組合の新しい動きを紹介し，それぞれの労組には異なる役割があるが，その役割を最大限に発揮するには，労組間の連携がなによりも重要であると指摘する。熊沢 (2013) は，ここ 30 年ほど，労働組合運動には誇れる成果がないとして，主流派組合である企業内組合に対して辛辣な批判をぶつけるが，それでも，企業内組合も含めて，労働組合に対する希望を失わない。労使協調的な企業内組合が非正規労働者を組織化したり，女性労働者を取り込んだり，組合離れが進む若者を支援したりして，

あるいは，企業という枠をこえたユニオンを独自につくったりして，それぞれの組合が競合しながら魅力を高めていくことの必要性を説く（熊沢 2013，第5章）。伊藤（2013）は，請負労働者が労働組合を結成し，契約社員化に成功し，正社員になる事例を紹介している。会社の外側に位置する組合が会社の内側の組合へと発展するケースもある。

　これらの事例研究からもわかるように，労働組合は多様な活動形態をとり，変化し続け，これからも発展しうるであろうが，現時点の労組の動向を大づかみに提示すると，会社内で経営側に協力的な主流派組合と会社外から雇用主に異議申し立てをする個人加盟の組合という分け方が可能である。企業内組合は，既存の組合員の意識を高め，新たな労働者層を取り込み，組織拡大に努めてはいるものの，個々の労働者の意向を汲み上げ，本気で実現しようとする気があるようにはみえない。個人加盟のユニオンは，労働者個人の意向をかなえるために会社と闘うことも辞さないが，会社の内側に入り込んで働く場を持続的に改善することは難しい。

III　少数派組合の研究：ウチ側からの規制

　先行研究の整理を通して，主流派の企業内組合と個人加盟のユニオンは異なる特徴を備えるが，組織の内側から職場を規制し，継続的に改善するという観点からみて，現時点ではどちらにも決定的な限界があることがわかった。

　ところが，日本の労働組合の歴史をひもとくと，組織の内側から会社にもの申す組合が存在しなかったわけではない。労使関係とは歴史的背景を持たない不変な制度ではなく，さまざまな主体が協力し対立した歴史的な産物である。経営者が自分たちの利害に基づき制度を設計し，官僚が労働政策を通して誘導し，労働者たちが格闘・交渉した結果としてできあがった（Gordon 1985，邦訳 2012）。その過程において，会社にもの申す組合が生まれ続けてきたのだ。

　GHQの民主化政策に後押しされて，終戦直後に労働組合が多数設立され，日本の労働運動は盛り上がりをみせた。労と使（労と資）が激しく対立し，労働争議が頻発した。ところが1947（昭和22）年の2・1ゼネストの禁止指令以降，戦後の労働運動は大きく転換する。GHQは反共政策に転じ，経営側も階級闘

争的な組合に対して反撃を開始した。経営側に協力的な労働者と一緒になって，階級闘争的な組合を執拗に攻撃するようになり，それらのほとんどは消え失せたのである[2]。厳密にいえば，少数派として生き残った組合もあったが，終戦直後の労働争議が活発だった時期以降，階級闘争的な組合は世間の表舞台には出なくなった。マイノリティに関心を寄せる研究者は少なくないが，性的，人種，民族などには注目しても，労働組合を取り上げることはない。

しかし，階級闘争的な少数派組合[3]を主たるテーマにした研究がなかったわけではない。少数派になった第一組合を中心テーマとして初めて取り上げた研究者は，藤田若雄である。藤田 (1955) は，労働組合が分裂し，正規従業員一括加盟の企業別組合が多数派になり，第一組合が少数派になった経緯を描いた。

藤田によれば，第一組合が少数派になるきっかけはさまざまである。資本側の策略によるケースもあれば，思想的・政治的な分裂や政党的対立によるケースもある。職員と工員，基幹労働者と中途採用者，熟練工と非熟練工，戦前入社組と戦後入社組，それぞれの間の亀裂がきっかけとなったケースや，学歴差や年代差による不和が原因となったケースもある。昭和30年以降は，技術革新や合併を契機として，若い高校出の労働者を経営者が重用する傾向が強まり，永年勤続者の地位が不安定になり，組合が分裂にいたったケースが目立つようになった。

ただし，いかなる原因やきっかけで少数派になったにせよ，藤田にとって変わるべきは多数派の「御用組合」である。「御用組合とは，その幹部であることが，企業内昇進コースの一コマに組み込まれているという意味である。これが真実であるとすれば，わが国の労働組合は，魂を維持し，よき果実を刈りとるどころか，おし流されてしまう公算が極めて大きいことになる」(藤田 1955, 356頁)。藤田は，「年功的労使関係」を構成する要素の変化に着目し，「本来の労働組合」である第一組合の復活に期待する。「終身雇傭関係が崩れる段階では，

---

[2]「少数派労働運動の軌跡」編集委員会 (2007) は，運動の担い手を中心に少数派労働運動の生成から衰退までの経過を描き，巻末で主たる運動を年表で整理している。

[3] 以下にみるように，企業内で少数派になる経緯はさまざまであり，少数派組合のなかには左派・右派ともにある。本書は，階級闘争的な特徴を持ち，会社に協力的な主流派と対比される組合に限定して，少数派組合を中心テーマにした先行研究を整理する。

労働組合の本来の生命が呼びさまされるのでなければならない。その生命は，突如として天から降ってくるのではなく，少数組合となった第一組合運動やわが国では支配的力をもたない合同労組の中にひそんでいるのであり，これを鍛え質を向上させる以外にない」(同上，361頁)。

その後の藤田は，労働組合とは自主的に誓約した者が加入すべきであるという「誓約集団」論を掲げ，正社員の一括加入が制度化された企業内組合は本来あるべき労組の姿ではないという考えを強調した(藤田1968; 1970)。本工・臨時工・社外工という階層構造，年功的賃金による会社への依存の構造，社内の昇進構造を持つ「年功的労使関係」[4]は，その形成条件に変化がみられ——若年低賃金層の減少と年功秩序の崩壊——，変容する可能性があることを示唆し，「誓約集団」としての労働組合の結成に期待した。

藤田は戦後激動期の第一組合の事例を紹介したが，嶺学はその後の時代を検証し，労働組合再編期や高度経済成長期にも労働組合の分裂が続いたことを示した。第一組合は，争議の終了後，漸減は避けられなかったものの，過酷な条件のもとで団結を守り，抵抗闘争を続けている事実に注目し，その団結の根拠を明らかにすることを研究課題に設定し，組織統一の可能性を探った(嶺1980, 60-61頁)。

嶺の少数派組合像には，藤田のそれと明らかに異なる点がある。いまみたように，藤田が念頭においたあるべき組合の姿とは「誓約集団」であり，その理想型を少数派組合に見いだそうとしたのに対して，嶺は，6つの事例の検証を通して，組合のリーダー層と一般組合員とではイデオロギー性に違いがあることを見いだした。「第一組合員がどのような意識から第一組合に留まったかについては，ほぼ一致した傾向がみられた。資本の行動に対する怒りのような原初的な反撥が一般的に認められる。これに対して，階級闘争のイデオロギーからそれと関連する路線の第一組合の団結を守るとする者は比較的少数である」(同上，355頁)。そして，「大衆的性格」を帯びるという点で，少数派組合と主流の労働組合には「連続性がある」と分析する。「私は，常識的な意味での少数派

---

4) 藤田は，大河内ほか編『労働組合の構造と機能』(東京大学出版会，1959年)の序章「理論仮説と調査方法」で，「年功的」という考え方を初めて提示し，のちに「年功的労使関係」という表現を用いるようになった。

組合の団結と活動について調査を開始したが，企業別組合との連続性を重視する必要があると考えていること，理念型としての誓約集団的少数派組合に近いものはきわめて少数であり——そのことは，検討に値しないことではなくむしろ別に検討を必要とする——分析の主対象から除外したことから，本書では，課題としては第一組合論に問題をしぼることとした」(同上，97-98頁)。

　第一組合は，規模の限界から影響力が限られ，組織も先細りの状態にある。当時の日本経営者団体連盟（日経連）による「用心深い監視」は続き，能力主義管理や諸集団活動などを通した企業組織への労働者の統合が進んでいく。しかし，60年代から，「組織分裂後も第一組合が長期にわたって存続する」(同上，60頁)ようになった点を見落とさず，職場における民主的な規制など，巨大企業の中で第一組合が一定の成果をあげてきた点を具体的に示したことが，嶺の研究成果である。

　嶺は，少数派組合として第一組合に限定して研究を行ったが，当人も認識しているように，少数派組合は第一組合だけではない。既存の第二組合からさらに分裂して第三組合や第四組合が誕生したケースもあったし，70年代に入ると新左翼系の少数派組合も生まれた[5]。

　少数派組合にはさまざまな背景を持つものがあるが，その違いにかかわらず，「日本的経営」が全盛の時代には見向きもされなくなった。こうした研究状況のなか，一貫して少数派組合の可能性を追求してきた研究者が河西宏祐（1977; 1981; 1989）である。

　第一組合は少数派にとどまったため，労使関係や労働組合の研究者のほとんどは，交渉力の弱さなど，組合としての限界を強調し，時代錯誤であるとして言及することすらしなくなったが，嶺と同様，河西はその成果や可能性にも目を向けるべきであると問題を提起する。まずは企業別組合の方の限界を示し，その限界を補うものとして少数派組合を位置づけ直し，日本の労働運動の「変革主体」としての可能性を検討する。

　河西によれば，日本型の労使関係は「全員一括加入型」の企業内組合だけであると思われているが，それ以外にも，「企業内複数組合併存型」と自ら名づ

5）新左翼系の少数派組合の研究は，戸塚ほか（1976）。

けたケースが存在する。「メダルの表裏」の関係のごとく，前者は後者を繰り返し生み出してきたのであり，戦後労働運動史は組合分裂史として描くことが可能なほど，重要な時点で重要な組合に分裂が生じてきた。しかも，少数派組合のほとんどは消滅せず，長期にわたって存続している（河西1981, 6-8頁）。したがって，日本の労使関係を明らかにするには，これら2種類[6]の企業別組合を研究対象とすることが不可欠である。優位性ばかりが強調される「全員一括加入型」組合の欠陥を検証し，これとの対比で限界ばかりが指摘される少数派組合の労組としての優越性を実証し，2つの組合の葛藤および相剋，そして企業別組合をめぐる社会的緊張関係を把握することが求められる（同上, 3-4, 9頁）。河西はこのように問題提起して，日本の労使関係を再検証する。

　河西の議論によると，労使関係論では「内部労働市場論」をベースにした企業内組合の優位性を唱える議論が主流であるが，「労働諸条件の維持・改善と組合民主主義の定着をもって，労働組合分析の基準とする視角からしても，日本の労働組合の実態が，労働組合の成熟とはほど遠いものであることを認めざるをえないことを示している」（同上, 9頁）。具体的にいうと，「全員一括加入型」の企業内組合は，労働組合を労務管理の支配下におき，「経営機能の補完物化」するものであり，労働者の「主体性」の観点からみて限界がある（同上, 440-441頁）。分析の道具立てとして，「経営内的」機能と「経営外的」機能という2つの概念を用意し，協調的労使関係下にある企業内組合は前者のみを備え，後者が欠けている点を問題視する。

　河西は続けて，少数派組合の優越性を論じる。「少数派組合はなにもできない」との一般的批判があるが，大きな成果をあげている事例は少なくない。「とくに安全，職業病，下請企業労働者の権利擁護，反公害，女性組合員の権利拡大，企業外諸組織との連帯などの各闘争における成果はめざましい。一般の組合が遠くおよばない水準に達しているといってよい」（同上, 428頁）。

　河西は，少数派組合および少数派が変革を主導する運動を「辺境型労働運動」と命名し，それを，「全従業員一括加入型」の組合の限界を補うものとして

---

[6] 河西 (1989) では，労働組合を，「全従業員一括加入型」，「企業内複数組合併存型」，「新型労働組合」の3種類に分類する。3つ目は，心身障害者，臨時工・パート労働者，倒産労働者，女性労働者，中高年労働者などからなる労働組合を指す。

位置づける。「辺境型労働運動」論で特筆すべき点は，それを支える「労働者文化」である。オイル・ショック以降，高度経済成長の夢が泡沫と消え，「競争文化」の空しさと悲惨さがさまざまな社会的場面において露わになり，「労働者文化」の価値が再び労働者の心をとらえはじめ，「辺境型労働運動」を支える基盤になっているという(河西 1989，270頁)。河西が指摘する「労働者文化」とは，具体的に言えば，中流階級への上昇を拒否し，連帯を志向し，「自立の思想」を持ち，「仲間を裏切らない」という考え方や働き方である。そして，「労働者文化」に支えられた「辺境型労働運動」が，「中枢地帯」を形成してきた主流派の労働運動に変革を迫るとして，それに労働運動の将来を託す。「〈辺境型労働運動〉がやがては〈中枢地帯〉の労働運動を内と外から包囲し，その変革を迫る一つの勢力として結合していけるかどうか，それは日本の労働運動が生命力を復活していくことができるかどうかの重要な課題であろう」(同上，282頁)。

　河西は，「辺境型労働運動」に可能性を見いだそうとするが，それは理想論にとどまらない。実際に少数派が企業内で多数派に発展した事例を紹介する(河西 2009; 2012)。

　私鉄総連中国地方労働組合広島電鉄支部(私鉄広電支部)は，組合分裂を経て少数派組合になったが，そこから盛り返して多数派になり，ついには第二組合との組織統一を果たすことに成功した。もっとも，組織統一後も会社から合理化攻勢にあい，順風満帆に組織を維持できたわけではない。経営者は人員削減を目的として派遣社員制度を導入し，赤字のバス部門の切り離しを画策する。このような逆風が吹きすさぶなか，支部は全契約社員の正社員化の実現にこぎ着けたのである。一時的には正社員の労働条件は悪化したものの，執行部は根気よく組合員を説得し，正社員と契約社員との対立を克服した。事例は多いわけではないが[7]，私鉄広電のケースは，少数派から多数派への発展が絵空事ではないことを示す。

---

7)「このように，少数派に陥った第一組合が多数派になり，そして組織統一に成功した例は，日本の労働運動において希有のことである。」(河西 2012，272頁)

IV 本研究により明らかになった知見：ウチとソトから多元的に職場をつくる可能性

　以上，労働組合にかんする先行研究を筆者の問題関心に即して整理した。日本の労働組合研究は，労使協調路線の企業内組合を対象とした研究が主流であった。会社と協力的な関係を築いた労働組合を日本企業の競争力を支えた要因として評価する研究が大部を占めた。近年，新自由主義に基づく労務施策が拡がり，労働条件がよくなる兆しが見えず，非正規雇用者が増えるなか，企業内組合の存在意義が問われている。それと裏腹な関係といえよう，会社組織にとらわれない個人加盟のユニオンに対する関心が高まっている。不当な解雇や理不尽な処遇に対して異議を申し立て，撤回を要求する労働組合である。ただし，個人加盟のユニオンは，組織の外からの一時的な支援がほとんどであり，当該の紛争は解決に導いても，職場環境の継続的な改善には微力である。つまり，2つの労働組合を図式的に示すと，組織内で会社に協力する労組と組織の外側から会社に異議を申し立てる労組であり，両方とも組織の内側から労働を規制し，職場環境や労働条件を改善し続けるという点で限界があることがわかった。

　ところが，労働組合の歴史を振り返ると，経営合理化に対して組織のなかで異を唱えた組合がなかったわけではない。経営者による合理化やそれと協力的な労働組合からの「攻撃」に抗してきた組合であり，「日本的経営」を支えたステレオタイプな労働者像とは異なる人たちである。そのような労働組合や組合員を対象とした研究は，少ないながらも存在する。

　藤田若雄は，「誓約集団」を労働組合の理想像とみなし，階級闘争的な第一組合にその姿を重ね合わそうとした。嶺学は，第一組合の一般組合員は藤田が想定するようなイデオロギー色の強い集団ではなく，多数派である第二組合の組合員との間に共通性があると分析するが，第一組合は職場規制という点で独自な機能を持ち，その力を欠く第二組合の限界を克服する面があると評価した。河西宏祐も，経営側と協力的な企業内組合の労組としての限界を補完する面を強調し，加えて，数の限界を克服した少数派組合の事例を紹介して多数派への発展可能性を示した。

「働く場を自らつくる」という観点からみると，少数派組合にかんする研究は，組織の内側から労働を規制し，職場環境を守り，改善する者たちがいたことを明らかにした点で大いに評価されよう。いわゆる「日本的経営」が全盛の時代にも，経営側とは異なる利害を自覚し，経営合理化に対して一定の規制力を発揮した労働者の存在を知らしめた[8]。論者によって少数派組合の実像あるいは理想像に違いはあるものの，少数派組合研究は共通して「企業社会」における労使関係像に修正を迫ったという点で学問的に価値があり，労働者主導で職場環境を改善する可能性を示唆したという点で実践的にも意味があった。

本書が取り上げた全金プリンス（日産）支部も少数派組合である。プリンス支部は組合員数が少ないからといって無力なわけではなく，先行研究と同様の活動実態や組織内の機能が認められた。ただし，プリンスの事例を踏まえて先行研究を見返すと，それらの分析枠組みに対して疑問点がないわけではない。多数派に対する少数派という視角から，労働規制という点で後者は前者を凌ぐ，あるいは補完すると分析し，少数派組合の存在意義を知らしめ，規模拡大の可能性を探っていた。「日本的経営」の優位性が当然視され，組織の永続性は疑う余地がなく，多数派の存在が自明の時代である。多数派の存在を強く意識し，既存の多数派の限界を強調し，少数派が組織内で多数派になる可能性にこだわったことは，ある意味当然であろう。しかし，労働規制の理念を実現させる組織の形態や方法は時代や状況によって変わりうる。現状では，企業組織の存続が危うくなり，ひとつの会社にとどまらない労働者が増え，多数派と目されてきた企業内組合は既得権益を守っているとして世間から批判を浴びている。企業組織のリジッドな構造が崩れるなか，大方の労働者は，表向きの「労使協調」とは異なり，労働組合の存在意義を疑うようになった。つまり，組織の盤石さと（多数派の）労働組合の自明性を前提とした，多数派に対する少数派，労使協調に対する労使対立，といった二分法的な分析枠組みは実態にそぐわなくなっているのではないだろうか。

少数派組合研究の分析枠組みにかんする疑問点は，全金プリンス支部に言及

8）ここで取り上げた研究以外にも，少数派組合の事例研究や当事者が残した手記は存在する。そのいくつかは本文で参照した。

した研究にもあてはまる[9]。それらは，多数派の労組による暴力や排除と，少数派による抵抗を中心に紹介していた。しかし，本研究が明らかにしたように，多数派と少数派の露骨な対立は長く続いたわけではない。両者は，接点なく併存した時代の方が長い。互いに反感を抱きながらも，組織の安定に寄与する第二組合と経営側に処遇の改善を強く求める第一組合とが〈構造的に〉補完し合った。そして，日産側の労組の頂点に君臨した人物の失脚，労働戦線の再編成，バブル経済の崩壊以降の経営合理化，「ゴーン改革」と，会社を取り巻く環境と会社の労務施策は様変わりし，経営者，第一組合，第二組合の関係や，少数派組合のあり方も変化していった。会社組織の存続や雇用の保障が危うくなり，個別管理が強まり，「改革」の犠牲者に対して個々にフォローする必要性が高まったにもかかわらず，第二組合はほとんどその役割を果たせず，大方の組合員も組合に対して期待もコミットもしなくなった。それに対して，第一組合は会社という枠組みにとらわれず，組織が小さいがゆえに労働者の苦情に対して個別に対応することが可能であり，存在意義を高めた。少数派の人たちは日産という大組織で抑圧された時代を経て，社内で冷遇されながらも発言をやめず，同じ組織で勤続するも社会との繋がりを失わず，退職後も現役の労働者をサポートし，社内外で影響力を発揮し，職場改善に寄与するようになったのである。

　誤解のないように付言すると，筆者は，組織という枠組みおよびそれに対する意識が希薄になり，もはや数の論理は通用しないと断言するわけではない。大量に人員が削減され，非正規労働者が増えたとはいえ，依然として同じ組織で働き続ける人や働き続けることを希望する人は多い。少数派組合の当事者たちも，組織内で多数派になることを活動目標の1つに掲げてきた[10]。また，理

---

9) 藤田 (1955) 350-355頁，塩田 (1967)，嶺 (1978)，黒田 (1988; 1990)。
10) 筆者は，少数派組合の活動に直接関わってきたわけではないため，調査対象に対して距離をとることが可能であり，当事者とは活動の振り返り方が異なる可能性はある。「全金本山闘争の記録」の編集に関わった下田平裕身のように，「局外者」として運動に関わる「後ろめたさ」や「居心地の悪さ」を感じる（「全金本山闘争の記録」編集委員会編 1974，下田平 2006，24-32頁）わけでもない。しかし，だからといって，あらゆる文脈から逃れられるわけではない。時代や「立ち位置」という制約を自覚したうえで，「事実」を精査し考察することが，社会研究はむろんのこと，あらゆる分野に求められる研究者のスタンスだと思う。

想論としていえば，過半の者が加入する組合（支部）が存在し，かつ，会社経営に対して異論を挟んだり経営の意思決定に関与したりする機会が制度的・社会的に保証されたならば，組織が安定的に維持されると同時に労働者の意見が取り入れられやすくなるであろう。しかし現状では，経営者は組合を相手にせず，世間的には組合批判が強く，労働者自身も会社および組合に対する期待やコミットメントが下がっている。このような状況を踏まえると，会社組織の存続や組織内の多数派の存在を絶対のものとはせず，会社および組合組織の内と外をつなぐ創発的なネットワークを拾い上げ，労働者の理念が実現されうる多元的なルートを浮かび上がらせることが新たに求められよう。ソーシャル・ネットワーキング・サービス（SNS）の発達が，この傾向を後押しする。全金プリンス（日産）支部が組合として完璧というわけではない。労働組合の理想像は，別途検討する必要はある。しかし，会社および組合組織の存続や数の論理を自明視し，旧来の組織形態に基づく理想論にとどまったならば，労働者の理念を実現させる新しい活動やうごめきが見えなくなってしまうのである。

　労働者の理念の実現可能性を明らかにするには，組織の存続や多数派にかんする固定観念を取り払うとともに，少数派組合内部の変化や多様性にも注意を払う必要がある。少数派組合は組織統合力が強いと想定されてきた。加入者の理念や思いが強く，加入者の数が少ないこともあり，実際のところ，多数派に比べればその傾向があるだろう。しかし，組合組織に対する思い入れが強いがゆえに，分裂の危機が生じやすい可能性も考えられる。支部も，上部団体の所属をめぐり再分裂した。執行部と一般組合員との関係をはじめとして，職種，世代，国籍，雇用形態などにより組合に対するスタンスに違いがある。多様化が進む現状ではなおさらであろう。本研究は，それらのなかでとりわけジェンダー（社会的性差）に注目した。労働組合論全般において女性の存在は軽視され，少数派組合論でもほとんど登場してこなかった。本研究のケースでも，少数派組合の女性は，数の点からみれば微々たる存在である。言うなれば，少数派の中の少数派である。しかし，彼女たちは男性役員の指示に黙って従ってきたわけではない。積極的に発言してきたが，彼女たちの場合は組織を分裂や崩壊に導いたわけではなかった。むしろ，理念を実現させるうえでよい方向に作用した。当人らは意図して少数派になったわけではないが，社内および組合内

で数が少ないがゆえに社会に活路を見いだすほかなく，社会に活動の基盤を持ち，社会に向けてアピールしてきたのであり，社会を経由する形で差別の撤廃と文字通りの多様性を会社に受け入れさせることができたのである。

　本書は，同じ組織で働き続けるものの，経営者やそれに少なくとも表向きは従順な人たちと利害や考え方が一致しない（結果的に数が少なかった）者たちの視点から，合併や提携という「上からの改革」を捉え直すことを課題とした。現場へのしわ寄せを拾い上げ，加えて，活動理念を形にしていく組織内外のフォーマル・インフォーマルの多元的な経路を読み解いた。企業合併をはじめとして，市場原理に基づく「改革」が当たり前になり，組織への忠誠心が低下した人が増えている。このような時代にあって，もはや「少数派」とは言いがたい者たちの働き方の可能性を先駆け的に示した，と言えるのかもしれない。

おわりに：誰もが「少数派」になりうる時代に

　わたしにとって，労働運動や労働組合はなじみのないものであった。学生運動に縁のない世代であり，労資対立や階級闘争といった用語が日常会話に出てくることはなかった。「バブル経済」が崩壊したあとの大学キャンパスでは，就職環境の急激な悪化に自分たちの世代の不運を嘆きながらも，「日本的経営」や「日本的雇用慣行」を受け入れる雰囲気がまだ残っていた。個人的には「サラリーマン的」な働き方に疑問を感じていたが，4年生になると当たり前のように就職活動が始まった。このような空気のなかで学生生活を送った者にとって，はじめて全金プリンス自工支部の話を耳にしたとき，「本当にあったことなのか？」，「昔話を誇張しているのではないか？」という疑いの念が拭えなかった。当事者に話を聞いたり，当時の資料に目を通したりするにつれて，「どうやら本当にあったことらしい」と思うようになり，大企業の社員でありながら，いわゆるサラリーマンとは異なる働き方をしてきた人たちの存在に興味を覚えた。そして，'敵役'の塩路一郎にも話を聞いてみたくなった。やがて，過去の話として興味深いだけでなく，時代を先どりしているようにも思えてきた。労働運動になじみがなかったがゆえに，少数派の人たちの活動を先入観なく捉えることができたのではないかと，本書を書き上げたいま，そう思える。

　本書は，日産とプリンス自工との合併にさいして生じた衝突と確執を追い，少数派組合になった全金プリンス支部の半世紀にわたる活動の軌跡を描いた。
　プリンス側の労組は，構成員が減り続け，最終的にはなくなった。元組合員が最も残念に思っていることは，組織を拡大できず，支部を消滅させてしまったことである。わたしは，支部の運動に限界がなかったというつもりはないし，彼ら・彼女たちの働き方をそのまま真似すべきだと考えているわけでもない。わたし自身，彼ら・彼女たち（と同時代人）ほどには，活動に対する熱意，勤務先組織への思い入れがない。しかし，勤務先を変えずとも，そして組織内で多数派にならずとも，むしろ多数派ではないがゆえに，職場環境を守れた点や

「こだわりの働き方」を全うできた点は参考になると思う。少数派の組合は，当人たちの思惑を超えて身軽になり，組織の壁を越えやすくなり，組織にコミットしながら組織の外ともつながりを持ち，働く者の文化を社内外で共有した。組織内では労働倫理を守り・守らせながら組合員の意見を最大限に尊重し，組織外には協力を求めるのと並行して新しい価値基準に基づく働き方を広めていった。現在は，新自由主義に基づく労務施策がはやり，雇用が保障されにくくなり，個別管理が強化され，誰もが「少数派」になりうる時代といえよう。しかし，大方の者は1人で雇い主と対峙できるほど強い存在ではない。転職の現実を知ったいま，不満があるからといって気軽に勤務先を辞めるわけにはいかないし，容易に転職できるわけでもない。厳しい労働社会に生きる〈か弱い存在〉にとって，組織の内と外に足場を持ち，「組織人」とも「強い個人」とも異なる働き方をしてきた全金プリンスの組合員のスタンスは示唆に富む。

　ただし，プリンスの事例をもって，少数派組合全般を評価するわけではないし，労働組合として，少数派組合だけを評価するわけでもない。

　労働組合を理念的に評価すれば，労使協調路線の企業内組合は組織への「信頼」に基づく「発言」により職場を改善し，企業横断的なユニオンは組織の外側から不服を申し立てて改善を促し，それぞれ，労働条件や職場環境をよくする可能性はある。企業内で異議を申し立てる少数派組合だけが労働組合として評価されるわけではないが，それらの組合だけであれば，組織のウチかソトか，選択を迫られ，組織か市場かのどちらかの論理にとらわれがちであり，労働者主導で，ときには経営側に抗してでも，職場環境を改善し続けることは難しい。組織とも市場とも異なる「社会」を基盤とした価値基準を持つ者たちが増え，組織で働き続けることにより，〈総体としての〉職場改善能力が高まると考えられるのである。

　支部の事例が示すように，少数派組合の組織運営のあり方は柔軟性に富む。同じ組織でも時代によって変化し，似たような少数派組合でも活動内容や会社との関係は異なるであろう。したがって，支部のケースから少数派組合全般を評価することは慎むべきであるが（同様に，日産労組をもって，労使協調路線の企業内組合を一般化することも慎むべきであろう），「多様性」や「柔軟性」こそが少数派組合や少数派の人たちに共通した特徴であり，逞しい進化能力や

組織を透過する能力は注目に値する。なぜなら，複雑性が増大し，不確実性が高まり，絶えず変化が求められる現代社会に適した特徴や能力だからであり，情報通信技術の発達とも親和性が高いからである。経営環境や経営施策に対して柔軟な対応が可能であり，「ソトの世界」とつながりを持ちやすい少数派は，総じて，旧来のリジッドな「企業社会」とは異なる組織において存在感を発揮しやすいと考えられるのである。

もっとも，経営側からすれば，組織が社会に開かれ，社会的価値基準に基づいて働く人たちを雇い入れると，競争力が低下するという懸念があるのかもしれない。少数派のような人たちは経営側の合理的な施策を妨害する，という批判は容易に想像がつく。だが，もの申す人たちは競争力を低下させるという因果関係が証明されているわけではないし，反対に，経営者や彼らに「従順な」社員は無条件に会社組織を利する存在というわけでもない。

本書の例をあげると，経営者の強引な組織統合により，優秀なプリンス社員が多数辞めてしまい，同業他社にも流れた。支部所属の熟練工からわざわざ仕事を取り上げ，なにもやらせなかった。ほとんどの社員を「いじめ」に加担させ，組織の雰囲気を悪化させた。全金にまつわる一連の諸策は，長期間にわたり社内にしこりを残し，会社のためにはならなかった。その他にも，（経営側が黙認した）自動車労連の選挙支援活動は労働者から膨大な時間と労力を奪った。日産労組を通した職場統制は，社員に組合リーダーの顔色をうかがわせ，自己保身のスタンスを強めさせた。企業内組合のトップが失脚すると，経営側は合理化を大胆に進めるようになったが，現場は不満を解消する手立てを失い，現場のモラールが下がった[1]。日産の元会長であるカルロス・ゴーン氏の例を持ち出すまでもなく，経営者は会社のために一意専心働いているとは言い切れない。氏がいなければ，日産という会社は存続し得なかった，マイナス面もあったがプラス面もあった，という主張は根強く，たしかに，ゴーン氏でなければ強引な人員削減は不可能であったのかもしれないが，本書が明らかにしたよ

---

[1] 労働組合が当該企業の労働生産性の水準および伸び率と正の関係を持っていることを示す研究はいくつかある（森川2008など）。それらは因果関係を証明するわけではないが，本書の事例からも，労働者との「合意」を軽視・無視した経営は，現場のモラールや秩序を悪化させ，業績に負の影響を及ぼすことは容易に想像できる。

うに，工場閉鎖などの抜本的「改革」はゴーン氏が来る前から始まっていたわけであり，「V字回復」は彼だけで達成されたわけではない。ここでいいたいことは，ゴーン氏に対する批判ではなく，そもそも組織への影響に関する厳密な因果関係は，とりわけ組織文化への影響のそれは定かではないにもかかわらず，社外的にはマスコミなどを通した印象により，社内的には政治力により，経営者に対する評価は恣意的に決まりやすいということである。

　同様の理由で，（将来見込まれる）社会的価値基準に基づいて社内で意見を述べ，時には経営施策に異議を申し立てる労働組合や人たちを企業競争力の阻害要因として決めつけることも適切ではない。日産の少数派組合の労働者たちは，組織破壊者ではないし，「社会性」が欠如していたわけでもない。むしろ，高い労働倫理を身につけ，技術や技能にこだわりを持ち，「干される」前は存分に能力を発揮し，職場仲間から排除されてからも働く意欲を持ち続けた。「腕」に自信があったからこそ，同調圧力が強いなか，常軌を逸した社内慣行に対して言うべきことを言えたのである。また，会社を取り巻く環境の変化に敏感であり，会社の異変に気づきやすく，それらを先どりして会社を文字通り正常進化させてきた。経営者からすれば，支部は無理難題を「ふっかけてくる」と思ったかもしれないが，いまでは一般常識になっていることがほとんどである。自然環境への配慮は会社のイメージにとって死活問題であり，「ワーク・ライフ・バランス」は無意味な長時間労働を減らし，「ダイバシティ・マネジメント」は組織を活性化させる。身近な例をあげると，2017年にスズキ自動車が始業前のラジオ体操に対する残業代を支払うよう労基署から命じられたが，支部組合員はそのはるか前に勤務時間内にやらせていた。会社の持続的発展にとってイノベーションは欠かせないが，それには狭義の技術革新だけでなく，社会的革新も含まれる。組織に閉ざされず，会社の外にも目を向けてきた少数派の人たちは，「感度のよいアンテナ」になり，イノベーションを起こすきっかけになりうるのである。本書で取り上げた少数派のごとく先進的な人たちは，〈無条件に〉会社を利するわけではないとしても，〈本質的に〉会社の利害に反するわけでもない。彼ら・彼女たちの能力を活かせるかどうかは経営側の手腕と度量にかかっている。

　しかし，残念ながら，日産の経営陣は先進的な少数派の声を取り入れなかっ

た。それどころか，労使協調の企業内組合と一緒になって少数派を殲滅することに多大な労力を割いた。そしていまや，労使関係そのものをないがしろにするようになり，労働者に遠慮することなく組織を切り売りし，大規模な統合を画策し，労働者の犠牲の上で「再生」をはかっている。一連の過程で，少数派の労働者は頑なな態度をとるようになり，多数派の労働者は会社にも組合にも期待しなくなった。

　本書の冒頭で触れたように，現在，日産は大幅な業績悪化に苦しんでいる。日産という巨大組織を衰退に導いたのはいったい誰なのか。本書は，特定の人や集団をやり玉にあげたり，評価したりすることを目的としたものではない。繰り返しになるが，経営の成功や失敗は複合的な要因からなり，偶然の要素にも左右され，因果関係を厳密に証明することは不可能であるからだ。その時々の意思決定はそれまでの経路に依存し，経営者はまっさらな状態で「純粋に合理的」な施策を打ち立てられるわけでもない。そもそも，「成功」や「失敗」は定義によって変わってくる。問題は，それにもかかわらず，「成功」は派手な経営者による功績とみなされ，一部の者が多額の報酬を占有し，不都合なことが生じたさいの責任は「過去の人たち」に，あるいは直接の担当者や現場に押しつけられ，自らの経営責任にかんしては未来志向の「前向きな話」にすり替えられることである。つまり，組織の「物語」は，力を持つ者により一面的につくられてきたことが問題なわけだ。わたしは，本書により「正しい物語」に書き換えた，というつもりはない。しかし，日産という日本有数の大企業を少数派から捉え直すことにより，微力ながらも，閉ざされた組織を社会に開かせるきっかけになり，企業をはじめとする組織を「社会の公器」たらしめる一助となればと思っている。

　会社組織にかぎらず，政界，官界，マスコミ，研究・教育，スポーツ，芸能など，あらゆる業界が社会から閉ざされてきたように思われる。その弊害は毎日のように耳にする。しかし，自浄作用は期待できないし，組織を私物化する「リーダー」は信用できず，市場の力だけで組織をこじ開けることも難しい。「ガバナンス」，「コンプライアンス」，「社会貢献」も，お茶濁しのケースがほとんどである。マスコミやインターネットなどを通して「世間のつるし上げ」が起きることもあるが，ゴシップとして消費され，次の話題の登場とともに忘

れ去られる。組織を本気で「健全化」したいのであれば，活動の「成果」だけでなく活動環境も社会に開示し，運営にさいして議論が開かれるべきである。手間や時間はかかるし，短期的には混乱が生じるかもしれないが，長い目で見ると，広義の構成員が「社会的責任」を自覚し，各場を無理のない範囲内で回していくようになるであろう。

　本書を完成させるにあたって，たくさんの方々にお世話になりました。心より感謝申し上げます。真っ先にあげなければならないのは，全金プリンス自工支部に属した人たちです。なかでも技術員の粕谷力さん，元書記長の境繁樹さん，最後の組合員の鈴木信太郎さん，養成工の吉野孝仕さん，野田貞夫さん，吉田泰洋さん，婦人部の鈴木泉子さん，岡田弘子さん，村田美慧子さんには，大変お世話になりました。貴重な時間を割いてお話ししてくださり，他の元組合員を紹介していただき，組合紙や冊子を快く貸してくださいました。お礼の言葉を言い尽くせないほどです。2013年の末には，JMIU日産支部のOB・OG会に参加させてもらいました。「後ろめたくない人生」を送ってこられた人に特有の楽観性を感じました。話しづらかったかもしれませんが，全金プリンス支部から日産労組に移った方にも調査に協力してもらいました。全金支部が再分裂したさい，全金に残った方にも話をおうかがいしました。「天皇」と称された塩路一郎さんにも語っていただきました。塩路批判の本のイメージから屈強な方を想像していたのですが，お会いしたときは病明けで，弱々しい感じでした。それでも訴えたいことが山ほどあり，涙ながらに語っておられた姿が印象的でした。日産の元経営者の方からも誠実な言葉をいただきました。同業他社で少数派として活動を続けてきた人たちとも，泊まりがけで議論しました。お話ししてくださったすべての方々に感謝するとともに，出版が大変遅くなり，本が出るのか心配をおかけしたことを心よりお詫び申し上げます。

　本書は，JMIU日産支部の活動の総括ではありません。本書による会社や労組の捉え方は，経営者や日産労組の人たちとは異なるでしょうし，支部の人たちも異論があるかもしれません。本書は，わたしなりに，歴史に埋もれた人たちを表舞台に出し，ステレオタイプな労使関係像を見直そうとした試みであり，合併や提携といった「改革」が与える現場への影響や現場の人たちが払わされ

る「コスト」を詳らかにしようとした研究です。そして，支部の人たちの活動から今後の働き方のヒントを得ようとした一考察でもあります。当然のことながら，本書の全責任はわたしにあります。

　合併の経緯と「その後」は学問的に大変興味深い話でしたが，個人的にも身につまされる話です。社会科学（に限りませんが）は，研究対象と研究主体とを切り離せません。研究者だけが'高みから'対象を切ることを許されているわけではないし，自らの「実践」も問われることでしょう。ほとんどの読者には関心がないでしょうが，自らの勤務先である大学という組織を〈社会に開く〉ために，そして記録を残すという意味も込めて，本研究と絡めて所属先組織の「統合」と「改革」に対する現場の反応と現場を担うひとりとしての「本音」を記しておきます。
　勤務先の岐阜大学は，生き残りをかけて名古屋大学との「統合案」をぶち上げました。奇しくも，プリンスと同様，弱小組織の側です。時代の変化に応じて改革が必要なときもあるでしょう。財政的に厳しいことも重々承知しています。わたしは改革や経営の必要性を否定するわけではありません。まがりなりにも商学部出身ですから，各人に任せておけば万事うまくいく，と思うほど無邪気ではありません。しかし，わたしが危惧する点は，研究と教育の現場，受験生・学生・卒業生，地域社会が長きにわたって払わされる「コスト」です。大学の経営者はことあるごとに「エビデンス」を求めるわりには，「改革」に付随する「コスト」を，「改革」により得られる「利益」ですら見積もっているようには見えません。それは，仕方がない面もあります。すでに言及したように，「改革」が現場にいかなる影響を及ぼすかは，誰にもわからないからです。「改革」がどれほど「崇高な理念」に基づこうと，旗振り役がいかに「善人」であろうと，結果は実行部隊によるところが大きいからです。だからこそ，現場の人たちから「協力」を取り付けようとする可能な限りの努力が不可欠ですし，現場から「納得」と「同意」を得るための説明が必要です。2018年12月25日，両大学は統合することで合意し，2020年度にも新法人「東海国立大学機構」を設立することを発表しました。しかし，「説明会」は開くものの，「統合する」ということ以外，詳細はまったく決まっていません。少なくとも現場は知らされ

ていません。「統合」のメリットを謳うポンチ絵だけ見せられても，賛成でも反対でもなく，ただ無関心になるだけです。

　繰り返しますが，改革を否定しているわけではありません。現実的な見方をすれば，「改革をした」となれば文部科学省の「覚えがめでたくなる」という点で，短期的には「合理性」があるのかもしれません。しかし，「統合」を長期的に考えるのであれば，弱小側であっても，グローバルとローカルという型どおりの図式に自らを押し込むのではなく，少数派の革新性を見いだし，積極的に現場から引きだすべきでしょう。日産に対してプリンスが果たしてきたように，少数派でも，むしろ少数派であるからこそ，技術的・社会的に貢献できる点があるからです。しかし，経営者の言動を現場からみていて，そこまでの深謀遠慮と経営才覚があるのか懐疑的です。

　もはや教授会にはほとんどの決定権がありません。経営者は現場の教職員（労働者）と，報酬や権限だけでなく，負うべき責任も異なります。独立法人化以降，両者の間には明確な線引きがあります。しかし，いかなる結果になろうとも，大学の経営者や文科省は責任をとらないでしょう。このように将来を見通す現場の人間のひとりとして，「改革」に乗っかり，途中ではしごを外されることを心配しているのです。尻拭いだけさせられることを懸念しているのです。おそらく，教員よりも現場の事務方にしわ寄せがいくでしょう。

　統合話に先立ち，所属先の地域科学部は，学部の「廃止」を命じられました[2]。経営者は，従来からの「連続性」を強調し，「廃止」ではなく「再編」であるとマスコミには言い張っていますが，経営学部に変えるのですから廃止です。地域科学部は，入試の倍率や就職率が高いです。学内外の調査によると，学生の満足度は高く，しかも全国でも例外的に，学習意欲が学年を重ねるごと

---

2) 詳しい経緯と背景については，岐阜大学地域科学部の未来を考える会「岐阜大学における学部廃止問題——地域に根差した教育・研究の場の重要性（特集　大学の危機打開めざして）」『経済』283，2019年4月号，53-62頁，石黒好美・富樫幸一・南出吉祥「インタビュー　岐阜大学地域科学部はなぜ"生き延びた"のか？——共創のコミュニティに立つ共闘（特集　生きている大学自治）」『世界』920，2019年5月，137-143頁，地域科学部の未来を考える会「学長・理事による思いつきの『改革』に振り回される国立大学の実情——岐阜大学地域科学部廃止問題の背景にあるもの」『日本の科学者』Vol. 54, No. 9, 2019年9月，45-49頁。

に上がっていきます。設立から20年が経ち、組織として落ち着き、対外的には全国に先駆けて「地域」を冠する学部としてようやく知られるようになりました。経営学部の新設を見越していえば、学部はおろか、大学全体にも経営学プロパーの常勤スタッフはいません。予算の制約上、新規に雇える教員は限られています。日本経済新聞のデータベースは廃止され、図書館には縮刷版すらありません。岐阜大学の経営者は、経営学という学問を重んじているのか、軽んじているのか、はかりかねます。経営者は、民間出身の監事を含めて誰一人として経営学の学位を持っていません。それどころか社会科学系の人がいません。経営経験（管理職ではない）もありません。「総合経営学部」の大看板を掲げる自信がどこから生まれるのかわかりませんが、わたしが不思議に思ったことは、経営学の学位などなくても、経営学と経済学の違いすら理解していなくても、「経営者」になれることを自ら証明しているのにもかかわらず、なぜ経営学の学位にこだわるのか、ということです。経営者当人にその点について質問しましたが、明確な返事はありませんでした。経営者は「ステークホルダー」という表現を用いては、地元の経営者団体と高校の校長会からの「要請」を最大の根拠としてあげていましたが、お手盛りでしょう。かりにそのような意見があったとしても、その人たちは地域社会の構成員のごくごく一部にすぎません。経営学部に変えて、岐阜県外から「優秀な学生」を呼び寄せたいとも言っていましたが、「岐阜固有の経営学」を学びにわざわざ県外の人が来るでしょうか。そもそも「岐阜に固有な経営学」とはなんなのか皆目見当がつきませんが、経営学に特化すれば、人文社会科学系を志望する県内生徒の国立大学の受け皿がなくなります。大学経営的に、受験生が増える可能性と減る可能性とを天秤にかけないのでしょうか。学問的多様性を軽んじる「文化的貧困さ」が、創造性豊かな人たちをむしろ遠ざけ、長期的には「地方消滅」に至らしめることがわからないのでしょうか。なお、統合予定の大学には経済学部経営学科がすでにあります。学生の層は異なるとしても、教員は重複します。加えて、地域科学部の教員のほとんどは、新学部に移る予定がありません。労働関連の法令を変えるならいざ知らず、現状では常勤の教員はクビにはできないですから、新たにセンターでもつくってそこに「放り込む」案（文科省出向者の発言）もあったと伝え聞きますが、「飼い殺し」にするにしても、「コスト」が高くつき

ます。本音を言えば，わたし個人は，経営学部に変わっても困りませんが，経営にかんするありきたりな表現を用いれば，市場・顧客満足度という点からも，人的・研究・教育資源という点からも，既存学部廃止と経営学部新設にこだわる合理的な理由がわたしにはわかりませんでした。

　おそらく経営側にも「言い分」はあるでしょう。大学組織は，手続き論に終始したり，合意形成にばかり時間をとられたりして，個人的にも運営上の問題を感じることがないわけではありません。このご時世，常勤の職に就けただけでもありがたいです。自分のことを棚に上げていえば，「ムダな改革」に対する不平不満はあるにせよ，賃金に見合う研究と教育および学部運営業務はきちんとやるべきだと思っています。学部に問題がないとも言いません。学部のあり方をわかりやすく外に伝えるべきであるし，さらなる発展も目指すべきでしょう。若手や中堅の教員が中心になって，講座の垣根をこえて自主的に議論し，学部長やベテランの教員からアドバイスをもらい，学生や院生とも意見交換して，学部の改善を進めています。学部運営を旧態依然とするのではなく，学生や院生が望む学問分野の教員を優先的に採ろうとしています。学部としてのスタンスは，改革そのものに反対していたわけではありませんでした。むしろ内実からすれば革新性に富む既存学部を廃止してまでも，新規さを欠く経営学部をあえて立ち上げる合理的かつ一貫性のある理由を説明せず，たびたび前言を撤回する「リーダーシップ」に不信感を抱いたのです[3]。部局長・部長会や教育研究評議会で学部長が何度も何度も説明を求めても，明確な返答はありませんでした。しまいには，「俺が理事だ（から黙って言うことを聞け）」と口走る始末のようです。一連の「騒動」の間，他の部局はだんまりを決め込み，理事

---

[3] 経営者に対して，一律に批判したいわけではありません。岐阜大学の元学長である黒木登志夫氏は，『落下傘学長奮闘記──大学法人の現場から』（中公新書ラクレ，2009年）で，岐阜大学の「改革」の経緯を学長の視点から語っています。黒木氏は，紙面の多くを岐阜大学という組織全体の，そして日本の大学を管轄する行政の問題点の説明に割き，名古屋大学との統合案にもきっぱりと反対しています（33-35頁）。病院経営や他学部の改革が進まない点にも，教養軽視の傾向に対しても，きちんと苦言を呈しています。課題は彼の理念をいかに本当の現場レベルで実行させるかという点にあったのでしょうが，彼の意見には個人的に賛同できる点が多いです。しかし彼のあとの経営者たちは，そもそも独自の理念を大局的に示す経営ビジョンがないように感じます。少なくとも，所属学部の現場では感じられません。

の意思決定に対して「異議なし」との報告を受けました。文科省から出向してきた理事たちは，岐阜大学が生き残るためには「改革」は不可避というスタンスですが，2つ前の理事は，退職後，1日だけ空けて東京の私大に「天下り」し[4]，1つ前の理事は，「天下り」がなくなったため，退職時に大学講堂で涙してカラオケを歌っていたようです。所属先の大学の経営者や文科省からの出向者は，独自のビジョンも経営の才覚もなく，すぐにいなくなり，いかなる結果になろうとも責任はとらない。他学部は，自分のところに火の粉が降りかからなければいいと思っている。わたしたち学部の人間はそのように捉えるようになってしまいました。旧教養の系譜を受け継ぐ弱小学部は「いじりやすいからちょっかいを出されるのか」，「理事の個人的な恨みでも買ったのか」と，学部の設立当初から続く不信感と「被害者意識」がここにきて爆発しました。

　ここまでくると，文科省対応（その背後から見直しを求めている財務省対応）として，「改革」をやる，やったという「作文」だけが求められているのではないかと疑ってしまいます。もしそうであれば，なおのこと大真面目に学部を変えるほどの緊急性は，しかもいまさらありきたりな経営学部に変える必要性はありません。しかし，かりにそうであったとしても，文科省も形式にはこだわるでしょう。大学の理事たちが文科省に「陳情」にうかがうと，さもありなん，文科省から「再考」を迫られたようです。それにも懲りず，学部廃止を正当化するために，地域科学部や卒業生の評判をあえて下げるような発言やプレゼンを始めました。「公務員志望（専門性志向が低い）」，「高校卒業時では将来の目標が決まっていない「そこそこ優秀」な学生」であると。発言する側にはその意図はないかもしれませんが，受け止める側からすれば引っかかる表現です。お世話になっている受け入れ先にも失礼です。教員よりも，学生や卒業生，地域社会の人たちが反応を示しました。全学部の学生および地域の住民から反対署名を集め，SNSなどで積極的に発信し，大学側に説明を求め，マスコミの取材にも応対してきました。それらの活動の成果が実り，学部廃止案を「白紙撤回」させることができました——経営者は「休戦」と表現し，新学部設置準備室は存続していますが。直接の理由は統合予定先の総長から「お叱りを

4）「文科省国立大「現役出向」241人リスト」『文藝春秋』95(4)，2017年4月，176-186頁。

受けた」からのようですが，それを引き出したのも地域ぐるみの活動です。「評議会で決定された新学部構想は地域科学部の方々の総力的な抵抗を受けて断念せざるを得なかった」と，文科省から出向してきた理事も2019年8月開催の団交の場で正直に認める発言をしました。おそらく全国でも類を見ないケースでしょう。これこそが，大学が自らの存在意義として掲げる「地域連携」の実践であり，地域科学部の本領である地域社会に根ざした活動であると，同僚ともども密かに自負しております。本書の内容に即していえば，岐阜大学の地域科学部の有志たちは「少数派の中の少数派」であったからこそ，地域社会を動かし，学びの場を守ることができたのかもしれません。

　大学は民間企業に遅れてトップダウンの「改革」や人事制度の成果主義化を進めています。所属大学は，任期付き教員を増やし，「関門制度」や年俸制を導入し，労働市場の流動化を促進させようとしていますが，「地域に根ざした大学」を目指すのであれば，それらの労務施策が組織や地域社会に対するコミットメントを低下させるという負の側面は考えないのでしょうか。新規採用が長らくストップするなか，嫌気がさした若手や中堅の流出が止まらず，所属大学は超高齢化が進んでいます。セミナーの選択肢が減り，学生・院生の不満も高まっています。それらの問題に気づいたからでしょうか，経営陣は所属先大学の出身者で固め，2019年度から，各学部の教員から「次世代リーダー」を1人か2人選び，月に1回9時から17時まで缶詰にして，コンサルタントによる「研修」を受けさせています。研究や教育の貴重な時間を奪い，年間数百万円と噂される講師代を払う意味があるのでしょうか。コンサルタントの社長は理事のひとりと大学時代の同級生と聞きます。加えて，ベテラン教職員を対象に早期退職希望者の募集が始まりました。マッチポンプのような一連の「改革」と労務施策は，いったい誰のためなのでしょうか。大学とはいったい誰のものなのでしょうか。

　大学を取り巻く環境が厳しいことはわかります。大学人は，「改革」を先行して行ってきた民間企業から学ぶべきでしょう。しかし，教員や理事・監事に民間経験者を入れる，流行の管理制度を導入する，といった形式的なことではありません。もっと広い視野から，長期的視点を持って学ぶべきです。その点

にかんしていえば，本書の日産とプリンスの事例は，合併や「改革」の〈その後〉を知ることができる格好のケースです。強引な合併や現場軽視の「改革」により組織が〈腐っていく〉経過と〈よどんだ空気〉が職場に定着する過程にかんして，〈見えざる人たち〉が長期間支払わされる〈見えざるコスト〉について，そして少数派であっても自らが働く場を守り理念を実現することが可能なことを，誰よりもわたし自身が学ばせていただきました。

　わたしは現場の人間であり，現場の者の本分は研究と教育です。大上段に構えれば，われわれには学問の将来に対する〈社会的責任〉があります。わたしは「改革」にも反対活動にも熱心なタイプではありません。改革騒動の渦中で親しい若手・中堅教職員と気をつけ，学生や院生と再三確認し合ったことは，それらをおろそかにせず，活動はそれらを守ることに限り，活動にさいして小異でいがみ合わないという冷静なスタンスでした。かくなる厳しい研究環境のなかでも本書を出せたのは，わたしのような者にも理解者（保護者？）がいたからであり，学問の自律性を守り，探究することの楽しさを次世代に伝えようとする〈文化〉が職場と地域社会にあったからです。お名前を出せないのが残念ですが，心より感謝しております。

　いつもながら，編集者の桜井香さんには大変お世話になりました。桜井さん自身が，全金プリンスの闘いが激しかった時代を知る方であり，出版に向けて励ましてくださいました。出版環境が厳しくなる一方の状況で，職人として丁寧に本づくりをなされている桜井さんに敬意を表します。

　最後の最後にまた個人的な話で恐縮ですが，本書執筆の最終段階のときに父が亡くなりました。本書で登場した人たちと同時代人であり，本書の完成を病床で楽しみにしておりました。わたしにとっては気むずかしい人でしたが，晩年はわたしの働き方・生き方に理解を示してくれたように思います。本書をいまは亡き父に捧げたいと思います。

2019年8月3日　父親の命日にて
伊原亮司

資料4-1

新技術導入に関する覚書

　日産自動車株式会社（以下「会社」という）と日本自動車産業労働組合連合会・全日産自動車労働組合（以下「組合」という）は，マイクロエレクトロニクスをはじめとする先端技術を用いた自動化・省力化設備・機器（以下「新技術」という）の導入に関し，本覚書を締結する。

1．（目　　的）
　会社，組合は，技術の進歩が企業の存続，発展と人間社会の進歩に不可欠なものであるとの共通認識に立ち，新技術の導入が従業員に及ぼす影響を配慮しつつ，協力して新技術の円滑な導入を進める。

2．（労使協議）
　　(1) 新技術の導入にあたっての労使協議は，「経営協議会に関する協定書」（昭和30年10月14日締結）に基づき，信頼と協力の精神をもってこれを行う。
　　(2) 会社は，新技術の導入にあたっては，その導入計画，予想される組合員への影響およびそれに対する対策案を事前に組合に提示し協議を行う。

3．（雇用の維持）
　会社は，新技術の導入を理由とする解雇，一時帰休は行わない。

4．（労働条件の維持）
　会社は，新技術の導入を理由とする役職の降格，および賃金・労働諸条件の切り下げは行わない。

5．（安全・衛生の確保）
　会社は，新技術の導入に伴う安全・衛生の確保に万全を期し，諸対策を講じる。

6．（教育・訓練）
　会社は，新技術の導入に際し，当該職場の組合員に対して，技能の習熟，および安全の確保に関し，本人の適性，能力に応じて必要な教育・訓練を行う。

7．（配置転換，職種変更）
　会社は，新技術の導入を理由として組合員の配置転換，職種変更を行う場合は，本人の適性，能力を十分考慮するとともに，必要な教育・訓練を行う。

8．（有効期間）
　　(1) この覚書の有効期間は，昭和58年3月1日から昭和59年2月29日までの1ヵ年とする。
　　(2) 有効期間満了日の1ヵ月前までに，会社および組合の何れからも改訂の意思表示がないときは，この覚書は更に1ヵ年更新され，その後も同様とする。

昭和58年3月1日
　　日産自動車株式会社
　　　　取締役社長　　石　原　　俊

　　全日産自動車労働組合
　　　　組　合　長　　浅　野　耕　平

資料 4-2

マイクロエレクトロニクス新技術の導入に関する協約（案）

前文

　日産自動車株式会社（以下会社という）と総評・全国金属労働組合日産自動車支部（以下組合という）は，マイクロエレクトロニクスをはじめとする先端技術を利用した設備・機器・システム（以下新技術という）の導入（既に導入された新技術の改造・変更を含む）に関して，本協約を締結する。

第一条（新技術の導入にあたっての原則）
　1　会社は新技術の導入・変更にあたって，雇用を減らさず，労働時間の短縮，労働条件の改善に役立てる。
　2　会社は新技術の導入・変更にあたって，技術的・経済的影響のほか社会的影響を十分配慮し，国民生活の向上と社会福祉に貢献する。
　3　会社は社会的に産業用ロボット等の安全，労働の強度，地域産業への影響について技術事前評価を厳密に行なう。

第二条（事前協議の確立）
　1　会社は新技術の導入・変更にあたって，組合との事前協議を制度として確立し，合意に達しない場合は新技術の一方的な導入・変更は行なわない。
　2　会社は新技術の導入については，組合との事前協議をつくすため，できるだけ早い計画段階の時期に組合にたいし左記事項について計画案を提示すること。
　　　1．新技術の種類と名称・規模・導入期日
　　　2．目的と予測される経済効果
　　　3．作業内容および作業量
　　　4．人員配置計画
　　　5．労働条件の変更内容
　　　6．安全衛生対策
　　　7．技術教育・訓練の内容
　3　会社は新技術の導入後も，事前協議どおりに進行しているか否か，事前協議で問題としなかった新しい問題が発生したか否かにつき，組合と随時協議を行なうものとする。
　4　会社は新技術の導入については，日産関連下請企業労働者の雇用の安定および地域経済対策に関して組合と協議しなければならない。

第三条（雇用の確保）
　会社は新技術の導入による解雇，一時帰休，その他雇用の削減となる行為は行なわない。

第四条（労働時間の短縮）
　会社は新技術の導入による省力効果を生かすため，組合が当面1日の実働時間を30分短縮する要求をもっていることに留意し，労働時間短縮に努めること。

第五条（配置転換・職種変更）
　1　会社は新技術の導入による配置転換・職種変更を行なおうとするときは，できるだけ早い計画段階の時期（実施の3ヵ月まえとする）に次の事項を組合に提案する。
　　　1．実施時期および人員・人名
　　　2．現在および配置先の職場名・職種・職位
　　　3．配転・職種変更にともなう技術・技能教育および労働条件の変更内容
　2　会社は配置転換・職種変更について，本人の希望を尊重し，本人の経験・技術・技能・健康・家庭の事情・適性などを総合的に考慮して，本人と組合の同意を得て実施する。
　3　会社は配置転換・職種変更の3ヵ月後に本人にたいする適応調査をおこない，不適応の場合は原職復帰を原則とする。原職（もしくは職種）がない場合には，本人の希望を尊重し，適応職場（職種）に再配置する。
　4　会社は配置転換・職種変更によって賃金水準など労働条件の切下げは行なわない。

第六条（非人間的な労働に対する対策）
　会社と組合は単調作業など非人間的な労働を改善するため，職場の労働者の生の意見を集約し，作業システム，作業速度，作業工数，休憩時間の拡大などを検討し，労働者が労働の場においても人間にふさわしい生活を営めるよう労使協議で対策をこうじる。

第七条（技術訓練）
　1　会社は新技術の導入に関する作業に従事する労働者が新技術による技能を取得するため，会社が実施する技術教育・訓練を受ける権利を有することを確認し，機会均等公平公正を期し，原則として所定時間内に会社が全額費用を負担して技術教育を行なう。
　2　会社と組合は新技術の導入にともなう技術教育・訓練の内容および対象者について事前に協議し，会社は組合の合意を得て技術教育・訓練を実施する。
　3　会社は技術教育において，反組合的な教育は行なわない。

第八条（安全・衛生）
　1　会社と組合は安全・衛生が重要な労働条件であることを確認し，労働時間，残業時間，年次有給休暇，適正人員配置，作業方法および作業速度，休憩時

間，福利厚生などについて，事前に団体交渉で協議する。
2 　会社は新技術の導入による労災・職業病の発生を防止するため，事前に組合とその安全性について協議する。会社は組合の合意が得られない場合は新技術の一方的な導入は行なわない。
3 　組合から会社に対し，生産設備，作業方法，原材料などの安全性に疑義が提出された場合，会社は組合とすみやかに団体交渉または地区交渉を行なう。協議中に安全が確認されない場合，会社は作業中止の措置をとらなければならない。
4 　会社が作業中止の措置をとらない場合，組合は労働者にたいし就労拒否を指示することができる。この場合，会社は労働者が就労した場合と同一の賃金を支払わなければならない。
5 　会社は組合が安全・衛生に関与する権利のあることを確認し，組合が安全・衛生について専門家をふくめて現場で安全点検・調査活動を行なう自由を保障する。

第九条（有効期間）
　この協約の有効期間は締結の日より1ヵ年とする。ただし，有効期間満了日の3ヵ月前までに，会社および組合のいずれからも改訂の意志表示(ママ)のないときは，この協定はさらに1ヵ年更新され，その後も同様とする。

第十条（施行期日）
　この協約は　　年　　月　　日より実施する。

資料 4-3

産業用ロボット安全衛生協約（案）

前文
　日産自動車株式会社（以下会社という）と総評・全国金属労働組合日産自動車支部（以下組合という）は，人間の生命・身体・健康は何物にもかえがたいものであることを確認し，産業用ロボットの使用等による労働災害・職業病の発生を防止するため，つぎのとおり協定する。

第一条（会社の安全保護義務）
1　会社は，安全衛生にかかわる諸法令の定めた安全衛生基準を守るにとどまらず，万全の措置を講じ，労働者の心身の健康および快適な職場環境の維持向上につとめる義務を負う。
2　会社は，組合および労働者が産業用ロボットに関連する作業の安全衛生問題に関与する権利のあることを確認し，組合および労働者の意見を尊重しなければならない。
3　本協約は，会社と組合の随時協議によって改善するが，労働災害，職業病が発生した場合またはそのおそれがある故障事故等が発生した場合は直ちに協議し，その原因を究明し，再発防止の措置を講じなければならない。

第二条（適用範囲）
1　本協約は，雇用形態のいかんにかかわらず，会社が指揮監督下におくすべての労働者に適用する。
2　本協約は，日本工業規格の「産業用ロボット用語」の分類のうち，可変シーケンスロボット，プレイバックロボット，数値制御ロボット，知能ロボットに適用する。

第三条（就労拒否権）
1　会社は，産業用ロボットの使用等による災害発生の危険がある場合は，必要な措置を講ずるまで労働者を就労させてはならない。
2　労働者は，産業用ロボットの使用等による災害発生の危険がある場合，その事実を指摘し，就労を拒否する権利を有する。また，組合は労働者にたいし就労拒否を指示する権利を有する。
3　前項の不就労にたいして，会社は賃金その他，労働者に不利な取扱いをしてはならない。
4　「災害発生の危険がある場合」とは次のいずれかの場合をいう。
　　（1）　非常停止装置が作動しないとき。
　　（2）　作業表示が不完全または誤表示されるとき。

(3)　誤動作により災害発生のおそれがあるとき。
　　(4)　災害につながるおそれのある故障・事故で対策が完了していないとき。
　　(5)　定期点検・整備が予定より著しく遅れているとき，または点検で指摘された不具合が安全にかかわるもので，修理されていないとき。

第四条（安全基準の細則）＝略

第五条（教育）
　会社は労働安全衛生法第五九条および関係省令等に定めるところを含め，次に定めるところにより産業用ロボットの関係業務に従事させる労働者にたいし，必要な教育を実施すること。
　1　教育の内容
　　　教育は，安全衛生規則第三六条の第三一号および第三二号で定められた学科教育および実技教育によって行なうものとし，当該労働者が従事する作業に適した内容および時間数とすること。また，教育内容および対象者については，組合と事前協議し，合意を得て実施すること。
　2　教育の担当者
　　　教育の担当者は，産業用ロボットに関する知識および作業についての経験を有する者とし，必要に応じてメーカー技術者等の専門知識を有する者を活用すること。
　3　異常時の措置についての教育
　　　実技教育には，産業用ロボットに異常が発生した場合にとるべき措置を含めること。
　4　記録
　　　教育を行なったときは，受講者，科目等の教育内容について記録し，組合にも提出し，3年以上保存すること。

第六条（健康管理）
　1　会社は，産業用ロボット関連作業に従事する労働者にたいし，配置換え時および6ヵ月ごとに1回，定期に特殊健康診断を実施する。
　2　前項の健康診断の結果，医師が精密診断を必要と認めたときは，会社負担で必要な診断項目につき精密検査を行なう。
　3　会社は，前二項以外であっても労働者から申請があった場合は，会社負担で就業時間内に，臨時の健康診断を行なう。
　4　前項の健康診断は，本人の指定する医療機関もしくは医師によることもでき，会社はその診断結果を尊重する。

資料5-1

勧　告　書

　昭和56年11月18日，総評全国金属労働組合東京地方本部プリンス自動車工業支部（以下「組合」という）は，貴社を被申立人として，貴社の職場において，家族手当の支給に関して男女差別があると，当委員会に申立てをした。当委員会はこの申立てを受けて，組合および貴社から事情聴取および資料の提出を求め，討議を重ね，調整を行った。

　この結果，当委員会は，家族手当は男女の性別に関わらず従業員としてのみ対応し支給されるべきであって，この意味において貴社の関係規程で「世帯主」の用語を用いていることは必ずしも当を得ていないこと，また，貴社の家族手当支給認定の際は，それを申請する従業員が対象となる家族を扶養する事実を確認することのみによることが望ましいと判断した。

　しかし，現状では，家族手当のもつ性格のあいまいさ，およびそれに伴うさまざまな難点により，理論のみでは処理できないとする貴社の主張があり，組合・貴社双方の全面的合意は極めて困難であることを認めざるを得なかった。

　以上の経緯にかんがみ，当委員会は，貴社が家族手当を支給する際は，基本的には当委員会の望む方向で改善することを期待するが，当面下記のとおり勧告する。

記

1．貴社は，家族手当支給に際して，日本国憲法14条および労働基準法第4条の趣旨を尊重すること。
2．貴社は，家族手当支給認定に際して，同一の被扶養者に複数の扶養者が存在する場合，それらの扶養の相対的状態を配慮し合理的に決定すること。
3．貴社は，組合が当委員会に申し立てた事例中，前記1および2により是正可能なものについては，速やかに所要の措置をとること。

　　昭和57年7月6日

　　　　　　　　　　　　　　　　職場における男女差別苦情処理委員会
　　　　　　　　　　　　　　　　　　　会長　　江　幡　　清

日産自動車株式会社
　　取締役社長　石　原　　俊　殿

見　　解

　今回の案件では，日産自動車株式会社の家族手当支給規程における世帯主の条項の運用が男女差別にあたるかどうかが焦点となった。

　家族手当ないしは扶養手当の支給に，社会通念上の世帯主を基準としている場合，女子労働者の増大，とりわけ既婚者の割合が高くなり，妻も夫とともに子を扶養することが多くなってきている現在，女子にとって不利になることは否定できない。

　また，先ごろ労働省男女平等専門家会議で出された「雇用における男女平等の判断基準の考え方」においても，「社会通念を理由として異なる取扱いをすることは妥当性があるとはいえない」という判断をいみじくもしている。

　これらの点にかんがみ，本委員会では，家族手当は，受給の対象となる家族を扶養する事実と，それに基づく申請があれば男女にかかわらず支給することがより望ましいと判断した。

　一方，会社側は，家族手当は，企業の賃金政策上の問題であること，事務の合理的処理の必要性があることなどから，必ずしも理論どおり処理することはできないと主張し，本委員会の判断をいれるところとはならなかった。

　このため，本件での調整過程においては，住民基本台帳に世帯主と記載された者を，同社の支給規定上の世帯主とみなし，支給すれば，男女差別の疑義を生じる余地が少ないとも思われ，その方向での調整も試みた。

　しかし，会社組合双方の一致点を見い出すことが困難であったので，当面委員会のあっせん的機能を重視し，一致できる部分について協定化を図ることにした。協定の内容については，申立てのすべての解決ではない点で心残りではあるが，今後の労使の自主交渉に期待したい。

　なお，同社以外の企業においても差別と考えられる事例も見受けられ，早急な改善が望まれる。男女平等の真の実現に向かってはまだ程遠い感がするが，一つ一つの積み重ねが重要であり，その一歩に本委員会も尽力する。同時に，各方面での一層の努力を希望するものである。

　　昭和57年7月9日

　　　　　　　　　　　　　職場における男女差別苦情処理委員会
　　　　　　　　　　　　　　　会長　　江　幡　　清

資料8-1

「和解協定書」

　申請人全日本金属情報機器労働組合，同全日本金属情報機器労働組合東京地方本部，同日産自動車労働組合（以下，これら各申請人を「JMIU本部」，「JMIU地本」，「JMIU日産自動車支部」といい，この三者を総称して便宜「組合」という。）と被申請人日産自動車株式会社（以下「会社」という。）とは，都労委平成三年争第五六号事件について，左のとおり協定する。

（和解の基本精神）
第一条　組合と会社は，当事者間で係争中のすべての紛争を解決し，今後の円満・正常な労使関係を実現するためこの協定を締結し，信義誠実の原則に則りこれを遵守することを確約する。
　2　会社は，組合の団体交渉権その他の労働基本権を尊重し，不当労働行為を疑われる行為は行わない。
　3　組合は，会社の経営権を尊重し，経営施策に協力する（別紙覚書（一））。
　4　組合および会社は，互いに誹謗・中傷行為や名誉・信用毀損行為を行わない。
　5　組合と会社は，互いに全日本労働組合総評議会全国金属労働組合東京地方本部日産自動車支部（全金日産自動車支部）とJMIU日産自動車支部との同一性の問題には触れないこととする。

（団体交渉）
第二条　組合と会社は，円滑な団体交渉関係を樹立するために，つぎのとおり確認する。
　一　JMIU日産自動車支部は，会社宛ての文書に組合名を表示するにあたっては，「日産自動車労働組合」を称さず，「全日本金属情報機器労働組合（略称JMIU）日産自動車支部」に統一する。
　二　会社は，組合から連名の文書（「要求書」等）の受取りを求められた場合，連名であることをもってこれを拒むことはない。
　三　団体交渉を開催する場合の組合側交渉委員は，通常は，JMIU日産自動車支部の執行委員7名をもって充てる。但し，組合側が必要と認める場合にはJMIU本部等の上部機関役員2名程度が出席することもある。
　四　会社は，組合が求めている会社の労務担当重役の団体交渉出席方について，主要な局面で年3回程度出席させるものとする。

（組合事務所の貸与）
第三条　JMIU日産自動車支部と会社とは，組合事務所の貸与に関して，つぎのと

おり確認する。
一 会社は，JMIU日産自動車支部に対し，左記のとおり組合事務所を無償で貸与する。
　　(1)　荻窪工場　厚生センター南側　16.200平方米
　　(2)　村山工場　全日産自動車労働組合日産自動車労働組合の組合事務所の西隣　29.565平方米
　　　　なお，右村山工場の事務所については，新設するJMIU日産自動車支部の組合事務所前の駐車場を同支部が駐車場として使用すること，また同駐車場下の空洞部分を同支部が使用することをそれぞれ認める。
二 会社は，右各組合事務所を新設するにあたり，JMIU日産自動車支部からレイアウト上の要望があれば協議に応じる。
三 右各組合事務所の水道光熱費・電話使用料はJMIU日産自動車支部負担とする。なお，その余の貸与条件については別途協議することとする。
四 会社は速やかに前記各組合事務所を完成し，JMIU日産自動車支部に貸与するものとする。
（組合掲示板の貸与）
第四条　JMIU日産自動車支部と会社とは，組合掲示板の貸与に関して，つぎのとおり確認する。
一 会社は，JMIU日産自動車支部に対し，左記のとおり組合掲示板を貸与する。
　　(1)　荻窪工場　全日産自動車労働組合日産自動車労働組合の組合掲示板の隣　0.9×1.6米
　　(2)　村山工場　第一食堂付近　1.2×1.3米
　　　　　　　　　第二食堂付近　1.2×1.3米
　　(3)　三鷹工場　食堂出口　0.9×1.6米
　　(4)　日産テクニカルセンター　401棟食堂内　1.2×1.3米
　　　　　　　　　　　　　　　　101棟食堂内　1.2×1.3米
二 会社は，前記各掲示板を，1か月以内を目途に設置する。
三 組合掲示板の使用条件は別紙覚書（二）のとおりとする。
（就業時間中の組合活動）
第五条　団体交渉・事務折衝・地区事務折衝の開催を含むJMIU日産自動車支部の就業時間中の組合活動に関しては，本協定書締結と同時にJMIU日産自動車支部と会社との間で締結する「就業時間中の組合活動に関する協定書」および「就業時間中の組合活動に関する覚書」の定めるところによる。
（仕事ランク・資格・賃金・退職金ポイント等の是正）
第六条　会社は，JMIU日産自動車支部組合員の仕事ランク・賃金・退職金ポイントに関して，別紙覚書（三）の一記載のとおりの是正をする。
　2　会社は，JMIU日産自動車支部組合員のうち，栗原光之ら7名の資格に関し

て別紙覚書（三）の二記載のとおりの是正をする。
　3　前一・二項に伴う賃金精算は，平成5年2月分給与支払時に行う。
（仕事ランク是正後の担当職務・職掌変更）
第七条　会社は，仕事ランクの是正を行ったJMIU日産自動車支部組合員に対し，この協定締結後3か月以内を目途に，職務の拡大・変更等により仕事ランクの是正に応じた職務を担当させる。
　2　会社は，坂ノ下征稔・野中辰也・小山盛義の職掌変更問題に関して，別紙覚書（四）のとおり取扱う。
（懲戒処分を受けたJMIU日産自動車支部組合員らに対する措置）
第八条　会社は，JMIU日産自動車支部組合員大野良男に対する昭和56年2月24日付3日間の，同小山盛義，同境繁樹に対する同61年3月14日付3日間の，同小山盛義，同境繁樹に対する同61年7月10日付5日間の，同小山盛義，同境繁樹に対する同61年12月11日付7日間の，ならびに退職した丸田輝夫に対する同61年12月11日付5日間の各出勤停止処分に伴う賃金不払い分を，右各人に平成5年2月分給与支払時に支払う（別紙一覧表参照）。
　2　会社は，JMIU日産自動車支部組合員大野良男に対する昭和55年12月8日から同月10日までの間課外応援勤務に就かなかったことを理由とする賃金不払い分を右大野に平成5年2月分給与支払時に支払う（別紙一覧表参照）。
　3　会社は，第一項記載の者に関して，出勤停止処分を受けたことを理由に，今後の査定等において不利益に取り扱わないことを表明する。
（計画残業・深夜勤務に対する協力）
第九条　JMIU日産自動車支部は，会社において行われている計画残業・深夜勤務については，特別の個人的事情が認められる組合員を除き，これに協力する。
（和解成立の周知による職場の融和）
第一〇条　会社は，本協定締結後速やかに，管理職の地位にある者に対し，組合と会社との間の紛争が全面的に解決した事実を周知し，管理職の地位にある者を通じて，一般従業員に右事実を周知する。
（鈴木孝司の処遇）
第一一条　組合は，組合員鈴木孝司を別紙覚書（五）の条件で，平成5年4月1日付をもって職場に復帰させる。
（初審救済命令の取扱）
第一二条　組合は，第一条の基本精神に則り，会社に対し最高裁判所判決により確定した昭和46年5月25日付，同51年2月3日付各初審救済命令，中央労働委員会に係属中の同58年6月21日付初審救済命令の履行を求めない。
（係争事件の処理）
第一三条　組合と会社は，それぞれ，本件紛争に関連する係争事件を左のとおり処理することを確認する。

一　労働委員会関係
 (1) 組合は，左記事件を取り下げる
　　東京都地方労働委員会係属事件
　　　昭和五三年不第四〇号事件
　　　昭和五四年不第三五号事件
　　　昭和五六年不第四一号事件
　　　昭和五七年不第二二号事件
　　　昭和五八年不第二八号事件
　　　昭和五九年不第一三号事件
　　　昭和六〇年不第一九号事件
　　　昭和六一年不第二九号事件
　　　昭和六一年不第三二号事件
　　　昭和六二年不第一六号事件
　　　昭和六三年不第二一号事件
　　　平成　元年不第一五号事件
　　　（本件のみはJMIU日産自動車支部の単独申立て）
　　　平成　二年不第　二号事件
　　　平成　二年不第一五号事件
　　　平成　二年不第二八号事件
　　　平成　三年不第一三号事件
　　　平成　四年不第二六号事件
　　中央労働委員会係属事件
　　　昭和五八年不再第三三号事件
　　　昭和五八年不再第三四号事件
　　　昭和五八年不再第五〇号事件
二　裁判所関係
 (1) JMIU日産自動車支部は，左記事件の訴えを取下げ，会社はこれに同意する。
　　東京高等裁判所第一民事部係属事件
　　　平成二年（ネ）第一九五七号事件（東京地方裁判所昭和四八年（ワ）六九〇一号事件）
　　　なお，JMIU日産自動車支部は，組合員および退職した元組合員に対し，右事件の訴えの取下げを行うよう責任をもって取り計らう。
 (2) JMIU日産自動車支部は，組合員および退職した元組合員に対し，右記事件の訴えの取下げを行うよう責任をもって取り計らう。
　　東京地方裁判所民事一九部係属事件
　　　昭和五八年（ワ）第一〇〇六九号事件
　　　昭和五九年（ワ）第五二二七号事件

(3) 会社は，左記事件の控訴を取下げる。
　東京高等裁判所第一民事部係属事件
　　平成二年（ネ）第一七九六号事件
(4) 会社は，左記事件の訴えを取下げ，被告東京都地方労働委員会の補助参加人である組合は，これに異議をさしはさまない。
　東京地方裁判所民事一九部係属事件
　　昭和六三年（行ウ）第二四号事件
　　昭和六三年（行ウ）第二五号事件

（解決金）
第一四条　会社は，JMIU日産自動車支部に対し，解決金として別紙覚書（六）のとおり金一封を支払う。

（債権債務の不存在）
第一五条　組合と会社は，本協定書締結をもって，組合と会社の間で係争中の一切の紛争が円満に解決したことを確認し，本協定書で定めるもののほか一切の債権債務が存在しないものとする。

平　成　5　年　1　月　8　日

　申請人　　全日本金属情報機器労働組合　中央執行委員長　石川武男

　同　　　　全日本金属情報機器労働組合東京地方本部　執行委員長　梶田茂
　同　　　　日産自動車労働組合　執行委員長　坂ノ下征稔

　被申請人　日産自動車株式会社
　　　　　　代表取締役　辻義文
　　　　　　右代理人　弁護士　小倉隆志

　立会人　　東京都地方労働委員会　あっせん員　菅野和夫
　　　　　　同　　　　　　　　　　　　　　　　名本博道
　　　　　　同　　　　　　　　　　　　　　　　今村久寿輝

（別紙・和解協定書第8条に基づく賃金支払額一覧表）

　（略）

資料8-2

新しい「日産従業員行動規範」

第3章　会社と従業員との関係
1．基本的な考え方
・私たち従業員にとっての満足は，報酬等の基本的労働条件から，自己実現の場の提供に至るまで様々な要素がありますが，人生の多くの時間を会社のなかで過ごすことを考えると，まず従業員一人ひとりが仕事を通じて最大限の能力を発揮する環境を創り，人間として成長できる会社にしていきたいと考えています。(経営ビジョン⑤)。
・そのためにも，基本的人権の尊重はもとより，法令，わけても労働関係法令及びその精神の遵守，さらには，社内規定の遵守等を通して，秩序や風紀の維持に努めるとともに，勤務にあたっては各自の担当職務を誠実に遂行し，自己啓発も含めて，自らの能力を最大限に発揮し，最善の努力を行うことを期待しています。

2．従業員の行動規範
(1) 労働関係法令の遵守
『憲法に定める基本的な人権を尊重し，如何なる差別や嫌がらせも行わないことはもとより，労働関係法令並びにその精神を遵守しなければならない』
《細則》
① 従業員は，相互の人権を尊重し，人種・国籍・性別・宗教・身体障害・年令・出身・その他の理由での差別・嫌がらせを行ったり，その状態を容認してはなりません。
② 従業員は，労働関係法令（労働基準法・労働組合法・労働関係調整法・労働安全法・男女雇用機会均等法）並びにその精神を遵守しなければなりません。具体的には，就業規則等の人事関係規定および労働組合と締結した労働協約の内容を十分に理解し，遵守して下さい。
③ セクシュアルハラスメントは，職場における男女，特に女性労働者の意欲や個人としての尊厳を不当に傷つけるほか，職務上重大な影響を与えます。従業員は，セクシュアルハラスメントを正しく理解し，その防止を徹底して下さい。
上記のような法律に反する言動を，厳重に慎むことは自明のこととして，日産は，厳しい市場競争を勝ち抜いて行くために，例えば性・学歴等に関わらず，意欲有る従業員には最大限の能力発揮の環境と機会を与えるべきであると考えています。そのためにも，職場の慣行を含む，全ての雇用環境におけ

る不合理な差別の解消や，意識改革のための啓発活動に取り組んでいます。従業員は，各担当職務におけるこれらの実現・推進に積極的に取り組んで下さい。

〈差別の防止について〉
・社会に存在するさまざまな差別に対する私たちの立場は，以下の7つに分けられます。
1）差別をする人（言葉や行動で差別をする人）
2）差別を煽る人（差別する人を支持し，差別を助長する人）
3）差別に同調する人（差別する人と同じ考えに立つが，行動には出ない人）
4）差別に無関心な人（差別があっても気づかず，自分とは関係無いと思っている人）
5）差別に傍観者の立場で接する人（差別があることは知っているが，ただ眺めている人）
6）差別される人（本人に責任や原因が無いのに，他の人から差別を受ける人）
7）差別を無くす為に努力する人（差別を無くすことに努力し，上記の人達の啓発等をして行く人）

〈セクシュアルハラスメントについて〉
セクシュアルハラスメントについては，男女雇用機会均等法第二一条の中で，防止することが義務づけられます。日産としては，以下の3点を柱に，防止に努めたいと考えています。
1）セクシュアルハラスメントに関する方針の明確化及び従業員に対する周知・徹底
2）相談・苦情に対する窓口の明確化及び適切な対応
3）セクシュアルハラスメントが発生した場合の迅速かつ適切な対応

・女性に対して，性的な言動を行い，その上で不利益な取り扱いをしたり，職場にて女性が不快に思うような会話や写真を掲示するなどということは，セクシュアルハラスメントの問題以前に，従業員としての品位や快適な職場環境という観点からも認められることではありません。直ちに見直し・改善を行って下さい。
・セクシュアルハラスメントは，相手の意に反する行為が原因となります。自分は気軽な思いでも，相手を傷付けることがありますので，常に相手を思いやる気持ちを持って，職場環境や人間関係をより良いものにして下さい。
・また，セクシュアルハラスメントは，職場における行為を対象としていますが，ここでいう職場には，自職場はもちろんのこと，社内他部署や取引先など，業務に関わる全ての場所を含みますし，場合によっては，任意参加の宴会等も対象となります。常に，従業員として誠実で，節度有る態度を心掛けて下さい。

資料 9-1

通 告 書

2004年6月25日

日産自動車株式会社
社長　カルロス・ゴーン　殿

　　　　　　　　　　　　　　　全日本金属情報機器労働組合
　　　　　　　　　　　　　　　　　　日産自動車支部
　　　　　　　　　　　　　　　　　　執行委員長　坂ノ下　征稔

　1998年，日経連が「企業行動憲章」を発表し，それに続いて多くの大企業が独自の企業行動憲章を制定した。それは何よりも，わが国大企業のモラル低下が企業の存続自体を危うくしているとの認識に立つものであった。
　こうした中で日産自動車においても，1998年4月「日産自動車従業員の行動規範」が制定された。その規範は，法令・法規の遵守はもとよりとして，大企業の社会的責任および従業員のモラルの向上を目指すものとなっており，前進的内容を持つものと評価されてきた。
　今回，この「日産自動車従業員の行動規範」に替えて「日産行動規範～わたしたちの約束」が制定されたという。しかしその手続き，内容はいくつかの問題点を含んでいる。
　以下にその問題点の概略を指摘し当組合の立場，考え方を通告する。

記

1　労働者が企業と雇用契約を結び会社従業員となるとき，遵守すべきものとして，就業規則がある。労働基準法第89条および第90条は就業規則について定め，その作成，変更に際しては労働組合の意見を聞き，その意見を付記して行政官庁へ届け出ることが定められている。それゆえに従業員の懲戒処分などについても一定の効力を有しているとされている。しかし今回制定したとする「日産行動規範～わたしたちの約束」は，従業員を処罰するとの内容を含むにも関わらず，当組合との一切の協議を行っておらず，また他組合と協議を行ったとの報告もない。就業規則によらずに処罰の具体的内容を定めたこと，および制定にいたる手続き上からも「日産行動規範～わたしたちの約束」の一部に効力は認められない。
2　従来の「日産自動車従業員の行動規範」は，法令の遵守，従業員のモラルの向

上，社内の健全な人間関係の構築などに重点が置かれ，社会的にも一定の評価を持つものであった。しかし今回制定したとする「日産行動規範～わたしたちの約束」は，法令の遵守などは定めつつも「利益相反行為の禁止」「会社資産の保護」など，もっぱら利益第一，企業機密の保護優先が定められており，今日もっとも重要視されている「企業モラルの向上」が軽視され，内容的に後退したものとなっている。

3 会社は，こうした手続き，内容とも妥当性を欠く「日産行動規範～わたしたちの約束」を徹底すべく日産自動車従業員はもとより，関連グループ企業のすべての労働者に対して「誓約書」の提出を強制しようとしている。こうした行為は労働者を企業に無条件に服従させようとする企業エゴイズムで，社会的趨勢に逆行するものである。当組合は会社に対し，こうした「誓約書」提出の強制を直ちに中止し，また「日産行動規範」の内容の再検討を要求する。

4 尚，当組合の組合員は，このような「誓約書」の提出には応じられないことを通告する。この「誓約書」の不提出によって，当組合の組合員をかりそめにも不利益に取り扱うことのないよう，念のため申し添える。

以上

資料 9-2

経営協議会に関する協定書

　日産自動車株式会社（以下単に会社という）と全日産自動車労働組合（以下単に組合という）とは経営協議会に関して次のように協定する。

１．会社，組合は経営に関して相互に理解を深め，協力して業務の円滑な運営を図るため，会社，組合双方の代表からなる経営協議会を設ける。

２．経営協議会においては，左の各号に掲げる事項について，会社は組合に説明し，組合は意見をのべ，双方の意見の交換を行なう。
　（1）人事及び福利厚生に関する事項
　（2）営業方針，生産計画，職制等事業運営に関する事項
　（3）生産秩序及び技術に関する事項

３．経営協議会においては，組合員の労働条件及び組合員の個人的不平不満はこれを取り扱わない。

４．経営協議会の組織，運営その他の事項については，別に定める経営協議会規約による。

５．この協定書の有効期間は昭和 30 年 10 月 14 日から昭和 31 年 10 月 13 日までの 1 カ年間とする。有効期間満了日の 1 カ月前までに会社，組合何れからも書面による改訂の意思表示がないときは，この協定は 1 カ年更新され，その後も同様とする。
　右協定の証として，この協定書二通を作成し，会社，組合各その一通を保有する。
　　昭和 30 年 10 月 14 日

　　　　　　　　　　　　　　　　　　　　　　　　日産自動車株式会社
　　　　　　　　　　　　　　　　　　　　　　　　全日産自動車労働組合

参照文献

Abegglen, J. C. (1958) *The Japanese Factory: Aspects of its Social Organization*, Glencoe, Ill.: Free Press (占部都美監訳『日本の経営』東京, ダイヤモンド社, 1958年).

阿部芳郎 (2005)『ウィと言えない「ゴーン改革」』東京, 本の泉社。

阿部芳郎編 (2012)『日産の人減らしにブレーキを！』東京, 本の泉社。

明るい職場と平和をめざすIHI連絡会 (2009)『総集編　たたかってこそ明日はある——『IHI (旧石川島播磨重工) の差別と40年のたたかい　勝利したリレーランナーたちの記録』東京, 明るい職場と平和をめざすIHI連絡会。

天谷章吾 (1982)『日本自動車工業の史的展開』東京, 亜紀書房。

青木慧 (1980a)『青い鳥はどこへ——日産厚木除名・解雇事件』東京, 労働旬報社。

青木慧 (1980b)『日産共栄圏の危機——労使二重権力支配の構造』東京, 汐文社。

青木慧 (1981)『偽装労連——日産S組織の秘密』東京, 汐文社。

青木慧 (1982)『ニッポン丸はどこへ行く』東京, 朝日新聞社。

Cole, R. E. (1981)「日本自動車産業　その強さの秘密——全員参加型の品質管理」,『エコノミスト』59(2), 50-56頁。

Coriat, B. (1991) *Penser à L'envers: Travail et Organisation dans L'entreprise Japonaise*, Paris: C. Bourgois (花田昌宣・斉藤悦則訳『逆転の思考——日本企業の労働と組織』東京, 藤原書店, 1992年).

Digital carrier siroyagi (2013)『違法だらけの日産とのたたかい　1~4』神奈川, siroyagi book。

土井清 (2003)『俺たちの翼——巨大企業と闘った労働者の勇気と団結』東京, 文芸社。

Dore, R. (1973) *British Factory, Japanese Factory: The Origins of National Diversity in Industrial Relations*, Berkeley: University of California Press (山之内靖・永易浩一訳『イギリスの工場・日本の工場——労使関係の比較社会学』東京, 筑摩書房, 1987年).

「ドレイ工場」製作・上映委員会編 (1968)『10万人の創造——映画「ドレイ工場」の記録』東京, 労働旬報社。

蝦名瑩一 (1987)「勝訴！　労資一体の首切りに無効判決——日産厚木争議団8年のたたかい」,『労働運動』264号, 17-24, 170-175頁。

蝦名瑩一 (1989a)「日産厚木——暴力吹き荒れた職場が変わった」,『労働運動』290号, 76-79頁。

蝦名瑩一 (1989b)「日産厚木争議の完全勝利が意味するもの」,『労働法律旬報』1222,

12-20頁。

遠藤公嗣編（2012）『個人加盟ユニオンと労働NPO――排除された労働者の権利擁護』京都，ミネルヴァ書房。

藤井昭三（1986）『全民労協の行くえ――労働界の新組織「連合」への道』東京，朝日新聞社。

富士重工業株式会社群馬製作所編（2001）『中島飛行機・中島知久平関連史料集』群馬県太田市，富士重工業株式会社群馬製作所。

富士重工業株式会社編集委員会編（2005）『富士重工業技術人間史』東京，三樹書房。

富士重工業株式会社社史編纂委員会編（1984）『富士重工業三十年史』東京，富士重工業株式会社。

富士重工業株式会社社史編纂委員会編（2004）『富士重工業50年史 1953-2003 六連星はかがやく』東京，富士重工業株式会社。

藤田若雄（1955）『新版 第二組合』東京，日本評論社。

藤田若雄（1968）『労働組合運動の転換』東京，日本評論社。

藤田若雄（1970）『革新の原点とはなにか――70年代の労働運動』東京，三一書房。

ゴーン，カルロス（2001）『ルネッサンス――再生への挑戦』東京，ダイヤモンド社。

ゴーン，カルロス and フィリップ・リエス（高野優訳）（2005）『カルロス・ゴーン経営を語る』東京，日経ビジネス人文庫。

Gordon, A.（1985）*The Evolution of Labor Relations in Japan: Heavy Industry, 1853-1955*, Cambridge: Council on East Asian Studies, Harvard University（二村一夫訳『日本労使関係史 1853-2010』東京，岩波書店，2012年）．

原田了（2006）「桜井真一郎ストーリー」，『プリンス＆スカイライン Nostalgic Hero 別冊』東京，芸文社所収，35-45頁。

橋口昌治（2011）『若者の労働運動――「働かせろ」と「働かないぞ」の社会学』東京，生活書院。

林房次（1986）「労働者の健康守るME協定――全金日産支部からの報告」，『労働運動』245号，114-120頁。

平沢栄一（2009）『争議屋――戦後労働運動の原点』東京，論創社。

法政大学・大原社会問題研究所編（1970）『金属産業労働組合の組織と活動』東京，労働旬報社。

兵藤釗（1971）『日本における労資関係の展開』東京，東京大学出版会。

李恵薫（1993）「日本の自動車産業における企業成長と産業政策」，『三田商学研究』第36巻第3号，39-67頁。

市毛良昌・佐藤一晴（1976）「東京争議団共闘の15年――ほんものの労働組合をつくるたたかい」，『労働運動史研究』58，115-198頁。

五十嵐仁（1990）「全労協の組織と運動」，『大原社会問題研究所雑誌』384号，36-47頁。

伊原亮司（2003）『トヨタの労働現場——ダイナミズムとコンテクスト』東京，桜井書店．

伊原亮司（2011）「職場を取り巻く環境の変化と『うつ病』の広まり」，『現代思想』第39巻第2号，228-245頁．

伊原亮司（2013a）「労働にまつわる死の変化と問題の所在——死傷，過労死から自殺へ」，『現代思想』第41巻第7号，110-128頁．

伊原亮司（2013b）「職場における『いじめ』の変化とその背景にある企業合理化——日産自動車の事例から」，『現代思想』第41巻第15号，98-111頁．

伊原亮司（2014）「『社会貢献』を意識した活動の可能性と限界——市場原理の拡張・規制・相対化」，高橋弦・竹内章郎編『なぜ，市場化に違和感をいだくのか？——市場の「内」と「外」のせめぎ合い』京都，晃洋書房所収，110-135頁．

伊原亮司（2015）『私たちはどのように働かされるのか』東京，こぶし書房．

伊原亮司（2016）『トヨタと日産にみる〈場〉に生きる力——労働現場の比較分析』東京，桜井書店．

伊原亮司（2017）『ムダのカイゼン，カイゼンのムダ——トヨタ生産システムの〈浸透〉と現代社会の〈変容〉』東京，こぶし書房．

伊原亮司（2018a）「自動車産業の労働現場——外国人労働者の増加と『メイド・イン・ジャパン』の限界」，駒井洋監修・津崎克彦編『産業構造の変化と外国人労働者——労働現場の実態と歴史的視点』明石書店所収，190-205頁．

伊原亮司（2018b）「現場の『自律性』の再検討——自動車産業を事例に」，『日本労働社会学会年報』第29号，86-110頁．

池貝鉄工被解雇者団編（1989）『いま，仲間のもとへ——指名解雇撤回の闘い』東京，光陽出版社．

稲上毅編（1995）『成熟社会のなかの企業別組合——ユニオン・アイデンティティとユニオン・リーダー』東京，日本労働研究機構．

稲上毅（1995）「要約と展望」，稲上毅編『成熟社会のなかの企業別組合』所収，275-285頁．

石川武男（1992）「金属機械反合闘争の到達点と発展方向」，『労働法律旬報』1289，37-47頁．

石原俊（2004）「私の履歴書」，日本経済新聞社編『私の履歴書 経済人 31』東京，日本経済新聞社所収，81-159頁．

伊藤幹郎・蝦名瑩一・中村盛頼・深谷信夫（1988）「日産厚木争議の解決にあたって——自由で明るい職場を求めた闘い」，『労働法律旬報』1199，4-29頁．

伊藤大一（2013）『非正規雇用と労働運動——若年労働者の主体と抵抗』京都，法律文化社．

JMIU日産自動車支部（2000）『日産リバイバルプランとのたたかい 宣伝ビラ綴り』東京，JMIU日産自動車支部．

女性労働問題研究会編（2004）『女性労働研究 No. 45 男女賃金差別裁判に挑む』東京，青木書店．
15年小史編纂委員会編（1961）『15年小史』東京，全金プリンス自工荻窪支部．
15年小史編纂委員会編（1962）『15年小史』東京，全金プリンス自工三鷹支部．
影山僖一（1999）『通商産業政策論研究――自動車産業発展戦略と政策効果』東京，日本評論社．
鎌田慧（1973）『自動車絶望工場――ある季節工の日記』東京，徳間書店．
鎌田慧（1992）『トヨタと日産――自動車王国の暗闇』東京，講談社文庫．
上井喜彦（1991）「フレキシビリティと労働組合規制――A社を中心に」，戸塚秀夫・兵藤釗編『労使関係の転換と選択――日本の自動車産業』東京，日本評論社所収，15-90頁．
上井喜彦（1994）『労働組合の職場規制――日本自動車産業の事例研究』東京，東京大学出版会．
鴨川孝司・佐藤一晴・戸塚章介・松井繁明（1998）『労働争議――たたかって，生きる』東京，大月書店．
桂木洋二（2003）『プリンス自動車の光芒』東京，グランプリ出版．
川又克二（1964）「私の履歴書」，日本経済新聞社編『私の履歴書――第二十集』東京，日本経済新聞社所収，69-135頁．
川又克二（1983）『わが回想』東京，日経事業出版社．
川又克二・森川英正（1976a）「戦後産業史への証言――42回　巨大化時代1　日産・プリンスの合併」，『エコノミスト』54(46)，78-85頁．
川又克二・森川英正（1976b）「戦後産業史への証言――43回　巨大化時代2　争議経て追浜へ進出」，『エコノミスト』54(47)，78-85頁．
河西宏祐（1977）『少数派労働組合運動論』東京，海燕書房．
河西宏祐（1981）『企業別組合の実態――「全員加入型」と「少数派型」の相剋』，東京，日本評論社．
河西宏祐（1989）『企業別組合の理論――もうひとつの日本的労使関係』東京，日本評論社．
河西宏祐（2009）『路面電車を守った労働組合――私鉄広電支部・小原保行と労働者群像』東京，平原社．
河西宏祐（2012）『全契約社員の正社員化――私鉄広電支部・混迷から再生へ（1993年～2009年）新装版』東京，早稲田大学出版部．
Kenney, Martin and Richard Florida, (1988) "Beyond Mass Production: Production and the Labor Process in Japan", *Politics & Society*, Volume 16, No. 1, pp. 121-158.
木下武男（2007）『格差社会にいどむユニオン――21世紀労働運動原論』東京，花伝社．
金属機械反合闘争委員会（2007）『リストラ「合理化」反対，権利擁護の旗を高くか

かげて　金属反合25年のたたかい』東京，金属機械反合闘争委員会.
金属機械反合闘争委員会「30周年記念事業」実行委員会編 (2012)『金属反合30年のたたかい』東京，金属機械反合闘争委員会.
小池和男 (1981)『日本の熟練——すぐれた人材形成システム』東京，有斐閣.
小池和男 (1997)『日本企業の人材形成——不確実性に対処するためのノウハウ』東京，中央公論社.
小松隆二 (1971)『企業別組合の生成』東京，御茶の水書房.
小谷幸 (2013)『個人加盟ユニオンの社会学——「東京管理職ユニオン」と「女性ユニオン東京」(1993年〜2002年)』東京，御茶の水書房.
熊沢誠 (2013)『労働組合運動とはなにか——絆のある働き方をもとめて』東京，岩波書店.
黒田兼一 (1988)「プリンス自工における労使関係・労務管理」，『桃山学院大学経済経営論集』30(3)，1-40頁.
黒田兼一 (1990)「自動車産業再編成と労使関係——1966年 日産・プリンス合併に即して」，『桃山学院大学経済経営論集』32(3)，1-39頁.
前川正男 (2000)『中島飛行機物語——ある航空技師の記録』東京，光人社.
前間孝則 (1996)『マン・マシンの昭和伝説——航空機から自動車へ(上)(下)』東京，講談社文庫.
前間孝則 (2013)『技術者たちの敗戦』東京，草思社文庫.
丸子争議支援共闘・丸子支援・パートまもる全国連絡会 (2000)『パート・臨時だって労働者——新しい扉ひらいた丸子警報器の仲間』東京，学習の友社.
丸山惠也 (2019)「経営者高額報酬問題と企業の株主資本主義化 (上)」，『経済』No. 288，61-75頁.
三鬼陽之助 (1967)『日産の挑戦——はたしてトヨタを追い越せるのか』東京，光文社.
嶺学 (1978)「少数派組合の団結根拠——全国金属プリンス自工支部の事例」，『社会労働研究』24(1・2)，1-47頁.
嶺学 (1980)『第一組合——その団結と活動』東京，御茶の水書房.
三田鶴吉著・西武新聞社編 (1987)『立川飛行場物語 (上)(中)(下)』東京，けやき出版.
宮地光子監修／ワーキング・ウィメンズ・ネットワーク編 (2005)『男女賃金差別裁判——「公序良俗」に負けなかった女たち　住友電工・住友化学性差別訴訟』東京，明石書店.
ものがたり戦後労働運動史刊行委員会編 (1997〜2000)『ものがたり 戦後労働運動史 Ⅰ〜Ⅹ』東京，第一書林.
森川正之 (2008)「日本の労働組合と生産性——企業データによる実証分析」，RIETI Discussion Paper Series 08-J-030，1-17頁.

森山寛 (2006)『もっと楽しく——これまでの日産　これからの日産』東京, 講談社出版サービスセンター。
毛呂正憲編 (1960)『偉人中島知久平秘録』群馬県新田町, 上毛偉人伝記刊行会。
武蔵野の空襲と戦争遺跡を記録する会 (2003)『証言・学徒勤労動員——中島飛行機武蔵野製作所に動員された学徒の記録』東京, 武蔵野の空襲と戦争遺跡を記録する会。
睦会 (1991)『プリンスの思い出』東京, 日産プリンス睦会。
中川良一・水谷総太郎 (1985)『中島飛行機エンジン史——若い技術者集団の活躍』東京, 酣燈社。
中島通子・中下裕子・野村美登 (1994)『岩波ブックレット No. 338　賃金の男女差別是正をめざして』東京, 岩波書店。
中本ミヨ (1981)「日産に勝った！　男女差別定年12年の闘い」『労働運動』186号, 226-231頁。
中本ミヨ (1996)『されど忘れえぬ日々——日産自動車の男女差別を撤廃させた12年のたたかい』東京, かのう書房。
中村圭介 (2009)『壁を壊す』東京, 教育文化協会。
中村盛頼 (1987)「アリが巨象を倒した——日産厚木争議支援の八年」『労働法律旬報』1179, 25-29頁。
中村静治 (1983)『現代自動車工業論』東京, 有斐閣。
中山伊知郎 (1958)『新しい経営者・新しい労働者』東京, 有紀書房。
中山森夫 (1987)「報告 東京争議団共闘の現状と今後の課題」『労働法律旬報』1162, 19-27頁。
NHK「戦争証言」プロジェクト編, 吉田裕・一ノ瀬俊也・佐々木啓監修 (2015)『証言記録 市民たちの戦争① 銃後の動員』東京, 大月書店。
日本有職婦人クラブ全国連合会編 (1963)『ハイクラス 女性の職業 あなたの就職のためのアドバイス』東京, 実業之日本社。
西まさる (2015)『中島飛行機の終戦』大阪, 新葉館出版。
西原浩一郎 (2002a)「経営に対する労働組合のチェック機能の視点と課題——日産リバイバルプランへの対応」『全通調査時報』第73巻, 33-34頁。
西原浩一郎 (2002b)「日産リバイバルプランと労組の対応——ゴーン改革と労使関係」『賃金レポート』第36巻第6号, 35-64頁。
日産厚木争議支援共闘会議・日産厚木争議団編 (1988a)『歩み来し道 日産厚木除名・解雇争議 総括集』神奈川, 日産厚木争議支援共闘会議・日産厚木争議団。
日産厚木争議支援共闘会議・日産厚木争議団編 (1988b)『歩み来し道II 日産厚木除名・解雇争議 資料集』神奈川, 日産厚木争議支援共闘会議・日産厚木争議団。
日産自動車株式会社編 (1968)『プリンス自動車工業社史』東京, 日産自動車。
日産自動車 (株) NPW推進部編 (2005)『実践「日産生産方式」キーワード25』東京,

日刊工業新聞社。
日産自動車株式会社社史編纂委員会編（1975）『日産自動車社史 1964-1973』東京，日産自動車株式会社。
日産自動車株式会社総務部調査課（1965）『日産自動車三十年史』横浜，日産自動車株式会社。
日産自動車労働組合編（1954）『日産争議白書』横浜，日産自動車労働組合。
「日産自動車開発の歴史」編集委員会編（2000）『日産自動車開発の歴史 上（1945-1966）』東京，説の会。
「日産自動車開発の歴史」編集委員会編（2003）『日産自動車開発の歴史 下（1967-1983）』東京，説の会。
日産プリンス東京販売（株）50年史編纂室編（1997）『プリンス東京50年のあゆみ』東京，日産プリンス東京販売株式会社。
日産リストラ対策現地闘争本部（2001）『リバイバルプランとたたかった544日 日産リストラ反対闘争 記録・資料集』東京立川，日産リストラ対策現地闘争本部。
日産リストラ対策現地闘争本部・JMIU日産自動車支部（2001）『日産リバイバルプランとのたたかい 宣伝ビラ綴り（その2）』東京，日産リストラ対策現地闘争本部・JMIU日産自動車支部。
日産リストラ対策現地闘争本部・JMIU日産自動車支部（2001）『日産リストラ対策現地闘争本部ニュース綴り』東京，JMIU日産自動車支部。
仁田道夫（1988）『日本の労働者参加』東京，東京大学出版会。
野村平爾・沼田稲次郎・松岡三郎・籾井常喜・東城守一（1966）「日産・プリンスの合併と労働者の権利・組織問題」，プリンス支援共闘会議編『企業合併と労働者の権利』東京，労働旬報社所収，21-24頁。
OECD（1973）*Manpower Policy in Japan*, Paris: OECD（労働省訳・編『OECD対日労働報告書』東京，日本労働協会，1972年）.
OECD（1977）*The Development of Industrial Relations Systems: Some Implications of Japanese Experience*, Paris: OECD（日本労働協会訳・編『労使関係制度の展開——日本の経験の意味するもの』東京，日本労働協会，1977年）.
岡田弘子（1982）「あの日産が女性にも家族手当を」，『労働運動』202号，217-223頁。
岡田弘子（1985）「女性が働くとき 1人の1歩がみんなの1歩に 全金日産自動車支部婦人部の闘い」，『労働運動』241号，204-210頁。
沖電気争議支援中央共闘会議編（1992）『陽はまた昇る――沖電気指名解雇撤回闘争の記録』生活ジャーナル。
大場四千男（2002）『太平洋戦争期 日本自動車産業史研究』東京，北樹出版。
大河内暁男（1993）「中島飛行機とロールス・ロイス――戦間・戦中期の技術開発と企業化」，大河内暁男・武田晴人編『企業者活動と企業システム――大企業体制の日英比較史』東京，東京大学出版会所収，259-281頁。

大河内一男・氏原正治郎・藤田若雄編 (1959)『労働組合の構造と機能——職場組織の実態分析』東京, 東京大学出版会.
大島卓 (1986)「日本自動車産業における成長過程の実証分析——日産・プリンスの合併を中心に」,『季刊 経済研究』第9巻第1号, 41-58頁.
太田典子 (1982)『人間であるかぎり——日産・忍従の日々を越えて』東京, 新日本出版社.
太田市企画部広報広聴課編 (1995)『銀翼遥か——中島飛行機五十年目の証言』太田市, 太田市.
呉学殊 (2012)『労使関係のフロンティア——労働組合の羅針盤（増補版）』東京, 労働政策研究・研修機構.
桜蔭高等女学校十八回生有志「戦中女学生の記録の会」編 (1989)『戦中女学生の記録』東京, 桜蔭高等女学校十八回生有志「戦中女学生の記録の会」.
プリンス自動車販売株式会社 (1965)『プリンスのあゆみ』東京, プリンス自動車販売促進部.
佐橋滋 (1987)『異色官僚』東京, 徳間書店.
斎藤茂男 (1990)『わが亡きあとに洪水はきたれ』東京, ちくま文庫.
齊藤勉 (1990)『地下秘密工場——中島飛行機浅川工場』東京, のんぶる舎.
嵯峨一郎 (1978)「階級的労働運動への模索 第23回 自動車産業における労資関係」,『月刊労働問題』255, 80-90頁.
櫻井眞一郎 (2006)『スカイラインとともに』横浜, 神奈川新聞社.
佐々木烈 (2004)『日本自動車史——日本の自動車発展に貢献した先駆者達の軌跡』東京, 三樹書房.
佐々木烈 (2005)『日本自動車史Ⅱ——日本の自動車関連産業の誕生とその展開』東京, 三樹書房.
佐々木聡 (1992)「第2次世界大戦期の日本における生産システム合理化の試み——中島飛行機武蔵野製作所の事例を参考に」,『経営史学』第27巻第3号, 57-77頁.
佐藤正明 (2012)『日産 その栄光と屈辱——消された歴史 消せない過去』東京, 文藝春秋.
佐藤達男 (2016)『中島飛行機の技術と経営』東京, 日本経済評論社.
下田平裕身 (2006)「〈書き散らかされたもの〉が描く軌跡——〈個〉と〈社会〉をつなぐ不確かな環を求めて——〈調査〉という営みにこだわって」,『信州大学経済学論集』54, 1-85頁.
下島博 (2001)「ふたたび種となりて」第9回全労連文学賞.
四宮正親 (1998)『日本の自動車産業——企業者活動と競争力 1918～1970』東京, 日本経済評論社.
塩路一郎 (1995)「日産・迷走経営の真実(1)今だから話そう,(2)石原社長が火をつけた日米自動車摩擦,(3)政治に食われた英国進出問題」,『文藝春秋』73(4),

284-309頁，73(5)，200-214頁，73(6)，340-359頁。
塩路一郎 (2012)『日産自動車の盛衰——自動車労連会長の証言』東京，緑風出版。
塩田庄兵衛 (1967)「企業合併と労働組合の組織問題——全金プリンス自工支部の分裂」，『経済と経済学』通号18・19，85-108頁。
塩田潮 (1995)『昭和をつくった明治人(下)』東京，文藝春秋。
白井泰四郎 (1968)『企業別組合』東京，中公新書。
白井泰四郎 (1980)『労使関係論』東京，日本労働協会。
「少数派労働運動の軌跡」編集委員会 (2007)『少数派労働運動の軌跡——労働の現場に生き続ける人びと』東京，金羊社。
正田喜久 (2011)『中島飛行機と学徒動員』前橋，みやま文庫。
総評全国金属労働組合東京地方本部・西部地区協議会 (1981)『明日をめざして——分裂攻撃に抗し大きく固いスクラムを』東京，総評全国金属労働組合東京地方本部。
末弘巌太郎 (1950)『日本労働組合運動史』東京，日本労働組合運動史刊行会。
鈴木孝司 (1967)「日産・プリンス合併後の賃金実態——『賃金統合』で切り下げられた賃金・退職金」，『賃金と社会保障』442, 32-36頁。
鈴木孝司 (1979)「日産の男女定年差別は違法の高裁判決——全金プリンス支部10年のたたかい」，『労働運動』161号，184-190頁。
田端博邦 (1991)「労働協約と組合運営——A労組を中心に」，戸塚秀夫・兵藤釗編『労使関係の転換と選択——日本の自動車産業』東京，日本評論社所収，189-249頁。
高橋泰隆 (1988)『中島飛行機の研究』東京，日本経済評論社。
高橋泰隆 (2003)『中島知久平』東京，日本経済評論社。
宝井琴桜 (2002)『張扇一筋ジェンダー講談——〈日本初女性真打〉講談師かく語りき』東京，悠飛社。
髙柳昌久 (2015)「中島飛行機三鷹研究所における動員学徒」，『国際基督教大学学報3-A，アジア文化研究』32, 177-201頁。
竹内康人 (2015)『調査・朝鮮人強制労働 ④ 軍需工場・港湾編』東京，社会評論社。
俵萌子・吉武輝子・樋口恵子 (2007)『70代三人娘，元気の秘訣』東京，講談社。
戸塚秀夫・中西洋・兵藤釗・山本潔 (1976)『日本における「新左翼」の労働運動 (上)(下)』東京，東京大学出版会。
戸塚章介 (2001)『明日へのうた——語りつぐ日立争議』東京，大月書店。
統一戦線促進労働組合懇談会 (1981)『80年代展望と統一労組懇』東京，統一戦線促進労働組合懇談会。
東京地方争議団共闘会議編 (1965)『東京争議団物語』東京，労働旬報社。
東京大學社會科學研究所篇 (1950)『戰後勞働組合の實態——学術研究会議民主主義研究 特別委員会第四部研究報告』東京，日本評論社。

豊田英二 (1992)「かんばん方式のルーツをつくる」，日本経済新聞社編『私の履歴書 昭和の経営者群像8』東京，日本経済新聞社所収，155-229頁。

豊田穣 (1989)『飛行機王・中島知久平』東京，講談社。

塚本雅春 (1987)「自由で明るい職場を求めて――職場での10年，そして解雇されて8年」，『労働法律旬報』1179，18-24頁。

都留康 (2002)『労使関係のノンユニオン化――ミクロ的・制度的分析』東京，東洋経済新報社。

通商産業政策史編纂委員会編 (1990)『通商産業政策史 第10巻』東京，通商産業調査会。

通商産業省監修『自動車統計年表』東京，自動車工業会・日本小型自動車工業会。

宇田川勝・四宮正親 (2012)『企業家活動でたどる日本の自動車産業史――日本自動車産業の先駆者に学ぶ』東京，白桃書房。

上野憲造 (1997)『スカイラインの設計を夢見て――桜井真一郎との出会い』東京，日本規格協会。

牛田守彦 (2011)『戦時下の武蔵野Ⅰ――中島飛行機武蔵製作所への空襲を探る』東京，ぶんしん出版。

渡辺裕 (2010)『歌う国民――唱歌，校歌，うたごえ』東京，中公新書。

渡部一英 (1997)『日本の飛行機王 中島知久平 日本航空界の一大先覚者の生涯』東京，光人社NF文庫。

渡辺真知子 (1990)「日本――自動車産業の発展と産業政策」，井上隆一郎・小浜裕久・浦田秀次郎編『東アジアの産業政策――新たな開発戦略を求めて』東京，日本貿易振興会所収，182-209頁。

Womack, J. P., Daniel T. Jones and Daniel Roos (1990) *The Machine that Changed the World: Based on the Massachusetts Institute of Technology 5-million Dollar 5-Year Study on the Future of the Automobile*, New York: Rawson Associates (沢田博訳『リーン生産方式が，世界の自動車産業をこう変える――最強の日本車メーカーを欧米が追い越す日』東京，経済界，1990年).

八木光明・栄松盛久・塚本雅晴・鈴木孝司・正木光・高橋恒雄・松本勇・高橋勲・山内忠吉・青木慧・下山房雄・伊藤幹郎・三瀬勝司・杉井厳一・浅葉藤七 (1983)「企業内暴力と闘う」，『労働法律旬報』1067，8-39頁。

矢嶋義子 (1991)「"日産は女性にも家族手当を"に勝利 (女性が働くとき)」，『労働運動』312号，196-202頁。

山本晃正 (2001)「リストラ支援法としての90年代産業立法」，『早稲田法学』第76巻第3号，155-186頁。

山本潔 (1981)『自動車産業の労資関係』東京，東京大学出版会。

山中稔 (1998)「職場れぽーと〈日産自動車〉 これが裁量・変形労働の職場実態 月四万円で無制限のただ働き」，『労働運動』399号，52-55頁。

山崎修嗣（2003）『戦後日本の自動車産業政策』京都，法律文化社。
呂寅満（2011）『日本自動車工業史——小型車と大衆車による二つの道程』東京，東京大学出版会。
米田憲司・人権回復を求める石川島播磨原告団（2010）『切り拓いた勝利への道——石播人権回復闘争の真実』東京，本の泉社。
吉見義明（2014）『焼跡からのデモクラシー（上）（下）——草の根の占領期体験』東京，岩波書店。
「全金本山闘争の記録」編集委員会編（1974）『労働組合の死と再生——全金本山闘争の記録』東京，柘植書房。
全金プリンス「10年史」編集委員会編（1976）『日産にひるがえる全金の旗——プリンス闘争10年の記録』東京，総評全国金属プリンス自動車工業支部。
全国金属日本ロール支部編（1969）『もえあがれ葛西の火——日本ロール斗争を支えた力は何か』東京，全国金属日本ロール支部。
全国金属労働組合日産車体工機京都工場支部・辻君を守る会編（1971）『ラインは止まったぞ——怒れる日産季節工の反乱』京都，全国金属労働組合日産車体工機京都工場支部。
全国金属史編纂委員会編（1977）『全国金属三十年史』東京，労働旬報社。
全国労働組合総連合編（2009）『全労連20年史 1989～2009 激動の時代を拓く闘いの軌跡』東京，大月書店。
全日本金属情報機器労働組合（JMIU）編（2004）『JMIU・金属連絡会の歩み——金属労働者のたたかう伝統に学ぶ』東京，学習の友社。
全日本金属史料編集委員会編（1959）『全日本金属小史』全日本金属労働組合史料編集委員会。

索　引

あ行

厚木自動車部品，厚木部品（労組，支援，解雇事件，争議）　59, 102, 125-127, 134, 196-198, 200, 204

石川島播磨　127-128, 181, 201, 230

石川島飛行機　22, 24, 26, 30

石橋正二郎　23-25, 30-34

石原俊　36, 186-187, 197, 232, 286-287, 334, 340

いじめ　67, 69, 84, 96-97, 162, 166-167, 169, 174, 288, 293, 297, 321

いすゞ　17, 29, 34, 38, 44, 47

イデオロギー　40, 299, 309, 313　→経営イデオロギー

嫌がらせ　4, 77, 87-88, 90, 120, 166, 169-170, 173, 209, 245, 278, 347

V字回復　4, 221, 266, 322

請負（化，社員，労働者）　227, 244, 307

右翼の再編，右翼の労働戦線　180, 182, 185

ME協定（案）　122-123, 333-337

応援（者，命令）　64, 91, 101, 112, 114, 161, 189-190, 192, 204, 226, 232, 234, 240, 344

荻窪（工場，事業所，製作所，地区）　20-21, 26, 35-36, 40-43, 46-48, 54, 70-75, 78, 91, 108, 113, 134, 153, 156, 158, 163, 167, 169-170, 190, 197, 204, 212-213, 215-216, 218, 229-230, 273-274, 280, 343

荻窪分会　49-50, 57, 67, 79, 118, 128, 130, 201, 218

追浜（工場，地区）　39, 53, 71, 122, 124, 170, 189, 196-197, 229, 231-232, 244, 248-249

か行

階級闘争（主義，的，路線）　37, 39-40, 50, 59, 97, 182, 308-309, 313, 319

解雇　6, 22, 42, 57, 73, 101, 113, 116, 125-126, 129, 132, 181, 196-197, 246, 248, 256-258, 262-263, 302, 333, 336　→指名解雇，整理解雇

解雇権濫用法理　258

解雇撤回　181-182, 258, 265-266

解雇無効　41, 126, 131-132, 267

会社人間　6, 271, 297

会社の責任　106, 115, 117, 124, 128, 267　→経営（者の）責任

カイゼン（制度），改善活動　159, 224, 234, 298

隔離（部屋）　80, 82, 85, 87, 153-154, 165, 169, 173, 189, 273-274

家族手当（差別）　89, 99, 102, 120-121, 131, 135-139, 144-147, 177, 222, 340-341

カリスマ（性，的）　4, 38, 189, 253

過労死　6, 151, 297-298

過労自殺　6, 297-298

川越（事務所）　70-72, 229-230, 232, 248

川又克二　29-33, 39, 51, 59-60, 65, 187, 212

間接部門（職場）　90-92, 109, 225

管理者（としての）責任　60, 108　→経営（者の）責任

期間従業員　152, 256-257, 259

企業ぐるみ選挙　99, 123-124, 196, 288

企業内組合，企業別組合　46, 141, 256, 262, 265, 300-311, 313-314, 320-321, 323

技術選択　121, 123

規制　154, 186, 189, 192, 202, 288, 298, 300, 303, 306, 310, 313-314　→職場規制，労働規制

規制緩和　251, 297, 306

季節従業員，季節工（制度）　87, 115-116, 150-152, 190

キャリア(アップ)　90, 95, 247, 265, 269, 271, 283, 286, 288, 297, 304
九州工場　189, 228-229, 234, 243, 248, 266
QC(サークル, リーダー)　172, 191-192, 224-225
共産党(員)　38, 40-41, 56, 58, 178, 184, 214, 246
共闘会議　67, 125, 127-128, 134, 182, 198, 200, 202-204
規律　152, 154-155　→職場規律
金属機械反合, 金属反合　128, 180-181, 198, 201, 203
金属機械労組連絡会, 金属連絡会　180-184, 198
組合(の)掲示板　100, 102, 107, 127, 199, 202, 204, 218, 250, 253, 343
組合事務所　68, 100, 102-103, 107, 186, 195, 199, 202-204, 218, 247, 342-343
グローバル　221, 237-239, 242, 244-245, 303, 326
経営イデオロギー　192　→イデオロギー
経営協議会　38, 44, 188-189, 252, 333, 351
経営(者の)責任　4, 85, 193, 236-237, 248, 252-253, 262, 266, 288, 323, 326, 329　→会社の責任, 管理者(としての)責任
計画残業　92, 108-109, 344
契約社員(制度)　228, 305, 307, 312
合意形成　184, 299, 328
工場(の)閉鎖(計画, 反対運動)　221, 228, 233, 240-241, 245-248, 251-253, 286, 294, 322
行動規範　209-210, 244-245, 347, 349-350
高等裁判所, 高裁　60, 100-103, 105, 109, 132, 134, 199, 259, 345-346
公明党　178
国際自由労働組合総連盟, 国際自由労連, ICFTU　178-180
国際婦人年　142, 144
個別労働紛争(解決制度)　256, 268
コミュニティ・ユニオン　295, 306　→地域ユニオン, ユニオン

雇用調整　225, 240
御料車　35
ゴーン, カルロス　3-4, 216, 221, 230, 232, 237, 242-246, 252-253, 257, 260, 266, 288, 293, 321-322, 349
ゴーン改革　221-222, 315

さ行

最高裁判所, 最高裁　41, 60, 100-101, 105, 107, 109, 114, 132-134, 145, 174, 199, 259, 344
財産権　104-105, 174, 186
裁量労働(制)　190, 227, 297
相模原部品センター　70, 190, 229
櫻井眞一郎　35-36
佐橋滋　29
サービス残業　127, 297
座間(工場, 事業所, 地区)　70, 151, 189, 212, 224, 228-229, 231, 233, 245, 248-249, 252, 281
産業医　231, 261-263, 265-266
産業政策　28-29, 32
残業(時間, 制限, 代, 手当)　52, 63, 88-89, 92-93, 108-110, 190, 216, 227, 232, 234, 242, 244, 263, 265, 272, 274-275, 277, 279, 297, 322, 336　→計画残業
残業差別　94, 101, 103, 108-109, 186, 195, 199
JMITU(日本金属製造情報通信労働組合)　259
JMIU(全日本金属情報機器労働組合)　144-145, 181-186, 189, 193, 195, 200-205, 209, 215, 217-218, 221-223, 227-228, 231, 235, 237, 240-241, 245, 247, 249-251, 253-257, 259, 262, 265, 268, 282, 284-286, 288-289, 292, 294, 324, 342-346
塩路一郎　39, 51, 54-58, 62-63, 68, 86, 123, 147, 169, 172, 177, 186-189, 191-193, 195, 197, 212, 232, 284-288, 290-291, 294, 319, 324

索引 365

塩路体制　189, 192
仕事差別　83, 98-99, 101, 199, 202, 216-217
仕事干し　82-83, 153, 155, 169, 271, 279, 292
市場原理　5, 115, 221, 297, 317
下請企業　228, 256, 260, 311, 335
自動車製造事業法　17
自動車総連　177, 187
自動車労連　39, 51, 53-54, 56, 58, 62, 67, 80, 123-125, 147, 171, 177, 186-187, 189, 195, 197, 232, 273, 287, 292, 321
資本参加　23
指名解雇　41, 44, 182, 245　→整理解雇
社会通念　136-137, 146, 259, 287, 341
社会的責任　209-210, 245, 324, 331, 349
社会党　40, 56, 123, 177-179, 285-286, 291
社外工　151, 309
社公中軸　178
JIT（ジャスト・イン・タイム）　224-225
JAM（Japanese Association of Metal, Machinery, and Manufacturing Workers）　180
自由化　3, 26-29, 251
就業規則　63, 119, 130-133, 136, 143, 146-147, 262-264, 267, 347, 349
集団的労働紛争　256
集団暴行事件　74
集団暴力（事件）　74, 97, 100, 108, 124, 126, 197, 275
熟練工，熟練労働者　149, 154, 301, 321
出向（期間，計画，者，年齢）　72, 88, 190, 225, 232, 240, 248, 251
準直接部門（職場）　90-91, 153, 227
春闘　98, 103, 106, 113, 123, 163, 172, 182, 185-186, 190, 196, 224, 240, 253, 290-291
使用者としての責任　260
少数派組合　97, 121, 127, 129, 142-144, 147, 185-186, 254-255, 300, 307-316, 319-320, 322
職種変更，職種転換　70, 72, 90, 111-113, 122, 333, 336
職掌　63, 90-91, 101, 126, 190, 204, 206, 217, 227, 344
職制　40, 43, 59, 63, 74-75, 78, 82, 84, 116, 164, 237, 351
職場規制　161, 191-192, 313　→規制，労働規制
職場規律　38　→規律
職場闘争　38, 97
職場文化　166
女性差別　94, 120, 132, 136-137, 139, 146, 148, 255　→男女間差別
女性差別撤廃（運動）　120, 130, 139, 142, 144, 146-147, 177
除名　41, 60, 62, 74, 126, 173, 185, 196
自立援助金　226
人員削減　122, 190, 221, 228, 240, 243-244, 246, 248, 252, 257-258, 312, 321
人権侵害　101, 106, 169, 196
『新時代の「日本的経営」』　222, 251　→日本的経営
新自由主義　5, 298, 313, 320
深夜勤務，深夜労働　63, 89, 93, 108, 119, 251, 344　→夜勤
信頼関係　87, 232, 288
スカイライン　25, 34-36, 92, 272
ストライキ（スト）　38, 45, 47, 57, 78-80, 102-103, 106-108, 112-113, 116, 128, 204, 215, 218-219, 246, 249, 253, 303, 307
ストレス　76, 261, 266, 269, 297
住友銀行　30-31
青年婦人部　45, 59, 129　→婦人部
整理解雇　258　→指名解雇
世帯主（条項）　135-138, 144, 146, 340-341
繊維機械（事業部）　70, 72, 173, 230
全国金属（全金）　40-41, 43, 48-50, 53-62, 64, 67-69, 74-79, 81-82, 84-95, 97-98, 100, 102, 104-106, 109-110, 113-116, 119, 123-124, 127-131, 133-134, 137, 143-145, 147, 149, 151-154, 161-163,

165-166, 170-175, 177, 179-185, 188-189, 193, 195-196, 205, 210, 212-215, 271, 273-277, 279, 282, 284-288, 290-295, 300, 314, 316, 319-321, 324, 331, 335, 338, 340, 342
全国労働組合連絡協議会(全労協)　179-180
全自日産分会(日産分会)　37-39, 68, 212
専従(者, 役員)　44, 47, 61, 106-107, 141, 188, 199, 204
選択定年制　225-226, 230, 247　→早期退職(制度)
全日産労組　59, 64, 92, 108, 118, 121, 124-127, 189, 231, 233, 239, 252, 287
全日本産業別労働組合会議(産別)　40, 42
全日本自動車産業労働組合(全自)　37-39, 44-47, 57
全日本労働総同盟(同盟)　50, 178-179, 285
全民労協　177-178, 180-181
全民労連　177-179
全労連　178-179, 182, 184, 200, 203, 228, 241, 247, 284, 292
早期退職(制度)　142, 225-226, 245, 247, 330　→選択定年制
争議団　125, 127-128, 134, 200-201
相互信頼　39, 59
組織コミットメント　192
組織文化　3, 33, 322
損害賠償(金, 請求)　69, 100-103, 106, 108-109, 116-117, 121, 132, 134, 155, 186, 199, 205, 257, 259
尊厳(労働者の尊厳)　5, 97, 113, 127, 155, 181, 245, 347

た行

第一組合　42, 74-75, 308-310, 312-313, 315
第二組合　38, 42, 57, 59, 67, 74-75, 104-105, 310, 312-313, 315
ダイハツ　29
タケダシステム　142-143
立川飛行機　19, 22, 24-25, 34, 40, 44, 46, 48, 57, 74

たま自動車　24, 26, 30, 45, 47-48
たま電気自動車　24, 26, 30, 45-46, 48
多様性の尊重　6, 148, 244-245
男女間差別　128, 130-131, 136, 141-142, 148-149, 177, 254　→女性差別
男女雇用機会均等法　144, 251, 347-348
団交, 団体交渉(権, 命令)　40, 44, 46, 56, 68, 78, 97, 100, 103-109, 111, 114, 116, 119, 121, 124, 126, 133-134, 172, 185-186, 189, 202-203, 211, 218, 222-223, 227, 231, 235-237, 240, 248-249, 259, 262, 265, 302-303, 330, 337, 342-343
団交応諾(仮処分, 義務, 命令)　78, 101-103, 105, 259, 273
団交拒否　78, 100-101, 103, 105, 114, 121, 185-186, 203, 259-260, 273　→不誠実団交
地域ユニオン　255-256, 294　→ユニオン, コミュニティ・ユニオン
地方裁判所, 地裁　41, 60, 69, 75, 78, 100-102, 104-105, 108-109, 111, 113, 116-117, 121, 126, 131-133, 143, 174, 186, 198-199, 257-259, 265, 267, 345-346
地方労働委員会, 地労委　60, 75, 78, 100-103, 105-112, 125, 167, 173, 185-186, 195-196, 199, 202, 278, 345-346
中央労働委員会, 中労委　60, 93-94, 100-102, 105, 109-112, 125, 153, 198, 260, 344-345
懲戒(処分)　101-102, 106, 202, 204, 344, 349
直接部門(職場)　90, 120
賃金制度, 賃金体系　43, 46-47, 56, 63, 89-90, 93, 120, 135, 165, 191, 221-223, 228, 238, 253-255
通商産業省(通産省)　23, 28-30, 32, 251
つるし上げ　67, 75-80, 161, 172, 215, 248, 287, 292, 323
鶴見(設計)　35-36, 71, 83, 170
定年(差別)　41, 64, 100-101, 120-121, 129,

索 引　367

131-133, 135-137, 139-140, 143, 145-148, 167
統一準備会　177-178, 180, 182
統一推進会　177-178, 180
統一促進懇　178-179
統一労組懇　178-179, 181, 198
東京総行動　128
東京電気自動車　23-24, 26, 30, 44-46, 48
特定産業振興臨時措置法案(特振法)　28
栃木(工場)　70-71, 189, 229, 231-232, 247-250
富岡(宇宙航空事業部)　71, 229-230
トヨタ　4, 17, 26, 29-30, 32, 34-35, 38, 44, 47, 116, 121, 224, 258
トヨタ生産システム(TPS)　224, 304

な行

中島知久平　19-21
中島飛行機　19-22, 26, 30, 34-35, 40-41, 43, 57, 73-74
中山素平　30-31
ナショナルセンター　3, 33, 127, 177-181, 186
西川廣人　3, 253
日経連, 日本経営者団体連盟　38, 222, 251, 310, 349
日産支部　127, 177, 180, 182-183, 185-186, 188-189, 193, 195, 201, 205, 215, 217, 221-223, 227-228, 231, 235, 237, 240-241, 245, 247, 250-251, 253-254, 256, 259, 262, 265, 268, 282, 284-286, 288-289, 294, 324
日産生産方式(NPW)　224
日産争議(1953年争議, 大争議)　38, 45, 57-59, 68
日産テクニカルセンター(NTC)　36, 70-73, 114, 122, 169, 197, 201, 204, 218, 224, 227, 229, 232, 248, 257-259, 263, 265-266, 280
日産リバイバルプラン(NRP)　225, 237, 241-245, 247-249, 252, 254

日産労組(員, 幹部, 執行部, 役員)　4, 37-39, 51, 53, 55-58, 61-62, 64-65, 67-69, 74-76, 78-82, 84-87, 90-91, 94-97, 103-105, 108, 110-111, 113, 115, 117, 120-124, 131, 133, 147-150, 152, 154, 161-166, 170-174, 182, 184, 187-189, 191, 193, 195-196, 200, 212, 217-218, 222-224, 227, 231-233, 235-237, 239-240, 245-254, 264-266, 278, 282, 285, 287-291, 293-294, 300, 320-321, 324
日産労連　195, 233, 252-253, 285, 292
日本グランプリ(GP)　34, 169
日本興業銀行(興銀)　30-31, 197
日本的経営　4-5, 222, 267, 286, 297, 302, 304, 310, 313-314, 319　→『新時代の「日本的経営」』
日本労働組合総同盟(総同盟)　40-41
日本労働組合総評議会(総評)　37, 40, 44, 49-50, 56-58, 67, 98, 105, 134, 172, 174, 177-180, 184, 285, 335, 338, 340, 342
ノンユニオン　305

は行

配置転換, 配転　52, 64, 73, 88, 90-91, 93, 100, 102, 111-114, 122, 153, 169-170, 173, 221, 225-226, 228-229, 231, 246-247, 254, 273-274, 278, 288, 333, 336　→不当配転
派遣(社員, 労働者, 技術者)　227, 251, 257-259, 261, 266-267, 305, 312
派遣会社, 派遣元　256-258, 266-267
派遣切り　266　→非正規切り
働き方改革　6, 298
働く者の文化　268, 320　→労働者文化
塙義一　238
浜松(工場, 製作所)　21, 26, 40-43, 46, 48-49, 98
反共(主義)　40, 56, 172, 178-180, 184, 285, 307
非熟練工　308

非正規切り 256, 258-259, 266 →派遣切り
非正規(社員, 労働者, 雇用者, 化) 5-6, 115, 149, 225, 227, 256-257, 266, 268-269, 283, 297, 305-306, 313, 315
日野(自動車, 分会) 29, 34, 45, 47, 70
富士産業 21-22, 26, 30, 34, 40-43, 48, 73
富士重工業 21, 34
富士精密 21-22, 24-27, 30-31, 34, 40, 42-43, 46-49, 70-74, 88
婦人総行動 142
婦人部 129-131, 133-135, 137-143, 146-148, 324 →青年婦人部
不誠実団交 259 →団交拒否
不正報酬, 報酬不正 3, 253
不当(な)解雇 227, 256, 265, 267-268, 306, 313
不当処分 102, 106, 112, 195
不当配転 90, 111, 113-114, 153, 166-167, 195, 273 →配置転換
不当労働行為 60, 85, 87, 98, 105-107, 109, 185, 196, 203, 259, 342
フランス労働総同盟(CGT) 241, 248
不利益変更 115, 231, 253-254
ブリヂストン 23, 30, 34, 72
プリンス, プリンス自動車, プリンス自工 3, 19, 21-27, 29-36, 39-40, 45-51
プリンス事業部 33
プリンス(自工)支部 41, 49-61, 63-64, 67-69, 74-75, 79, 82, 85-87, 89, 91-97, 104-106, 110, 113-117, 119, 122-124, 127, 129-131, 133-134, 137, 139, 145, 147, 149, 151, 161-162, 165, 170-175, 182, 188, 196, 212, 271, 273, 282, 286-288, 300, 314, 319, 324
プリンス部門労組 61, 64, 75, 275-276
法廷闘争 97-99, 120, 147, 150, 161, 196, 199, 259
堀田庄三 30-31
本工 115, 151, 309
ホンダ 29, 119
本田宗一郎 29

ま行

マイクロエレクトロニクス(ME) 121, 333, 335 →ME協定(案)
益田哲夫 38
マツダ 30
三鷹(工場, 事業所, 地区) 24, 26, 46-50, 54, 70-75, 78, 108, 124, 169-170, 173, 190, 197-198, 204, 212, 218, 229-231, 343
三鷹分会 49-50, 128, 130, 201
三菱自工 3
見習工 115, 151
宮家愈 39
民主社会党, 民社党 123, 125, 179, 285
民法第90条(公序良俗) 132, 138
村八分 81, 125, 204
村山工場, 村山地区 26, 49-52, 57, 70-73, 75, 78-79, 89-91, 93, 99, 108, 112-115, 117, 122, 128, 151-153, 156-157, 159-160, 163, 165, 167, 170, 175, 189-190, 197-198, 204, 212, 215-216, 218, 224, 227-229, 231-232, 234, 240-241, 243, 245, 247-250, 253, 273-274, 280-282, 285-286, 294, 343
村山支部(日産労組) 64, 233, 246
村山分会(全金) 49-50, 67, 79, 112, 116, 128, 130, 161, 172, 201, 218
名誉毀損 106
メンタルヘルス 263, 266-267

や行

夜勤 88, 92, 108-110, 116, 151-152, 155, 172, 192, 195, 205, 216, 232, 234, 242, 244, 292 →深夜勤務
夜勤手当 108
雇い止め 227, 256-259
ユニオン 256, 262, 265, 268-269, 295, 300, 305-307, 313, 320 →コミュニティ・ユニオン, 地域ユニオン
ユニオン・アイデンティティ 305
ユニオン(・)ショップ 126, 301

養成工　57, 69-73, 88, 149, 156, 324
横浜(工場)　37, 70, 152, 170, 189, 248-249

ら行

リストラ, リストラクチュアリング　228-229, 246-247, 251, 254, 284
臨時工　70-74, 93, 115, 301, 309, 311
リーダーシップ　3-4, 236, 253, 328
ルノー　3-4, 221, 237-242, 246
連合(日本労働組合総連合会)　177-179, 181, 183, 254, 292
連合国軍最高司令官総司令部(GHQ)　18, 21, 37, 44, 307
労災補償制度　117
労使一体　45, 80, 211
労使協議会　189, 233, 235, 239-240, 246
労使協調(路線)　5, 37, 40, 50, 63, 150, 178, 192, 252-254, 256, 288, 294, 300, 306, 313-314, 320, 323

労使(労資)対立(敵対)　150, 314, 319
労働規制　162, 314　→規制, 職場規制
労働基準監督署, 労基署　79, 82, 117-119, 131, 136-137, 161, 249, 322
労働基準法第4条(男女同一賃金の原則)　131, 138, 340
労働強化　63, 115, 151, 225
労働協約　40, 44, 49, 57, 98, 107, 123, 131-132, 186, 188-189, 347
労働災害, 労災(認定, 保険)　98, 101, 115-118, 123, 151, 254, 257, 337-338
労働者災害補償保険審査官　117-118
労働者文化　312　→働く者の文化
労働者派遣法　251, 267
労働戦線統一　99, 163, 178, 186
労働保険審査会　117-118
労働倫理　154, 156, 320, 322
ロボット, 産業用ロボット　122-123, 216-217, 335, 338-339

伊原亮司（いはらりょうじ）

　一橋大学商学部卒業
　一橋大学社会学研究科博士後期課程修了（社会学博士）
　現在　岐阜大学地域科学部准教授

　主要著作
　『トヨタの労働現場──ダイナミズムとコンテクスト』桜井書店，2003年
　『私たちはどのように働かされるのか』こぶし書房，2015年
　『トヨタと日産にみる〈場〉に生きる力──労働現場の比較分析』桜井書店，2016年
　『ムダのカイゼン，カイゼンのムダ──トヨタ生産システムの〈浸透〉と現代社会の〈変容〉』
　　こぶし書房，2017年

合併の代償
日産全金プリンス労組の闘いの軌跡

2019年12月20日　初　版

著　者　伊原亮司
装幀者　加藤昌子
発行者　桜井　香
発行所　株式会社 桜井書店
　　　　東京都文京区本郷1丁目5-17 三洋ビル16
　　　　〒113-0033
　　　　電話 (03)5803-7353
　　　　FAX (03)5803-7356
　　　　http://www.sakurai-shoten.com/

印刷・製本　株式会社 三陽社

© 2019 Ryoji IHARA

定価はカバー等に表示してあります。
本書の無断複製(コピー)は著作権上
での例外を除き，禁じられています。
落丁本・乱丁本はお取り替えします。

ISBN978-4-905261-44-5 Printed in Japan

伊原亮司 著

トヨタと日産にみる
〈場〉に生きる力
労働現場の比較分析

A5判上製・536頁　定価▶6000円＋税
ISBN978-4-905261-28-5

▼

労働現場には
〈抵抗の歴史〉と〈働く者の文化〉が刻み込まれている！
働く場から労働社会と働き方を照射する
実践的労働論。

桜井書店
http://www.sakurai-shoten.com/